D1692535

Rudolf Bohren

Prophetie und Seelsorge

Eduard Thurneysen

Neukirchener Verlag

© 1982 Neukirchener Verlag des Erziehungsvereins GmbH
Neukirchen-Vluyn
Alle Rechte vorbehalten
Umschlaggestaltung: Kurt Wolff, Düsseldorf
Die Landkarte wurde gezeichnet von Christian Bohren
Gesamtherstellung: Breklumer Druckerei Manfred Siegel
Printed in Germany
ISBN 3-7887-0687-2

CIP-Kurztitelaufnahme der Deutschen Bibliothek

Bohren, Rudolf:
Prophetie und Seelsorge: Eduard Thurneysen /
Rudolf Bohren. – Neukirchen-Vluyn:
Neukirchener Verlag, 1982.
  ISBN 3-7887-0687-2

Vorwort

Geplant war eine kurze Schrift über einen theologischen Lehrer und – Kirchenvater, dem, wie ich meinte, in jüngerer Zeit Unrecht geschah, beispielsweise in der Fachliteratur. Allein das Unternehmen brachte eine Überraschung. Aus einer Verteidigungs- und Streitrede für ihn wurde mehr und mehr eine Anfrage an ihn selbst, und der Infragegestellte bekam ein Gewicht, das der Verteidigte nicht hatte. Das Gespräch mit ihm verdichtete sich zu einer Anfrage an die Kirche und Theologie unserer Gegenwart. Während der Arbeit wurde mir bewußt, wie sehr unsere Probleme sich als – Nachfolgeprobleme erweisen. Wir haben sie von den Vätern her und können sie nicht lösen ohne diese. Was wir in unserer Umwelt übersehen, hängt mit dem zusammen, was wir aus der Welt von gestern überhören. Das Verhältnis von »Prophetie und Seelsorge«, abgehandelt am Beispiel Eduard Thurneysen, verbirgt in sich eine Konfrontation gängiger kirchlicher Praxis und ihrer Theorie mit der wachsenden Bedrohung von Gottes guter Schöpfung und aller menschlichen Kultur. Auch wenn solche Konfrontation eben nur angedeutet werden konnte, ich habe mein Buch gegen das Vergessen und Verdrängen geschrieben.
Erkenne ich Leben und Werk von Eduard Thurneysen im Horizont unserer Gegenwart, so ergibt sich ein anderes Bild als das in der Erinnerung aus unmittelbarem Begegnen aufbewahrte. Gemeindegliedern und Freunden wird es vielleicht ergehen wie mir. Er verändert sich in dem Maße, wie wir uns im Gespräch mit ihm verändern. Noch etwas: Ein Buch über Eduard Thurneysen wird ungewollt eins über Karl Barth werden. Wiederum wechselt die Perspektive, wenn nicht so sehr Thurneysen neben Barth als vielmehr Barth neben Thurneysen gesehen wird.
Dieses Buch hätte nicht geschrieben werden können ohne das Vertrauen, das dem Verfasser von seiten der Familie entgegengebracht wurde. Frau Marguerite Thurneysen hat während den Jahren der Vorbereitung keine Mühe gescheut, meine Arbeit zu unterstützen. Ihr gilt mein besonderer Dank. Auch von seiten der Kollegen aus der Pfarrerschaft und aus der Fakultät wie vom Leiter des Karl-Barth-Archivs, Hinrich Stoevesandt, erfuhr ich viel Hilfsbereitschaft. Marguerite Thurneysen vermittelte mir Gespräche mit Gemeindegliedern und Mitarbeitern, denen der Leser immer wieder begegnen wird, an die zu denken dem Autor immer neu Anlaß zur Freude ist. Meinem Freund Andreas Lindt danke ich für das Lesen des Manuskripts und für seine wertvollen Hinweise.
Bei der Auswahl der Photos ließ ich mich davon leiten, daß ich grundsätzlich keine Photos bringe, die in der Barth-Biographie von E. Busch oder in den beiden Briefbänden schon publiziert wurden.
Es ist mir nicht möglich, alle zu nennen, denen ich in Heidelberg für Anre-

gung und tätige Mithilfe zu danken habe. Zu meiner Freude erscheinen von Wolfgang Gern herausgegeben und kommentiert frühe Predigten: »Die neue Zeit«. Da von ihm außerdem eine wissenschaftliche Arbeit über Thurneysens Predigt zu erwarten ist, konnte ich von seinen Erkenntnissen profitieren und mich im Blick auf den Prediger relativ kurz fassen. Seit dem letzten Frühjahr hat Gerd Debus sich in bewährter Weise des Buches angenommen und seine Fertigstellung wesentlich befördert. Maria Bleickert schrieb unverdrossen die verschiedenen Fassungen des Buches ins reine, Elke Haller überprüfte die Zitate und erstellte zusammen mit Gerd Debus die Register, Harald Grün-Rath las die Korrekturen.

Januar 1982   Rudolf Bohren

Inhalt

Vorwort 5

Präludium 11
Was ist das für ein Mann? 13
Ein Pfarrer 18
Biographie zwischen Legende und Karikatur 20
Prophetie und Seelsorge 25

Wie wird einer Prophet?
Wie wird einer Seelsorger? 27
Das Herkommen 29
Zur kirchlichen Lage Basels 30
Bad Boll – die Hinreise 33
Akademische Lehrer und Kommilitonen 38
Bernhard Duhm 40
Paul Wernle 42
Ernst Troeltsch 46
Zürich: Mäzenatentum und religiöser Sozialismus 48
Rudolf Pestalozzi 49
Leonhard Ragaz 51
Hermann Kutter 52
Ein Sohn von Vätern 55
Ein Vater von Söhnen 59

Der Aufbruch
Leutwil-Dürrenäsch 1913–1920 63
Die Landschaft 65
Der Anfang 68
Nach über sechzig Jahren 71
Von innen her 72
Zeichen neben der Predigt 74
Der Freund 76
Die unreflektierte Methode 80
Die beiden Freunde 82
Vorschule der Seelsorge 87

Selbstbeschimpfung	88
Freundschaft und Bruderschaft	89
Der Abschied	92

Die Reifung
St. Gallen-Bruggen 1920–1927 95

Die Vorstadt und der Ruhm	97
Der Christ als Leser	99
Thurneysens »Dostojewski«	102
Der Großinquisitor als Frage	108
Werweisen über Gotthelf	110
Im Schatten der Orthodoxie	120
Noch einmal Blumhardt	126

Münsterpfarrer
1927–1959 131

Der Pfarrer in einer neuen Gemeinde	133
Von Basel und seinen Baslern	134
Der bequemere oder unbequemere Lift	138
Die Stadtfähigkeit	142
Einsamkeit	145
Pfarrerleben vielfältig	147
Der Volksschriftsteller	149
Der Dozent	149
Streß	151
Der Pfarrer im Konfliktfall	153
Erweckung	154
Die Oxfordgruppenbewegung	156
Emil Brunner	157
Auenstein – ein Lehrstück	162
Flüchtlinge	168
Die Kirche	171

Der Prediger 177

Urteil der Gemeinde	179
Selbstzeugnisse	180
Eine Predigt des Propheten	183
Eine Predigt des Antistes	188
Der Predigtlehrer	191
Rhetorik?	193

Der Seelsorger 199

Kommissar Maigret 201
In der Seelsorge Thurneysens 203
Eigene Erfahrung 205
Zeugnisse 207
Briefseelsorger 209
»Betrachten Sie ihren ganzen Zustand als Depression . . .« 210
»Als große Finsternis steht dieses Gericht auch vor mir . . .« ... 214
»Durch Sie für mein eigenes Leben wichtig geworden . . .« 216
Seelsorge in Theorie und Praxis 218
In seinen Händen 219
Seelsorge und Psychologie 222
Der Bruch im seelsorgerlichen Gespräch 226

Das Finale 229

Lob des Alters 231
Dein Alter sei wie deine Jugend 235
Theologie und Sozialismus 240
Hoffnung 245
Ihr Ende schauet an 247
Von der Bedeutung des Lehrers 249

Zeittafel 261

Literatur in Auswahl 263

Namenregister 269
Sachregister 273
Bibelstellenregister 278

Landkarte 279

Präludium

Der Mensch ist ein Geheimnis. Man muß es
enträtseln, und wenn du es dein ganzes Leben
lang enträtselt hast, dann sage nicht, du hättest
deine Zeit vertan; ich beschäftige mich mit
diesem Geheimnis, denn ich will Mensch sein.
                                    Fjodor M. Dostojewski

. . . die biographische Wahrheit ist nicht zu
haben, und wenn man sie hätte, wäre sie nicht
zu brauchen.
                                    Sigmund Freud

Was ist das für ein Mann?

»Dr Bedittend« war der Übername, den Gemeindeglieder ihrem Münsterpfarrer gaben. Verehrung, Zärtlichkeit und eine Prise jener Ironie, die den Basler zum Basler macht, schwingen in diesem Namen mit. Der Bedeutende, das ist der Zeigende, der Mann am Fenster, der nächtens in den dunklen Himmel zeigt. Als er 1927 seine Hörer über die »Aufgabe der Theologie« ins Bild setzte, gab er auch ein Porträt seiner selbst: »Wir stehen wohl etwa in einer Sommernacht am Fenster und beobachten ein heraufziehendes Gewitter. Eben hat es geblitzt an einer bestimmten Stelle des Himmels. Dorthin zeigen wir nun« (1, 79). Ein Zeigender, vom Blitz herkommend, hielt er die Hand ausgestreckt zeitlebens hinaus in Nacht und Wolkenwand, dahin, wo die Energien des Himmels sich entladen hatten und wo er noch mehr erwartete.

Vom Blitze her Prophet, wurde er – im Wissen und Hoffen auf plötzliche Erhellung – zum Seelsorger. In beidem war er Theologe, stand am Fenster ein Leben lang in Erfolg und Mißerfolg, in Freude und Bitternis, kein Held, aber er stand: »Es ist freilich nichts zu sehen als eine dunkle Wolkenwand, aber wir wissen, im nächsten Augenblick kann der Blitz wieder über sie niederzucken. So unterscheidet die Theologie bestimmte Worte und zeigt auf sie (die Worte der Schrift, die christlichen Worte), an denen wohl nichts Besonderes zu sehen ist, weil es Menschenworte sind wie andere auch. Nur das Zeugnis besteht, daß in diesen Worten, an diesem Orte der Blitz der Offenbarung eben niedergegangen sei, und daß es sich darum wohl lohne, dorthin zu blicken« (1, 79).

Von St. Gallen aus fuhr er in den frühen zwanziger Jahren nach München, kaufte eine Reproduktion des Isenheimer Altars; sie hing später im Studierzimmer des Basler Münsterpfarrers. Da steht zur Rechten des Kreuzes das Urbild des Bedeutenden: Johannes der Täufer, in der Linken das Buch, die Rechte ausgestreckt mit überdimensionalem Zeigefinger, der nach der Legende bei der Verbrennung der Gebeine nicht mitverbrannt ist. Man weiß nicht, wohin die Augen blicken, ob auf das Kreuz oder darüber hinaus, »dorthin« auf alle Fälle. Unter der Augenhöhe, eingewinkelt in den Ellbogen, der Spruch: »Illum oportet crescere, me autem minui.« »Jener muß wachsen, ich aber abnehmen« (Joh 3,30). – Die Bilder, mit denen wir leben, gehen in uns ein, wir werden durch sie ins Bild gesetzt, durch sie gebildet oder verbildet. So wurde Eduard Thurneysen ein Bedeutender, daß er, die Heilige Schrift vor sich, Hand und Finger ausstreckte, um auf den »Blitz der Offenbarung« aufmerksam zu machen.

Helmut Gollwitzer erzählt von einem letzten Besuch der Ehepaare Gollwitzer und Heinemann am 1. August 1974 im Haus an der Birsigstraße: »Als wir nach diesem Besuch den Wagen bestiegen, stand er unter seiner Haustür und rief uns mit Betonung nach: ›Adieu, à Dieu!‹ Dorthin weisend, bleibt er uns im Gedächtnis, und ein auf diesen lebendigen Gott weisender Finger wollte er sein Leben lang sein und war er« (71, 210). Ein zeigender

Finger, der auf den lebendigen Gott hinweist, das, meine ich, sei die beste Charakteristik dessen, was er gewesen ist, und dessen, was er uns bedeutet. Wer diesem Finger nachblickt, vergißt sich selbst und wird sich selbst neu entdecken.
Auf den nächsten Augenblick hin stand er, und das ist unser Augenblick. Er stand für andere à Dieu, auf Gott hin. »I ha d' Mensche halt gärn«, konnte er sagen noch im hohen Alter, da er am Stocke ging und Schmerzen ihn plagten.
Als er uns einmal zur Ferienzeit in Grindelwald besuchte, schon gehbehindert und beschwert vom Alter, zauberte seine Menschenliebe eine Wolkenwand von Geschichten vor unser Fenster, gar nicht nächtlich-gewitterschwül. Sie wurden alle lebendig: Christoph Blumhardt, Leonhard Ragaz, Hermann Kutter, Emil Brunner, aber auch Karl Barth und Rudolf Pestalozzi und viele andere mehr aus den goldenen zwanziger Jahren. Sie nahmen Konturen an, und mit diesen Geschichten schenkte er uns Zeit – seine Zeit – und noch etwas mehr. Nach seiner Abreise sagte mein Jüngster, damals fünfzehn Jahre alt: »Was ist das für ein Mann? So einer müßte hundert Jahre alt werden!«
Was sein Freund von Paulus sagte, daß er »als Sohn seiner Zeit zu seinen Zeitgenossen geredet« hat, »daß er als Prophet und Apostel des Gottesreiches zu allen Menschen aller Zeiten redet« (49,1, 77), gilt auch ein wenig für ihn, den Mann am Fenster. Ich sage »auch ein wenig«; war er einmal Prophet, Apostel war er nicht, sondern Nachfahr und Nachzügler, ein Mann im hinteren Glied – in mancher Hinsicht. Was ist das für ein Mann, der es ausgehalten hat, der Zweite zu sein? Als Minderer stand er neben dem allzeit größeren Bruder ein Leben lang. Auf die Weise ist er der Bedeutende geworden, daß er die Bedeutung des Größeren anerkannt hat zum Trost für viele Mindere nach ihm. Er hat den Part der zweiten Geige im Orchester übernommen (W. Lüthi) und hat damit dem ersten Geiger zu vollem Klang verholfen. Er hat die Bedeutung des Größeren nicht nur anerkannt. Er hat sie – mitgeschaffen!
Im Reiche Gottes herrschen andere Skalen und Wertmaßstäbe als auf unseren Zeugnissen und Diplomen. Im Reiche Gottes sind die Gestorbenen nicht tot, »ihm leben sie alle« (Lk 20,38; vgl. 57,8 u.a.). Wenn der Österliche will, treten sie hervor aus dem Dunkel und reden und zeigen, und der Blitz ist nicht weit. – Ich meine, daß er uns heute wieder etwas zu sagen hat; im nächsten Augenblick kann der Blitz auch über uns niederzucken. Damit wird schon angesagt: der Zeigende ist als solcher und in sich selbst bedeutend. In ihm war ein Ewiges da, das weiterwirkt. Er hat für die Gegenwart und Zukunft ein besonderes Gewicht, ihm eignet eine eigentümliche Qualität, die nicht leicht ans Licht zu heben ist. Da ist zu viel zwischen uns und dem Ewigen, das in ihm war. Vielleicht er selbst zuerst.
In der Zeit, als die Theologie Bultmanns die akademische Jugend faszinierte, stand Eduard Thurneysen plötzlich von einem Gespräch auf, ging auf die Bücherwand zu, stellte sich vor die »Kirchliche Dogmatik«, blickte eine

Weile stumm auf sie hin und sagte, mit Trauer in der Stimme: »Damit steht er sich nun selber im Weg.« In gewisser Weise läßt sich dieser Ausspruch auch auf ihn selber anwenden. Der Schriftsteller steht dem Seelsorger im Weg. Ein Prophet legitimiert sich nicht am Schreibtisch; Buchstaben bleiben unsichtbar, Worte wirken im Verborgenen. Nach seiner Bedeutung fragen heißt auch, nach dem fragen, womit er sich selbst im Wege steht.

Als ich im Wintersemester 1977/78 mich intensiv mit dem literarischen Oeuvre zu beschäftigen begann, merkte ich erst, wie wenig ich ihn gelesen hatte, wie das, was er für mich bedeutete, nur in geringem Maße im literarischen Oeuvre, sondern vielmehr in seiner menschlichen Zuwendung bestanden hatte. In dieser Zuwendung war er mir zum Freund und Vater geworden – zum Zeigenden. Der Einfluß, den er auf mich hatte, kam aus persönlichen Begegnungen. Er geschah nicht so sehr durch das Medium der Lektüre als vielmehr durch das des Gesprächs, war er doch ein Charismatiker des Gesprächs.

Als solcher kam er von der Predigt her und ging auf die Predigt zu. In der Differenz zwischen seiner Kanzelrede und dem Zuspruch im intimen Gespräch, zwischen dem, was er schrieb, und dem, was er war und was er tat, kam sein Geheimnis zum Vorschein, seine Stärke und Schwäche nicht nur, sondern das jeweilige Mehr: der Seelsorger überholte den Prediger und der Prediger den Seelsorger; der Praktische Theologe Eduard Thurneysen wurde durch den Praktiker überholt, der Schriftsteller durch den Menschen. Andererseits hat der Praktiker nicht ohne seine Theorie gehandelt, dieser Mensch ist nicht Mensch ohne das, was er schriftlich hinterläßt. Damit habe ich schon eine Schwierigkeit genannt beim Versuch, seine Bedeutung zu messen und zu wägen.

Man könnte freilich versuchen, in Aspekten darzustellen, was er war, ihn aus dem hinteren ins vordere Glied vorrücken lassen. Eduard Thurneysen als Gestalt der *Theologiegeschichte:* Seine Bedeutung geht über die Praktische Theologie hinaus in einer Weise, wie man das sonst von einem Praktischen Theologen oder Pfarrer der jüngeren Vergangenheit nicht sagen kann. *Jürgen Moltmann* hat als Systematiker Dokumente über die »Anfänge der dialektischen Theologie« herausgegeben und neben anderen auch Eduard Thurneysen das Wort gegeben. Moltmann meint, dieser werde »als engster und treuester Weggefährte Karl Barths gewöhnlich zu sehr und darum auch zu Unrecht als im Schatten Barths stehend angesehen« (49,II, 220). Eine solche Äußerung deutet auf den Rang Thurneysens. Nach *Alfred Niebergall* gehört er »zu den markantesten Vertretern der dialektischen Theologie« (RGG VI, 881). Ähnlich wie Moltmann über die theologiegeschichtliche Bedeutung Thurneysens schreibt *Gert Hummel* über dessen Bedeutung in der *Homiletik:* »Es ist in der Tat nicht so, daß erst K. Barths berühmte Vorträge von 1922 (Not und Verheißung der christlichen Verkündigung; Das Wort Gottes als Aufgabe der Theologie) mit ihrer Frage nach dem Überhaupt-Können des Predigens das neue Denken initiiert haben; dafür ist E. Thurneysens Aufsatz ein Beleg« (G. Hummel, Hg., Aufgabe der Predigt, 1971, 3). Die Geschichte der neueren Homiletik ist ohne den Namen von Eduard Thurneysen undenkbar. Das gilt in noch erheblicherem Maße von der Geschichte der *Seelsorge-Theorie. Manfred Josuttis* meint: »Bei der Vorstellung prominenter Vertreter evangelischer Seelsorgelehre muß E. Thurneysen an erster Stelle erscheinen« (Praxis des Evangeliums zwischen Politik und Religion, 1974, 97). Es ist nicht auszumachen, in welcher Sparte er größere Wirkung zeitigte, als Theoretiker von Predigt und Seelsorge oder als Seelsorger. Wäre man gerecht, müßte man ihn auch als *Katechet* und *Volksschriftsteller* würdigen. Am Gespräch von *Theologie und Medizin* war er beteiligt als Freund von *Richard Siebeck, Viktor von Weizsäcker* und als Freund auch von *Theodor Bovet* und *Gaetano Benedetti,* der an der akademischen Gedenkfeier neben Helmut Gollwitzer ein Gedenkwort sprach. Diese Namen zeigen schon ein Geflecht von Beziehungen zum anderen Fach hin. Er hat eine *Schrift über Dostojewski* geschrieben, die ihren Platz in der Forschung bis heute behalten hat. *Karl Nötzel,* der Dostojewski-Biograph, hielt die kleine Schrift »weitaus für das bedeutendste Ergebnis der ganzen bisherigen Dostojewskiforschung« (81, 9). – Ich weiß nicht, daß von einem Literaturhistoriker seitdem ein solches Lob über einen Theologen ausgesprochen worden ist. Was Thurneysen im Grenzgespräch Theologie-Literatur geleistet hat, bleibt bis zum heutigen Tag unerreicht.

Eine bestürzende Vielfalt von Tätigkeiten und Wirkungen: in Spannung ebenso zu einer gewissen Monotonie seiner Aussagen wie zu seinem – vielleicht zu problematisierenden – Platz als zweiter Mann neben Karl Barth. Was ich nur eben skizzenweise angedeutet habe, ließe sich ausführlich darstellen. Aber würde man auf diese Weise seiner wahren Bedeutung gerecht? Würde man nicht gerade unterstreichen, womit er sich möglicherweise selbst im Wege gestanden hat? Da er jenseits des Schriftlichen »auch ein wenig zu allen Menschen aller Zeiten redet«, müßte man eine Darstellungsweise finden, die heraushebt, was ihm den Namen gab »dr Bedittend«. Man müßte zeigen, was er war und tat über das literarisch Nachgelassene hinaus. Eine Betrachtung, die sich auf seine literarischen Äußerungen beschränkte, um auf diese Weise sein Profil herauszuarbeiten, würde wohl kaum aufweisen können, was er uns heute zu zeigen und zu sagen hat. Sicherlich mehr und anderes, als die Zuständigen, die es angeht, von ihm zu hören und aufzunehmen geneigt sind: ich meine die Fachgenossen in der Praktischen Theologie, sonderlich in der Poimenik. Die Geschichte seiner Rezeption bildet weithin die Geschichte von Mißverständnissen. Ich sehe aber meine Aufgabe nicht darin, diese Geschichte in Einzelheiten zu referieren.
Gaetano Benedetti, der Basler Psychiater, sagte in einem Gespräch: »Nie versucht er dem andern seine Meinung aufzudrängen. Seine Botschaft hat er durch die Art des Empfangens ausgerichtet, nicht durch ein Belehren« (17.9.1980). Die Zitate ließen sich vermehren, die aus der Kenntnis der Seelsorge-Praxis heraus ungefähr das Gegenteil sagen von dem, was die Theoretiker unter dem Stichwort »kerygmatische Seelsorge« monieren. Was liegt hier vor? Steht der Schriftsteller dem Praktiker im Wege, oder sind seine Texte falsch interpretiert worden? Vielleicht ist beides der Fall. Immerhin scheint mir eine bestimmte Tendenz in der Thurneysen-Rezeption der siebziger Jahre vorherrschend gewesen zu sein: ihn zu einem Abstraktum zu präparieren, ihn in seine Lehre einzuschließen und von seiner Geschichte abzusehen. Was dabei herauskommt, ist eine Interpretation in malam partem, wichtiger zum Verständnis der Interpreten als zum Verständnis des Interpretierten.

Was *Hans Joachim Iwand* zu einer Richtung der Luther-Interpretation schreibt, mag auch für einen Großteil der Thurneysen-Interpretation gelten: »Es besteht bei einigen Gelehrten die Gefahr, daß sie die Lehre isolieren, daß sie versuchen, daraus nun eben doch ein System, ein zeitloses Ganzes zu machen . . . Wir hören nur noch die Antworten, aber nicht die Fragen« (Luthers Theologie, 1974, 40).

Aus dem Mann am Fenster, der auf einen Blitz wartete und in eine Richtung zeigte, ist ein System, ein zeitloses Ganzes geworden, eine Attrappe, die einen nicht auf den Weg zu bringen vermag. Ich meine, daß wir die Fragen so lange nicht hören können, wie wir in ihnen nicht auch den Fragenden zu Gesicht bekommen.

Vielleicht wird Thurneysen von seinen Kritikern als strenge Vaterfigur angesehen. Damit komme ich zu einer Tendenz, die auf allen Feldern der Praktischen Theologie wegleitend ist, die Tendenz, sich von den Vätern zu befreien. Wir haben hier ein Problem gesellschaftlicher Art, ein Menschheitsproblem, mit dem die Menschen aller Zeiten irgendwie fertig werden mußten, das aber gerade heute belastend geworden ist, das Generationenproblem, das Problem des Verhältnisses von Vätern und Söhnen im besonderen. Wenn zu allen Zeiten das Verhältnis von Vater und Sohn ein spannungsgeladenes war, so ist es – abgesehen von den besonderen geschichtlichen Bedingungen der Zeit nach dem Zweiten Weltkrieg – durch die industrielle Revolution verschärft worden, wovon auch die Kirche und ihre Praxis nicht unberührt geblieben sind: In einer Agrargesellschaft, in der der Sohn dem Vater folgt, in einem Bürgertum, in dem, wie in den Zünften, der Sohn den Beruf des Vaters übernimmt, bleibt zwischen Vater und Sohn ein gemeinsames Band, die Arbeit. Der Vater wird immer einen Vorsprung an Erfahrung haben und vom Sohn gefragt werden; das Ehren des Vaters, wie es im Dekalog gefordert ist, hat eine natürliche Basis. In der industriellen Gesellschaft dagegen ist diese natürliche Basis weithin zerbrochen. Der Sohn ergreift nur in Ausnahmefällen den Beruf des Vaters, und damit wird die Arbeitswelt weitgehend aus dem Gespräch der Generationen ausgeklammert: der Sohn hat den Vater nichts zu fragen, und der Vater hat dem Sohn nichts zu sagen. Das Gespräch verstummt, das Verhältnis zwischen Vätern und Söhnen wird sprachlos, geistlos. Wenn die Väter nichts mehr bedeuten, verlieren die Söhne ihr Gewicht, d.h. sie haben es schwer, mit ihrem Leben zurechtzukommen, da das gelebte Leben des Vaters keine Schwerkraft hat. Ohne Vater bin ich ein Niemand. Keiner existiert, ohne daß er einen Vater hätte. Der Mensch ist zuerst ein Gezeugter und dann erst ein Geborener. Das gilt auch im Geistlichen: in der Begegnung mit einem väterlichen Du wächst der Mensch.

»Mit dem Geist bekommen wir Väter und mit den Vätern einen Geist« (64, 48). Das Verhältnis der Generationen wirkt mitbestimmend auf den Geist oder Ungeist einer Zeit. Es ist für uns Heutige entscheidend, daß wir unser Verhältnis zu den Gestrigen klären, denn die Unklarheiten gegenüber den Gestrigen schaffen die Probleme derer von morgen. Die vielbesprochenen

Jugendkrawalle unserer Zeit haben mindestens eine Wurzel in der Beziehungslosigkeit der jüngeren Generation zu der vorhergehenden, wie denn auch die Bedeutungslosigkeit gegenwärtiger Theologie einem fehlenden Gespräch zwischen den Generationen entspricht. Eduard Thurneysen verdient in dieser Hinsicht eine doppelte Beachtung: als »Sohn« in der Beziehung zu seinen »Vätern« und als »Vater« in Beziehung zu seinen »Söhnen«. Als ein »Sohn«, der er war, wird er zu einem »Vater«, und als »Vater« hilft er den »Söhnen« über sich selbst hinaus. Als Vater läßt er sich beerben, er gibt uns ab von seinem Reichtum.

Ein *Bernhard von Chartres* sah seine Generation »wie Zwerge, sitzend auf den Schultern von Riesen« (vgl. 64, 59). Indem wir von den Vorangehenden getragen werden, sehen wir weiter, aber das ist nicht unser Verdienst. Solcher Hochschätzung der Väter stehen die Metaphern von *Samuel Beckett* und *Bruno Schulz* gegenüber: der Vater logiert in der Mülltonne oder wird als verstaubter, ausgestopfter Vogel dargestellt (64, 49).

Man braucht Eduard Thurneysen nur das Wort zu erteilen und sein literarisches Vermächtnis im Verein mit den Fragen, die ihn bewegten, im Zusammenhang seiner Praxis zu sehen, um zu erkennen, wie sehr er uns Heutige um Haupteslänge überragt. Sollte sich aber zeigen, daß der Riese Schwächen hat, so wäre zu bedenken, daß ein schwacher Riese noch lange nicht die Stärke der Zwerge darstellt.

Ein Pfarrer

Er war Pfarrer und ist zeit seines Lebens der Pfarrer Thurneysen geblieben. Das Geheimnis seines Menschseins gehört zu dem seines Pfarrerseins. Man muß den Pfarrer enträtseln, will man den Menschen enträtseln. Seine Bedeutung für die Gegenwart: er war als Pfarrer Theologe. »Bei ihm kommt zuerst die Theologie, dann die Theologie und nochmals die Theologie«, sagt eine Frauenrechtlerin von ihm. Das als Vorwurf Gemeinte artikuliert ein Lob, verstärkt dadurch, daß die Frauenrechtlerin sich über den Vorrang der Theologie beschwere, während sie von derselben profitierte: Sie stand in der Seelsorge Thurneysens und war dessen treue Predigthörerin.
Wenn ich in einer ersten Annäherung betonte, der Praktiker habe den Theoretiker überholt, tat ich ihm mit solcher Unterscheidung schon unrecht, trennte den Schriftsteller vom Pfarrer, wertete sein literarisches Vermächtnis ab gegenüber der Persönlichkeit, als ob man auf diese Weise fein säuberlich trennen könnte, als ob man einen Menschen auseinandernehmen könnte wie den Motor eines Kraftfahrzeugs. Theorie und Praxis, Wort und Werk stehen bleibend in Spannung zueinander. Die Bedeutung Thurneysens für die Systematische Theologie, die Homiletik, die Poimenik, seine Bedeutung für das Gespräch mit der Psychiatrie und Psychologie einerseits und für das mit der Literatur andererseits verblaßt gegenüber der

Tatsache, daß Thurneysen eben in all dem, was er im einzelnen bedeutete – Pfarrer war. In der Trias, untrennbar, von Menschsein, Pfarrersein, Theologesein ragt er herein in unsere Gegenwart, überragt er uns Heutige, »dr Bedittend«, macht er uns vor – im Guten und im Schlechten –, wie man als Pfarrer Theologe und als Theologe Pfarrer sein und wie man in beidem Mensch bleiben kann. Damit wird seine Vita, in ihren Stärken und Schwächen, zur offenen Frage nach der Möglichkeit des Pfarrerseins – und darüber hinaus wohl auch zum Exempel für das Problem des Christseins überhaupt.

Er war der Pfarrer Thurneysen. Als Pfarrer wurde er auch akademischer Lehrer. Aber als solcher blieb er – bis in seinen Todeskampf hinein – Pfarrer und wurde gerade dadurch zum Exempel für die Möglichkeit des Pfarrerseins.

Solches Schulbeispiel haben wir heute nötig; in einer Gesellschaft, in der man den Vater in die Mülltonne verbannt, weiß der Pfarrer – ein von der Tradition her durchaus väterlicher Beruf – nicht mehr recht, was er soll, wozu er gut ist. Weil man nicht recht weiß, was das ist: ein Pfarrer, und was er eigentlich zu tun hat, darum wird er dann allzuleicht zum religiösen Hans-Dampf in sozialen Gassen und auf unmöglichen Märkten, der in hektische Aktivitäten flieht, bis er müde und ausgeleiert nur noch als »Heilsmaschine« funktioniert, ein Beamter des lieben Gottes, gut für alle Kirchensteuerzahler.

Thurneysen begann als ein am Pfarrersein Leidender: Pfarrer sei »eigentlich ein grundsätzlich verfehlter Beruf« (2, 90). Später nannte ihn Karl Barth – zu Recht oder Unrecht –: »eine im besten Sinn bischöfliche Erscheinung« (1, 228). Im Wechsel vom verfehlten Beruf zum Bischof wird etwas vom Rätsel seines Lebens beschlossen sein, dessen Enträtselung Segen und Sünde freilegt, hoffentlich aber in der Weise, daß auch die Schuld gute Frucht trägt. In der Einheit von Person und Beruf liegt noch ein anderes beschlossen, das für die Praktische Theologie und ihre Wissenschaftstheorie von Bedeutung sein mag. Bei einem Theologen aus Leidenschaft und einem Liebhaber der Menschen kommen Theorie und Praxis zuhauf, sie werden damit keineswegs deckungsgleich. Da gilt der Satz der Frauenrechtlerin: »Bei ihm kommt zuerst die Theologie, dann die Theologie und nochmals die Theologie« – und mein Satz: »Der Praktische Theologe wird durch den Praktiker überholt.« Da gilt Satz für Satz hin und her, und dieses Hin und Her ist das unsere. Vielleicht kann man unter dem Obersatz, bei ihm komme zuerst die Theologie, sagen: Als theologischer Lehrer lehrt er aus der Praxis für die Praxis, Schulbeispiel auch darin, daß der theologische Schriftsteller gegenüber dem tätigen Pfarrer kein Eigenleben führt.

Johann Friedrich Abegg notiert im »Reisetagebuch von 1798« bei einem Gespräch mit Scheffner in Königsberg einen Vorwurf an die dortigen Professoren, »daß sie bloß durch das Buch, im Buch u. für Bücher denken« (1976, 235). Einen solchen Vorwurf kann man dem Professor Thurneysen nicht machen. Seine Wirkung beruht m.E. primär auf der Verbindung von

19

Mensch und Theologie. So werde ich folgerichtig das Schwergewicht zunächst nicht auf die Schriften legen.

Eberhard Busch hat »Karl Barths Lebenslauf« erzählt »nach seinen Briefen und autobiographischen Texten« (1975). Was ihm bei Barth gelang, müßte mir bei Eduard Thurneysen mißlingen, schlicht deshalb, weil man auf diese Weise übersähe, wer ihm den Ehrennamen »dr Bedittend« gegeben hat: die Gemeinde. Indem ich seine Bedeutung für das Heute hervorheben möchte, die bei Barth weniger problematisch sein mag, drängt sich ein anderes Verfahren auf.

Biographie zwischen Legende und Karikatur

Ich habe recherchiert, habe Menschen nach ihm befragt und als Antwort Legenden bekommen. Wir müssen uns beim Wort »Legende« an dessen ursprünglichen Wortsinn halten: eine »kurze, erbauliche religiöse Erzählung über Leben u. Tod od. auch das Martyrium von Heiligen« (Gr. Duden). Wenn ich »Legende« sage, meine ich keineswegs eine Nachricht, die nicht den Tatsachen entspricht, sondern die Erzählung vom Heiligen.

André Jolles hat in »Einfache Formen« (1958[2]) als erste die »Legende« besprochen (23ff) und den Heiligsprechungsprozeß dem Strafrecht gegenübergestellt. Die tätige Tugend steht dem Verbrechen gegenüber. Sie verselbständigt sich, sie reizt zur Imitatio. Die Legende wäre demnach das Ergebnis einer selektiven Aneignung. Die Legende spricht vom Jenseitigen im Diesseits, bringt das Heilige zur Sprache als ein für mich noch Unerreichtes, aber Wünschbares, das mich einlädt, ihm nachzueifern. In der Legende kommt Schönheit zum Vorschein, die – wie es bei Dostojewski heißt – die Welt erlösen wird. Legende urteilt nicht, sie nimmt wahr: das Unerreichbare als Verheißung. So kann ich den Heiligen – wenn ich nicht ihn selber gesehen habe – nur in der Sprachform der Legende wahrnehmen. Die Legende enträtselt das Geheimnis eines Menschen nicht, indem sie es auflöst, wohl aber so, daß sie es ausmalt oder ausspart, je nachdem. Nach meinen Gesprächen, die ich über Thurneysen geführt habe, fiel mir auf, wie sehr sein Bild, das mir diese Gespräche gaben, einem Heiligenbild glich, einer Ikone; ein Bild, zu dem ich aus eigener Erinnerung Farben beizusteuern vermag. Dem Heiligenbild aber entspricht die Heiligengeschichte, die Legende. Die Ikone ist aperspektivisch; sie unterwirft sich nicht dem Gesetz des Chronos; sie hebt Vergangenheit ins Heute, wählt die Zeit aus, »zerbricht ›das Historische‹ in seine Bestandteile« und hebt sie ins Licht der Vorbildlichkeit, der ihr alleiniges Interesse gilt. Die Legende hat in der Reformation ihre Kraft eingebüßt. Heute hat sie ihr Wesen im Sport, wo der Rekord die Stelle des Wunders einnimmt.

Nun ist aber zu beachten, daß im Pietismus die Lebensgeschichte als tätige Tugend unter dem Vorzeichen der Gnade erzählt worden ist (vgl. schon Hebr 11). Gerade heute brauchen wir im Suchen nach einem neuen Lebensstil die Darstellung des exemplarischen Christen – möglichst ohne Schönfärberei, d.h. im Wissen darum, daß tätige Tugend sich gegen eine allzeit tätige Sünde zu behaupten hat.
Die Legende ehrt den Heiligen, bringt das Heilige des Heiligen zur Sprache.

Sie ist darin sozusagen vorwitzig. Sie macht das Unsichtbare anschaulich; das geht wohl nicht ohne Auslassung und Übertreibung. Sie gibt zu, daß der Heilige der Nachhilfe, der Retusche bedarf; sie will Unbegreifliches näherbringen. Der Begriff »Legende« kennzeichnet nicht zuletzt einen Selektionsprozeß und schließt beides in sich: Andacht und Augenzwinkern. In diesem Sinne ist schon der Spitzname »dr Beditend« eine Legende en miniature. Legenden sind erbaulich, sagt man. Wäre man genau, würde man sagen: sie sind bildsam, indem sie uns über den Heiligen ins Bild setzen; sie ziehen die Unterredner in die Sphäre der Heiligkeit. Im Gespräch über den Heiligen lernt man, was in Büchern nicht zu lernen ist. Geistesgegenwart wird spürbar: »Morgenglanz der Ewigkeit« strahlt auf auch im Erzählen von Nebensächlichem, auch im Hinweisen auf Schwächen. Die Legende sieht die Schwäche im Schutz der Gnade. Ihr erkenntnisleitendes Interesse ist nicht die Sünde und der Sünder, sondern deren Überwindung bzw. dessen Begnadigung. Darum stören Andacht und Augenzwinkern einander nicht. Die Legende ist dem Geheimnis des Menschen in seiner Heiligung zugewandt, erzählt Leben im »Licht vom unerschaffnen Lichte« und hebt die Existenz ins Vorbildliche. Ihre Wahrheit liegt in der Zukunft, die sie im Erzählen von Vergangenem verheißt. Wird aber die Legende dem simul iustus und simul peccator gerecht?

Zu dieser Frage *Adolf Muschg:* »Die Legende wahrt den Respekt vor dem Heiligen, so viel sie weiß, sie bringt es dem Gemüt ja näher – aber zugleich enthält sie wohl oder übel eine Spitze dagegen. Ihre Form selbst bringt zum Ausdruck, daß das Heiligen-Leben noch etwas zu wünschen übrig läßt; daß man, um selbst damit leben zu können, sich seinen eigenen Vers darauf machen muß. So ist die Legende apokryph von Haus aus. Sie ist Andacht, in der die Ketzerei schlummert; Glaube an die Autorität und Spiel mit ihr« (Gottfried Keller, 1977[2], 104f).

Die Legende ehrt den Vater, indem sie ihm mitspielt ins Lichte, ins Himmlische hinein. Sie überzeichnet ins Heitere, überhöht, indem sie sich einen Vers auf den Vater macht. Wegen der in ihr schlummernden Ketzerei mußte die Legendenbildung mit der Reformation zerfallen. Sie starb an ihrem Defekt: Die Legende vermag der Wahrheit des Heiligen nicht gerecht zu werden, die immer eine Wahrheit des Sünders in der Gnade bleibt. Was zu wünschen übrig bleibt, ist der Ruhm, der uns mangelt vor Gott. Auf Thurneysen angewandt: das verehrende Erzählen und seine subjektive Wahrhaftigkeit feiert, was am Heiligen zu verdanken ist, nimmt aber kaum wahr den Defekt, den nur die Gnade heilt.

Muschg meint: »In klassischen Zeiten des Glaubens genießt die Kühnheit der Legende unmittelbar den Schutz der Gnade; in Zeiten religiösen Übergangs fordert sie wenigstens die Erinnerung daran heraus und empfiehlt sich der irdischen Gnade, indem sie solche selbst praktiziert: in der Grazie der Kunst« (105).

Wo diese aber fehlt, stößt die Legende ins Gnadenlose, macht, den sie ehren möchte, eher lächerlich als vorbildlich. So eignet sich die Legende nur in begrenztem Maße, um die Bedeutung eines Predigers und Seelsorgers darzustellen, wie andererseits die Darstellung des Heiligen der Legende oder des Legendarischen nicht entraten kann. Wäre dann die Legende oder das Legendarische zu ergänzen? Fragt man nach dem Gegenstück der Legende, kommt man auf das Pasquill, die Schmähschrift, den Spottvers, das Pamphlet, die Satire, auf Genera, die einem Zeitalter theologischer Mutlosigkeit ebenso fremd sind wie die Legende. Wie in der Legende fehlt auch hier der Bezug auf das simul – nun im Blick auf den Gerechten. Pasquill und Pamphlet sind ihrem Wesen nach gnadenlos.

Karl Barth hat zu Ende seiner Lehrtätigkeit die Anfechtung bedacht, in der sich Gott der Theologie entzieht und die theologische Arbeit verwirft: »Da ist wohl Wissenschaft, aber keine in der Macht ihres Gegenstandes leuchtende Erkenntnis« (Einführung in die evangelische Theologie, 1962, 148). In diesem Zusammenhang spricht Barth von der Theologie als Verführerin und von »Unheilsspuren« der großen Theologen: »Ist es nicht erschütternd zu sehen, wie selbst die größten und anerkanntesten Theologen, wie Athanasius, Augustin, Thomas, Luther, Zwingli, Calvin, um von einem Kierkegaard, von einem Kohlbrügge nicht zu reden, neben ihren positiven Ein- und Auswirkungen Alle auch wahre Unheilsspuren zurückgelassen haben?« (156).

Wir wären schlecht beraten, wollten wir bei Eduard Thurneysen diesen Aspekt ausklammern. Die Legenden haben es schwer. – Wie soll die Spur von Heil und Unheil, wie soll Segen und Unsegen, die ein Lehrer der Kirche hinterläßt, ausgemittelt werden? Wie kann man dem Sünder gerecht werden, ohne entweder zum Komplizen seiner Sünde oder aber zu seinem Richter zu werden, sind doch die Sünde wie das Heilige uns gleichermaßen verborgen? Wie kann das Verborgene sichtbar gemacht, das Geheimnis enträtselt werden? Hilft es da weiter, wenn man zur sprachlichen die bildnerische Darstellung heranzieht?
Entspricht der Legende bildnerisch die Ikone, so ist das Gegenteil einer Ikone die Karikatur, sie überlädt und übertreibt charakteristische Züge ins Fratzenhafte, Launische, gibt sie der Lächerlichkeit preis. So wird aus einem Mächtigen dieser Welt ein armer Teufel. Die Karikatur wird im Bildnerischen zu einer Art Antilegende, die das Unzulängliche betont. Nicht auf ein Unerreichbares hin wird dargestellt, sondern auf Entmächtigung. Man will fertig werden mit einer Gestalt, die einem zu mächtig geworden ist. Man überzeichnet ins Mangelhafte. Die Karikatur ist zeichnerisch eine Art Strafprozeß. Sie fordert nicht zur Nachahmung auf, sie will unschädlich machen.
Einzelzüge werden hervorgehoben, überzeichnet auf Kosten anderer Züge. Wird in der Ikone stilisiert, wird in der Karikatur verzerrt. Um einer Pointe willen wird das Ganze der Person deformiert. Die Karikatur erniedrigt; Andacht ist nicht mehr vonnöten. Absolution findet nicht statt. Die Karikatur bindet, indem sie überzeichnet. Sie löst nicht. Die Schwierigkeit ist nun die, daß die Karikatur in der Sprache kein adäquates Gegenüber hat. Sie geht

darum in die verschiedensten Sprachformen ein. Sehe ich recht, gleicht die Darstellung Thurneysens in der modernen Seelsorgeliteratur eher der Karikatur als der Legende. »Glaube an die Autorität und das Spiel mit ihr«. Karikatur, theologisch verstanden, heißt: Ein Sünder zeichnet einen Sünder, um sich von dem Gezeichneten zu befreien. Fatalerweise bleibt das befreiende Lachen aus.

Ikone und Karikatur, Legende und was? Was steht antitypisch der Legende gegenüber? Auch auf dem Umweg über das Bildnerische kommt man nicht viel weiter. Gibt es eine Möglichkeit, das Unvereinbare in der Formel »Gerechter und Sünder zugleich« aufzulösen in eine Biographie? Ich sage »Biographie«. Es wird wohl nicht zu vermeiden sein, von Biographie zu reden, auch wenn ich mich gegen den eingebürgerten Gattungsbegriff wehre. Thurneysen hat einmal im Blick auf Barth bemerkt: »Biographie ist immer nach rückwärts gewendet und hat darum leicht etwas von einem Nekrolog an sich« (43, 831). Gefährlicher noch als die Rückwärtsgewandtheit erscheint mir die beinahe unweigerlich sich einstellende Fiktion von Allwissenheit. Ein Biograph ist nicht Gottvater. Die Verborgenheit christlicher Existenz mit Christus in Gott bringt eine Biographie nur zu leicht in die Zone des Anrüchigen, in der Autor und Leser zum Voyeur werden. Gegen den Voyeurismus hilft nur das Mitgehen.

Jürgen Seim hat für den Biographen Verliebtheit und Kriminalistik postuliert, »wenn Verliebtheit die absolute Sonderstellung des andern, Kriminalistik seine totale Objektivierung zum Inhalt hat« (Zur Methode der Biographie, EvTh 39, 1979, 449). Ich verstehe dieses Postulat als Konsequenz des reformatorischen »simul iustus, simul peccator« und möchte »Verliebtheit« durch Verehrung ersetzen. Von staatsanwaltschaftlicher Ermittlung kann man sprechen, weil es gilt, den Geist der Väter zu prüfen. Eine »totale Objektivierung« wird gesteuert vom Interesse, dem anderen auch da auf die Spur zu kommen, wo man seiner Spur gerade nicht folgen kann. Auf diese Weise mag man sich des eigenen Weges bewußt werden.

Beim Versuch, das Leben von Eduard Thurneysen nachzuzeichnen, bewegt mich dieses Interesse zu zeigen, was er von Gott und was er von sich selbst her zu geben und zu sagen hat, daß auch er ein wenig als Prophet und Apostel des Gottesreiches redet und dies nicht anders tut als in menschlicher Fehlerhaftigkeit. Was Luther von den Aposteln, Propheten, Heiligen sagt, gilt auch im Blick auf die Erbschaft an Sünde: »Die lieben Apostel sind auch Sünder gewesen und grobe, große Schälke, wie Paulus ist gewesen«. »Ich glaube, daß die Propheten auch oft schwerlich gesündigt haben, denn sie sind Menschen gewesen wie wir.« »Die rechten Heiligen Christi müssen gute, starke Sünder sein« (zit. nach Paul Schempp, Gesammelte Aufsätze, ThB 10, 1960, 284). War Eduard Thurneysen ein starker Sünder? Wie auch immer die Antwort ausfallen mag, Erben sind wir auf alle Fälle. Distanz ist geboten und zu wahren. Imitatio meint nicht Hörigkeit. Ichwerdung wird mitgesetzt, gerade auch da, wo der Größere mich zu bedrohen scheint.

Wo *Peter Handke* das Leben seiner Mutter beschreibt, muß er fürchten, »mit jedem Satz aus dem Gleichgewicht zu kommen« (Wunschloses Unglück, 1972, 42). In der Tat. In meinem Fall, die Doppelung Gerechter und Sünder zugleich ist nie eine Balance und bringt darum auch den Erzähler je und je aus dem Gleichgewicht. Handke spricht von Tatsachen, die »so übermächtig sind, daß es kaum etwas zum Ausdenken gibt« (ebd.). Ich übertrage von der Mutter des Schriftstellers auf den Darzustellenden: »Wichtig ist nur, daß ich keine bloßen Zitate hinschreibe; die Sätze, auch wenn sie wie zitiert aussehen, dürfen in keinem Moment vergessen lassen, daß sie von jemand, zumindest für mich, Besonderem handeln . . .« (43). Handke berichtet denn auch, daß er sich nicht von der Gestalt entfernen könne, sondern vielmehr versuche, sich »mit gleichbleibendem starren Ernst an jemanden heranzuschreiben, den ich doch mit keinem Satz ganz fassen kann, so daß ich immer wieder neu anfangen muß und nicht zu der üblichen abgeklärten Vogelperspektive komme« (43f). Es wäre übertrieben, mich nun mit Handke zu identifizieren. Aber vergleichsweise gilt, was Handke von sich und seiner Mutter sagt, auch für mich und den geistlichen Vater: »Nur von mir kann ich mich distanzieren, meine Mutter wird und wird nicht, wie ich sonst mir selber, zu einer beschwingten und in sich schwingenden, mehr und mehr heiteren Kunstfigur. Sie läßt sich nicht einkapseln, bleibt unfaßlich, die Sätze stürzen in etwas Dunklem ab und liegen durcheinander auf dem Papier« (44).

Gegenüber dem Schriftsteller kommt in meinem Falle noch eine Schwierigkeit hinzu. Das Durcheinander der Sätze ist schon in der Irritation gegeben, die im Miteinander zwischen dem literarisch Greifbaren und dem in der Erinnerung Bewahrten entsteht. Ich muß mich gegen neue Fakten geradezu wehren, bevor ich die Möglichkeiten der Recherche ausgeschöpft habe, eben weil eine Vogelperspektive kaum möglich ist: Muß ich mich davor hüten, aus Thurneysen eine Kunstfigur zu machen, verlangt die Bemühung, ihn zu verstehen, eine ordnende Überschau.
Legende und Karikatur, Segen und Sünde im Erbe. Gerade das Unausdenkbare will bedacht sein: gelebte Theologie und ungelebte. Ist das zu enträtseln, der Zusammenhang zwischen Gelebtem und Gedachtem? ». . . ich beschäftige mich mit diesem Geheimnis, denn ich will Mensch sein.«

Was *Johann Baptist Metz* bemerkt, trifft auch für die evangelische Theologie zu. Metz wiederholt und variiert, was Iwand von der Lutherinterpretation sagte: »Die katholische Theologie in der Neuzeit scheint weithin geprägt von einem tiefgreifenden Schisma zwischen theologischem System und religiöser Erfahrung, zwischen Doxographie (Problemdarstellung, RB) und Biographie, zwischen Dogmatik und Mystik« (Exkurs: Theologie als Biographie?, in: Glaube in Geschichte und Gesellschaft. Studien zu einer praktischen Fundamentaltheologie, 1977, 195). In solchem Schisma wird die Lehre isoliert: »Wir hören nur noch die Antworten, aber nicht die Fragen«. Das Schisma, von dem Metz hier spricht, hat zweifellos eine Wurzel in der Vernachlässigung des dritten Artikels. Die Vernachlässigung der Pneumatologie macht die Theologie als Ganzes unpraktisch, obwohl sie eine scientia practica sein sollte oder, wie Schleiermacher meint, »eine positive Wissenschaft«. – Später spricht Metz vom »Schisma zwischen Dogmatik und Lebensgeschichte« (196), das es zu beenden gelte. Allerdings frage ich mich, ob Metz nicht übersieht, daß die Lebensgeschichte hienieden die Dogmatik nie einholt, insofern der Mensch »im Fleische« bleibt und darum nicht im Bilde ist. Das Schisma zwischen Dogmatik und Lebensgeschichte, also zwischen Lehre und Leben ist das Brandmal unserer Sündhaftigkeit – und Sündhaftigkeit ist nie zu rechtfertigen. Ich verstehe Johann Baptist Metz in der Richtung: Die Theologie muß praktisch werden.

Ikone und Karikatur, Legende und ihr vielfältiges Gegenüber, Biographie - die Ansammlung der Begriffe verrät die Schwierigkeit des Verstehens. Es ist kein Zufall, daß ich in erster Linie Dichter zitiert und um Beistand gerufen habe, nicht Theologen. Von diesen kommt wenig Hilfe zur Enträtselung des Geheimnisses mit dem Willen zum eigenen Menschsein. Das letzte Geheimnis allerdings wird nicht zu lösen sein. Eine Biographie ist letztlich nicht möglich, weil das Leben der Christen mit Christus in Gott verborgen ist (Kol 3,3), und eine Biographie vermag ein Leben nicht aus der Verborgenheit in Gott herauszuschälen. Die in Gott verborgene Existenz vermag ich nicht zu durchschauen. Dennoch ist gerade in der Verborgenheit der Mensch eine Nachricht, die entschlüsselt werden will, da sie das eigene Menschsein aufzuschließen vermag.

Eine Biographie ist nur im Vorläufigen möglich: Indem Jesus Christus sich den Seinen schenkt, indem er nicht ohne die Seinen ist, gehört die Biographie eines Christen ins Evangelium, wird sie zu einem Evangeliumsfragment. Was Eduard Thurneysen bedeutet, ist ein Teil von Christus als Gabe. Christus als Gabe kommt zur Sprache in der Predigt des Evangeliums und in der Antwort der Gemeinde. Darum ist das anrüchige Wort »Predigt« das allein sachgemäße für die Vorläufigkeit einer Biographie. Was ein Christenmensch bedeutet, kann vorläufig nur – gepredigt werden. Der Christus, der sich einem Eduard Thurneysen schenkt, ist der Christus von gestern und heute, der sich morgen wiederum und aufs neue schenken wird. Was ich darstelle, soll dem Leser helfen, einen Mann von gestern zu entdekken als ein Licht, das die Gegenwart ein wenig erhellt und in die Zukunft weist, eine Art Positionslicht, eben als »Licht vom unerschaffnen Lichte«, auch da, wo sich seine Position als verfehlt erweisen sollte. Ein Leben als Evangeliumsfragment entdecken heißt, dessen Verfehlung sehen, die in der eigenen aufgehoben ist. Im Rahmen des Evangeliums wird jede Anklage eines Vaters durch den Sohn zur Selbstanklage. Eine Bußliturgie muß die Legende ergänzen, das Nichtvorbildliche ist zu sehen und zu sagen in einer unio mystica der Schuld: »Unsere Väter haben gesündigt, sie sind nicht mehr; und wir, wir tragen ihre Schuld« (Klgl 5,7).

Prophetie und Seelsorge

Die Schwierigkeit einer Biographie zwischen Legende und Karikatur, die Scheu, zu viel über ihn zu wissen, ihn zur Kunstfigur zu machen, widerstreitet der Neugierde, zu wissen, wie er als Prophet, wie er als Seelsorger war: Der Mann am Fenster, der auf den Blitz wartet, und der Greis, noch unter der Haustüre stehend, à Dieu, er stand als Prophet.

Das Wesen des Prophetischen ist in der hier gebotenen Kürze nur allgemein zu bestimmen. Man wird alttestamentlich auf die Propheten rekurrieren müssen, neutestamentlich auf den Begriff Charisma.

Gerhard von Rad macht darauf aufmerksam, »daß nämlich die Propheten selbst, jeder in einer ganz bestimmten, aber für seine Botschaft entscheidenden Weise in der Geschichte Gottes mit Israel Stellung bezogen haben und daß ihr ganzes Reden nur von diesem ihrem Standort her zu verstehen ist. Sie wissen sich in einen Geschichtszusammenhang mit weiten Perspektiven nach rückwärts und nach vorwärts gestellt. Innerhalb dieses Geschichtszusammenhanges aber steht jeder Prophet sozusagen an dem Schnittpunkt, da die schon fast zum Stehen gekommene Gottesgeschichte mit einem Mal dramatisch wieder in Bewegung kommt« (Theologie des Alten Testaments II, 1960, 311).

Die von von Rad herausgehobene Funktion des Propheten ist auch für eine pneumatologisch orientierte Bestimmung des Prophetischen wichtig: Unter dem Gesichtspunkt theonomer Reziprozität bekommt die Prophetie eine Geschichte auslösende Funktion. Die Geschichte Gottes geht weiter, und der Fehler aller Orthodoxie ist der, daß sie dieses Weitergehen in der Gegenwart nicht genügend beachtet.
»Das Charisma Gottes aber ist das ewige Leben in Jesus Christus, unserem Herrn« (Röm 6,23). Im Charisma west ewiges Leben, kommt ewiges Leben zum Vorschein. Wichtig ist, daß Paulus den Gebrauch der Prophetie nicht an die Schrift bindet, sondern an den Glauben. Die Prophetie soll gebraucht werden »nach Maßgabe des Glaubens« (Röm 12,6). Wo aber die Schriftgemäßheit sich in der konkreten Situation vor den Glauben stellt, muß die Prophetie erlöschen. Der Prophet hat nicht zu erklären, was der Text sagt. Der Prophet hat im Hier und Heute zu sagen, was Gott sagt. Das Charisma prophetikon hat seine von anderen Charismen unterschiedene Eigentümlichkeit und Selbständigkeit darin, daß es in je neuer Situation eine entsprechende Ortsbestimmung angibt und in die Reziprozität einweist, sei es vergewissernd, sei es korrigierend-parakletisch. Es sorgt sich darum, daß der Geist nicht gelöscht werde (vgl. 1Thess 5,19f) und das ewige Leben in je neuer Situation sich nicht verberge. So stark Paulus das Charisma prophetikon heraushebt, es bleibt eingebunden in die Gemeinde, die es zu prüfen und zu verantworten hat (vgl. 1Kor 14,29f).
Versteht man Seelsorge mit Thurneysen als Verkündigung des Wortes Gottes von Mann zu Mann, besteht zwischen Prophetie und Seelsorge kein grundsätzlicher Unterschied, insofern nämlich, als alle Prophetie ein seelsorgerliches und alle Seelsorge ein prophetisches Moment birgt. Immerhin ist zu fragen, ob gerade von der alttestamentlichen Sicht der Prophetie und von der neutestamentlichen Erwartung des Reiches Gottes her die Prophetie sozusagen in der Seelsorge aufgehen könne.

Wie wird einer Prophet?
Wie wird einer Seelsorger?

Eifert nach der Prophetie.

Paulus

Jeder Mensch ist eine Hoheit. Man kann ihn einzig durch Barmherzigkeit gewinnen.

Alfred Sager

Das Herkommen

Wir tauchen nicht aus dem Nichts auf, wir kommen her, entstammen früherem Geheimnis, sind Nachfahren allzumal, Erben im Leiblichen wie im Geistigen, und Neuschöpfung ist das Neuwerden eines Hergekommenen. Wir bringen mit, und was wir mitbringen, bleibt uns allermeist verborgen. Ein Hinweis auf Väter schließt die Mütter aus, er kann nur Zeichen setzen. 1461 wurde ein aus Nürnberg stammender Vorfahr, ein Hufschmied, Bürger von Basel; dann gab es Gerber, Bäcker, Metzger, Küfer, der Großvater war Drechsler, der Vater wird Theologe. Eduard Thurneysen war vom Herkommen kein Humanist; erasmischen Geist atmete er nicht, obwohl er ein großer Leser wurde und – wie ein langjähriger Mitarbeiter bemerkte – »ständig an sich arbeitete«.
Der Vater hatte bei Johann Tobias Beck studiert, war ein guter Hebraist, »der nie aufgehört hat, die Bibel in den Ursprachen zu lesen«. Am achtzigsten Geburtstag sah der Sohn zurück und erwies dem leiblichen Vater Reverenz: Der von Beck »überkommene Biblizismus hat mir viel bedeutet und wohl mitbewirkt, dass die Hinwendung zur Theologie und zum Pfarramt in mir erweckt worden ist« (53, 2). – Diese Äußerung überrascht; ich habe kaum ein Gespräch mit ihm in Erinnerung, da er vom Vater gesprochen hätte. Mag sein, daß die Macht seines Vaters in späteren Jahren zugenommen hat; ein Vater erweist sich oftmals mächtiger, als der Sohn weiß.
Die Mutter, einer Kaufmannsfamilie aus Südbaden entstammend, eine »Frau Rat«, eine Frohnatur, brachte am 10.7.1888 in Walenstadt Zwillinge zur Welt. Der Ältere starb nach drei Monaten. Er kam zur Welt, um dem Jüngeren ein Stück Lebenskraft zu nehmen. So hat sich Eduard Thurneysen erfahren als Zwilling, ein Zweiter, Schwächerer, der aber überlebt. Die Erfahrung in der Wiege wird sich später wiederholen, aber nun nicht unter dem Vorzeichen der Minderung, sondern der Mehrung. Er wird ein Bedeutender als eine Art von theologischem Zwilling: »Barth und Thurneysen«. Nach zweieinhalb Jahren starb die Mutter an der Geburt eines jüngeren Bruders dem Zwilling nach. Ein frühes Leid, vielleicht disponierte es ihn zur Freundschaft, indem es das Bedürfnis weckte, nach denen zu suchen, die er verloren. Ein frühes Leid, eine frühe Erfahrung des Todes. Die Lebensgefährtin schreibt: »Dieser Schatten lag zeitlebens irgendwie über seinem Leben. Doch hat ihm seine erste Mutter auch das heitere sonnige Wesen mitgegeben« (85, 1). Da wird schon etwas sichtbar von einer verborgenen Widerspruchseinheit seines Wesens. Ein Beschädigter wuchs ins Leben hinein. Die doppelte Beraubung, die er erfahren hatte, die von Lebenskraft durch den Zwillingsbruder, die von Nestwärme durch den Tod der Mutter, sie disponierte ihn zum Seelsorger.
Der Bub war dreieinhalb Jahre, als der Vater nach Basel zog, um in der Heimatstadt Spitalpfarrer zu werden, kein sonderlich angesehener Posten damals in der kirchlichen Hackordnung einer Stadt. Ein Jahr später heiratete der Vater ein zweites Mal. Die Ehe wurde nicht glücklich, und das Stiefkind

wuchs auf nicht ohne Groll, weil es den Vater an seiner Frau leiden sah. Eine neue Konfliktsituation: In das Leben des Kindes, das seine Mutter verloren hatte, mischten sich die Dissonanzen einer zweiten Ehe des Vaters. – Er wird sich selbst sein Leben lang ein wenig stiefmütterlich behandeln. Als der Vater im Sterben lag und der Sohn seinem Jammern entgegenhielt: »Du hast doch viel Schönes gehabt im Leben«, kam die Antwort: »Ja, mit meiner ersten Frau.« Mit ihr hatte er nur sechs Jahre gelebt. Die Stiefmutter war offensichtlich schwierig. Ihren Schwiegertöchtern wird sie Angst machen. Eduard sei am besten mit ihr zurechtgekommen, sagt eine; er habe das Trauma von dieser depressiven Stiefmutter her nie verarbeitet, meint eine andere Stimme. Und doch war sie es, die dem Jungen den Weg ebnete zur entscheidenden Begegnung seines Lebens. Die Stiefmutter wird nicht nur Trauma sein, sondern Wegweiserin zum Heil. Ob eine Familiengeschichte zu einer Heilsgeschichte sich wandelt oder zu einer Unheilsgeschichte, ob die Vorangehenden uns zum Segen werden oder zum Unsegen, hängt nicht nur an deren Qualität, an deren Segen oder Unsegen, sondern primär daran, wie die Nachkommenden sich zur Gnade stellen: Erbmasse und Frühsozialisation schaffen Potenzen, die von der Macht der Gnade ins Positive gewendet werden.

Aber vorher mußte Eduard zur Schule. Er wurde »im proletarischen Sankt Johannquartier« eingeschult, wo er, wie er zu sagen pflegte, »nichts« gelernt habe. Ein Klassengenosse meint: »Er hatte keinen großen Schulsack.« Im humanistischen Gymnasium wurden bei der Versetzung noch Ränge verlesen. Der Name Eduard Thurneysen tauchte erst beim 16. oder 17. Rang auf. Der Rektor bemerkte: »Dürfte besser sein«, und als ihn – nach meiner Erinnerung – die Fakultät zum achtzigsten Geburtstag feierte, kommentierte der Geehrte: »Das gilt für mein ganzes Leben: Dürfte besser sein.« Ein stiefmütterlicher Satz, ins Heitere gewendet. So kann wohl nur einer reden, der sich selber überlegen ist. Wie aber wird einer sich selber überlegen?

Zur kirchlichen Lage Basels

»Durch die Christentumsgesellschaft und durch die dynamische Persönlichkeit Spittlers ist Basel im 19. Jahrhundert ein weit ausstrahlendes Zentrum christlicher Weltplanung und Weltgestaltung geworden. Zugleich aber war dieses fromme Basel in Lebensstil und politischem Verhalten dezidiert konservativ« (*Andreas Lindt*, 200 Jahre Christentumsgesellschaft in Basel, in: Basler Stadtbuch 1980, 145).

Die Ambivalenz zwischen weltweitem Horizont und Rückwärtsgewandtheit mochte wohl nachgewirkt haben auf die Atmosphäre, in der Eduard Thurneysen aufwuchs. Als die Familie von Walenstadt nach Basel zog und in der Sankt Johann-Vorstadt Wohnung nahm, hatte die Basler Kirche eben einige Stürme hinter sich, einen Kampf um das Bekenntnis, eine Verände-

rung ihrer Struktur. Den kleinen Eduard wird das kaum angefochten haben. Was aber vorher war an einem Ort, prägt die Nachkommenden mehr, als sie wissen. Ein kurzer Blick auf die Kirchengeschichte Basels in der zweiten Hälfte des neunzehnten Jahrhunderts ist für das Verstehen des späteren Münsterpfarrers nicht unwichtig: 1858 diskutierte der Große Rat der Stadt Basel den Antrag eines Kandidaten der Theologie, der es sich zur Aufgabe gemacht hatte, mit einer Zeitschrift »Volksfreund« gegen »das überwuchernde Missionswesen« zu kämpfen und gegen den »engen und dumpfen« religiösen Geist der Bevölkerung zu Felde zu ziehen. Er wollte, daß das Ordinationsgelübde auf die Basler Konfession abgeschafft werde. Nach sechsstündiger Debatte wurde der Antrag abgelehnt mit einer Mehrheit von mehr als zwei Dritteln (67, 289). Zwei Jahre später diskutierte der Rat der Stadt erneut über Glaubensfragen. »Der schwäbische Missionar Hebich . . . hatte durch die sensationelle Art seiner Bekehrungspredigten die Stadt eigentlich in Aufruhr gebracht . . . Von freisinniger Seite wurde der Antrag gestellt, Hebich die Kanzel zu verbieten« (67, 290). Großräte redeten in der Debatte öffentlich über ihren Glauben. Zur Diskussion stand, ob die Bürgergemeinde sich noch als reformiertes Gemeinwesen verstehen könne. Der Antrag auf Kanzelverbot wurde mit nur zwei Stimmen Mehrheit abgelehnt, Signal einer Zeitenwende.
Zwei kirchliche Parteien formierten sich: 1864 kam es zur Gründung des »Christlichen Vereinshauses« (67, 282), 1866 zur Gründung des kirchlichen Reformvereins. Beide Gruppen entfalteten eine aktive Propaganda. 1870 kam Franz Overbeck nach Basel. Ein neues Schulgesetz drängte den Einfluß der Geistlichkeit zurück; den Pfarrern wurde die Führung der Zivilstandsregister, den »Bännen« die bürgerliche Armenpflege entzogen. Bürgergemeinde und Christengemeinde traten auseinander. Der Chronist meldet: »Der Kampf in der Basler Kirche brach erst recht in den Siebziger Jahren los und verschaffte den Freisinnigen rasch Erfolg um Erfolg« (67, 293). 1874 trat eine neue Kirchenordnung in Kraft. Erstmals wurde eine Synode gewählt, in der 1891 die Reformer die Mehrheit errangen (67, 296). Wichtig ist zu sehen, welchen parteipolitischen Hintergrund die kirchlichen Gruppierungen gehabt, welche gesellschaftlichen Unterschiede prägend gewirkt haben, obwohl gerade die ernsthaften Vertreter beider Lager über die jeweils unheiligen Allianzen keineswegs glücklich waren: Die Reformer brauchten die Freisinnige Partei, d.h. deren Presse, um ihre Postulate durchzusetzen. Fortschrittsglaube und soziale Zurücksetzung motivierten zu einem erbitterten Kampf gegen »Familienregiment«, »finstere Orthodoxie« und »Muckertum«. Andererseits hatten die Rechtgläubigen mehr wirtschaftliche Macht und verstanden es, »die soziale Abhängigkeit einfacher Leute vom Ansehen und Geld positiv gerichteter Gönner« auszunutzen. »Der für das Wesen evangelischer Kirche verhängnisvolle Schein wurde erweckt und von den Gegnern weidlich verwertet, als ob die Verbindung von kirchlich gläubigem und politisch konservativem Sinn in Basel selbstverständlich sei; diese Anschauung wurde dadurch bekräftigt, daß bei einem

Teil der sogenannten guten Gesellschaft eine äußere Kirchlichkeit immer noch zur traditionellen Sitte gehörte, während das offene Bekenntnis zur Reform fast eine gesellschaftliche Ächtung bedeutete. Viel weniger Anstoß gab eine vollkommen unkirchliche Haltung und ein ausgesprochener Skeptizismus, da erlauchte Beispiele hochverehrter Akademiker allgemein bekannt waren« (67, 297) – und sicherlich auch dem heranwachsenden Eduard Thurneysen bekannt wurden. Ich zitiere hier die Sätze des Lokalhistorikers und späteren Freundes Paul Burckhardt, weil ich meine, in ihnen zeige sich so etwas wie ein Schlüssel zum Verständnis der späteren Entwicklung des Münsterpfarrers.

Thurneysens Vater war sicherlich kein Anhänger der Reform. In den neunziger Jahren erlitten die Reformer Rückschläge, und die Positiven – zu denen keineswegs nur die altbaslerischen Orthodoxen gehörten – gewannen wieder die Mehrheit. Eduard Thurneysen wird in eine Kirche hineinwachsen, die in sich gespalten war, was nicht nur bei Pfarrwahlkämpfen, sondern auch in getrennten Abendmahlsfeiern zum Ausdruck kam (67, 298).

Das alles geschah in einer Stadt, in der in den achtziger und neunziger Jahren zahlreiche Schulhäuser gebaut wurden, »leider nicht immer auch vom guten städtebaulichen Geschmack« (67, 331). Gegen Ende des Jahrhunderts wuchs die proletarische Bevölkerung; ». . . die Arbeiter begannen sich politisch selbständig zu machen und von der radikalen Partei zu trennen.« 1894 wurde in Basel zum ersten Mal der internationale Arbeiterfesttag gefeiert; im »Basler Arbeiterfreund« erschien der Kirchenzettel, Anlaß genug für antikirchliche deutsche Arbeiter, zu Beginn des neuen Jahrhunderts deswegen das Blatt für einige Zeit zu boykottieren (67, 336f). 1902 zog der erste sozialdemokratische Regierungsrat (Minister des Stadtstaates) ins Rathaus ein; noch vor dem Ersten Weltkrieg wurden die Sozialdemokraten stärkste Partei (67, 338f). Sie stellten 1906 den Antrag auf Trennung von Kirche und Staat. Karl Christoph Burckhardt, »einer der geistreichsten Vertreter der alten christlichen und humanistischen Basler Kultur, aristokratisch und doch voll Verständnis für den Sozialismus«, arbeitete die neuen Artikel der Kirchenverfassung aus (67, 341f), die 1910 vom Volke angenommen wurde. Sie garantierte einen angemessenen Spielraum für Minderheiten und leistete »Verzicht auf ein Bekenntnis der evangelisch-reformierten Kirche, zu der alle bisherigen protestantischen Kantonseinwohner gehören sollten, die nicht ausdrücklich ihren Austritt erklärten« (67, 343).

Eduard Thurneysen wird als Pfarrersohn das Ende der »Bekenntniskirche«, den Übergang einer reformierten Kirche zu einem neuprotestantischen Zweckverband, wohl irgendwie zur Kenntnis genommen haben. – Auch das gehörte zu Basel: Im November 1912 konnte man auf dem Münsterplatz und im Münster selbst ein Meer von roten Fahnen bestaunen; »die mehrheitlich bürgerliche Regierung hatte Münster und Münsterplatz dem großen internationalen Sozialistenkongreß zu einer gewaltigen Demonstration für den Weltfrieden überlassen« (67, 353). – Ich stelle mir den jungen Eduard Thurneysen vor, heranwachsend irgendwo zwischen Resten von »Familienregiment«, »finsterer Orthodoxie«, »Muckertum« und den roten Fahnen. Das »Zentrum christlicher Weltplanung und Weltgestaltung« und der herrschende Konservativismus werden auf mancherlei Weise wirksam werden.

Bad Boll – die Hinreise

Der Junge langweilte sich in den Predigten seines Vaters. Auf der Empore der Spitalkapelle schnitzte der Gymnasiast das Wort »Schiller« in die Kirchenbank – ein Protestwort. Auch der Konfirmandenunterricht hatte ihm wenig oder nichts geboten. Da nahm die Stiefmutter den Sechzehnjährigen mit nach Bad Boll zu ihrem Seelsorger. »Sie hatte mit ihrer eigenen schwermütigen Mutter vor ihrer Verheiratung monatelang in Bad Boll gelebt« (85, 1). Das soll nun auch zum Gnadenort für ihren Stiefsohn werden. In gewisser Weise bildet Bad Boll den Quellort für die Erneuerung der evangelischen Theologie.

Die Entwicklung von *Bad Boll* zum Gnadenort sei hier kurz skizziert. Der Pfarrer von Möttlingen wurde nach dem Kampf um die Gottliebin Dittus von vielen Leidenden aufgesucht, so daß die Aufgabe der Seelsorge seine Aufgabe als Dorfpfarrer in Frage stellte: »Die Besuche zu mir von angegriffenen Personen jeder Art und die Wünsche so vieler, eine Zeit lang unter meinen seelsorgerlichen Einflüssen zu stehen, wurden immer zahlreicher, und so mußte ich mich endlich entschließen, dem nun mir ohne mein Zuthun gewordenen Beruf, dem ich ohne Widerstreben gegen den Herrn nicht ausweichen konnte, ganz mich zu widmen, und, da derselbe mit dem Amte, das ich bekleidete und das auch viel erforderte, nicht mehr zusammenging, mein Amt aufzugeben« (Friedrich Zündel, Pfarrer Johann Christoph Blumhardt, 1882[3], 400).
So kaufte er 1852 in Bad Boll »ein altes, im Jahre 1823 von der württembergischen Regierung im großen Stile restaurirtes Schwefelbad, ein großer, schloßähnlicher Bau von 200 Fuß Frontlänge, mit Flügelanbau zu beiden Seiten, von schönen Anlagen umgeben« (401f). Sein Programm war höchst einfach: »Ich bin Seelsorger und nichts weiteres, ich zeuge von dem, was die Bibel sagt, ich gehe nirgends über diese hinaus in meiner Lehre. Das Evangelium ist nicht bloß ein Wort, sondern eine Kraft; und das, daß ich letzteres glaube und festhalte, daß ich namentlich den Verheißungen der heiligen Schrift mehr Realität zutraue, als andere, daß ich genauer mich an die *ganze* Bibel und nicht bloß an Bruchstücke derselben halte, verschafft meiner bloßen Belehrung, Tröstung, Ermunterung und Mahnung die Wirkung, von der man Zeugnisse vernehmen kann« (418).

Leider haben die akademische Theologie und eine im Reichtum unglaubwürdig gewordene Kirche die Lektion, die der ältere Blumhardt zu lehren hatte, bis heute noch nicht kapiert. »Das Evangelium ist nicht bloß ein Wort, sondern eine Kraft . . .«. Darum bleiben die Versuche der zeitgenössischen Theologen, das Evangelium dem modernen Bewußtsein zu vermitteln, auch merkwürdig steril. Das Evangelium ist als eine Kraft zu bezeugen, zu erfahren, aber die Form der Beschreibung scheint ihm nicht entfernt angemessen zu sein.
In seinem biblischen Realismus war Johann Christoph Blumhardt ein Mann

der Hoffnung. Als am Sterbetag der Sohn in einem kurzen Gespräch zu ihm sagte: »Papa, es *wird gesiegt*«, antwortete der Vater: »Ich segne dich zum Siegen« (537).

Sein Freund und Biograph meinte am Grab zum Sohn Christoph: »Das Wörtlein ›bald‹ ist ein Beschluß des Himmels, und du, lieber Blumhardt, bist *sein* Kind. Und ebenso auch dieses Haus, Bad Boll, es ist ein Kind des Wörtleins ›bald‹. Halte, was du hast, du liebes Haus, daß niemand deine Krone nehme! Des Herrn Werk will vorwärts, *mit* dir – denn der Heiland wechselt nicht gerne – oder – falls du nicht wolltest – *ohne dich*« *(Christoph Blumhardt* und *Friedrich Zündel* über Johann Christoph Blumhardt, hg. von Robert Lejeune, 1969, 14).

Diese Grabrede wurde zu einer Art Ordination des Sohnes, indem Zündel die Parallele zu Josua zog, der des Mose Gehülfe gewesen war und sein Nachfolger wurde. Der jüngere Blumhardt führte zunächst das Haus im Sinne des Vaters weiter und übte auf viele seiner Besucher eine geheimnisvolle Faszination aus; in Bad Boll war man dem Wunder nahe. Blumhardt konnte etwa vier Jahre nach dem ersten Besuch von Stiefmutter und Sohn sagen: »In deinen Wundern haben wir bis jetzt gelebt, hat unsre ganze Geschichte seit sechzig Jahren bestanden, in deinen Wundern bestehen wir heute, in deinen Wundern wollen wir morgen leben« (zit. nach Eberhard Kerlen, 74, 44, dem wir eine anschauliche Schilderung der Gemeinde von Bad Boll danken, 37–61). Als Blumhardt sich von der Leitung des Hauses zurückzog, charakterisierte er sein Haus nochmals: »Man fragt oft: ›Was hat er denn eigentlich in Bad Boll? Was ist denn da?‹ Da kann man eigentlich nichts darauf antworten, als ganz leise dem, der es verstehen kann, ins Ohr sagen: ›Der Heiland tut dort etwas; Jesus ist lebendig, er tut etwas‹« (38) – auch an Eduard Thurneysen, dem Sechzehnjährigen.

Leonhard Ragaz, dem Thurneysen später begegnen wird, war ebenfalls in Bad Boll – erstmals 1909 (vgl. 80,I, 244). Er hielt seinen Eindruck in seiner Autobiographie fest: »Es lagerte über dieser Gegend, soweit Boll sie beherrschte, das Wunder. Man spürte es ganz von selber, ohne es erwartet zu haben, sobald man eine bestimmte Zone überschritten hatte. Es waltete ein großer Friede darauf. Und noch mehr als dies: es waltete fast sinnlich spürbar jener Heilige Geist, um den zu bitten von Anfang an das große Anliegen der beiden Blumhardts war, sowohl in Möttlingen als in Boll. Es ist nicht Legende, wenn berichtet wird, daß gelegentlich ein Hagelwetter, das die ganze Gegend verwüstete, den Bezirk von Boll nicht berührte, und daß die Vipern im Jurawald (vor denen ich Angst hatte) nie einen Menschen gebissen hätten, trotzdem die Kinder mit Wissen und Willen Blumhardts ruhig darin spielten. (Vgl. Jes. 11,8). Es hatte sich auf diesem Fleck Erde eben ein Stück Reich Gottes niedergelassen – war darauf hinabgezogen worden« (83,II, 131). »Jesus ist lebendig, er tut etwas«, das wirkt über die Kranken hinaus in die Schöpfung!

In der Hinwendung zu den Kranken und Niedrigen wurde Blumhardt an die Arbeiter verwiesen. Das Elend der Werktätigen veranlaßte ihn 1899 zum Eintritt in die Sozialdemokratische Partei, für die er in den Jahren 1900 bis 1906 im württembergischen Landtag saß.

Wilhelm Keil charakterisiert Blumhardt in »Erlebnisse eines Sozialdemokraten« als »eine milde Herrengestalt in Haltung, Blick und Sprache« (zit. nach 74, 53f). Blumhardt war ein Grandseigneur, ein Freiherr des Reiches Gottes, »im Äußern ganz wie ein Landedelmann, wenn auch vom Geiste umflossen« (83,II, 127). Neben August Bebel und Clara Zetkin gehörte Wilhelm Keil zu den Gästen von Bad Boll: »Da fand ich arme Badgäste, die gegen geringes Entgelt oder umsonst wochenlang genau so vorzüglich verpflegt wurden wie die reichen alten Damen, die im Laufe der Zeit ihrem Freund Blumhardt für seine Anstalt größere Summen vermacht hatten« (zit. nach 74, 54).

Im Vorschein des Reiches Gottes verblassen die Klassengegensätze, die Gemeinde wird durchlässig auch für materielle Güter.
Thurneysen könnte auch Keil in Bad Boll getroffen haben; sein erster Besuch fiel in die Zeit der politischen Tätigkeit Blumhardts. Christoph Blumhardt, Prophet, Seelsorger und in beidem freiherrlich, schloß dem jungen Thurneysen die Tür auf zu einer neuen Welt. »Ohne ihn wäre ich kaum Theologe geworden«, konnte er später sagen und damit auf die Erfahrung einer Berufung hinweisen: Was Blumhardt war, wird Thurneysen auch werden, wenn auch in anderer Währung, Prophet einmal in der Frühzeit und Seelsorger immer mehr bis zu seinem Tod.
Ich sage »Berufung« und benenne ein Verborgenes, nicht einfach Auszumachendes, vielmehr ein zu Erschließendes, ein Geschehen, dem die Legende angemessen wäre, nicht nur aus dem Grunde, weil ich im einzelnen – etwa über die Zahl der Besuche in Bad Boll und ihre Dauer – zu wenig weiß, sondern auch weil das Geschehen der Berufung zwischen den Zeilen des Überlieferten sein Wesen hat. Ihr eignet eine Scham, die sich gegen ein Beobachtetwerden wehrt.
Evangelische Seelsorge ist ihrem Wesen nach Berufung, wie sie ihrem Wesen nach Absolution ist, es sei denn, sie gehe am Evangelium vorbei. So mag es wohl erlaubt sein, die Erfahrung des jungen Thurneysen ihrer Struktur nach darzustellen: Die Fahrten des Sechzehnjährigen, später des Studenten und jungen Pfarrers nach Bad Boll hatten durchaus den Charakter der Hinreise: Blumhardt erschien als eine Art Anachoret, den er aufsuchte. So schilderte er ihn später im Stil der Wüstenväterlegenden als Mann, »der sein Leben, wenn er wohl auch von sich reden gemacht hat, in merkwürdig gewollter Verborgenheit verbrachte«. Er starb »in tiefer Stille«, ein Eremit, der trotz Reisen und Landtag »eigentlich nie ganz aus seiner Abgeschiedenheit herausgetreten« ist (14, 7). Auch später betonte er die Abgeschiedenheit dieses Mannes (39, 141; 147), und im letzten Buch erinnerte er an »ein sehr stilles Zimmer« (52, 97).
Thurneysen kam zu ihm in einer Zeit vor dem Rückzug aus der Politik; da wundert der Blickwinkel, in dem Thurneysen Blumhardt gesehen: nicht so sehr den Volksredner, den Politiker und in beidem den Propheten, als vielmehr den, zu dem man hinreist: ein schwäbischer Starez. Wie einst junge Menschen zu den Anachoreten in die Wüste pilgerten – »Abba, sag mir ein Wort, daß ich gerettet werde« –, so pilgerte der junge Thurneysen nach Bad Boll.

»Die Worte, die bei solchen Gelegenheiten gesprochen, *gegeben* wurden, waren oft einfach Bibelsprüche, und auf Rückfragen mochte dann wohl auch einiges zusätzlich erläutert werden; oder der Abba durchschaute den Frager und traf ihn mit einem Wort in sein Gewissen. So wurde der Frager zum geistlichen Leben neu geboren . . . .« (*Alfred Schindler*, in: Hubertus Tellenbach, Das Vaterbild im Abendland I, 1978, 75).

Die Begegnung mit Blumhardt hatte für den jungen Menschen eine ähnliche Bedeutung wie die mit den Wüstenvätern. Seelsorge als Berufung vollzog sich aber nicht im Wüstenwind, der um die alten Einsiedler wehte. Es ging sehr bürgerlich-gesellig zu und her. Er war zuerst »unter großen innern Vorbehalten« nach Bad Boll gekommen, »keineswegs geneigt«, sich »ohne weiteres der geistlichen Autorität Blumhardts zu unterstellen« (35, 107). Was ihn dann für Blumhardt gewann, waren dessen Gespräche bei Tisch und nach Tisch, in denen Blumhardt »die Fragenden und ihre Fragen alle ungemein ernst nahm« und das Gespräch »auf ganz ungesuchte Weise« in den Horizont des lebendigen Gottes hineingeführt wurde (35, 107). Diese Art der Gesprächsführung machte dem jungen Menschen den Weg frei ins »Zimmer«. Und da war primär wiederum nicht das Wort des Abba wichtig, sondern die Zigarre, die Blumhardt dem jungen Menschen offerierte: Thurneysen hat immer wieder erzählt, er habe von Blumhardt als erstes eine Zigarre empfangen. Vielleicht symbolisierte diese schon Freispruch und eine Art Initialzündung: Thurneysen, der sich selbst stiefmütterlich begegnete, fand beim Seelsorger seiner depressiven Stiefmutter einen, der ihn über sich selbst emporhob, indem er ihn »einfach sehr ernst« nahm. So schrieb er 1915 an Karl Barth: »Ich habe in letzter Zeit mit neuer Dankbarkeit an die Art denken müssen, in der Blumhardt und auch Kutter Seelsorge an mir geübt haben. Sie haben mich einfach sehr ernst genommen, Blumhardt insbesondere« (2, 108).
Bad Boll, als Ort der Berufung verstanden, schließt ein, daß Berufung nicht von Absolution zu trennen ist: In der Berufung wird Absolution konkret, und die Kraft evangelischer Seelsorge liegt im Freimachen für das Besondere der Berufung, hier zum Theologen. Das »Gefühl beglückenden Freigesprochenseins« stellte sich nach »gewissen Unterredungen« mit Blumhardt ein (35, 147). »Abba, sag mir ein Wort, daß ich gerettet werde.«
So undramatisch diese Berufungsgeschichte verlaufen ist, so beispielhaft wirkt ihre Struktur. Fragen und Nöte hat jeder junge Mensch. Der aber wird wohl geschickt zum Seelsorger, der sie nach der Weise des jungen Thurneysen auf eine Reise nimmt, um sie einem Überlegenen aufzuschließen. Die Fahrt zu Blumhardt führte in einen Teil der Christenheit, in dem der Heilige Geist einen auszeichnete, indem er ihn »mit Gaben zieret schön«. Zu diesem Ausgezeichneten reiste er zuerst in kritischer Neugier, dann präparierte er sich, schrieb auf, was ihn belastete und brachte damit schon Ordnung in sein Chaos. So wurde die Hinreise zum klärenden Weg, zu einem Gang ins Licht. Daß die Seelsorge Blumhardts an dem jungen Menschen gelingen konnte, hing wohl auch daran, daß Thurneysen sich vorbereitet hat-

te, indem er seine »Fragen und Nöte« notierte. Er wurde nicht nur sehr ernst genommen, er nahm den Seelsorger und die Reise zu ihm selbst sehr ernst.

Bei Blumhardt hörte er Worte, die sich ihm einprägten, Sätze, die ihm eingingen – und sie waren ihm so wichtig, daß er sie aufschrieb und nach Jahr und Tag wieder las: »Ich habe in alten Aufzeichnungen die Spuren meiner damaligen Blumhardt vorgebrachten Fragen und Nöte, aber auch seine sehr geduldigen und gütigen Antworten nachgelesen. Wohl habe ich damals sehr aufmerksam auf Blumhardts Worte geachtet, aber es war nie ein mit Absicht über einen sich ergießender Wasserfall. Man *konnte* auf seine Weisungen eingehen, aber man *mußte* es nicht« (2, 108f). Die Berufung zum Theologen erfolgte offenbar in einer Freisetzung zur Geschöpflichkeit, ohne Drängerei: »Er gab einen auch im Einzelgespräch frei, ›sei was du bist!‹ konnte er sagen und ließ dabei alle eigenen Ansätze seines jugendlichen Partners sehr wohl gelten. ›Bleibe dir selber treu!‹ war immer wieder sein grundsätzlicher Rat« (ebd.). Wie bürgerlich-gesellig sich der Rahmen der Berufung auch gab, so eindeutig zielte sie auf das Humanum. Blumhardt berief den Studenten zur Theologie, indem er ihn zum Menschsein befreite, ihm zutraute und zumutete, er selbst zu sein! Geh nicht stiefmütterlich mit dir um.

Thurneysen sollte und wollte Pfarrer werden und litt darunter, daß er Gott nicht erfahren hatte. Ein Grundproblem jeder theologischen Existenz, eines jeden Christenmenschen überhaupt. Das war die Frage, die zu späteren Antworten führte, da wurde das Schisma zwischen »theologischem System und religiöser Erfahrung« existentiell erlitten. Seine Frage legte er Blumhardt vor und bekam Antwort: »Sei froh.« Blumhardt betrieb keine voreilige Versöhnung; er vertiefte das Schisma. Barth gegenüber detaillierte Thurneysen: ». . . sei froh, daß du den lieben Gott überhaupt noch nicht richtig erfahren hast, sonst könntest du wahrscheinlich so wenig weiterstudieren, als Amos hinter seinem Pflug bleiben konnte« (2, 187). Und ein andermal: ». . . ich solle einstweilen ruhig meine Bücher lesen und meine Bierlein trinken und dann mit 40 wieder kommen, er wolle dann schon darüber mit mir reden« (3, 412). Da wußte einer vom Blitz, da wartete einer auf ein neues Licht quer durch den Himmel. Die Antwort Blumhardts leitete eine neue theologische Erkenntnis ein, die das verbürgerlichte Erlebnischristentum hinter sich ließ, die Erkenntnis, daß das Gotterleben so leicht und harmlos nicht sei, wie der religiöse Zeitgeist meinte. Das Schisma war nur zu überwinden, wenn es als ein Dunkel ausgehalten wurde. Die Antwort Blumhardts gab schon Anleitung, Gott als Gott zu verstehen. Der junge Thurneysen wurde hier gleichsam ins Fenster gestellt, vor den Gott, der in den Wettern redet.

Blumhardt gab dem Studenten noch eine andere Antwort, die in Spannung stand zur ersten: Er fragte den Jungen, ob er in seinem Leben etwas Schönes kenne, für das er sich begeistern könne. »Ja, Schillers Dramen«, »Musik« und »Natur«. Darauf der schwäbische Prophet: »Dann isch des dei Gott.«

Im Schönen, das ihn begeistere, erlebe er Gott. Thurneysen hat diese Szene öfter, wohl in verschiedenen Versionen, erzählt. Das war nun wieder ein anachoretisches Abba-Wort, das sich dem Besucher einprägte, ein Wort, das nicht ohne das »sei froh« gehört wurde und dem jungen Menschen keineswegs einen idealistischen Feld-Wald- und Wiesengott bescherte, sondern die Mitte und die Kraft seines jungen Lebens mit dem Gott Israels konfrontierte. Darin sind Seelsorge und Prophetie eins, daß sie den Menschen in seiner Situation vor Gott stellen.

Verständlich, daß er gut zwanzig Jahre nach der ersten Begegnung schreiben konnte: »Er war, was so selten ist, ein wirklicher Seelsorger«. Verständlich auch, daß er die Seelsorge am Gegensatz charakterisierte, auch wenn man sich in der Synopse mit dem Brief an Barth aus dem Jahre 1915 (2, 108f) fragen muß, ob er die Akzente nicht verschoben hatte. Fühlte sich der junge Thurneysen sehr ernst genommen, so ließ der Seelsorger jetzt das Menschliche tief unter sich. Das heißt doch, er hatte seine Erfahrung theologisch verarbeitet und auf den Begriff gebracht. Da, wo biographische Erfahrung eingebracht wird ins theologische System, bleibt eine Erinnerung an das Schisma, von dem Metz sprach, weil die Erfahrung die Theologie – und damit auch ihr System – erst am Jüngsten Tag einholen wird: »Er war, was so selten ist, ein wirklicher Seelsorger. Das ist nicht zufällig so. Er war es nicht nur aus irgendeiner persönlichen Genialität, auch nicht weil er sich besonders ausgedehnte psychologische Kenntnisse erworben hatte. Man kann an ihm wahrlich besseres studieren, als ›dass Religionspsychologie einen tiefen Sinn hat‹. Seine Seelsorge bestand auch nicht darin, dass er sich besonders tief in die Menschen eingefühlt hätte, wie man es gewöhnlich von einem Seelsorger erwartet. Im Gegenteil, das Befreiende an seiner Seelsorge war gerade, dass er das Menschliche so tief unter sich liess. Ihr Geheimnis war die Grundsätzlichkeit, mit der er immer zuerst und zuletzt an Gott und für Gott dachte. Grundsätzliches Denken von Gott aus trübt nicht, sondern erhellt den Blick auf die menschliche Wirklichkeit. Wer auf dem Gipfel ist, überblickt auch die Täler« (14, 90). Aber das ist nicht alles, was Thurneysen zu sagen hat. Er stellt der einen Aussage dialektisch die andere gegenüber: »Es ging Blumhardt recht eigentlich um den Menschen, ganz und gar um den Menschen – freilich um *Gottes* willen, aber um Gottes willen um *ihn* . . . Wesentlich ist, dass, wenn Blumhardt Gott sagt, er sofort vom Menschen redet, und wenn er vom Menschen redet, er sofort von Gott reden muss« (14,91). – Die Frage stellt sich schon hier, ob die Dialektik, in die Thurneysen den Abba von Bad Boll einspannt, die angemessene Sprachform sei, um ihm gerecht zu werden.

Akademische Lehrer und Kommilitonen

Was wir an unseren Lehrern haben, ist nicht leicht auszumitteln: »Lehre« ist immer auch Mitteilung von Leben – auch von ungelebtem, verdrängtem Leben – und also nicht bloß im Bewußtsein wirksam. Lagert das Gelernte und das dem Lehrer Verdankte in den Kammern des Bewußtseins, so ruht und wirkt im Dämmerlicht tieferer Räume das über das Wissen hinaus Mitgeteilte, Empfangene.

Christoph Blumhardt stand als Seelsorger und Prophet, in unakademischer Weise auch Lehrer, an erster Stelle; neben ihn trat der Chor akademischer Lehrer. Der väterliche Biblizismus wurde überholt durch eine »religionsgeschichtlich und textkritisch orientierte Einführung in die biblischen Texte«, die damals als modern galt. Die Dozenten vertraten den »Liberalismus der historisch-kritischen Schule«, und Thurneysen wurde kein schlechter Schüler. Noch der Achtzigjährige wendet sich gegen den Vorwurf, »wir hätten die historisch-kritische Forschung nie wirklich mitbekommen und aufgenommen. Das stimmt nicht! Wir haben das alles erlernt und ›gehalten von Jugend auf‹« (53, 3).

Man begreift die Theologie von gestern und heute nicht, solange man nicht die Intensität sieht, mit der Barth und Thurneysen Schüler einer liberalen Theologie geworden sind. Erst von ihrer Schülerschaft her kann man die Wendung verstehen, die sie theologisch vollzogen haben. Und versteht man erst diese Wendung, gibt sie auch jene Problematik preis, auf die der Achtzigjährige indirekt hingewiesen hat, als er heraushob, ihre theologische Kehre sei von den Lehrern nicht losgekommen: »Und es ist uns niemals eingefallen, uns davon abzuwenden. Wir haben die Überwindung einer dogmatisch gebundenen Exegese durch die moderne Bibelkritik als Befreiung empfunden« (53, 3). Die Briefe an Ernst Staehelin z.B. zeigen, wie ernst es dem jungen Theologen mit der Historie war. So konnte er z.B. tadelnd von »Züricher Antihistoristen« schreiben (4.6.1912, 6) und damit wohl Ragaz und Kutter meinen.

Neben den akademischen Lehrern stehen »Brüder«, und das sind vornehmlich Farbenbrüder. Thurneysen wurde Mitglied der »Zofingia«, einer damals führenden schweizerischen Studentenverbindung, in der auch Karl Barth in Bern Mitglied war. Der bürgerliche Lebensstil und die Trinksitten sagten ihm wenig zu, »sodass er beinahe wieder ausgetreten wäre«. Mit Freunden begründete er sodann »die sogen. Jung-Zofinger (J.Z.), (= Idealzofinger? R.B.), die sich u.a. für die Abstinenzbewegung in der Zofingia einsetzten« (85, 1f). Der Gegensatz zwischen konservativen »Ubetonen« und den liberalen J.Z. wirkte bis in meine eigene Studentenzeit nach. – Für den Studenten gerade der Theologie ist der Kommilitone, der Mitstudierende, unter günstigen Umständen ebenso wichtig wie der Lehrer; Freundschaft ist für die Bildung eines Menschen so notwendig wie Schülerschaft. Freundschaft blüht auf der Basis der Bewunderung. Den ich verachte, kann nicht mein Freund sein. – Hier hat sich in der studentischen Kultur Grundlegendes verändert; das Volk der Studenten stellte damals eine beinahe reine Männergesellschaft dar; Freundschaften waren primär Männerfreundschaften. Für das Werden und Reifen einer Persönlichkeit sind Freundschaften von elementarer Wichtigkeit: »Sine amicitia vitam esse nullam«, hat schon Cicero erkannt. »Ohne Freundschaft kein Leben«. In der Tat: Freundschaft belebt und erweitert die Existenz. Freundschaft stärkt das Ich, Freundschaft bereichert. Was einer in eine Freundschaft investiert, gewinnt er. Die Pflege der Freundschaft ist für den Theologen entscheidend für die Reifung zum Seelsorger. Keine Pastoralpsychologie kann ersetzen, was einer verfehlt, der in seinem Studium die Pflege der Freundschaft vernachlässigt, wie andererseits ein Student, der sich in guter Freundschaft übt, am ehesten ein guter Pfarrer werden wird.

Die Zusammenhänge von Existenz, Erfahrung und Lehre sind nicht aufzuweisen, gehören sie doch zum Geheimnis des Werdens von Theologie. Immerhin darf die Frage gestellt werden, inwiefern die Erfahrung in der Zofingia die spätere Ausprägung seines Kirchenbegriffes mitbestimmt hat. Der Verein der Farbenbrüder als Modell für eine Vereinigung ungefärbter Seelen, der Gedanke an einen Zusammenhang mag respektlos anmuten. Aber wo sonst konnte Thurneysen Anschauung von Gemeinschaft gewinnen, es sei denn in der besonderen Sektion des Himmelreiches, in Bad Boll.

Bernhard Duhm

Ihn hat der alte Thurneysen wohl am häufigsten genannt, wobei er immer wieder betonte, daß er Friese gewesen sei und über das Sichtbare hinausgesehen habe: »Er war selber ein geheimnisvoller Mann, denn er besass die Gabe des zweiten Gesichtes und wusste, wenn man ihn darüber befragte, tiefe Einblicke in unsichtbare Welten zu eröffnen« (53, 3; vgl. 3, 610). Er hielt einen Vortrag über »Das Geheimnis in der Religion« (1896). ». . . die Kunst soll man an den Künstlern studieren und die Religion an den Sehern« (ebd., 13).

Religion begann für ihn mit der Vision (49,II, 278), und die hatte er. Er wurde zum Lobredner des Hellseherischen bei den Propheten und gleichzeitig zum genauen Beobachter und kritischen Überprüfer der Texte, dessen Hypothesen zum Schluß des Jesajabuches »epochemachend« wirkten (vgl. Hans-Joachim Kraus, Geschichte der historisch-kritischen Erforschung des Alten Testaments, 1969², 280). Seine Sprache vermittelt heute noch den Eindruck, daß er nicht nur über das Geheimnis redet, sondern davon weiß: »Es ist das *dämonische* Element, das den Kern und das Leben der Religion bildet, . . . neben dem alle Institution, alle Lehre, alle Ethik nur als Produkt zu gelten hat . . .« (Geheimnis, 28). Wer Bernhard Duhm zum Lehrer hatte, konnte sich im Grunde mit der kirchlichen Temperiertheit nicht zufriedengeben.

Schon im Gymnasium war Duhm Thurneysens Lehrer im Hebräischen. »Er verstand es, ein lebendiges Interesse am A.T. zu erwecken« (53, 2). Sein Jesaja-Kommentar war eins der ersten Bücher, die sich der Student erwarb. In diesem Kommentar hatte Duhm sich beispielsweise zum Ziel gesetzt, »in die Persönlichkeit des Schriftstellers selber so tief wie möglich einzudringen« (Das Buch Jesaia, 1902², Vorwort).

Die Intention des Lehrers wird sicherlich nicht ohne Einfluß geblieben sein auf den späteren Seelsorger. Was Duhm mit den Texten der Propheten machte, wird Thurneysen später auf seine Weise in der Seelsorge praktizieren und die Gabe der Einfühlung pflegen. Der Lernprozeß in der Theologie vollzieht sich auch und gerade im Übersetzen des aus einer theologischen Disziplin Gelernten in die Praxis. Vermutlich setzte die Schulung bei Duhm Thurneysen frei, später das Wesentliche der Seelsorge Blumhardts zu begreifen; »das Befreiende an seiner Seelsorge war gerade, dass er das Menschliche so tief unter sich liess . . . Grundsätzliches Denken von Gott aus . . . erhellt den Blick für die menschliche Wirklichkeit« (14, 90).

Duhm hat als erster den besonderen Charakter der Prophetie als »Unheilsprophetie« gesehen (zit. nach Kraus, 282). Es ist durchaus möglich, daß der prophetische Impetus des jungen Thurneysen hier seinen Ursprung und daß das Thurneysensche »Nicht« hier eine seiner Wurzeln hatte (vgl. 2, 32). Das neuromantische Prophetenverständnis Duhms klingt im Briefwechsel mit Karl Barth als Selbstverständnis nach.

So berichtete Barth über einen Besuch von Martin Rade: »Auch er beklagt sich über unser ›prophetisches Selbstbewußtsein‹, das uns veranlasse, so aufzutreten, als ob wir der Christenheit Gott erst zu bringen hätten« (2, 204); das Prophetische wird zum Wertmaßstab. Thurneysen schrieb über den Schaffhausener Pfarrer Spleiß: Er »ist wirklich ein selten kräftiger Pietist. Wäre er nur aufrecht und gerade seinen Weg weitergegangen!« Er »war doch anfangs auf dem prophetischen Weg, aber nicht entschlossen genug« (2, 214).

1928 widmete Thurneysen einen Aufsatz über »Offenbarung in Religionsgeschichte und Bibel« dem Gedächtnis des damals Verstorbenen (49,II, 276ff): Wenn er den Begriff der Offenbarung von dem der Religion abhob, ja diesem entgegensetzte und sich damit von seinem Lehrer distanzierte, so führte er eine Unterscheidung aus dem Jahre 1875 bei Duhm selbst weiter: ». . . wir betrachten die Religion als ein Verhältnis des Menschen zu Gott . . . die Bibel versteht unter dem Bunde ein Verhältnis Gottes zu den Menschen . . . und erkennt also entweder auf völlige Religionslosigkeit . . . oder auf größere und geringere Lebhaftigkeit des Verkehrs zwischen Gott und den Seinen« (zit. nach Kraus, 278). Thurneysen erwies sich auch da als Schüler Duhms, wo er sich theologisch gegen den Lehrer wandte. Duhms Ansatz beim Visionären kehrt in einer bemerkenswerten Umformung wieder; Thurneysen gebrauchte das Verbum »sehen« an hervorgehobener Stelle.

Den vorletzten Abschnitt beschließt ein christologischer Prosa-Hymnus: »Jesus Christus ist das Ende dieser, der bloßen religiösen Möglichkeiten schlechthin. Er ist ganz Werkzeug, er ist das Werkzeug Gottes, das Gott ganz gehört, er ist Gottes eigenstes Werkzeug, er ist Gottes Hand selber, mit der Gott an uns handelt. Und er ist darum, weil er seines Gottes nicht mächtig ist, ganz und nicht der sich selber Absondernde, sein Eigenes Suchende. Er ist der ganz und gar mit uns Verbundene. Er ist der, der schlechthin eins geworden ist mit uns, wie er schlechthin eins ist mit Gott, und darum ist sein Kommen zu uns, sei es in Gericht oder in Gnade, ja, man ist versucht zu sagen: *vor* Gericht und Gnade, das Kommen Gottes zum Menschen schlechthin, das in Gericht und Gnade geschehende eine, unteilbare Werk des sich uns zuwendenden Gottes. Dieses Werk der Zuwendung ist das eigentliche Werk Jesu Christi« (49,II, 298f).

Wie ein Refrain heißt es dann: »nur wer das *sieht* (Unterstreichung R.B.), hat ihn wirklich gesehen«. Dieses Sehen ist ein im höchsten Maße qualifiziertes Sehen: »Das sehen heißt glauben. Es heißt konkret ausgedrückt: sich nicht mehr allein sehen, sondern sich sehen als mit ihm, mit Jesus Christus zusammen, der ja nichts anderes ist, als der für uns zu uns Gekommene« (49,II, 299).

Ich weiß nicht, inwiefern Thurneysen sich bewußt war, daß er einen Impuls von Duhm aufnahm, ihn überholend. In einer frühen Predigt läßt er pfingstliche Erneuerung im Sehen beginnen: Wir stehen vor der Pfingstgeschichte »wie arme Bettelkinder vor einem verschlossenen Garten: sie sehen wohl von der Straße her herein, sehen die grünende, blühende Pracht, hören das frohe Lachen derer, die sich in der Kühle oder auf den sonnigen Wegen des Gartens ergehen dürfen; aber sie selber sind davon ausgeschlossen. Ein Gitter steht trennend dazwischen und verwehrt ihnen den Zugang. Ich könnte auch sagen: Jerusalem an Pfingsten, die erste Christengemeinde im Tempel, das liegt für uns auf einem hohen Berge, und wir stehen tief, tief unten und sehen nur von ferne hinauf« (5, 84). »Verlangende Augen, das braucht es freilich, wenn wir verstehen sollen, was Pfingsten ist . . .« (ebd.). – Vom Heiligen Geist heißt es in »Christliche Unterweisung«: »Wir bekommen Augen für Gott« (11, 44), und in »Rechtfertigung und Seelsorge« (1928) wird als »der primäre Akt aller wirklichen Seelsorge« das »Sehen des Menschen als eines, auf den Gott seine Hand gelegt hat«, deklariert (17, 85). Wie bei Duhm die Religion, so hat bei Thurneysen die Seelsorge ihren Ursprung in der »Vision«. Es scheint allerdings, als ob Thurneysen diesen Gedanken nicht systematisch weitergeführt habe.

Paul Wernle

Als Thurneysen sein Studium begann, war Wernle Star der Fakultät, und der Student konnte sich der Faszination dieses Mannes nicht entziehen (vgl. 53, 2). Karl Barth meinte, es könne nicht leicht übertrieben werden, »in welchem Grade Wernle in seiner Glanzzeit mit seinen Büchern und Artikeln die ganze theologische Schweiz in Atem hielt und so oder so bestimmte«. Er galt »als *der* Vertreter *der* damals modernen Theologie« (zit. nach 68, 87). Wernle war seit 1900 Ordinarius für das Neue Testament und lehrte auch Kirchengeschichte. Thurneysen wurde alsbald sein Schüler und Mitarbeiter. 1908 gab Wernle seine umfängliche »Einführung in das theologische Studium« heraus und dankte am Schluß des Vorwortes »Herrn stud.theol. Ed. Thurneysen« für die Herstellung der Register.

Nach dem ersten Examen, dem sogenannten Propädeutikum, ging Thurneysen auf Wernles Weisung nach *Marburg*, »nicht nur um *Wilhelm Herrmann*, sondern vor allem *Adolf Jülicher* und *Wilhelm Heitmüller* zu hören« (11, 2). Auch *Hermann Cohen*, der Neukantianer, wurde wichtig (vgl. 53, 4). Zu Jülicher schreibt der Student: »Ich habe noch selten so schnell unbegrenztes Vertrauen zu jem. gewonnen wie zu dem wissenschaftlichen Ernst und der schlichten, vorurteilsfreien und kritischen Gründlichkeit dieses Forschers. Auch Heitmüller ist äusserst anregend vor Allem in s. Seminar« (an Ernst Staehelin am 19.6.1909). Nur wenn man die Verehrung und Gläubigkeit des Marburger Studenten gegenüber seinen Dozenten wahrnimmt, wird man die spätere Entwicklung verstehen können. In Marburg war *Karl Barth* bei *Martin Rade* als Redaktionssekretär der »Christlichen Welt« tätig; die beiden Studenten kannten sich schon aus der »Zofingia« (vgl. 68, 48).

Das Vertrauensverhältnis des Studenten zu seinem Lehrer spiegelt sich etwa in einem Brief an E. Staehelin. Thurneysen sprach vorher von Christoph Blumhardt, »an dem ich erlebt habe, was es heisst, die Sicherheit der echten Religion zu haben«, dann nannte er Jesus selber und »alle die Grossen der Religion«: »Ja, überhaupt Wernle ist ein solcher Mensch, an dem ich deshalb so stark hänge, weil ich auch an ihm sehe, was es bedeutet, *getrost* zu sein. Nach aussen scheint ja gerade Wernle ein besonders sicherer und selbstgewisser Mensch zu sein; ich weiss aber von ihm selbst, wie einsam er im Grunde ist, wie wenig Halt er aussen, z.B. an Freunden hat, und dass er seinen eigenen Weg allein gehen muss; drum aber eben zieht er s. Kraft ganz aus dem Vertrauen, von dem auch ein Paul Gerhardt gelebt hat. *Geh' doch einmal zu ihm!*, ich weiss von mir selbst, dass er für solche Fragen ein tiefes Verständnis hat. Gerade gestern ist mit Deinem Brief ein Brief von ihm gekommen, worin er mir seine Freude ausspricht darüber, dass ich ihm mit Offenheit kürzlich von den Fragen geschrieben habe, die mich jetzt hauptsächlich beschäftigen. Und eben weil er sich im Grunde stets vereinsamt weiss, schätzt er es *wirklich*, wenn man ihm mit Vertrauen begegnet; getäuscht wirst Du durch ihn sicher *nicht* werden« (aus Marburg, 8.12.1909).
1910 lud Wernle den jungen Theologen für eine Woche nach Brigels in die Ferien ein (vgl. an E. Staehelin, 15.8.1910). Ein Jahr später kündigte sich schon Distanz an: »Ich halte mich *immer noch* (Hervorhebung R.B.) hauptsächlich an Wernle« (an E. Staehelin, 28.1.1911). Da er Basel verließ, verdankte er sich dem Lehrer in einem Brief an seinen Studienfreund: »Namentlich von Wernle trenne ich mich schwer. Was wäre ich, wenn ich ihn nicht gehabt hätte!« (an E. Staehelin, 28.11.1911). Der junge Theologe weiß um seinen besonderen Wert, weiß um seine Besonderheit, und dieses sein Selbstwertgefühl verdankt er als Schüler dem Lehrer. »Was wäre ich, wenn ich ihn nicht gehabt hätte!« Diese Aussage ist für Thurneysen typisch und wird Blumhardt und Barth gegenüber variiert. In diesem Sichverdanken wird Thurneysen »dr Bedittend«.
Im Brief an den Studienfreund fügte er hinzu: »Besonders in der letzten Zeit war er noch besonders gütig gegen mich.« Dann strich er das erste »besonders« durch und schrieb ein »gerade« darüber. Konfliktlos war das Verhält-

nis von Lehrer und Schüler nicht. Man muß in Wernles »Einführung« nur hineinsehen, um zu merken, daß der von Wernle in die Theologie Eingeführte dort nicht bleiben konnte. Schon von Blumhardt her war das im Grunde auf die Dauer unmöglich.
Auch später noch, als der Freund in Safenwil gegen die moderne Theologie Stellung bezog und die rhetorische Frage stellte: »Haben wir nicht alles, was uns an Jesus wichtig ist, anderswoher als von diesen modernen Theologen?« (2, 104), replizierte der Leutwiler mit dem Hinweis auf den Lehrer und auf die Weggenossenschaft mit ihm: »Ich war eben doch jahrelang Wernles intimster Schüler und in täglichem Verkehr mit ihm.« Darum vermochte er sich Barths Abrechnung nicht zu eigen zu machen, er könne nicht sagen, »er hat mir *nichts* gegeben.« Trotzdem gab er Barth recht in seinem Urteil über Wernle. »Es ist eine ›Werturteilstheologie‹ schlimmen Stils, die einfach sagt: das und das an Jesus behagt mir, das kann ich gut brauchen . . .« (2, 105). Eine solche Theologie entspricht einer Kirche und einer Gesellschaft, die religiös und materiell dem Konsum verpflichtet sind.
Damit wird der entscheidende Punkt angedeutet, in welchem der Schüler sich vom Lehrer trennt: die Wende von der Religion, in der der Mensch mehr oder weniger offen sich seinen Gott unterwirft, in der es um des Menschen Verhältnis zu Gott geht – hin zur Offenbarung, in der Gott in ein Verhältnis zum Menschen tritt.
Über Wernles Jesusbuch (1916) urteilte Thurneysen, er habe »in steigendem Maße das Gefühl, daß für diese ganze Art, Jesus zu sehen, die Zeit vorbei ist« (3, 117). Zur Illustration sei auf das »Vorwort« verwiesen, das mit der Versicherung beginnt, man sei an irgendwelcher Vergegenwärtigung oder Aktualisierung nicht interessiert: »Diese Schrift hat zu dem, was uns heute alle zuerst bewegt, dem Weltkrieg und seinem gefürchteten oder erhofften Ausgang, gar keine unmittelbare Beziehung und lehnt es ausdrücklich ab, direkte Linien zu ziehen von Jesus zur Gegenwart« (Paul Wernle, Jesus, 1916, III). Wernle will einen Jesus jenseits der Gegenwart und meint, sein historisches Präparat sei »der wirkliche, wie ihn die Geschichte kennt« (ebd.). Zu ihm gibt es einen Zugang nur über »exakte Arbeit der philologischen und historischen Kritik an unsern ältesten Quellen« (IV). Da diese Arbeit »überhaupt vornehmlich negativ« ist, muß religiöses Verständnis hinzukommen (VI). »Es müßte etwas Jesu-Ähnliches im Forscher selbst vorhanden sein . . .« (VII). Immerhin, der Forscher erklärt, er habe sein Bestes gegeben »im vollen Bewußtsein, daß mir manches verschlossen sein wird, wenigstens für diesesmal . . .« (VIIf). In der Tat wirkt im »expressionistischen Jahrzehnt« solche Betulichkeit antiquiert.
Nicht vorbei ist heute die »Werturteilstheologie«; solange der Mensch Mensch ist und also religiös, wird er in ein Verhältnis zu Gott treten und damit so oder so – vielleicht im Gewand höchster Demut – sich Gott domestizieren wollen. Aufgabe der Theologie aber bleibt es, Gott die Ehre zu geben und dafür Sorge zu tragen, daß der Mensch ihm nicht den ersten Platz streitig macht. Weil der Mensch immer wieder sein will wie Gott und als re-

ligiöser Mensch die Tendenz hat, auf irgendeine heimlich vertrackte Weise sich über Gott zu setzen, ist die Wendung von Barth und Thurneysen gegen ihren Lehrer ein Schulbeispiel aller wahren Theologie. Wahre Theologie kann nie Kopie sein – auch nicht die der dialektischen Theologie. Auch wahre Theologie hinterläßt »Unheilsspuren«. Hier noch einmal hat sich das Generationsproblem in der Theologie gestellt, anders und schärfer als bei Blumhardt. Die Absage an die liberale Theologie war eine geschichtliche Notwendigkeit; die Behaglichkeit einer bürgerlichen Theologie paßte schlecht in das »expressionistische Jahrzehnt«.

Man braucht nur die Charakteristik, die *Gottfried Benn* dieser Zeit gab, sich vor Augen zu führen, um zu ahnen, ein wie feines Gespür der Landpfarrer von Leutwil für seine Zeit hatte: »Noch aber steht sie da: 1910–1920. Meine Generation! Hämmert das Absolute in abstrakte, harte Formen: Bild, Vers, Flötenlied. Arm und rein, nie am bürgerlichen Erfolg beteiligt, am Ruhm, am Fett des schlürfenden Gesindes. Lebt von Schatten, macht Kunst« (GW 4, 1961, 389).

Eduard Thurneysen, für den zuerst die Theologie kam, machte keine Kunst, aber er versuchte das Absolute in harte Formen zu hämmern, und da mußte er den Lehrern absagen.

Wenn aber ein Schüler seinen Lehrer verläßt, nimmt er etwas vom Lehrer mit. Nach Wernle war für das Studium wichtig, »die Religion auf ihren Höhepunkten« kennenzulernen, »nicht das Viele sondern das Wertvollste« gelte es zu studieren: »die Propheten, Jesus, Paulus, Augustin, die Reformatoren, Kant, Schleiermacher und ihre Generation«. Weiter: »In meinen Augen ist dasjenige Studium das besteingerichtete, das sich in starker Einseitigkeit auf diese Zentren unserer Religion beschränkt« (Einführung, VII). Sehe ich recht, so ist bei Wernle das Desiderat von Metz schon erfüllt worden: Doxographie und Biographie gehen ineinander auf.

Karl Barth bemerkte einmal, unter dem Einfluß von Thomas Carlyles »Helden und Heldenverehrung« drohe »der Begriff der hervorgehobenen christlichen ›Persönlichkeit‹ . . . fast zum Zentralbegriff des christlichen Denkens zu werden« (KD IV/3, 1017). In der Gefolgschaft von Karl Barth konnte Thurneysen so etwas nicht passieren. Aber für seine Entwicklung zum Seelsorger war wesentlich, daß er »jahrelang Wernles intimster Schüler und in täglichem Verkehr mit ihm« gewesen war.

Ich selbst habe – in Gesprächen mehr als in der Lektüre – viele Hinweise erhalten, die irgendwie Wernles Intention weiter tradieren. Aus solchen Gesprächen stammt beispielsweise meine Liebe zu *Wilhelm Löhe* und *Jean-Marie-Baptiste Vianney*. Die Biographie des letzteren von *Francis Trochu*, Le Curé D'Ars, 1954[2], hatte er mir aufs angelegentlichste empfohlen (deutsche Übersetzung von J. Widlöcher, 1959). So habe ich es möglicherweise Wernle zu danken, daß ich als Schüler seines Schülers nun den Lehrer zu porträtieren versuche!

Ernst Troeltsch

Wenn Karl Barth die seelsorgerliche Praxis von Eduard Thurneysen schildert und fragt, »wo er diese Art empfangen und gelernt« habe, stellt er zwei Namen nebeneinander, die sonst in der Regel nicht in einem Atemzug genannt werden: »Die für ihn eindrucksvollsten Gestalten seiner Jugend- und Studienzeit waren der große Seelsorger Christoph Blumhardt d.J. in Bad Boll und der in seiner Art ebenfalls große Verstehende unter den Theologen: Ernst Troeltsch« (1, 229). Wie reimen sich die beiden zusammen, ist Saul unter die Propheten geraten? Barth hatte zu seiner Hochzeit von Thurneysen die »Soziallehren« Troeltschs erhalten (vgl. 2, 3); das war symbolträchtig, Thurneysen gab da auch etwas von sich selbst und – eine Erinnerung an Marburg. Nach Barths Meinung »hat unter den damals geltenden Meistern Ernst Troeltsch mehr Eindruck auf ihn gemacht als der von mir bevorzugte Wilhelm Herrmann« (68, 62).

Man braucht nur den Artikel, den *Karl Bornhausen* in der ersten Auflage der RGG (1913, V, 1360–1364) über Troeltsch geschrieben hat, zu lesen, um etwas von der Faszination zu spüren, die Troeltsch ausübte. – Bornhausen leitete einen Arbeitskreis der Freunde, in dem der Name Troeltsch den Mittelpunkt der Diskussionen bildete (vgl. 68, 62).

Ein Brief an E. Staehelin aus Marburg vom 19.2.1909 spiegelt die Hochschätzung Troeltschs und zeigt seine Tendenz zum Ausgleich. Freilich stand für Thurneysen Wilhelm Hermann »im Vordergrund des Interesses«, dessen Position nannte er »machtvoll aber eng«; sie war seiner Meinung nach zu ergänzen »durch den allerdings umfassenderen Tröltsch«. Schon vorher war die Rede von »*dem* glänzenden und viel weiterblickenden Tröltsch . . .«. Der Student aber dachte nicht an Alternative, sondern an Synthese. Auch »Leute wie Karl Barth, die als ältere Theologen die Lage viel besser übersehen, und mit dem ich viel verkehre« –, bestärkten ihn in der Meinung, »dass die Gegensätze zu überbrücken sind«.
Gerade ein Versuch der Synthese beider Positionen – auch wenn er nur ins Auge gefaßt wurde – mußte notwendigerweise zu einer Überwindung beider führen. Beiden recht geben hieß, die Unhaltbarkeit des einen von der Position des anderen her erkennen, um so mehr, als da ein Dritter war, der in seiner Art die Weite von Troeltsch hatte und eine bessere Einsicht in die Geschichte Gottes: Blumhardt. – Ihn besuchten die beiden Aargauer Pfarrer 1915 auf der Rückreise von Marburg, wo sie an einer Hochzeitsfeier im Haus von Martin Rade teilgenommen, obschon die dort anwesenden Theologen ihnen rieten, »besser bei Prof. Ernst Troeltsch in Heidelberg vorzusprechen« (55, 8).
Daß Thurneysen als Student stärker als Barth von Troeltsch angezogen war, wird erklärlich aus gemeinsamer Herkunft; schon Troeltsch hatte sich von Bernhard Duhm »die eigentlich entscheidende Richtung« geben lassen (zit. nach 75, 5), und die Ausführungen über »Die Bedeutung der Geschichtlich-

keit Jesu für den Glauben« (1911) machen die Herkunft von Duhm deutlich: Das Christentum braucht einen Propheten als kultischen Kristallisationspunkt. »Die Vergegenwärtigung der Propheten, auf dem Gipfel ihre göttliche Verehrung als Ausdruck der allgemeinen göttlichen Wahrheit . . . das ist überall für Gemeinschaft und Kultus grundlegend«, und eine neue Religion wäre mit Notwendigkeit eine neue Prophetenreligion (86, 28).
Von Duhm her und neben Blumhardt ist auch das prophetische Element bei Troeltsch selbst nicht zu übersehen. Freilich empfing er seine Weissagungen aus der Vergangenheit, bezog seine Gesichte nicht aus Träumen, auch nicht im Hören auf das, was man droben sagt, sondern aus wissenschaftlicher Betrachtung der Geschichte, aus sozialpsychologischer Einsicht. Seine Visionen waren nicht so sehr auf den Himmel gerichtet; der blieb ihm verschlossen. Was er sah, war das Ende.
1896 rief er in die wohletablierte Versammlung der »Freunde der christlichen Welt« hinein: »Meine Herren, es wackelt alles« (75, 1). Wer so rufen konnte, war schon ein »Schüttler und Rüttler« geworden, ein Fragender, der in Frage stellte. »Was aber wird das Ende sein?« konnte er beispielsweise in seiner »Glaubenslehre« fragen, um alsbald in überraschender Hellsicht zu antworten: »Vermutlich ein Schwinden der Sonnenenergie und damit stets wachsende Nahrungsschwierigkeiten, bis sich endlich der letzte Mensch an der letzten Kohle die letzte Kartoffel brät« (1925, 292). Zu seiner Weissagung kam Troeltsch, weil ihn die »Entstehung der modernen Lage« »reizte« (87, IV,7), die er im Rückwärtsgang aus ihrem Werden heraus analysierte mit einem wachen, aufdeckenden Verstand. Für den die Geschichte ein Hauptproblem bildete, trat schon ihr Ende apokalyptisch in Sicht – auch das des Christentums. Es ist nicht anzunehmen, daß der Satz von der letzten Kartoffel dem Marburger Studenten bekannt war. Wohl aber spricht aus ihm ein Zeitgefühl, das in der »Theologie der Krise« sich selbständig und gegen Troeltsch artikulierte. Als er 1911 in Aarau sprach, lenkte er den Blick auf kommende Endzeiten. Die Zukunft des Christentums wurde an die europäische Kultur gebunden (vgl. 86, 16. 48f), sein ewiges Bestehen in Frage gestellt.
Ohne Zweifel hat die »freie Prophetie« des jungen Thurneysen von Troeltsch her Impulse aufgenommen. Sein »Nicht« mag ebenfalls mit der Vorliebe des Studenten für Troeltsch zusammenhängen, denn Troeltsch war ein unerbittlicher Infragesteller, den Thurneysen in der Folge radikalisierte, dem er aber letztlich eine »Generalabrechnung« schuldig blieb, so daß Barth einmal fragte: »Wo bleibt deine Beleuchtung von Troeltsch?« (2, 121). Es blieb lediglich bei Streiflichtern. Wäre es zu einer gründlichen »Beleuchtung« gekommen, hätte dies notwendigerweise zu einem stärkeren Betonen des dritten Artikels führen müssen. So aber hat Thurneysen das Erbe nur apologetisch – für die Verteidigung der eigenen Position – genutzt.
In »Sozialismus und Christentum«, 1922, wurde die Lektüre Troeltschs empfohlen, um zu zeigen, »wie brüchig und zerfahren unser ganzes, fast rein auf eine aller sicheren Wertmaßstäbe beraubten Psychologie und Hi-

storie gestelltes theologisches Denken . . . am Ausgang des Jahrhunderts dastand« (1, 179): »Meine Herren, es wackelt alles.« In »Schrift und Offenbarung« berief er sich 1924 auf W. Herrmann gegen Troeltsch, wenn er von der »inneren Katastrophe der modernen Religionsphilosophie« sprach, die »nur die Auflösung der Religion und damit die Selbstaufhebung der religionsphilosophischen Fragestellung bedeuten kann« (1, 38f). Im selben Vortrag führte er Troeltsch als Kronzeugen an für die Kontingenz Jesu: Die Jahre 1–30 stellen sich dem Historiker nicht als Jahre von anderer, besonderer Qualität dar, und das Geschehen von damals ist »genau so relativ, so zufällig oder auch menschlich notwendig wie alles andere Geschehen zu jener Zeit«. Und dann fragte Thurneysen: »Aber – stimmt diese Feststellung nicht merkwürdig genau überein mit dem, was wir selber in unserer Erörterung des Offenbarungsbegriffes festgestellt haben?« (1,47). Noch in seiner Gegenposition rief er Troeltsch als Zeugen auf für das, was er zu sagen hatte. Er trat hier durchaus als Erbe auf.
Thurneysen als Erbe Troeltschs? Die Schulung an Troeltsch wurde wichtig für die spätere Seelsorgepraxis; sie wird in ihm die Fähigkeit der Einfühlung – verbunden mit der kritischen Kraft der Analyse – gefördert haben. Es ist kein Zufall, daß Barth, bevor er Troeltsch nennt, von der Kunst Thurneysens spricht, »einen Gedanken, ein Tun oder Verhalten so abzulehnen, daß der andere sich dabei aufs stärkste aufgenommen fühlt« (1, 229). – Das Ethos des Gelehrten, das die Probleme eines Buches (von Nathusius) anläßlich einer Rezension so ernst nimmt, daß daraus ein Buch von tausend Seiten wird, mag Gleichnis sein und Vorbild für das Tun des Seelsorgers. Wenn die Zukunft auch Blumhardt gehörte, Troeltsch gestaltete sie mit.

Zürich: Mäzenatentum und religiöser Sozialismus

Als Hilfssekretär des CVJM kam Thurneysen für anderthalb Jahre nach Zürich (1911–1913); hier entstanden Kontakte, ohne die Thurneysens kommende Entwicklung unverständlich wäre. Die durch diese Kontakte vermittelten Impulse haben das Werden der dialektischen Theologie wesentlich mitgeprägt.
Wir verbinden Theologie gerne mit einem Eigennamen, sprechen von der »Theologie des Paulus, Luthers, Schleiermachers, Barths« oder in unserem Fall »Thurneysens«. Mit einer solchen Zuordnung huldigen wir der Fiktion, der Theologe sei Urheber, Produzent »seiner« Theologie oder »seine« Theologie gar eine Domäne des betreffenden Theologen. Die gängige Redeweise verdeckt den Anteil der Frauen am Zustandekommen der Theologie, wie den Anteil der Laien überhaupt. Sie zeigt, daß unsere theologische Wissenschaftspraxis – und ihre Theorie erst recht – noch nicht begriffen hat, daß der Leib nicht ein Glied ist, sondern viele (vgl. 1Kor 12,14). Theologie wird auf diese Weise schon im Ansatz hierarchisch verstanden, weniger als Dienst denn als Herrschaft. So spricht man auch von »herr-

1 Die Mutter

2 Die Stiefmutter

3 Der Student
  als Mitglied der Zofingia

4 Der Vater

5 Eduard Thurneysen 1912 als Sekretär des CVJM im Glockenhof in Zürich

6 Paul Wernle 1908

7 Rudolf Pestalozzi

8 Die Religiös-Sozialen
hintere Reihe v. links: Oskar Pfister,
Hans Bader, Pfarrer Tischhauser;
vordere Reihe v. links: Hermann Kutter,
Joh. G. Hagmann, Leonhard Ragaz

9 Paul Dieterle

10
11 Leutwil nach zeitgenössischen Aufnahmen

12 Vikar Ganz

13 Fräulein Haffter

14 Pfarrer Dietschi aus Seon

15 16
17
Eduard und
Marguerite Thurneysen

18
Die Verschworenen einer besseren Zukunft,
sitzend: Peter Barth und Eduard Thurneysen; stehend: Gottlob Wieser, Wilhelm Loew, Karl Barth

19
Handschriftliche Notiz auf der Rückseite von Nr. 18. Karl Barth notierte in seinem Pfarrkalender den 16. September als Ausflugstag nach Hohentwil, Singen, Reichenau, Unterseen, Schaffhausen (vgl. »Römerbrief«, 1919, 24).

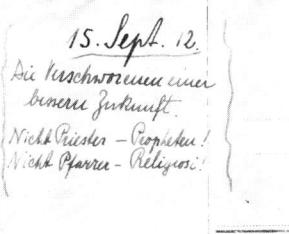

20
21
22
Barth und Thurneysen im Gespräch im Hause Pestalozzi

schender Theologie«. Auf diese Weise isoliert man eine Theologie und beachtet nicht, daß Theologie unterwegs entsteht und im Miteinander der Gliedschaft aus vielen Leibern. Auch wenn der Theologe eremitenhaft an seinem Schreibtisch sitzt, er ist Menschen begegnet, hat Gespräche geführt, Erfahrungen gemacht, und so wirken Nähe und Ferne, Freunde und Gegner mit, wenn er jetzt alleine sitzt, denkt und schreibt. Weil Theologie ein Gemeinschaftswerk darstellt, darum vermag der zweite Geiger im Orchester für die Schüler lehrreicher zu spielen als der erste Geiger, weil bei ihm deutlicher wird, wie sehr er sich anderen verdankt, als beim Virtuosen.
Das Ensemble von Begegnungen, Erfahrungen, von Milieu und Verhältnissen, aus denen der Theologe kommt, wirken mit beim Werden »seiner« Theologie. Und ist Theologie erst gedacht, niedergeschrieben, veröffentlicht, somit scheinbar autònom, gerät sie erst recht in die Abhängigkeit ihrer Rezipienten, der Adressaten und Empfänger, ist angewiesen auf eine Publikationsmöglichkeit zum Beispiel. Der Theologe ist auch da mit »seiner Theologie« in keiner Weise allein. Darum sei hier ein Name für viele zunächst genannt.

Rudolf Pestalozzi

Die Bedeutung von Rudolf Pestalozzi und seiner Frau Gerty für das Werden der dialektischen Theologie im allgemeinen und für die Entwicklung Thurneysens im besonderen kann nicht hoch genug veranschlagt werden. »Er begegnet mir merkwürdig oft in meinen Träumen«, schreibt Thurneysen ein Jahr noch vor seinem eigenen Sterben (21.5.1973) an Frau Gerty. – »Ruedi« wurde eine Art Nährvater der neuen theologischen Bewegung. Und mehr als das. Er war sechs Jahre älter als Thurneysen, Eisenhändler und Photograph, Offizier und Edelmann, ein Introvertierter, selbst schwer lebend, jedoch in der Lage und willens, als Mäzen Leben zu erleichtern und zu fördern. Und mehr als das, er war in einer gewissen Weise der »Älteste« der dialektischen Theologie und als solcher ein »Vorangehender«.
». . . wir, ich denke da eigentlich vor allem an Karl (Barth, R.B.), und auch an Georg (Merz, R.B.) neben mir selbst, wir kommen dir in einer entscheidenden Hinsicht sicher nur *nach*, und das ist die Aufrichtigkeit und Kraft, in der du uns voran eine *Verwirklichung* jenes Lebensversuches (um Karls immer noch so gutes Wort aus dem Römerbrief zu gebrauchen) an die Hand genommen und zweggebracht hast . . . Es ist der Versuch, das Wagnis, aus Barmherzigkeit heraus zum Leben ja zu sagen, wie es ist, und dieses Ja wirklich zu leben.« So schrieb Thurneysen dem Freund zum Fünfzigsten und feierte ihn, indem er ihm die eigene Schwäche – die Schwäche des jüngeren Zwillings – zeigte: »du bist für mich einer der ganz wenigen Freunde, neben Karl, eigentlich alles überlegt der Einzige, vor dem ich mich gar nie still oder offen bedrückt fühlen musste, bei dem man also auch in seinen schwachen Momenten schlechthin sich aufgehoben weiss«. Dann deutete er die Erfah-

rung, die er mit dem Freunde gemacht hatte: »Und das hängt ja sicher tief zusammen mit jenem Leben aus Vergebung. Du hast alle Ideologien in einer so selten ganzen Weise begraben dürfen, dass um dich herum nun wirklich Luft zum Atmen ist.« Es kommt zur Danksagung an den Freund: »Ruedi, glaub es also und lass es dir zur Ausnahme auch einmal sagen: ich bin einfach immer nur dankbar nicht nur für dies und das *an* dir, sondern für dich *selbst*« (23.7.1932). Dankbar »für dies und das« konnte der Briefschreiber wohl sein: für Zuwendungen und Hilfen aller Art, sei es für ihn selber, sei es für irgendwelche Hilfsbedürftige. Aber das war nicht alles. Da war ein theologischer Impuls. Rudolf Pestalozzi und seine Frau Gerty waren beide »in ihren Wanderjahren – auf verschiedenen Wegen, aber beide in England – mit der christlich-sozialen Bewegung in Berührung gekommen« (68, 87). Was in der Begegnung mit dem jüngeren Blumhardt schon angelegt war, erfuhr offensichtlich eine Förderung und Horizonterweiterung.
Am Entstehen des ersten Predigtbandes – »Suchet Gott, so werdet ihr leben« (5) – hatten die Pestalozzis in doppelter Hinsicht Anteil: »Ihr habt beharrlich immer wieder an seine ›Notwendigkeit‹ geglaubt.« Während einer gemeinsamen Wanderung auf den Rigi wurde der Plan festgelegt und dessen Veröffentlichung durch Pestalozzis Gutsprache beim »allmächtigen Verleger« erst ermöglicht (an R. Pestalozzi, 26.12.1917). Der »Römerbrief« Barths erschien ebenfalls nicht ohne Eingreifen Pestalozzis (vgl. 68, 118) – wie dieser überhaupt eine materielle Basis zur Pflege der Freundschaft lieferte. »Hast du wieder einen Eisenbalken verkauft?« soll Karl Barth jeweils gefragt haben, wenn es galt, eine gemeinsame Bergtour oder Reise zu planen.
Für die »Verwirklichung jenes Lebensversuches« mag auch sprechen, daß Pestalozzis anfänglich eine Villa bauen wollten, sich dann aber sagten, dies binde sie ans Bürgertum. Dafür ließen sie oberhalb von Oberrieden am Zürichsee das »Bergli« bauen (1920), dessen Gastlichkeit zum Treffpunkt der Freunde und zum Ruheort der Kämpfer wurde, eine Art Heilsort der dialektischen Theologie. Die Zeitschrift »Zwischen den Zeiten« wurde 1922 dort gegründet: »Das ›Bergli‹ ist einfach unersetzlich als Schlupfwinkel unserer Räuberbande, als Ort der Labung und des Rates. Wie sollte alles ›zgrechtem‹ (= in der rechten Weise, R.B.) laufen ohne diese Stätte?« (3, 180) Aber schon vorher bildete ihr Haus in der Trittligasse ein Refugium, eine Art Tor zur Welt für den jungen Pfarrer aus dem abgelegenen Dorf. Rudolf und Gerty Pestalozzi waren ein Glücksfall für das Werden der dialektischen Theologie. Ein anderer Glücksfall: der Verleger Albert Lempp, Inhaber des Christian Kaiser Verlages. Die Wirksamkeit von Barth und Thurneysen wäre wohl nicht so groß gewesen, hätten sie an verschiedenen Orten publizieren müssen.

Leonhard Ragaz

Von 1902–1908 war Ragaz Pfarrer am Basler Münster gewesen, von 1908–1921 Theologieprofessor in Zürich, um sich dann ganz der Arbeiterbewegung zu widmen. Er verkörperte – nach einer Weissagung von Arthur Rich – »eine Tendenz in der Theologie des zwanzigsten Jahrhunderts, die Zukunft hat« (Tendenzen der Theologie im 20. Jahrhundert, hg. von Hans Jürgen Schultz, 1966, 113).
In Zürich hörte Thurneysen nebenher seine Vorlesungen. Das Prophetische fesselte ihn an Ragaz. »Hier in Z. versuche ich nun, in Ragaz einzudringen, und schätze ihn, je mehr ich ihn aus s. Vorlesungen kennen lerne, stets höher und höher. Nicht wegen seiner wissenschaftl. Leistung – die wage ich sogar gelegentlich zu kritisieren, . . . aber weil ich das Gefühl habe, Ragaz habe als ein frommer, prophetischer Geist wirklich etwas Eigenes und Neues z. sagen« (an E. Staehelin, 3.3.1912). Die negative Aufnahme des »Römerbriefes« durch Ragaz belastete das Verhältnis in der Folgezeit. Die Beschäftigung mit den Reformatoren, das neue Ernstnehmen der Kirche, der Grundsatz »sola scriptura«, die Betonung der Rechtfertigung führten von Ragaz weg (vgl. 77, 93ff). Allerhand menschliche Mißverständnisse spielten mit – Theologiegeschichte ist immer auch eine Geschichte menschlicher Eitelkeit und Verletzlichkeit. Offensichtlich war es aber vor allem der Kirchenbegriff, der trennte. Barth sagte später: »Ragaz und ich brausten wie zwei Schnellzüge aneinander vorbei: Er aus der Kirche heraus, ich in die Kirche hinein« (80,II, 229).
Es ist bewegend, in den noch unveröffentlichten Briefen nachzulesen, wie Thurneysen sich bemüht hat, immer wieder Brücken zu schlagen zu Ragaz hin, ihm seine Dankbarkeit zu bezeugen, aber Ragaz antwortete mit immer neuen Vorwürfen, die darin gipfelten, daß er die Dialektiker für den Niedergang der religiös-sozialen Bewegung verantwortlich machte. Nach Ragaz führte »eine solche hochmütige und verständnislose Ablehnung« von seiten Barths und Thurneysens zum Bruch (1917; vgl. 83, II, 108, 186ff; dazu u.a. 80,II, 235, Anm. 55).
Noch 1927 versuchte Thurneysen an einer Tagung in Bad Lauterbach vor hundert Pfarrern, die Gegensätze zu überwinden. Ragaz reagierte zunächst »voll Freude und Dankbarkeit« (zit. nach 3, 511, Anm. 1), doch seine Antwort enttäuschte in ihrer schriftlichen Gestalt und wirkte auf Thurneysen eher als »*eine Art Abrechnung*« denn als ein »Friedensschluß« (3, 518). Er billigte ihm mildernde Umstände wegen des fortgeschrittenen Alters zu (3, 519), während Barth Entsetzen anmeldete (3, 521).
Thurneysen hat 1927 den Dissens als solchen zwischen dem von der dialektischen Theologie betonten »Wort Gottes« und der von den Religiös-Sozialen vertretenen »Wirklichkeit Gottes« charakterisiert (vgl. 16). Die beiden Anliegen könnten erst im Eschaton zusammenfallen, doch gebe es Geschichtslagen, in denen der letzte Tag aufscheine. Während bei den beiden Blumhardts Wort Gottes und Wirklichkeit in eins gefallen seien, müßten

sie notwendigerweise später in der dialektischen Theologie und im religiösen Sozialismus auseinanderfallen. Markus Mattmüller nennt das »eine durchaus mögliche Geschichtskonstruktion« (80,II, 220).
Betroffen durch den Vorwurf von »Wirklichkeitsverlust«, der gegen Thurneysen heute von verschiedenen Seiten her erhoben wird, wird man seine Geschichtskonstruktion auf ihre Möglichkeit hin prüfen müssen: Hat Thurneysen nicht implizit einen Verzicht auf den Heiligen Geist geleistet, wenn er so zwischen Wort und Wirklichkeit unterscheidet, wie er es hier tut?
Die Briefe, die Thurneysen nach der Tagung an Ragaz schrieb, lassen auf eine übergroße Empfindlichkeit von Ragaz schließen. Offensichtlich erschwerte auch das gespannte Verhältnis Ragaz-Kutter den Kontakt. Und damit habe ich nochmals eine Gestalt des religiösen Sozialismus genannt, die auf Thurneysen ungleich stärker gewirkt hat.

Hermann Kutter

1903/04 erschien vom Zürcher Neumünsterpfarrer eine Schrift, die in einem Jahr fünf Auflagen erlebte und in der Folge in fünf Sprachen übersetzt wurde: »Sie müssen, ein Offenes Wort an die Christliche Gesellschaft« (vgl. 76, 28ff). Unter dem Einfluß Blumhardts sah er die Sozialisten als ein Werkzeug und Weckmittel. Im Poltern und Drohen der proletarischen Massen vernahm er das Hämmern Gottes an die Wand unserer »mammonistischen Kultur« (76, 29). »Sie müssen« war eine prophetische Gerichtsansage: »Wie Spreu wird er die feigen Verlegenheiten und Bedenklichkeiten unseres Christentums auseinander fegen und uns im Sturmwind seines Gerichtes gewaltig und gewaltsam emporreissen zu wahrer Grösse ...« (76, 30). Kutters Pathos richtete sich gegen das religiöse Betrugssystem der Kirche. Er weigerte sich, unbesehen Trauungen zu vollziehen (vgl. 76, 31), und weigerte sich grundsätzlich, im Auftrag einer Kirche, »die keine Kirche Christi mehr ist, sondern eine Kirche Mammons und der Welt«, Religionsunterricht in der Schule zu erteilen (zit. nach 76, 33).
Zu Beginn von Thurneysens Studium publizierte Kutter »Wir Pfarrer« (1907), eine Art Vorwort zur dialektischen Theologie. Im Namen des lebendigen Gottes wandte er sich gegen das etablierte Kirchen- und Religionswesen, gegen den Pfarrerbetrug, der den lebendigen Gott manipuliere. Im Namen Gottes wetterte er gegen die Institution: »Mit aller Macht kämpfen wir gegen die Lüge an, als gebe es einen geistlichen Stand, der die himmlischen Güter zwischen Gott und den Menschen zu vermitteln habe, als wohne Gott in Tempeln von Händen gemacht ... Wir wollen nicht mehr die Wissenden und Gebenden sein, nein, die ersten im Suchen und Hungern« (47). So hat sich auch der junge Thurneysen verstanden.
Läßt man sich durch das Pathos des Zürcher Propheten nicht stören, bewirkt die Lektüre der Kutterschen Schrift heute einen Schock: Die Kirche und ihr

pfarrherrlicher Unfug, gegen die Kutter gekämpft, haben die tausend Jahre – Auschwitz inbegriffen – nur allzu unbeschädigt überstanden. Kutter kannte die Pfarrersituation, die gegen Ende des Jahrhunderts nicht besser geworden ist: ». . . es ist furchtbar, predigen zu müssen über den lebendigen Gott, ohne ihn selbst zu besitzen. Über etwas zu reden, das ganz ins Herz eingehen will, ohne es selbst aufgenommen zu haben. Sagen zu müssen, Gott sei *alles*, und doch *nichts* an ihm zu finden, das die eigene Seele erfüllte« (21). Er litt an der Diskrepanz zwischen Wort und Sein, wobei er gegen die rechte Front in der Kirche mehr zu kämpfen hatte als gegen die freisinnige: »Immer im Superlativ sich zu ergehen, wo einem der Positiv selbst noch fehlt . . . Der Betrug, als könnte man vom lebendigen Gott predigen wie von einem toten Erkenntnisgegenstand, einer frommen Seelenstimmung! Der Betrug, als wäre es möglich, das Evangelium zu verkündigen, und dabei so zu tun, als wäre es gar nicht vorhanden. Der Betrug, aus der Zeugenschaft für Gott ein bloßes Amt zu machen, von dem man lebt und womit man die Menschen erbaut. Der Betrug, der Gott als religiöse Angelegenheit neben das Leben stellt. Er lagert über unserer Kirche wie eine schwarze, alles verfinsternde Wolke, aus der der todbringende Strahl jeden Augenblick herniederfahren kann« (ebd.). Da ist schon die Metapher vom Gewitter, die Thurneysen – vielleicht zu früh? – ins Positive gewendet hat. Man muß nur etwa Kutters Ausführungen über die Predigt nachlesen, um zu merken, wie aktuell er wiederum geworden ist: »Wir sind mit unserer Predigt bereitwillig den Menschen in alle Schlupfwinkel ihrer Eitelkeit gefolgt, wir haben unsere Worte in wohlfeilem Redestrom an allerhand Torheiten und Nichtigkeiten verschwendet. Nichts war uns zu unbedeutend, das wir nicht mit geduldiger Sorgfalt unter die Lupe des ›Wortes Gottes‹ nahmen, kein Ereignis, kein Vorfall, kein Erlebnis zu unwichtig, dem wir nicht die besten und wirkungsvollsten Partien unserer Predigt gewidmet hätten« (25). Auch die Ich-Schwäche des Predigers, der nichts zu sagen, aber um so mehr zu tun hat, wird demaskiert: »Er, der als der Sprecher für den lebendigen Gott der ganzen Gesellschaft entscheidende Dinge sagen sollte, lispelt einige verzagte und verschwommene Ansichten, wenn er überhaupt nach Hersagen der auswendig gelernten Predigt noch etwas zu sagen hat. Dafür entschädigt man sich dann durch allerhand liebe kleine Dienstleistungen – die Treue im Kleinen! – . . .« (36). Die Verführung des Predigers durch den Hörer wurde in großer Klarheit gesehen: Statt theonomer Reziprozität herrscht anthroponome Subordination. Der Mensch dient nicht mehr Gott, sondern unterwirft sich Gott, indem er aus ihm einen Götzen macht: »Wir ließen uns von den Bequemlichkeiten unseres wählerischen frommen Publikums gängeln, wir vertieften uns mit ihm in die lächerlichen Wichtigkeiten alle, die es sein Christentum nannte, und unterstützten durch unsere gesalbten Reden den Götzendienst, den es mit Dingen und Meinungen trieb. Wir waren der Menschen Aschenbrödel und haben es durch unsere pfäffische Demut dahin gebracht, daß sie gar nicht mehr wissen, was es heißt, dem lebendigen Gott dienen, wohl aber sehr ge-

nau das andere, sich von ihm bedienen lassen« (26). Die Berufsmisere des Pfarrers hat sich seit Beginn des Jahrhunderts noch kaum geändert. Der Pfarrer nimmt immer noch den lebendigen Gott für die Menschen in Anspruch: »Das aber ist nacktes Heidentum. Ja es ist so: unsere Stellung zu den Menschen unterscheidet sich in der Hauptsache in nichts von der der heidnischen Priester. Wir haben zu tun, was die Leute wollen, haben ihre ›religiösen Bedürfnisse‹ zu befriedigen, wie man so schön alle die heidnischen Anschauungen und Gewohnheiten nennt, in denen sich das christliche Publikum bewegt, und im übrigen – zu schweigen. Der Pfarrer darf keine eigene Meinung haben. Dafür ist er nicht da. Er hat zu amtieren und zuzudienen. Und hinter unserem Rücken lachen sie uns aus oder ziehen sie geringschätzig und mitleidig die Achseln über uns! Dahin haben wir es gebracht mit unserer Predigt« (ebd.). Auch den »dumpfen Mechanismus unseres kirchlichen Handelns« (40) leuchtete er an: »Der Pfarrer als Amtsperson im Dienste privater Wünsche, das ist der heidnische Priester im christlichen Format« (41). In dieser Hinsicht ist die Rede von der Baalisierung der Kasualien schon von Kutter eingeleitet. Kutters Alternative ist in ihrer Simplizität heute noch aktuell: »Nicht die Menschen – Gott sei die Richtschnur unserer Verkündigung« (26).
Es würde sich m.E. lohnen, in einer sprachlichen Analyse nachzuprüfen, wie sehr die beiden jungen Aargauer Pfarrer sich ihre Sprache von Kutter haben geben lassen. Neben Blumhardt übte der Neumünsterpfarrer wohl den stärksten Einfluß auf den jungen Thurneysen aus: »Ich *lerne* bei ihm immer wieder von neuem und bewundere seinen religiösen Tiefblick und, wie soll ich sagen? – Instinkt« (an E. Staehelin, 16.12.1913). Was er bei ihm lernte, brachte ihn in Gegensatz zu akademischen Lehrern wie Duhm und Wernle. »Die Exklusivität Gottes, Gottes Unvermischtsein mit allem Menschlichen« ist die Lektion, die Thurneysen bei diesem Propheten gegen den Mammon lernte. »Er redet so unerhört kompromißlos und unvermittelt von Gott, so eschatologisch möchte man sagen, wie es bei Zeitgenossen (außer bei Blumhardt und zum Teil in den Predigten von Ragaz) kaum je geschah, und doch hören wir es als das Eine, Einfache, Wahre und Wirkliche, das nicht anders sein kann, und ohne das unerträgliche Gefühl, doch wieder nur vor einem selbstgeschaffenen Wunsch- und Traum-Gott des Menschen zu stehen«, schrieb er zehn Jahre später anläßlich von Kutters 60. Geburtstag (in: ZZ 1, 1923, Heft 4, 6), und Barth gegenüber rechtfertigte er ihn: »Kutters Theologie ist doch einfach gut, sie hat ein bißchen ein seltsames Gewand, ›Phantasiekostüm‹, aber sie hat ›des Pünktle auch, wos draufankommt‹, wie Blumhardt sagte ... und darum ist sie gut« (3, 180).
Thurneysen hatte von Kutter viel Zuneigung erfahren. Kutter besuchte Thurneysen oft und gern (vgl. 76, 117). Aber schon früh mischte sich Distanzierung in die Bewunderung: »Meine Verehrung für den geistvollen, genialen Mann ist trotz allerlei Schwächen, die ihm anhaften, immer noch ungemindert« (an E. Staehelin, 16.12.1913). »Immer noch« und »ungemindert« deuten auf eine Gefährdung der Verehrung. »Wenn er kam,

musste man alles liegen lassen. Er lief redend auf und ab. Ich musste immerzu den Hals wenden und hatte abends Genickstarre.« Auch kam er in Begleitung eines riesigen Bernhardiners namens »Rex«. Später habe er einen Papagei besessen, der auf seiner Schulter zu sitzen pflegte. Brachte der alte Thurneysen die Rede auf Kutter, wurde der Ton in der Regel leicht mokant, ein Ton, den er gegenüber Blumhardt nie anschlug. 1925, nach einem Besuch in Bruggen meldete Kutter eine Krise an (vgl. 3, 313), er warf Thurneysen vor, Barths Theologie führe in einen »Abweg« von dem, was ihm, Kutter, auf dem Herzen und in der Seele brenne; statt um Gott selber gehe es jetzt um den Gottesbegriff. In seiner Antwort versuchte Thurneysen Brücken zu bauen, er stellte sich vor Barth und zu Kutter, wobei er die theologische Differenz diesem gegenüber nicht verschwieg (vgl. 3, 313ff).

Ein Sohn von Vätern

Wie wird einer Prophet? Wie wird einer Seelsorger? Er erleidet Beschädigungen und frühes Leid: der Bruder, der ihn zurückläßt, die Mutter, die ihm genommen wird, die Spannungen in einer neuen Ehe des Vaters. Es ist nicht auszudenken, was das an Schädigung bedeutet. Defekte aber rücken in anderes Licht, wenn der Blitz den Himmel erleuchtet und einer am Fenster steht, wartend. Propheten reifen in der Regel nicht in heilen Welten, und Seelsorger wachsen nicht in Familien heran, die keine Probleme kennen: Dem, der allein im Fenster steht, wachsen Väter zu. Im Heiligen Geist, durch den Heiligen Geist bekommen wir Väter. Diese Väter bilden ein Charisma, Vorschein einer Anmut auf ewige Schönheit.
Wie wird einer Prophet? Er geht bei den Propheten in die Schule: Bernhard Duhm, Christoph Blumhardt, Hermann Kutter, Leonhard Ragaz, jeder hatte dem Jüngeren etwas vom prophetischen Geist zu geben. Ein jeder beschenkte ihn.
Wie wird einer Seelsorger? Er macht eine Hinreise, und einer weist ihm einen Platz an, gibt ihm Feuer und zeigt ihm in der Mitte des Lebens den lebendigen Gott auf. Einer bringt ihm die großen Gestalten der Religion nahe, die große Seelsorger waren.
Wie wird einer ein Vater? Er ist Sohn und wird »Sohn«. Er flieht nicht vor den Vätern. Er kapriziert sich nicht auf das Unglück der Vaterlosigkeit. Er wendet sich ihnen zu, verdankt sich ihnen, aber er bleibt nicht stehen; er kann nicht Sohn bleiben, er muß sich aufs offene Meer wagen. Navigare necesse est, vivere non necesse est. Ein Sohn kann nicht sein eigener Vater werden: Er ist und wird kein Blumhardt, kein Duhm, kein Wernle, kein Ragaz und kein Kutter, sondern eben Eduard Thurneysen. Ich habe die Begegnung mit Christoph Blumhardt im Begriff der »Hinreise« zu verstehen versucht, aber dort, wo er angekommen ist, kann er nicht bleiben. Er muß sich von seinen Vätern entfernen, muß die Anker lichten und abreisen. Die Väter taten das Ihrige, die Abreise zu befördern.

Die Notwendigkeit zur Distanzierung von der damals herrschenden akademischen Theologie, für welche die Namen Duhm, Wernle und Troeltsch stehen, scheint klar: Diese Theologie hatte in der Praxis versagt. Eine Abreise kann ein Mehr an Freiheit bringen, bedeutet aber auch Verlust. Die Abkehr beispielsweise von Wernle barg in sich die Gefahr, die Relevanz vergangener Geschichte zu vernachlässigen. In der späteren Distanzierung von Blumhardt trat die gegenwärtige Heilsgeschichte in den Hintergrund. Beides zusammen bildete möglicherweise eine Ursache dafür, daß in der Hinwendung zur Gemeinde diese als geschichtlich gewordene, institutionell in Traditionen verfestigte und mit den Hypotheken der Vergangenheit reichlich belastete, nicht klar genug ins Blickfeld trat.

Die Abkehr von den religiös-sozialen Vätern ist nur schwer zu verstehen, wenn man nicht Menschlich-Allzumenschliches in den Vordergrund schieben will. War Ragaz empfindlich, wollte Kutter die beiden jungen Pfarrer vereinnahmen. Thurneysen hat dies mehrfach betont. Mit Vätern haben es Söhne allemal schwer, und Distanzierung hat wohl auch Emanzipation eingeschlossen. Der Verlust aber kann kaum errechnet werden. In diesen Beziehungen lag in theologischer wie in menschlicher Hinsicht eine gewisse Tragik. Barth und Thurneysen fielen als Pfeile aus dem Köcher ihrer religiös-sozialen Väter und ließen sie wehrlos und ohne Erben zurück. Im Geschick der Älteren schattete sich indessen ihr eigenes Schicksal im voraus ab. Die Kritik, die sich nach dem Zweiten Weltkrieg gegen die Theologie von Barth und Thurneysen erhob, hatte ihre Wurzeln – wohl unbewußt – in dem, was Barth und Thurneysen bei ihren religiös-sozialen Vätern liegengelassen beziehungsweise kritisiert hatten. Im Anschluß an die Kontroverse mit Kutter notierte Thurneysen: »Es wird so sein, daß unser Schiff sich nolens volens der Lehre von der Kirche nähert wie einem neuen Kontinent; ich sehe es auch nicht anders, und eigentlich muß es so sein, denn in den Gewässern des 3. Artikels kreuzten wir seit jeher; dort liegen sozusagen unsere Heimathäfen und alten Kohlenstationen, der ›hl. Geist‹ war doch wohl irgendwie unser Ausgangspunkt, nur daß wir nicht mit Kutter und Ragaz und wohl auch dem jüngeren Blumhardt Spiritualisten bleiben können, sondern nun eben wieder dorthin vorstoßen müssen, von wo auch der hl. Geist herkommt: zur Gemeinde mit ihrer Lehre und Schrift als der Trägerin« (3, 321f).

Die Jüngeren mußten den Älteren die Gefolgschaft versagen, um zur »Gemeinde mit ihrer Lehre« und zur »Schrift als der Trägerin« vorzustoßen. Sie hatten recht mit der Einsicht, nicht Spiritualisten bleiben zu können. Vielleicht aber steuerten sie allzuhurtig den neuen Kontinent an. Nicht war es ein Unglück, daß sie die Gemeinde ernst nehmen wollten. Das Unglück war, daß sie die Gemeinde nicht ernst genug nehmen konnten als Ort der Prophetie und der religiös-sozialen Väter.

So mangelte ihrem Kirchenbegriff ein Stück Konkretion. Sie nahmen in ihrer Kritik am Kirchenverständnis bei Kutter und Ragaz die Gestalt der Kirche in den Vätern wohl nicht recht wahr und blieben möglicherweise in ihrer Kritik selbst Spiritualisten; schon die Metapher, die den Heiligen Geist als »Ausgangspunkt« bezeichnete, enthüllte die ganze Problematik dieser Pneumatologie wie auch der Herleitung des Geistes von der Gemeinde. Immer bleiben die Söhne hinter den Vätern zurück auch da, wo sie diese zu überholen meinen.

Man darf zwei Momente hierbei nicht übersehen: Einerseits war die »Vätertradition«, in der Thurneysen stand, zum Teil eine stark individualistisch geprägte. Sowohl das Betonen der christlichen Persönlichkeit durch Wernle als auch das des Visionären durch Duhm verdeckte die Bedeutung der Gemeinde. Von diesen Vätern her konnte er die Väter gar nicht im Horizont der Gemeinde wahrnehmen. Andererseits darf man nicht übersehen, daß Kutter – etwa in »Wir Pfarrer« – entschieden bei der Pneumatologie ansetzte; indem er die soziale Frage in eins sah mit der Gottesfrage, indem er im Proletariat, im Klassenkampf, den »Geist des lebendigen Gottes« am Werk glaubte, erkannte er: »Daß Gott unsere Gesellschaft mit seinem reinigenden Geist durchdringe, – das ist auch heute wieder das Grundpostulat, die Frage aller Fragen« (15). Und diese Frage war für Kutter »die Frage aller Fragen« auch für den Pfarrer: »Gerade wir müssen die soziale Frage aus einem einzigen lebendigen Quellpunkte ableiten: aus Gott« (ebd.).

Der Spiritualismusvorwurf wiederholt sich Barth und Thurneysen gegenüber folgerichtig nach dem Zweiten Weltkrieg in gewandelter Form: Man wirft ihrer Theologie Horizontverlust vor, der Horizont der Welt werde nicht genügend gesehen, die Psychologie beispielsweise nicht ausreichend berücksichtigt, die Wirklichkeit komme nicht zu ihrem Recht. Diese Vorwürfe beruhen auf ungenügendem Verständnis der Anfänge der dialektischen Theologie, lassen sich kaum halten und sind – kaum zurückzuweisen! Sie machen darauf aufmerksam, daß »das Objektive Gottes, das eine Geschichte bildet und zu einem Erleben führt, bis der Tag kommt« (14, 39), nicht genügend wahrgenommen worden ist. – Von Blumhardt her bekommt die in der Nachkriegszeit an der Theologie des Wortes geübte Kritik eine neue Dimension. Sie entdeckt einen Spiritualismus bei Barth und Thurneysen selbst, zeigt, wie die Kritik der Söhne die Väter nicht zu überholen vermochte. Damit fällt der Vorwurf, den Thurneysen macht, auf ihn selbst zurück. Ein Vorgang, der sich oft abspielt, wo wir Vorwürfe machen: Wir bleiben in der Schuld des anderen, die wir wahrzunehmen meinen, stecken. Der andere bleibt uns gerade auch da, wo wir ihn als schuldig erklären wollen, rätselhaft verborgen. Man darf Jesu Wort ruhig variieren: »Was siehst du aber den Splitter in deines Vaters Auge, den Balken in deinem Auge wirst du nicht gewahr« (vgl. Mt 7,3).
Ich hatte meine Arbeit an Thurneysen begonnen, um ihn zeitgenössischen Kritikern gegenüber zu verteidigen. Je länger ich mich mit ihm beschäftigte, um so besser meinte ich seine Kritiker zu verstehen und um so deutlicher wurde mir, wie sehr er seinen Kritikern überlegen blieb. Sieht man einmal vom Niveauunterschied ab, könnte man den Eindruck haben, die Kritiker Thurneysens hätten ihm gegenüber ebenso recht, wie sie ihm unrecht täten, Thurneysen sei seinen Vätern gegenüber ebenso im Recht, wie er ihnen auch Unrecht antue. Wo aber fängt hier das Recht an, und wo beginnt die

Schuld? Zwischen Vätern und Söhnen laufen Recht und Schuld wie ein Feldweg, bei dem man nicht wahrzunehmen vermag, wo der Weg aufhört und die Wiese beginnt.
Beim Fragen nach dem Weg, den wir heute zu gehen haben, können wir nicht bei dem Verwachsensein von Wiese und Weg stehenbleiben. Wir haben den Segen der Väter nicht ohne ihre Schuld. Barth und er waren als »rechte Heilige« in Beziehung zu ihren Vätern »gute, starke Sünder«. Man darf einen solchen Satz nicht leichtfertig niederschreiben, denn wir müssen heute noch für diese Sünden zahlen. »Unsere Väter haben gesündigt, sie leben nicht mehr; jetzt müssen wir für ihre Schuld büßen« (Klgl 5,7); die Söhne sind, indem sie Söhne sind, den Vätern gegenüber nie unschuldig, wie denn die Väter ihrerseits Söhne sind, immer schon Schuldner. Aber tue ich meinem Vater nicht unrecht, wenn ich hier von Schuld rede? Die Frage nach der Schuld der Väter zeigt, daß wir, die Nachkommen, zwar möglicherweise junge Rechthaber, aber niemals jüngste Richter sind.
Bei Blumhardt, Kutter und Ragaz war etwas laut geworden, was die Nachkommenden bei Barth und Thurneysen, wenn auch in einer Variation, vermißten, wie andererseits der Abschied von Bernhard Duhm und Paul Wernle Verluste brachte, die nicht kompensiert werden konnten. Aber wir tun dem Sohn unrecht, wenn wir ihn gegen seine Väter ausspielen. Wir haben es heute schwer zu begreifen, wie Thurneysen einerseits 1925 den Vorwurf des Spiritualismus machen kann, andererseits 1927 Ragaz gegenüber im Recht sein soll, da er der Wirklichkeit Gottes gegenüber das Wort Gottes betont. Damit beruht die Trennung von ihm auf einer inneren Notwendigkeit. Dieser Vorgang ist heute kaum nachzuvollziehen, sind wir doch allemal Geringächter des Wortes und Anbeter der Wirklichkeit. Keine Wirklichkeit ist wirklich und also wirksam ohne das Wort, wie denn kein Ding sein kann, »wo das Wort gebricht«. Das Wort ist die wirkende Wirklichkeit von Anfang an. Es ist kein Zufall, daß in tausend unseligen Jahren die Kirche hat durchhalten können im Rekurs auf das »Wort Gottes« und nicht so sehr im Rekurs auf die Wirklichkeit Gottes.
War die Trennung von Ragaz einerseits ein Unglück, war sie andererseits wohl notwendig und ermöglichte den Anschluß an die reformatorische Tradition. Luther meint in seiner Römerbrief-Vorlesung von 1515/16, mit der Anrede »Gott der Hoffnung« unterscheide Paulus »die falschen Götter vom wahren Gott. Die falschen Götter aber sind die Dämonen, die Götter der Wirklichkeit (Dii rei), weil sie jene beherrschen, die an den Dingen hängen und nicht zu hoffen wissen. Wer aber am wahren Gott hängt, der verläßt alle Dinge und lebt in reiner Hoffnung« (zit. nach Jürgen Moltmann, in: Kirche im Prozeß der Aufklärung, 1970, 45).
Aufgabe der Theologie heute ist, den doppelten Spiritualismus, den der religiös-sozialen Väter – auch den Blumhardts – wie den ihrer dialektischen Kritiker, zu überwinden. Sie wird dann beide Teile – Väter und Großväter – in ihrem Recht und ihrer Gabe ehren. Die Väter ehren, und das lehrt uns das Verhältnis Thurneysens zu seinen Vätern, heißt auch dies: Einsehen, daß

die Söhne den Vätern immer etwas schuldig bleiben: Ehre allemal! Im Ehren seiner Väter – wie problematisch uns dies auch vorkommen mag – wird Eduard Thurneysen an ihnen in Zustimmung und Widerspruch heranwachsen auf die Höhe der Zeit.

Ein Vater von Söhnen

Das Werden Thurneysens steht dem, was aus ihm und aus seinem Erbe in jüngster Zeit geworden ist, wie ein Spiegel gegenüber. Es wäre nichts als recht und billig, nach seinen Vätern nun auch seine Söhne zu porträtieren und darzustellen, in welcher Weise er heute auf dem Feld der Predigt- und Seelsorgelehre geehrt oder verunehrt wird. Wer hier die Stimme erhebt, hat ihn zum Vorgänger, er ist – ob er will oder nicht – ein Sohn. Wenn das Porträt des Vaters gelingt, erübrigt sich eine Galerie der Söhne. Sie mögen gegenüber dem Bild des Vaters ihr eigenes entdecken; das Porträt Thurneysens soll der Entschleierung unseres Blickes dienen. Darum braucht nur in Kürze vom Werden und Wachsen Thurneysens, wie es sich bis jetzt darstellt, auf das Werden der Praktischen Theologie nach dem Zweiten Weltkrieg hingewiesen zu werden: Gerade wenn ich mir am Verhältnis Thurneysens zu seinen Vätern das Recht der späteren Kritik an ihm verständlich machen kann, so stoßen die Analogien erst recht auf die Unterschiede. In der Begegnung mit den religiösen Sozialisten löste er sich von seinen akademischen Lehrern. Indem er das Fenster öffnete und auf den Blitz aus dem Himmel wartete, entdeckte er die Bewegung des Wortes Gottes und die reformatorische Theologie. Wuchs er an seinen Vätern auf die Höhe der Zeit, so sind die Söhne an ihm vielfach zu Fall gekommen. Viele konservierten ihn und fielen aus ihrer Zeit, andere kritisierten ihn sozusagen im Namen einer veränderten Zeit, kamen aber statt auf die Höhe der Zeit in deren Schlepptau.
Obwohl der Zweite Weltkrieg das Zeitalter der apokalyptischen Schrecken eröffnete, regredierten Kirche und Theologie immer mehr in Zustände, die der Zeit vor dem Ersten Weltkrieg glichen, wie denn auch die Zeit des Wirtschaftswunders eine gewisse Ähnlichkeit mit der Zeit vor und nach der Jahrhundertwende erkennen läßt. Man kehrte eifrig zurück zu den Tischen, von denen ein Thurneysen aufgebrochen war. »Die Theologie der bürgerlichen Gesellschaft« kam mit Schleiermacher zu neuen Ehren; man trug wieder Religion, tat, »als könnte man vom lebendigen Gott predigen wie von einem toten Erkenntnisgegenstand, einer frommen Seelenstimmung«. Der Eifer nach Prophetie wurde ersetzt durch den Eifer, mit dem beispielsweise die Predigt als Kommunikationsgeschehen – bei fortschreitendem Kommunikationsverlust – unter wissenschaftlichen Vorzeichen besprochen wurde, um »bereitwillig den Menschen in alle Schlupfwinkel ihrer Eitelkeit« zu folgen. Rhetorik und Psychologie wurden zum Gebot der Stunde, und mit diesem Gebot verdeckte man, was diese Stunde qualifizierte, das Gericht des

lebendigen Gottes. Die Praktische Theologie war weitgehend bemüht, Kirche als religiösen Dienstleistungsbetrieb zu rechtfertigen. Was Kutter als heidnisches Priestertum bezeichnet hatte, sollte wieder guten Gewissens getan werden. Mit neuem Ernst entdeckte man die »religiösen Bedürfnisse«, um den »dumpfen Mechanismus unseres kirchlichen Handelns« humanwissenschaftlich in Betrieb zu halten. Auf diese und mancherlei andere Weise versuchte man sich und andere abzuschirmen vor der Wahrnehmung des Gerichts, als wären wir schon vom Gericht verschont, wenn wir das Gericht nicht wahrnehmen, als wäre Gott nicht, wenn wir keine Augen haben für Gott.

Es ist klar, daß in den hier nur angedeuteten Vorgängen eine Gestalt wie die von Eduard Thurneysen außerordentlich störend wirkte. Man mußte sie notwendigerweise mißverstehen, sie von ihrer Praxis trennen, in malam partem interpretieren, ihr den Prozeß machen – und sei es einen Hexenprozeß. Das gesunde theologische Volksempfinden hat eine feine Witterung für das, was seinen Frieden mit einer Welt stört, die sich selbst zerstört. Ich meine, die Vokabel »Hexenprozeß« charakterisiere sehr präzis den hauptsächlichen Verlauf einer unglücklichen Thurneysen-Rezeption.

Man muß nur die Ausführungen von *Will-Erich Peuckert* über den Malleus maleficarum nachlesen, um zu verstehen: »Vom Untergange beschattete Zeiten suchen nach dem Schuldigen, und alles, was irgendwie vom Täglichen abweicht, ist schon schuldig. Man spricht von dem gesunden Instinkt des Volkes, der das Anormale wittere; ich glaube, daß man viel lieber von der Angst, die alles vom Regelfall Abweichende erregt, zu sprechen hätte; ›wer aus dem Rahmen fällt‹, wird immer, sei es in einem Dorf, in einer Gemeinschaft oder in einer Schule, schuldig sein. So war es auch hier. Die Hexe ist eine, die aus dem Rahmen fällt, weil Glück und Unglück anders als an anderen Menschen an ihr haften« (Die große Wende. Das Apokalyptische Saeculum und Luther, 1966², I,121).

Ich sage Hexenprozeß, um auf das Irrationale des Vorgangs hinzuweisen. Man weiß nicht, was man tut. Man argumentiert mit rationalen Argumenten im Interesse von Unbewußtem: Es wäre m.E. ein leichtes zu zeigen, wie hinter der Kritik an Thurneysen eine Angst lauert, die schuldig spricht, was aus dem Rahmen fällt und darum schwierig ist. Die Einwände gegen Thurneysen auf dem Felde der Predigt- wie der Seelsorgelehre werden – sei es implizit, sei es explizit – gemacht im Interesse einer besseren Praktikabilität. Dabei muß man die Praxis Thurneysens ausklammern. Man zitiert seine Texte in der Seelsorgelehre, als ob keine Erfahrung hinter seinen Aussagen stünde; eine Ausnahme macht vielleicht Dorothee Hoch.

Wollte man über *Brechts* und *Dürrenmatts* Theaterschriften urteilen, ohne ihre Stücke und Inszenierungen zu beachten, und behaupten, daß solche Theatertheorie schlecht in Praxis umzusetzen sei, so würde man sich lächerlich machen. Daß in der Praktischen Theologie ein solch unmöglicher Vorgang möglich geworden ist, zeigt nur, wie sehr wir mit Blindheit geschlagen sind.

Ich sage Hexenprozeß: Die Wort-Gottes-Theologie, zu der ein Thurneysen heranwuchs, fiel zunächst aus dem Rahmen der üblichen Verharmlosung des Evangeliums heraus. Das Extraordinäre in ihr weckte Aggressionen. Man mußte es angreifen. Man ertrug seine Schönheit nicht. Man mußte karikieren, um es unschädlich zu machen. Der Zeigende mußte weg vom Fenster, sollte zu unserer Zeit nicht reden, sollte ihr nichts zu sagen haben.

Der Aufbruch

Leutwil-Dürrenäsch
1913–1920

Ich als Pfarrer . . . scheine gegenwärtig einen trostlosen Beruf zu haben. Es ist fast, als ob ich Nebel müllern wollte, um Mehl zu machen, oder mit Wolken oder Schnee fundamenten zu einem Hausbau.
Jeremias Gotthelf

Er ist mein grosser Lehrmeister im Dienst an der Gemeinde geworden und geblieben, und zwar nicht nur durch das, was er mir direkt gegeben hat, sondern auch durch das, was mir die Leutwiler von seinem Wirken in ihrer Gemeinde noch nach Jahren und Jahrzehnten so freudig und dankbar erzählten.
Heinrich Hug

Die Landschaft

Des Pfarrers erste Gemeinde – eine Jugendliebe, von der einer niemals wieder loskommt, wie denn gerade auch die erste Gemeinde ein Pfarrerleben prägt. Eine erste Liebe und eine erste Vaterschaft, das ist die erste Gemeinde – und noch mehr eine erste Heimat, eine Familie im Vorschein der neuen Welt, durchaus auf Erden, die einen jungen, sensiblen Menschen prägt. Zum Geheimnis Thurneysens gehört die Luft, die er in Leutwil geatmet hat. Theologie entsteht nicht in den Wolken. Sie wird am Boden gemacht. Ein Theologe braucht einen bestimmten Boden, um zu wachsen, und dieser Boden hat ein bestimmtes Klima. Ich versuche, die Landschaft ein wenig zu schildern, aus der Thurneysen kam. Diese Landschaft lebt in meiner Erinnerung, ich begann als Pfarrer in Holderbank-Möriken-Wildegg.
Leutwil-Dürrenäsch, zwei Dörfer im Aargau auf einem Höhenrücken des Seetales, einer Landschaft von harmloser Schönheit; charakteristisch sind die großen Obst- und Kirschbäume auf den Feldern: Hundertfünfzig Meter über dem Hallwilersee liegt lang hingestreckt das Dorf Leutwil, ein Dorf im Abseits. Charakteristisch für diese Landschaft: die Verflechtung von agrarer und industrieller Wirtschaftsstruktur. Die Dörfer hatten oder haben eine bäuerliche Grundstruktur, während das Geld in der Industrie verdient wird. Zur Zeit Thurneysens gab es im Dorf nur drei Vollbauern; die anderen gingen in die Fabrik: zwei Zigarrenfabriken, eine Flechterei für Strohhüte.

Eine anschauliche Schilderung vom Werden der Industrie im Aargau bietet *Heinrich Staehelin* in seiner »Geschichte des Kantons Aargau« 2, 1978, 290ff. Gemäß den zwei Organisationsformen der Industrie gibt es auch in Leutwil zwei Formen industrieller Tätigkeit: Heimarbeit und Fabrikarbeit.

Der Aargau, lange Zeit bernisches Untertanenland, hatte neue Herren; nun diktierten die Fabrikanten: 70 Rappen am Tag verdiente ein Arbeiter, die Frauen nur 17; wenn sie eine ganze Nacht flochten, erhielten sie 40. Die Ausbeutung der Frau war besonders groß, Kinderarbeit offiziell verboten, aber noch üblich. Kam es zu einer Fabrikinspektion, wurden die Kinder schnell auf dem Estrich versteckt. Das Trinkerelend war groß.
Die Aargauer sind domestizierte Aufrührer, die nach Freiheit dürsten, auch im Surrogat der Trunksucht; der Dialekt hat etwas Weiches, leicht Singendes; Sanftmütige, die ihre Hände nicht nur falten, sondern auch zu Fäusten ballen und nach Steinen greifen können. Da ist es nicht verwunderlich, daß die Frauen beides in sich vereinen: das Sanfte, Leidensfähige und das Königliche, Stolze.

Einmal ging ich am Garten einer Bäuerin vorbei, die in ihrer Familie ein Unglück nach dem anderen erfahren hatte. Da blickte sie sinnend auf ihre hochgewachsenen Sonnenblumen: »So sind wir, so stolz«. Auch die Ausgebeuteten bewahren ihren Stolz; in meinen neun Jahren Holderbank sind die Armen, die um materielle Hilfe bitten, eine Ausnahme. Hilfe ist anzubieten.

Der Pfarrer heißt seit dem Regiment des alten Bern der »Herr Pfarrer«, der viel Vertrauen genießt. Auf der anderen Seite zeigt man ihm gern, wer Meister ist; die Gemeindeversammlung ist souverän, sie kann sein Gehalt erhöhen oder senken, alle sechs Jahre muß er durch das Volk wiedergewählt werden. So schreibt Thurneysen an Rudolf Pestalozzi, daß man einen Nachbarpfarrer verjagen wolle, und dem weit herum hochangesehenen Pfarrer Dietschi in Seon habe man das Gehalt um zweihundert Franken gekürzt, weil er auch nicht »bauernfreundlich« sei (13.1.1919). Ähnliches habe ich in meiner Nachbarschaft erlebt.

Die Landgemeinden sind meist milde pietistisch und kirchlich positiv, die Stadtgemeinden und das Bürgertum weithin politisch und kirchlich freisinnig, indes die Arbeiterschaft in der Regel keineswegs unkirchlich ist. Daß die dialektische Theologie im Aargau entstand, ist kein Zufall. Sie erscheint sozusagen als Produkt dieser Gegend. Man kann sich schwer vorstellen, daß sie in der Mark Brandenburg hätte entstehen können. »Der gottlose Aargau hat etwas erquickend Jungfräuliches, Ehrliches . . .« (2, 133), schrieb Karl Barth 1916. Es gibt jedoch in diesem gottlosen Kanton auch Zeichen der Gottseligkeit, versteckt zwar, aber dann und wann zum Vorschein kommend: Einmal vor hundert Jahren kam einer, der predigte gewaltig, ein junger Mystiker, der die Herzen bewegte. Und wer Ohren hat zu hören und Augen zu sehen, wird noch etwas spüren von dem einstigen Beben, das durch die Predigt eines jungen Vikars ausgelöst worden ist.

Als ich in den Aargau gewählt wurde, sagte Thurneysen zu mir: »Dort ist Erweckungsboden«, und erzählte von einem Gemeinschaftsprediger, der einstmals mit ihm gebetet habe, er möchte doch werden wie der Vikari Ganz. Thurneysen machte mich aufmerksam auf dessen Selbstbiographie, die ich dann als junger Pfarrer in der Bibliothek des Schlosses Wildegg fand.

Vikari Ganz, 1791 in Embrach im Kanton Zürich geboren, zuerst Schneider, hatte Visionen, setzte mit unerhörter Energie durch, daß er Theologie studieren konnte, was zur Zeit des ancien régime keineswegs selbstverständlich war. Wie eine Rakete stieg er in der Nachbarschaft auf, der Lichtschein am Himmel war von Leutwil aus gut sichtbar. Ein Jüngling, der sich versprühte und am Nachthimmel verglühte. Er wurde Vikar in Seengen und dann auf dem Staufberg, wo etwa 6000 Menschen seine Predigt hörten, zur Bibelstunde kamen an die tausend. Er wurde 1817 polizeilich deportiert; der Nachbarpfarrer in Lenzburg hatte ihn zu diesem Zweck zu Kaffee und Kuchen eingeladen. Das alles spielte sich ab im Umkreis von einigen Kilometern von Leutwil. Ganz fand Zuflucht bei *Oberlin* im Steintal, einer der bemerkenswertesten Gestalten der Erweckung, der die Französische Revolution begeistert begrüßt hatte und die Seelsorge am einzelnen verband mit der Hebung des Schulwesens und der Industrialisierung des Tales nach dem Motto: »Nichts ohne Gott, alles für den Heiland.«

Ganz wurde Gehilfe der *Frau von Krüdener,* einer Frau mit prophetischem Selbstbewußtsein, einer russischen Baronin und Jung-Stilling verbunden. Ihre Frömmigkeit war geprägt von den Schriften quietistischer Mystiker und verband sich mit einem Hang zu apokalyptischen und visionären Strömungen, »eine eifrige, ziemlich exzentrische Philanthropin« (RGG³ IV, 82). Aus dem Volksprediger wurde ein Seelsorger und Seelenführer der Stillen im Lande. Er starb 1869 in Winterthur.

Im Seetal wirkt er noch nach, jener Vikari Ganz, der Himmel ist noch durchlässig. Im Nachbardorf gab es eine Anhängerin Blumhardts, man nannte sie den guten Geist vom Seetal. Sie hatte »die Fleischtöpfe Ägyptens ... verlassen und war zum Wüstenvolk zurückgekehrt, das nur die wandernde Stiftshütte kannte« (3, 712). Einmal ging sie über den Friedhof und hörte den Jubel des Himmels.

Ich traf einmal einen alten Mann an der Sonne sitzend, der erzählte mir, wie er das himmlische Jerusalem gesehen, doppelt angeheitert, einmal vom Apfelwein, den er getrunken, zum andern vom Trank seiner Augen. – Ein anderer, ein Trinker, hatte sich sechsunddreißigmal zur Abstinenz verpflichtet, vergebens, bis er an einem Freitag auf dem Heimweg ein großes Licht sah und zu Hause sagte: »Jetzt muß ich nicht mehr trinken«. – *Kurt Marti* berichtete von einem Gottesdienst, bei dem ihn eine Frau lichtumflossen im Stande der Verklärung, wer weiß wie, gesehen habe. – Auch *Alfred Sager*, ein Nachfahr von Gerhard Tersteegen, gehört in diese Landschaft unter durchlässigem Himmel. 1888, im gleichen Jahr wie Thurneysen in Birrwil am Hallwilersee geboren, wurde er später Zigarrenfabrikant in Beinwil und Laienseelsorger, der dann in seinem »Dankensberg« ein kleines Bad Boll eigener Art errichtete. Er konnte von sich sagen: »Ich habe die Gabe der Heilung. Um der Kirche willen brauche ich sie nicht, sonst bildet sich um mich eine Sekte. Aber es kommt die Zeit, da diese Gabe der Kirche wieder geschenkt wird.« Seine Lebensgeschichte spiegelt etwas von der eigentümlichen Spiritualität jener Gegend wider, in der neben würzigen Zigarren eine heilige Einfalt und das Wunder wohnen: »Trost den Verzagten. Leben und Worte von Alfred Sager«, hg. von *Klaus Gutscher*, 1953. Die beiden haben sich wohl nicht gekannt, dennoch wirft sein Buch ein indirektes Licht auf das Werden Thurneysens, auch auf dessen Abgrenzung gegen Tersteegen als einer ihm im Grunde naheliegenden Möglichkeit. In Tersteegen wird er ein alter ego ablehnen.

Aber da war nicht nur ein durchlässiger Himmel über dem Seetal. Im Leutwiler Pfarrhaus hatte man ein Fenster zugemauert, es erinnerte an einen trunksüchtigen Pfarrer, der 1800 Selbstmord beging: Als Karl Barth und Eduard Thurneysen einmal mit einem Arzt, einem Verwandten Barths, zusammensaßen, erzählte Thurneysen vom Geist, der im Pfarrhaus umgehe. Der Arzt bestritt die Existenz von Geistern. Darauf Barth: »Einem Subjekt, wie Du bist, erscheinen keine Geister«.
Auch das gehört zu Leutwil: die Kirche auf einem Hügel in der Mitte des Dorfes; vis-à-vis steht eine Fabrik. Wenn der Pfarrer zur Predigt und zum Gottesdienst in die Kirche hineingeht, muß er unter zwei Pestsärgen hindurchgehen, die unter dem Dach eines Vorbaues, sichtbar auf Balken gestellt, aufbewahrt werden. An der linken Seite des Vorbaues sind heute die Namen der Leutwiler Pfarrer aufgeschrieben. Der Vorgänger von Eduard Thurneysen habe getrunken, sagen die Leute, der Nachfolger sei ein Militarist gewesen.
Wie wird ein Fünfundzwanzigjähriger von seiner ersten Gemeinde beeinflußt, und wie wird er wirken? Wie wird er angesichts des Trinkerelends und der schlechten Löhne den Erweckungsboden pflügen? Wie wird ein aufrechter Gang unter Pestsärgen hindurch möglich? Wir stellen diese Fragen an die Quellen, die aus vierfacher Richtung fließen: von den noch lebenden Gemeindegliedern – zu denen ich auch Frau Marguerite Thurneysen rech-

ne –, von Pfarrer Heinrich Hug, der 1931–1942 in Leutwil amtierte, von den spärlichen literarischen Dokumenten, vor allem aus dem Predigtband und aus zahlreichen Briefen.

Der Anfang

Auch für die erste Begegnung eines Pfarrers mit seiner Gemeinde gilt der Satz von Hugo von Hofmannsthal: »Die Begegnung verspricht mehr, als die Umarmung halten kann.« Beide sind ein Versprechen, die Gemeinde, die einen neuen Pfarrer erwartet, und der, der kommt; beide werden zu Schuldnern aneinander, zu Gläubigern nicht minder.
Immer und immer wieder schlägt einem Pfarrer – und einem Anfänger besonders – so etwas wie eine messianische Erwartung entgegen. Wenn ein Pfarrer ordiniert oder eingeführt wird, bringt die Lokalzeitung hierzulande sein Bild im Talar; wenn hingegen ein Arzt eine Praxis eröffnet, erscheint eine bezahlte Anzeige. Das Phänomen ist merkwürdig, Zeichen einer unbewußten Hoffnung. Der Pfarrer gehört in einer Weise der Öffentlichkeit wie kaum ein anderer Beruf.

»Gewiß, wenige Menschen haben eine Zeit in ihrem Leben, wo ihnen alles mit Liebe so entgegenkommt, wo sie von Liebe so gehoben und getragen werden, als der Pfarrer bei'm Eintritt in sein Amt«, schrieb *Friedrich Strauß*, der erste Professor für Praktische Theologie (Glockentöne. Erinnerungen aus dem Leben eines jungen Geistlichen, 1819, 157). Den Friedrich Strauß holten Reiter ab in seiner Vaterstadt, eine Tagreise weit durch den Mai. Gegen Mittag kamen ihm Gemeindeglieder entgegen. An der Grenze der Gemeinde hielt Strauß eine Dankrede. Als er in die Stadt einritt, in der er wirken sollte, waren alle Fenster mit Menschen besetzt, alle Türen und Treppen angefüllt.
Aber nicht immer geht es derart messianisch zu: Als 1889 *Leonhard Ragaz* sein erstes Pfarramt auf dem Heinzenberg antrat, herrschte Winter. Er wurde in Summaprada von einem Schlitten abgeholt, der ihn mit seinen paar Habseligkeiten nach Flerden führte, das in etwa anderthalb bis zwei Stunden Fußweges zu erreichen war. Da die Pfarrwohnung noch nicht fertig war, mußte er im Wirtshaus wohnen. Der Wirt, ein Pfarrerfeind, empfing ihn »mit dem sehr wenig ermunternden Wort: ›Wir hätten hier einen Vieharzt nötiger als einen Pfarrer.‹« Ragaz kommentierte: »Auch das erschreckte mich nicht zu stark.« Vorher hatte er geschrieben: »Es war ein wenig verheißungsvoller Anfang; aber ich wäre damals getrost in die Hölle gegangen, so voll war ich von Mut und Kampfeslust« (83,I, 133).

Im Juni 1913 wartete auf Eduard Thurneysen ein Breck in Teufental, der Bahnstation. Die Fahrt ging durch ein Seitentälchen der Wyna nach Dürrenäsch und von da nach Leutwil. Etwa 150 Menschen erwarteten ihn beim Pfarrhaus, möglicherweise zum gelinden Schrecken des Ankömmlings. Er sei nicht vorbereitet, habe er gesagt – und dann doch eine lange Rede gehalten, meint ein alter Leutwiler.
Wie fängt einer an in einer Gemeinde? »Ich gehe manchmal für den ganzen Nachmittag in die Häuser, namentlich jetzt, wo die Tage trüb und die Leute daheim sind«, schrieb er am 26.6.1913 an Rudolf Pestalozzi. Der Weg zur

Gemeinde geht durch Häuser. In einem Haus ist schon eine kleine Gemeinde, wohnt ein Christ möglicherweise in der Diaspora, und ein Hausbesuch ist mehr als die Begegnung mit einem einzelnen. Die Kinder aber eröffnen ihm etwas von der Innenansicht der Häuser: »Neben den Besuchen hat nun der Unterricht angefangen. Daran und an der Kinderlehre habe ich am meisten Freude. Ich gebe mir nach Kräften Mühe, nicht ›Sonntagschulerbauung‹ zu pflanzen, sondern concret zu reden. Wenn ichs nur besser könnte. Ich habe die Kinder gleich ihre Lebensdaten aufzeichnen lassen unter möglichster Betonung des Äussern: Arbeit, Geschwister, Familienverhältnisse, Arbeit des Vaters, Gesundheit usw., und teilweise, ja, *grösstenteils* wahrhaft erschreckende Mitteilungen bekommen von durchgegangenen Vätern, unbekannten Müttern (zwei Fälle), vielfachem Arbeits- und Wohnortswechsel der Eltern, Verkostgeldung und dergleichen. Das lehrt einem dann schon, concreter zu sehen und zu reden. Ich bin froh, dass ich auf diese Weise nun weiss, *wer* vor mir sitzt, und was teilweise schon hinter diesen im Ganzen 20 Mädchen und Buben liegt. Die meisten arbeiten in sog. Fabriken, d.h. es sind die halb auf Heimarbeit, halb auf Fabrikbetrieb ruhenden Cigarrengeschäftlein, die sich ohne Ausnahme durch missliche Lohnverhältnisse auszeichnen« (ebd.).

Die Briefstelle wirft ein Schlaglicht auf die katechetische Situation von damals, die heute noch zum großen Teil die gleiche ist. Der Pfarrer redet, die Kinder hören zu. Neu ist, daß vor den Kindern einer steht, der nach den Verhältnissen fragt, in denen die Kinder leben, nach den Bedingungen, unter denen er Unterricht erteilen kann. Nicht Sonntagschulerbauung will er den Kindern geben, sondern »concret« will er werden, Sprachschüler der Kinder.

Der Anfänger fand noch einen Lehrmeister in der Person des Pfarrers Dietschi von Seon, bei dem er eine Zeitlang regelmäßig den Konfirmandenunterricht besuchte. »Unser Pfarrer ist der Lehrbub vom Seoner Pfarrer«, sagten die Leutwiler. Eduard Thurneysen war bereit zu lernen, lernwilliger als andere Anfänger. Lernwilligkeit schließt auch dies in sich: Sinn für Qualität. »Ich freue mich über den einen Dietschi«, schrieb der junge Leutwiler Pfarrer an seinen Freund Pestalozzi (26.6.1913).

Der Einfluß von *Jakob Max Dietschi* (1873–1951) auf das Werden Thurneysens und damit auf die Erneuerung der evangelischen Theologie ist kaum zu ermessen. Aus einem »stockliberalen Pfarrhaus« stammend, begegnete er in Lausanne dem Einfluß von Alexandre Vinet, wie er auch vom Vikari Ganz angeregt wurde. Er entwickelte sich zum »rocher de bronce« reformatorischer Theologie (H. Hug). Dietschi muß ein Mann von besonderer Ausstrahlung gewesen sein. Als ich in den Aargau kam, hörte ich immer wieder Geschichten vom Pfarrer Dietschi, der ein Leben lang, 1899–1951, im »gottlosen Seon« – so hieß der Ort im Volksmund – tätig war als »unerschrockener und tiefschürfender Verkündiger der evangelischen Wahrheit im Geist der Reformation. Umsichtiger Hirte seiner Gemeinde aus der Erkenntnis der sozialen Botschaft der Heiligen Schrift« (*Ernst Gysi*, Biographisches Lexikon des Kantons Aargau 1803–1957, 1958, 150).

Wie er allein vor den Kindern stand, so stand er – von Dietschi abgesehen – allein den Kollegen gegenüber. Im gleichen Brief an Pestalozzi spricht er von der »Einsamkeit und Ruhe« seiner Tage. Thurneysen trat seine Pfarrstelle an als Lediger; vielleicht trug dieser Umstand dazu bei, in besonderer Weise Freundschaften zu pflegen.
Ich fühlte mich an eigene Anfänge erinnert, als ich las: »Die ›offiziellen‹ Visiten« seien »glücklicherweise erledigt«, zu denen er auch die Besuche bei den Nachbarpfarrern rechnet: ». . . recht nette Leute, aber sie stecken, was ich sehe, eben zu sehr in ihren eigenen Gedanken und Arbeiten und ihrer Art des Pfarrerseins – mich mutet sie vielfach als altmodisch an – als dass ich viel von und an ihnen haben könnte« (an R. Pestalozzi, 26.6.1913). Die Zusammenkunft der Pfarrer im »Kränzli« nannte er zwei Jahre später »eine altmodische Kaffeevisite« (2, 27). Nach vierzig Jahren hatte die Zusammensetzung der Gesellschaft gewechselt, der Eindruck war geblieben.
Das wiederholt sich immer wieder. Ein begabter junger Theologe kommt in eine Gemeinde und sieht sich in Distanz zu den Nachbarpfarrern. Nachbarpfarrer wirken auf einen von der Universität oder vom Predigerseminar Kommenden auch heute vielfach altmodisch, der junge Kollege verschließt sich vor ihnen und läßt sie in ihrer Antiquiertheit allein. Wie im Hochschulbereich die Theologen je in ihrem Fach sich isolieren, so isolieren sich die Pfarrer in den Gemeinden, die jeweils mit einem besitzanzeigenden Fürwort charakterisiert werden. Die parochiale Struktur führt den einzelnen Pfarrer in die Vereinzelung. Sie sperrt sich gegen die Bitte des Hohepriesterlichen Gebets, daß alle eins werden (Joh 17,20f). Die gegenseitige Isolierung der Prediger sabotiert die Predigt des Evangeliums und hindert den Glauben. Wir stehen hier vor einem Grundproblem kirchlicher Praxis und damit auch der Praktischen Theologie, dem Problem des einzelnen und der anderen, dem Problem des Miteinander. Da die Wahrheit vorläufig eine umstrittene ist, kann es im Fragen nach der Wahrheit auch zu Trennungen kommen. Im Unterscheiden der Geister muß der Theologe sich vom Ungeist scheiden, möglicherweise auch von den Trägern des Ungeistes. Wer dahin zeigt, wo der Blitz aufzuckte, darf nicht den Irrlichtern Aufmerksamkeit schenken.
Es ist kein Zufall, daß unter dem Namen des Johannes nicht nur die Bitte um die Einheit aller Gläubigen ausgesprochen wird, sondern auch die Mahnung ergeht, dem Irrlehrer Gastfreundschaft und Gruß zu verweigern (2Joh 10). Die Frage nach der Scheidung und nach der Einheit stellt sich in der Kollegialität der Diener am Wort mit besonderer Dringlichkeit. Die Empfindung der Antiquiertheit als solcher sollte kein Trennungsgrund sein.
Die neue Theologie hätte nicht entstehen können, wenn der junge Thurneysen und sein Safenwiler Kollege sich in der aargauischen Pfarrhausgemütlichkeit eingenistet hätten. Der reformatorische Impetus der Anfänge hingegen konnte sich kaum durchsetzen, wenn man die Mehrzahl der Kollegen links liegen ließ.

Nach über sechzig Jahren
(31.8.1977)

Dürrenäsch hat ein modernes, fast protziges Kirchgemeindehaus. Man erklärt mir nicht ohne Stolz, das Volk habe den Bau zweimal in einer Abstimmung abgelehnt. Die Gemeinde habe die 1,3 Millionen für den Bau selber aufgebracht. Der Boden sei geschenkt. So ist das im Aargau. Wille steht gegen Wille. Kirchengemeinde und Bürgergemeinde sind nicht immer eins, aber sie gehören, sie raufen sich zusammen.
Der Pfarrer hat ungefähr ein Dutzend Leute eingeladen, die wir – eine Gruppe aus einem Thurneysen-Symposion – befragen. Man ist zuerst verlegen, wird aber bald vertraulich. Mir fällt die Differenz zwischen den Männern und den Frauen auf. Die Männer machen Witze, reden häufig miteinander, die Frauen reden impulsiver. Die Haltung der Männer ihrem früheren Pfarrer gegenüber scheint kritischer als die der Frauen.
Sechzig Jahre sind vergangen, die Erinnerung ist wach. Einige haben Fotos, Briefe, Karten mitgebracht. Geschichten werden erzählt, Geschichten von seiner Güte und Strenge. Was in dieser Abendstunde klar wird: Es ist das ganze Leben eines Pfarrers und Predigers, das wirkt, das verkündigt. Das Ganze wird erinnert in Einzelheiten; die Gestalt trägt fast franziskanische Züge. Eine Achtundachtzigjährige weiß noch den ersten Satz der ersten Predigt: »Ich komme nicht zu euch mit hohen Worten . . .«. In jedem Menschen sei etwas Gutes, habe er oft gesagt. Eine Legende habe er ihnen erzählt: Jesus geht mit den Jüngern spazieren. Sie sehen einen toten Hund schon in Verwesung. »Wie abscheulich«, sagen die Jünger. »Aber er hat ein schönes Gebiß«, sagt der Heiland.
An diesem Abend entsteht ein Bild von dem, was man die cura animarum generalis genannt hat, das Bild eines sehr fleißigen Pfarrers, der viele Hausbesuche macht, der Partei ergreift gegen die Ausbeutung, für eine gerechte Entlohnung der Arbeiter. Er antwortet auf die Not der Zeit und auf die Not der Menschen damals, von der die alten Leute beredt Zeugnis geben. »Antworten ist mein Amt«, sagt der Pfarrer Donelaitis in Bobrowskis »Litauischen Clavieren«. Eduard Thurneysen gibt konkrete Antwort. Eine alte Frau zeigt mir einen Brief, den ihr der Pfarrer ins Welschland geschickt hat. Er mahnt die Tochter nicht nur zum Beten, er fragt sie auch, ob sie den versprochenen Lohn pünktlich erhalte. Antwort auf wirtschaftliche Not begnügt sich nicht mit langer Rede.
Zur Zeit der Arbeitslosigkeit lädt er immer wieder Arbeiter an seinen Tisch. Im Krieg spart er sich das Brot vom Mund ab, um es den Armen zu geben. Die Frau Pfarrer sei während des Krieges wegen Unterernährung behandelt worden. Das wird als ein Satz höchsten Ruhmes erzählt. Da hat einer nicht nur Worte gemacht, sondern das Wort gelebt. Auf die Frage nach dem Kirchenbesuch kommt die Antwort: »Die Armen waren da. Die Reichen hatten es nicht nötig!«
Auch gegen das Trinkerelend zieht er zu Felde. Einem Trunkenbold habe er

einmal auf der Straße die Schnapsflasche zerschlagen. Im Blauen Kreuz ist er aktiv: »Das Blaue Kreuz ist nötig, da ist ein Gewissen im Dorf.« Heute gebe es keine Alkoholiker mehr bei ihnen, erklären die Männer. Am 26.6.1913 hat Thurneysen Pestalozzi gemeldet, er habe »nun auch die Leitung der beiden Blaukreuzvereine (Leutwil und Dürrenäsch, R.B.) übernommen, gar nicht zur Freude aller Leute«, denn er stellt sich zu den Abstinenten. Er hält nun wöchentlich eine Blaukreuzstunde. Am 14.1.1914 schreibt er an R. Pestalozzi: »Ich habe vor allerdings sehr kleinem Auditorium, weils die erste Stunde im neuen Jahr war, eine Art Programmrede gehalten, die fast unverhüllt in sozialistischen Tönen ausklang.« Es ist Kleinarbeit, die er leistet: »Im Blaukreuz habe ich durchschnittlich 6–8 Seelen vor mir«, schreibt er 1917 (2, 213).

Zwei- oder dreimal wird nach den Steinwürfen gefragt; da gibt es keine Auskunft, verlegenes Lachen. Das Dorf schweigt. Bei der Beerdigung eines Trinkers redet er den Leuten ins Gewissen, und das hat Folgen; auf dem prophetischen Weg hagelt es Steine. Am 11.8.1917 berichtet er R. Pestalozzi: »Unser Haus erlitt in dieser Nacht von Sonntag auf Montag einen regelrechten Überfall mit Steinbombardement. Ich erwachte um 1/2 2 Uhr an einem dumpfen Schlag, und gleich drauf flog Stein an Stein gegen Fenster und Läden unseres Schlafzimmers. Wie ich mich am Fenster zeigte, verstummte dieses Feuer, ging aber gleich nachher wieder los, ich musste mich anziehen, es gab ein Hin und Her, ein Lichtmachen und Rufen und Türaufriegeln und alsbald zwei im Dunkel der Nacht verschwindende Gestalten. Vor unsrer Haustüre aber lag ein mächtiger Steinklotz als deutliches Zeichen . . . Das Ganze war eine kräftige Antwort auf meine Beerdigungsrede vom Sonntag, in der ich natürlich offen etwas über die Schuld an dem verdorbenen Leben des Trinkers, der begraben wurde, gesagt hatte . . .«. Thurneysen bewertet den Vorgang: »Uns freut er insofern, als er zeigt, dass wir wenigstens stellenweise ernstgenommen werden. Natürlich gibt er im übrigen auch sonst allerlei zu denken.«

Von innen her

Von innen her sieht der Pfarrer anders aus. Wenig Selbstgefälligkeit und Leutwil noch nicht im Zustand der Verklärung, das Fenster bleibt zugemauert: »Es ist einfach bei uns herum alles viel verhockter«, notierte er nach einem Besuch in Safenwil (2, 213), verhockt, das heißt unbeweglich, festgefahren. Thurneysen litt an der Kleinheit seiner abgelegenen Gemeinde: ». . . und im ganzen werden auch die äußern Verhältnisse eurer Gemeinde nicht so kleinliche sein wie bei uns« (ebd.), so kurz nach Kriegsausbruch. Da ging einer unter Pestsärgen, einsam: ». . . was ich in diesen Tagen in meiner Gemeinde an Selbstsucht und Egoismus sehen muß, zeigt mir, daß auch die heutige Katastrophe noch nicht hart genug ist und also nicht die letzte sein wird« (2, 9). Und später rüttelte er an den Strukturen wie an Gitterstäben. »Neuerdings habe ich innerlich wieder sehr zu tun mit dem Problem des Pfarrerberufs. Ich komme immer mehr zur Erkenntnis, daß es eigentlich ein grundsätzlich verfehlter Beruf sei.« Und dann kommt es zu einem Thurneysenschen Konjunktiv: »Man wäre wahrhaftig oft genug auch hier an dem Punkte, den Dienst zu verweigern und in die Freiheit eines entlasteten Gewissens durchzustoßen, statt den ganzen ›Zauber‹ des Pfarrerberufes auf sich zu nehmen, den Gott und Menschen nicht ernst nehmen können« (2, 90). Und Wochen später äußerte er nochmals den Wunsch, »den Dienst an dieser Front zu verweigern und in die Freiheit eines von allem Kirchlichen, Pfarrerlichen, Religiös-Betriebsmäßigen entlasteten Lebens hindurchzubrechen« (2, 93f).

Der Gedanke an Verweigerung wurde »als eine nur relative Sache« verworfen. Mit einem Seitenblick auf seinen Bruder Peter, der Lehrer geworden, stellte er fest: »dieses sich Retten des Einzelnen hinter die Front ist ja keine Lösung«. Dann sprach er von »Zusammenkünften von Gleichgesinnten« und freute sich auf die Frau und das kommende Geschlecht. »Pfarrersein ist ein innerlich verfehlter Beruf, das muß man merken, sonst wird man ihn nicht recht betreiben können« (2, 94). Die Dialektik ist paradox: Wer die Verfehltheit des Berufs erkennt, kann ihn recht betreiben, kann ein rechter Pfarrer sein. So mußte er sich immer wieder zurechtrücken: »Ich muß mich förmlich mit Zwang wieder daran erinnern und darauf einstellen, daß ich nicht nur für mich selber als freier Liebhaber Gottes hier in Leutwil sitze, sondern als ›Leutpriester‹ oder ›Gehilfe der Freude‹«. Er begriff nur zu gut diejenigen, welche schriftstellernd aus der Gemeinde flüchten »zum freien, nebenkirchlichen, unorganisierten Ausschank und Vertrieb«, oder die Wanderprediger der Zeltmission, »die mit Harmonium, Stiftshütten und Tabernakeln von Ort zu Ort ziehen«. Er spielte mit dem Gedanken einer freien Wirksamkeit im Geist: »Das wäre eine – wer weiß? – auch uns angemessene Lebensweise, als herumziehende Reichsgotteszigeuner, Stürmer, Dränger, Straßenprediger und Berenner von Babelstürmen im Lande herumzuziehen« (2, 134f).

Er liest ein neu erschienenes Büchlein des heute vergessenen *Heinrich Federer*, »eine Erzählung aus der irischen Heldenzeit«, und was er liest, ist ihm so wichtig, daß er es einem Freund »dir und mir und uns allen« abschreibt: ». . . Die Engländer lachen über unsere Gewehre. Sie haben doch hundertmal mehr. Aber sie fangen an, unsere Redner und Prediger und Dichter und Gelehrten zu fürchten . . . London besitzt ja auch große Redner, aber solche, die aus der Geldkatze reden, nicht solche, die aus dem Hunger reden.« Er unterstreicht das Wort »*Hunger*«. »Sagt, wer redet stärker? – Und sie haben feine Prediger, aber solche, die aus dem Kopf, nicht solche, die aus dem Herzen reden. Wer packt mehr? – Und sie kennen auch glänzende Dichter, aber solche, die aus Freiheit, nicht solche, die aus den Ketten singen. Wer reißt etwa feuriger hin? – Freunde, unsere Sache hat mehr Kraft, weil sie mehr Wahrheit hat. Studiert, schreibt, lehrt, redet, dichtet, wählt und laßt euch wählen, ordnet das Land, durchstreift jedes Dorf, sammelt alle, und wir werden Meister und ohne Blut« (Patria!, 1917, 69).

Thurneysen kommentierte beziehungsreich: »Du verstehst, was ich in die Worte hineinlege, wir haben auch unser London und unsre Engländer, wobei ich wirklich wieder nicht nur an unsre kleinen theolog. Gegensätze denken möchte. Und wir haben unsern Hunger, unsre Ketten, unser Herz, das nach etwas schreit und ruft. O wenn wir uns nur einmal alle darauf die Hand geben wollten und könnten: ›aus tiefer Not . . .!‹ O wenn wir nur dem satten Kirchen- und Pfarrergeist den Abschied gäben und erkennten, dass unser Besitz unser Nicht-besitzen ist und unser Geist der Hunger nach Geist. Aber es regt sich diese Erkenntnis und dieses stille Verschworensein ist im Wachstum« (an E. Staehelin, 23.2.1917).

Wieder kommt an entscheidender Stelle der Konjunktiv, hier als versteckter Imperativ. Bei Hermann Kutter hatte es geheißen: »Wir wollen nicht mehr die Wissenden und Gebenden sein, nein, die ersten im Suchen und Hungern« (Wir Pfarrer, 47). Einander die Hand geben, das war Thurneysens philadelphische Utopie, die er schon im Werden sah – in der religiös-sozialen Bewegung offenbar. »Ein stilles Verschworensein« auf Zukunft hin trug den jungen Pfarrer, und das sah er »im Wachstum«. Als 1918 ein Ruf nach der Kantonshauptstadt Frauenfeld kam, zog er Bilanz, erwägend das Für und Wider von Dableiben und Weggehen: »*Gegen* die Annahme dieses Rufes spricht, dass wir erst 5 Jahre hier sind, und dass immerhin etwas hier im Aargau sich zu ›bewegen‹ vielleicht doch anfängt; wir merken gelegentlich aus allerlei freundlichen und unfreundlichen Zeichen, dass wir gehört werden . . . Wir haben hier doch eine grosse Freiheit in allen Dingen und es fehlt fast aller kirchliche Schwulst und Schwindel, der in den ostschweizer. Gefilden eher vorhanden zu sein scheint . . .« Das prophetische Bewußtsein drängte eher nach außen und ließ gleichzeitig nach dem Dableiben fragen: »*Dafür* spricht, dass wir spüren, etwas zu sagen zu haben, das heute noch nicht von vielen gesagt wird, und das doch noch einmal von allen gehört werden muss. Ist es nun besser, es noch weiter in der Stille und im kleinen Kreise von Leutwil reifen und stärker werden zu lassen – oder ist die Stunde schon da, wo wir es weiter hinaustragen sollen?« Dann schilderte er die Gemeinde Frauenfeld, wie sie sich ihm aus Jahresberichten präsentierte: »dicke Kirchenluft und allgemeines Behagen. Was sollen *wir da*?« Dann meinte er, »es sollte sich noch irgendetwas zeigen, was eben nach ›komm herüber und *hilf uns*‹ klingt . . . irgendein Wink, der einem zeigte, dass man nicht einfach in der Luft stünde« (Brief an R. Pestalozzi, 2.5.1918). Offensichtlich hat sich dann »irgendetwas« nicht gezeigt.

Zeichen neben der Predigt

Die Predigt vom kommenden Reich hatte politische Konsequenzen – zuerst für den Prediger selbst. Der Gottesdienst der Gemeinde leitet über zum »politischen Gottesdienst«, in dem es um »eine vorläufige, aber reale *Heiligung* der Welt« geht (vgl. K. Barth, Gotteserkenntnis und Gottesdienst nach reformatorischer Lehre, 1938, 203f). Die Predigt konnte darüber hinaus nicht ohne Zeichen bleiben. Thurneysen hat deren mehrere gesetzt: er trat beispielsweise in die Steuerkommission ein und gründete eine Tabakarbeiter-Gewerkschaft. Sein Eintritt in die Steuerkommission war eine direkte Konsequenz seiner Botschaft. Der Prediger als eigener Hörer seiner Predigt war diesen Gehorsam schuldig. Eduard Thurneysen läßt erkennen, daß die Wort-Gottes-Theologie auch und gerade das ist: eine Sache der ganzen Existenz. Der Gehorsam indessen erwies sich als nicht einfach: »Ich habe hie und da auf der Kanzel an gerechte Steuern gemahnt, und ich bin nun mit ungefähr 90 % aller Stimmen gewählt worden und zwar, wie mir gesagt wird, ausdrücklich als ›Arbeitervertreter‹« (2, 261f). Der Gemeindeammann (Bürgermeister) drang in den Zaudernden, die Wahl anzunehmen: »Man sei bereit, meinem Desiderat: ›Veröffentlichung der Steuerlisten‹ zu entsprechen.« Thurneysen wußte »von keinem andern Pfarrer, der in die Steuerkommission seiner Gemeinde gewählt worden wäre«, machte sich aber keine Illusionen über seine Wirkungsmöglichkeiten: »Im besten Fall bin ich eine Art Unruhe im Uhrwerk und bekomme selber allerlei Einblick in das wirkliche Leben.« In der Tat: hier lernte Thurneysen seine Gemeinde kennen unter einem Gesichtswinkel, der sonst dem Pfarrer verborgen bleibt. Er wußte: »Ein paar Türen geiziger Leute werden mir zugehen, . . . weil ich auf höhere Einschätzung ihres Vermögens dringen werde.« Dann fragte er sich: »aber sind diese Türen überhaupt jemals richtig offen gewesen für mich?« (2, 262) Als er im Mai 1920 die Leutwiler Abschiedspredigt nach Safenwil schickte, kommentierte er rückblickend: »das Beste war vielleicht doch die Steuerkommission und die Gründung einer Tabakarbeiter-Gewerkschaft« (2, 391).

Nun saß er am Nervus rerum des Gemeinwesens: »Ich bin einfach der Opponent, der, nachdem man vergeblich versucht hat, ihn zum Ruhe geben zu bekehren, schliesslich überstimmt wird. Natürlich gelingt es trotzdem, . . . alle nach einer gewissen relativen Gerechtigkeit zu messen. Aber es geht oft stürmisch zu, und das Schlimmste kommt noch, wenn gegen die neuen Ansätze reklamiert wird. Am Ende hagelts wieder Steine!« (an R. Pestalozzi, 9.7.1918). Im gleichen Brief äußerte sich der junge Thurneysen über seine Zwingli-Studien. Das ging nebeneinander her: Theologiestudium und politische Diakonie. Gleichzeitig war die Rede von der Anschaffung eines Dörrapparates, der im Pfarrhaus aufgestellt und besorgt werden sollte, damit arme, kinderreiche Familien sich Wintervorräte sichern konnten: Schmalhans war in vielen Häusern Küchenmeister, und wem es ernst ist mit dem Wort, der sorgt sich auch für die Mägen. In einem Nebensatz klagte er, daß sie »in diesen Sachen ja überhaupt in der Gemeinde wenig oder keine Hilfe und Mitarbeit finden und selber vorgehen und handeln müssen.« So wie er die Kinder »vor sich« hatte und die Leute in der Blaukreuzstunde, so mußte er diakonisch »selber vorgehen und handeln«; dieser Sachverhalt wurde wohl beklagt, aber nicht auf seinen Grund hin befragt. Steuerkommission, Dörrapparat, Zwingli-Studien: das gehörte für den jungen Thurneysen zur Predigt des Evangeliums. So wie er »concret« zu den Kindern reden wollte, so bildeten Steuerkommission, Gewerkschaft,

Dörrapparat und Arbeitslose am Mittagstisch einen Resonanzboden für seine Predigt und auch für seine Predigttheorie, von der noch zu reden sein wird. Auch der schon verhandelte spätere Spiritualismusvorwurf gegen die religiös-sozialen Väter hat hier noch einen legitimen Anhalt in der Praxis. Sieht man den Zusammenhang mit der Praxis nicht, versteht man das Ganze der dialektischen Theologie nicht. Freilich kann man den Vätern vorwerfen, daß sie diesen Zusammenhang nicht genügend reflektiert hätten; dann muß ihn eben eine nachfolgende Generation reflektieren, eine Aufgabe für Söhne und Enkel, für uns. Diese Aufgabe wird aber dadurch erschwert, daß die Väter nur noch zitiert werden, um sie abzuurteilen.

Der Freund

Mit dem Heiligen Geist bekommen wir Väter, und im Heiligen Geist werden sie uns zu Freunden. Wenn Väter uns zu Freunden werden, dann Brüder erst recht. So gilt: Mit dem Heiligen Geist bekommen wir Freunde und mit den Freunden Geist. »Ein treuer Freund ist Lebensbalsam; der Gottesfürchtige erlangt ihn« (Jes Sir 6,16). Im Lob der Freundschaft wird das Schenken des Geistes wahrgenommen. Auch die Freundschaft mit Karl Barth gehört zu den Zeichen neben der Predigt. Wir nähern uns hier der Mitte, die es zu gewinnen gilt. In der Freundschaft wird das Tief überwunden, in dem Kirche und Theologie heute stecken. In ihr wächst ein Theologe zum Theologen.

Vielleicht kann ich an einem *Gleichnis* verdeutlichen, um was es hier geht: In den Engelhörnern – so erzählte mein Vater – wollte ein Bergführer mit seinem Herrn eine Erstbesteigung machen. Sie kamen nach großen Vorbereitungen mit viel Seil und Nägeln auf den Gipfel und mußten entdecken, daß zwei Brüder schon vor ihnen ihre Namen auf dem Gipfel eingeritzt hatten. Als man später die beiden Brüder, zwei Bergbauernbuben, fragte, wie sie das geschafft hätten, antworteten sie: ganz einfach; im Couloir (Felskamin) hat der eine sich mit gespreizten Armen festgeklemmt, der andere ist über ihn nach oben geklettert, bis er auf dessen Schultern stand und sich festklemmte, während nun der untere über ihn emporkletterte und so fort bis zum Gipfel.

Mein Gleichnis stammt nicht von ungefähr aus der Welt des Sportes. Freundschaft hat anfänglich etwas mit Spiel zu tun. Das Kleinkind schließt Freundschaft beim Spiel. Und dann der Aufstieg. In der Pubertätszeit braucht der Junge einen Freund, das Mädchen eine Freundin zur Entdeckung der Welt. Ohne Freunde kein Gipfel, ohne Freunde keine Aussicht. Freunde gehören zum Werden ein Leben lang.
Der um zwei Jahre ältere Karl Barth war von 1911–1921 Pfarrer in Safenwil; geographische Nachbarschaft bot die äußere Voraussetzung für das Wachsen einer Freundschaft, an der Eduard Thurneysen zeit seines Lebens festgehalten hat. Er fand seinen größeren Bruder wieder, den er nach seiner Geburt verloren hatte, und signalisierte im Verdanken die neue Geburt. So

gehört die Freundschaft mit Karl Barth zum Geheimnis des Menschen Eduard Thurneysen, eine Freundschaft, die alles andere als selbstverständlich war. Rudolf Pestalozzi ließ von Ludwig Klages die Schriften der beiden Freunde graphologisch begutachten. Die Expertise ergab, die beiden würden auf Dauer nie miteinander auskommen, denn sie seien als Charaktere allzu verschieden. Die Verschiedenheit drückte sich schon in den Namen aus, die man ihnen in der Gymnasial- bzw. Studentenverbindung gab: Karl Barth bekam als Gymnasiast den Namen ›Zwaspel‹ (Quirl), Thurneysen in der Zofingia den Namen ›Schneck‹. ›Zwaspel‹ und ›Schneck‹, das paßt zusammen wie Feuer und Wasser. Die können nicht Weggenossen werden.
Im Horizont der Graphologie und der Übernamen erscheint ihre Freundschaft als Mirakel, als Wunder contra naturam, Beispiel auch für das, was Bonhoeffer eine »geistliche Gemeinschaft« nennt. Diese löscht das Seelische nicht aus, aber überwindet es. Sie vor allem hat das Entdecken neuer theologischer Erkenntnis ermöglicht und gefördert, wobei sie der räumlichen Nähe bedurfte:
»Ein Freund ist nützer nahebei
Als in der Ferne ihrer drei.«
Zweieinhalb, drei Wegstunden liegen die Dörfer voneinander entfernt. Ein Telefon hatte man noch nicht, also ergab sich ein ständiges Hin und Her zu Fuß und ein Hin und Her von Briefen. Oft stand Barth schon um 7.30 Uhr vor der Tür des Leutwiler Pfarrhauses und ließ den Türklopfer auf die Tür fallen. Dann hoben die Gespräche an, die eine neue Epoche der Theologiegeschichte eingeleitet haben. Das Gespräch ist der Geburtsort aller Theologie, und zwar das Gespräch über die Verkündigung. Das Bedeutende dieses Dialogs zwischen Safenwil und Leutwil gründete darin, daß die Predigt im Zentrum gestanden hat. Geredet wird unter Theologen nicht zuwenig, Gerede aber ist noch kein Gespräch; das Gespräch über die Predigt weist in die Zukunft der Predigt. Im Gespräch steht der eine für den anderen, damit er nach oben komme. Der Dialog eröffnet Wege, die vom einzelnen nicht zu finden und nicht zu gehen sind, er führt den einzelnen über sich selbst hinaus. »Wir verstehen uns einfach und haben etwas vom Austausch miteinander« (2, 15).

In einem Aufsatz über Calvin hat *Arnold A. van Ruler* geschrieben: »Das Gespräch ist die Weise, auf die der Geist die Kirche in alle Wahrheit führt. Die Wahrheit Gottes ist in sich selber klar und deutlich. Darum kann sie im Gespräch gefunden werden« (Calvin-Studien 1959, hg. von Jürgen Moltmann, 1960, 88).

Indem uns der Geist in alle Wahrheit führt, kommt es zur Apokalypsis. Im Gespräch zwischen Freunden, in der Zwiesprache, soll sich ein adventlich Dritter enthüllen. Denn »wo zwei oder drei in meinem Namen versammelt sind, da bin ich mitten unter ihnen« (Mt 18,20). Der jetzt im Gespräch unsichtbar anwesend ist, soll sichtbar kommen, und darum ist das Gespräch zwischen Leutwil und Safenwil ein Erbe auf Zukunft, ein heilsgeschichtliches Ereignis auf die Parusie hin; denn die Parusie ist das Ende der Isolierung, das im Gespräch vorweggenommen wird. Erbe auf Zukunft ist es auch in seiner menschlich-gelockerten Atmosphäre.

Im Verein mit drei weiteren Pfarrern und ihren Frauen kam es zu einem »Kränzli« einmal im Monat einen Tag lang. Bibelarbeit wurde gemacht, die theologische Wende bereitete sich vor, umspielt von einer Kultur der Freundschaft. Der Geist der Zofingia wirkte nach: Einmal ließ Barth für jeden Teilnehmer einen Lebkuchen backen. Auf Thurneysens Kuchen prangte in Zuckerguß ein Brunnen und wurde mit folgendem Gedicht überreicht:

»Es quillt aus unerhörten Tiefen,
des Geistes und der Bilder Schwall,
bespritzt die Christen,
die da schliefen,
durchs Seetal
rauschts wie Wasserfall.
Strömt aus in Predigten und Briefen,
im Unterricht, kurz überall,
drum sei als Ausdruck unsrer Wonnen,
dir überreicht hier dieser Bronnen.«

Aus solchen Versen sprach Zuneigung und Ironie. Freundschaft wurde gefeiert und gelobt im Zuckerguß des Lebkuchens, im Geist einer Ironie, die Barth zeit seines Lebens auch gegenüber seinem eigenen Werk nicht verlor. Der Prediger Thurneysen wurde gefeiert als der Erwecker, der »die da schliefen« »bespritzt« – wie ein Nachklang auf das Wirken des Vikari Ganz. Die Bitte des Gemeinschaftspredigers scheint erfüllt. – Hintergründig: Das Symbol »Brunnen« verbirgt die unausgesprochene Anspielung auf das johanneische Wort Jesu, wonach aus dem Glaubenden Ströme lebendigen Wassers fließen (Joh 7,38). – Der Zuckerguß auf dem Lebkuchen und die Gelegenheitsverse Barths zeigen, daß Freundschaft gepflegt, kultiviert sein will. Freundschaft setzt Kultur voraus, wie sie selbst Kultur schafft. Einer läßt sich für den anderen etwas einfallen. Freundschaft erweckt und verlangt Aufmerksamkeit, braucht Fest und Feier.

Die Pfarrer – auch die Gemeinden – leiden heute darunter, daß wir keinen pastoralen Lebensstil mehr haben. Mit dem Verlust von Werten und Normen, dem Verstummen einer Predigt des guten Gebotes Gottes kam die Stillosigkeit, die sich auch darin erweist, daß Pfarrer sich kaum Zeit nehmen füreinander. Wie sollen aber die Gemeinden gepflegt und zu einer Gemeinschaft von Freunden werden, wenn ihre Pfarrer keine Zeit mehr haben füreinander, für Lebkuchenherzen und Gelegenheitsverse? – Dieses Mangels wegen wissen sie auch nicht, wem sie was zu danken haben, und »Wonnen« finden nicht statt. Anders zwischen Barth und Thurneysen. Der »Brunnen« in Zuckerguß symbolisiert das Lebensspendende und Süße des Miteinander. Der eine schenkt, der andere empfängt. Es stimmt geistlich nicht, was Schiller den Tell sagen läßt: »Der Starke ist am mächtigsten allein.« Der

Stärkere ist am mächtigsten, wenn er so schwach wird, daß er die Stärke des Schwächeren nötig hat. Die Stärke des Schwächeren hilft ihm Tritt zu fassen, wo sonst nicht Tritt zu fassen ist. »Der Weise vermag mehr als der Starke, und der Einsichtige mehr als der Kraftvolle« (Spr 24,5). Es ist unweise, allein stark sein zu wollen. Als Neujahrswunsch hat Thurneysen einmal an Barth geschrieben, alpinistische Metaphern Barths aufnehmend: »Wir müssen vor allem dafür sorgen, daß das Seil zwischen uns zweien stets gehörig gespannt bleibt« (2, 460).

Die Bedeutung, die Eduard Thurneysen für den jungen Karl Barth hatte, kann wohl nicht leicht überschätzt werden. Die Briefe aus Safenwil spiegeln in vielfältiger Weise den Dank des Älteren wider. Thurneysen hat den Freund zu Blumhardt, Kutter und Ragaz gebracht. Er hat Barth das Stichwort »senkrecht von oben« geliefert, das er bei Zündel fand. Moltmann meint zu Recht, Eduard Thurneysen werde »als engster und treuester Weggefährte Karl Barths gewöhnlich zu sehr und darum auch zu Unrecht als im Schatten Barths stehend angesehen« (49,II, 220). Aus anderer Perspektive betrachtet scheint der Einfluß Thurneysens auf Barth überwiegend gewesen zu sein. »Tatsächlich bist du mir, seit wir uns kennen, selbständig gegenüber gestanden, und ganz besonders seit du in Zürich warst, habe ich wahrscheinlich mehr von dir gelernt als du von mir« (2, 16).

Die Ausführungen *Karl Barths* in seiner Ethikvorlesung von 1928 über die »schöpfungsmäßige Bestimmtheit des Menschen zur *Freundschaft*« (60, 317ff) lesen sich wie ein Hymnus auf die Zeit der Nachbarschaft von Safenwil und Leutwil. Die Erörterung über die Verwandtschaft, die der über Freundschaft folgt, erscheint geradezu blaß hinter der Aussage über die Freundschaft: Der Mensch ist als Nachbar geschaffen. »Wenn zwei oder auch mehr Menschen diese ihre *Benachbartheit entdecken,* dann entdecken sie sich als *Freunde*« (60, 318).

Als Barth bei der Durchsicht des Römerbriefes seinem Freund sagte: ». . . ich habe das Gefühl, du durchschaust die ganze Mechanik eigentlich besser als ich« (2, 481), verwies das »eigentlich« darauf, daß Barth sich als der Führende sah, der sich aber auf den hinter ihm abstützte und verließ. Von Göttingen aus rief er dem Freunde lapidar zu: »Was wäre ich überhaupt ohne dich« (3, 280). Barth verdankte seinen Anfang dem Freund, und in den frühen Briefen fehlte es nicht an Überschwang von Bewunderung von seiten Barths.

Auch später noch wirkte sich Thurneysens Einfluß auf Karl Barth beispielsweise im folgenden Zusammenhang aus: 1937 hielt Thurneysen einen Vortrag in Oxford an der ökumenischen Tagung von ›Life and Work‹. Nachher trafen sich die Freunde in Grächen. Karl Barth höhnte und spottete und griff ihn massiv an bis hin zu einer Tannenzapfenschlacht. Aber der Sieg blieb letztlich beim Angegriffenen. Wenn Karl Barth später nach Amsterdam ging und ein positives Verhältnis zur Ökumene gewann, mochte dies nicht zuletzt die Folge einer Tannenzapfenschlacht gewesen sein (vgl. auch KD I/2, 660). Bei dem Versuch, hinterher namhaft machen zu wollen, was der

Ältere dem Jüngeren und der Jüngere dem Älteren verdankt – geraten wir ins Unwägbare.

Versucht man, das Geben und Nehmen hin und her auseinanderzudividieren, so verengt sich der Blick je auf einen der beiden Freunde, und es kommt zwangsläufig zur Verzerrung und einseitigen Wertung. In den Schatten Barths verwies schon Wernle seinen Schüler, als er ihm 1914 vorwarf, er sei ins Schlepptau Barths geraten. Thurneysen bemerkte dazu: »Ich weiß mich aber da durchaus unschuldig« (2, 15). 1921 gab er Wernle indirekt recht, indem er im Rückblick auf den Römerbrief schrieb: »Ich lebte und lebe von deinem Vorwärtsdrängen und Antreiben« (2, 523). Der ›Schneck‹ kam durch den ›Zwaspel‹ voran.

Ein Freund sagte dem Freund, was er ihm zu danken hatte. Er sagte es auch in seinen Schriften, insofern er nicht aufhörte, auf den großen Bruder zu verweisen. Im Rückblick kann die Lebensgefährtin schreiben: Er »wußte, was er an ihm gehabt hatte. Er sagte etwa: ›Ohne Karl wäre ich nicht geworden, was ich bin‹« (85, 30). Indem Thurneysen aussprach, was ihm der Freund bedeutete, hielt er die dem Freund gegebene Gnade fest, wurde der vom Geist begabte Freund ihm zur Gabe. So verwies er im hohen Alter noch auf Neugeburt. Als ein Sich-Verdankender stand er im Fenster, ein lebendes Beispiel dafür, daß wir mit den Freunden Geist bekommen.

Die unreflektierte Methode

Die Bedeutung des Hin und Her zwischen Leutwil und Safenwil geht weit über das Biographische hinaus; hier wurde ein Modell theologischer Arbeit gefunden, eine Methode des Arbeitens, die sich als kräftig genug erwies, die Theologie zu erneuern. Eine Erneuerung der Theologie wird auch in Zukunft nicht möglich sein ohne die Erneuerung des Stils theologischer Arbeit. Dieser neue Stil war anfänglich gegeben und kann nicht besser charakterisiert werden als mit Karl Barths Formulierung »unsre kommunistische Geisteswirtschaft« (2, 452). Ein urchristlicher Kommunismus im Geist macht Ernst damit, daß der Geist sich nicht als Privatbesitz verschenkt, keiner den Geist für sich allein hat. Was der Geist dem einen schenkt, gehört auch dem anderen. Die Gaben des Geistes werden dem einzelnen für das Ganze gegeben. Theologisches Arbeiten wird zu einem freien Geben und Nehmen: die Elemente des Brunnens, Röhre und Becken, werden austauschbar, und man weiß nicht mehr, wer wem mehr zu verdanken hat. Der urchristliche Kommunismus im Geist fand seinen Niederschlag in den zwei ersten Predigtbänden: »Suchet Gott, so werdet ihr leben!« (1917) und »Komm, Schöpfer Geist!« (1924). Als das erste Bändlein erschien, schrieb Thurneysen an Barth: »Wir freuen uns aufs neue über unsere Doppelautorschaft und gegenseitige Deckung als das Zeichen unsrer Verbundenheit« (2, 255). Diese zweisame Autorschaft signalisiert: Wir stehen zusammen, und einer tritt für den anderen ein. So wiesen beide auf den Dritten, der für sie

einsteht. Im Rückblick meinte Thurneysen 1927: »damit« hätte sich das ganze Leben auskommen lassen (3, 487). Beim zweiten Bändchen schrieb Barth: »überhaupt bin ich froh, wenn durch deine Beiträge die meinigen . . . etwas gedeckt werden. Die Anonymität ist mir schon darum wichtig!« (3, 194). 1935 kam nochmals ein gemeinsamer Predigtband heraus: »Die große Barmherzigkeit«. In ihm waren die Prediger gekennzeichnet. Offensichtlich erschlaffte das zwischen Leutwil und Safenwil gespannte Seil in der Entfernung von Bonn und Basel. Was verändert sich, wenn die »gegenseitige Deckung als das Zeichen unsrer Verbundenheit« aufgehoben wird zugunsten einer Hervorhebung der je einzelnen Autorschaft? Karl Barth schrieb im Vorwort zur 2. Auflage des Römerbriefs, Thurneysen habe sich durch »Einschaltung zahlreicher vertiefender, erläuternder und verschärfender Korollarien (Folgesätze, R.B.) . . . in sehr selbstloser Weise ein verborgenes Denkmal gesetzt«. Er habe sie »meist fast unverändert übernommen«. Dann wehrte er den Versuch einer Quellenscheidung ab. »Kein Spezialist wird dahinter kommen, wo in unserer auch hier bewährten Arbeitsgemeinschaft die Gedanken des einen anfangen, die des andern aufhören.« In einem Brief nannte er ihn den »ersten Mitschuldigen am Römerbrief« (2, 304). Und zum Schluß des Unternehmens hieß es nochmals: »Du übersiehst die Lage in der Arena besser als ich« (2, 519). Vorher hatte es von Leutwil her geheißen: »Lad auf mich was du kannst an Durchsicht von Manuskript und Korrekturbogen« (2, 506). Thurneysen klemmte sich für den Freund gleichsam ins Couloir. Die »kommunistische Geisteswirtschaft« trug ihre Früchte. Man kann das nicht ernst genug nehmen, daß »die theologiegeschichtlich heute wirksamste Auslegung des größten Paulusbriefes«, die »damals eine tiefgreifende theologische Bewegung auslöste« (KLL IX, 8232ff), das Werk eines Verfassers war, dessen erster Leser als erweiterter Autor zum Mitverfasser wurde. Man fragt sich, ob die Doppelautorschaft nicht auch für den Römerbrief am Platze gewesen wäre. Das hätte für den Stärkeren eine Entäußerung bedeutet, die damals wohl unvorstellbar war und auch heute noch als utopisch erscheint.
Beim Abschied von Safenwil dankte Barth dem Freund »für all das treue Gedenken, Trösten, Mittragen, Wegweisen« (2, 525). Diese Töne wurden auch in späteren Jahren noch angeschlagen, wirken aber im Kontext des Briefwechsels nicht immer überzeugend, so wenn er schrieb: »An Dogmatik und Philipperbrief hast du ja selber soviel Anteil, daß ich die wirklich nicht als Geschenk aufgefaßt haben möchte.« Wir nähern uns schon den dreißiger Jahren, da aus der gegenseitigen Deckung eine einseitige wurde und der große Bruder kritisch auf den jüngeren blickte. Aus dem Weggenossen eines gemeinsamen Weges war ein Begleiter von Karl Barths »nicht selten seltsamen Wegen« geworden (3, 554).

Die beiden Freunde

Fotos sind Signale in mancherlei Hinsicht. In der Barth-Biographie von Eberhard Busch sitzen die beiden im Bergli, vor sich die aufgeschlagene Bibel. Barth blickt, die Pfeife im Mund, aufmerksam auf seinen Text. Thurneysen schaut, ein Zigarillo in der rechten Hand, mit aufgestütztem Ellenbogen, fragend und erwartend zum Freunde hin (Abb. 22). Vielleicht ist dies der beste Dienst gewesen, den Thurneysen seinem Freund tun konnte, daß er ihn über der offenen Bibel anschaute in der Erwartung: der da liest, wird mir etwas sagen.
Daneben gibt es Bilder aus der Trittligasse, dem Hause Pestalozzis. Auf dem einen sitzt Barth im Lehnstuhl, redend, Thurneysen auf einer Stabelle hört zu, gespannt und aufmerksam. Auf einem anderen Bild redet Thurneysen. Barth hört anders zu, reserviert, fast spöttisch. Die Bilder stammen wohl aus den dreißiger Jahren. Thurneysen erscheint als der Rezeptive, die Brunnenschale.
Fotos aus späterer Zeit zeigen etwa die beiden im Zug: Karl Barth liest, Eduard Thurneysen schaut zu, was der größere Bruder macht, der Zugetane, der dabeisitzt (2, IX). Auf einem anderen Bild sehen die Freunde einander an, fast lächelnd. Thurneysen blickt mit Wohlgefallen zu Barth auf, dieser kritisch-wohlwollend, leicht gönnerhaft (3, IX): Lehrer und Schüler.
Freundschaft ist nur da möglich, wo einer den anderen bewundert. In Bewunderung wird Thurneysen zum Mitgehenden soweit er kann, zum ständigen Begleiter im Geistigen. Und im Mitgehen mit dem anderen sehe ich den Vorschein menschlicher Größe und ein Zeichen dafür, daß die Gemeinschaft des Geistes das Menschlich-Allzumenschliche überstrahlt. Unserer theologischen Arbeit fehlt weithin ein stilles und selbstloses Für-den-andern-Dasein, in dem sich zwei oder drei in größerer Gegenwart versammeln.
Was die Fotos aus den dreißiger Jahren andeuten, wird in späteren Jahren stärker zum Ausdruck kommen. Vom ersten zum zweiten Briefband hat sich die Szene gewandelt. Weggenossenschaft verkümmerte mehr und mehr zur Gefolgschaft. Karl Barth bestätigte diesen Sachverhalt, indem er ihm 1958 widersprach: ». . . es war *auch* 1921 bis 1925 nicht so, daß ich der Anregende bzw. Gebende, Thurneysen *nur* der Angeregte bzw. Empfangende war« (88, 13). Indem ich die Wörtlein »auch« und »nur« unterstreiche, streiche ich die Veränderung in der Beziehung heraus. Im Frühjahr 1926 hatte Barth eine »Retraktatio« zu einer früheren Eintragung ins Gästebuch geschrieben:
»Wir wollten, pilgernd unter Andern,
in unsrer Art beharrlich sein.
Da stellten alsgemach beim Wandern
auch uns sich Atemnöte ein« (43, 838).
Zwei Jahre später machte Paul Schempp in seinen »Randglossen zum Barthianismus« Inventur: »Es ist wohl ein Fluch der heutigen Theologie, daß

sie weder Gemeinschaft noch echte Entzweiung kennt und dieser Fluch macht einsam . . . Es scheint, daß Barth heute noch genau so einsam ist wie vor zehn Jahren . . .« (49,II, 303). Der Weggang der beiden aus dem Aargau ist, gemessen an dem verheißungsvollen Anfang, ein Unglück gewesen, auch wenn es für beide – und für Barth vor allem – zu einem sehr produktiven Unglück wurde. Möglicherweise konnte die Freundschaft nur dauern, weil Thurneysen sich weiterhin zurückzunehmen wußte. Briefe an Rudolf Pestalozzi aus der Zeit des Kirchenkampfes zeigen einen Eduard Thurneysen, der selbst keine Stimme mehr hatte; er teilte dem Freund den Freund mit. Trat er selbst schon zurück, ließ ihn Barth mehr und mehr zurücktreten.

In der »Kirchlichen Dogmatik« erteilt er dem Freund zunehmend sparsamer das Wort: Von acht Erwähnungen finden sich vier in I/1, zwei in I/2. Später bezieht er sich auf Thurneysens Schrift über die Bergpredigt; sie wird »erleuchtend« genannt (II/2, 766), die »Lehre von der Seelsorge« »theologisch grundlegend« (IV/3, 1014). Mehr fiel ihm nicht ein (vgl. auch 58).

Vergleicht man die Bedeutung Thurneysens für Karl Barth in den Anfängen mit den Erwähnungen in dessen Hauptwerk, so bleibt von jener in der »Kirchlichen Dogmatik« nicht viel mehr als ein Schatten übrig. Die schmückenden Beiwörter »erleuchtend«, »grundlegend« tun weh und lassen in ihrer Klischeehaftigkeit Distanz erkennen, die um so schmerzlicher wirkt, als er im »Vorwort« zu KD I/1 erklärt: »Daß zwischen *Eduard Thurneysen* und mir eine alte und immer wieder als selbstverständlich bewährte theologische Zusammengehörigkeit besteht, darf ich als bekannt voraussetzen« (X). Die Würdigungen, die Barth zum 60. und 70. Geburtstag des Freundes geschrieben hat, aber zeigen den Lobredner à la recherche du temps perdu, auf der Suche nach der verlorenen Zeit mehr als im Lob der Gegenwart. Der Freund äußerte sich vornehmlich retrospektiv über den Freund. – Es gehört wohl zu den »Unheilsspuren« großer Theologen, daß sie in ihrem Vorwärtsdrängen und möglicherweise in einer Art Besessenheit vom eigenen Werk die Arbeit des anderen nicht genügend zu würdigen wissen. Wenn es im Verhältnis der Söhne zu den Vätern ums Ehren geht, dann im Verhältnis der Stärkeren zu den Schwächeren nicht minder. Der im Erkennen Vorangehende wird gerade durch sein Mehr an Erkennen vom anderen isoliert. Darum meint Paulus: »Erkenntnis bläht auf« (1Kor 8,1): »Eduard Thurneysen ist wohl noch ein bißchen ›pastoraler‹ und ich meinerseits bin wohl ein bißchen ›professoraler‹ geworden . . .« (88, 14). Entlarvender konnte Barth kaum ausdrücken, daß der geistige Austausch nicht mehr im Fluß war wie ehedem, verraten doch die Stichworte »pastoral« und »professoral« die »déformation professionelle« der Freunde, die Prägung durch die Münstergemeinde einerseits, durch die Universität andererseits. Auf meine Frage an Frau Thurneysen, wie es war, als Barth nach Basel zurückgekommen sei, erhielt ich zur Antwort: »Er war halt Professor.« Aus solcher Antwort spricht Resignation. Thurneysen litt in den späteren Baseler Jahren daran, daß der Professor wenig Interesse für die Arbeit des Pfarrers hatte und kaum in seine Predigt kam. Karl Barth, der zu Beginn der Freundschaft dem Freund immer wieder Predigten abverlangte, konnte die Predigten des »Antistes« nicht mehr hören, ein Umstand, der eine Zone von Sprachlosigkeit freilegt. Offenbar hat es mit dem »Vorantreiben« nicht mehr recht geklappt. Der Dialog über die Predigt war verstummt. Zu sehr waren beide festgelegt auf ihre Rollen, hier Münsterpfarrer, dort Professor, als daß die »kommunistische Geisteswirtschaft« neu hätte erblühen können. Was als Predigtnachgespräch zwischen Safenwil und Leutwil begonnen hatte, fand in Basel keine Fortsetzung.

Eberhard Busch bemerkt, die Beziehungen zu Thurneysen seien »in der nächsten Zeit«, nach 1933, »ein wenig lockerer« geworden. Barth sagte nicht recht zu, daß Thurneysen auf der Kanzel in großer Grundsätzlichkeit »bei jedem Text alles . . . zu sagen« versuchte (vgl. 1, 95ff). Auch »fand er, daß der ihm zweifellos weiterhin liebe Freund seinem seit 1921 zurückgelegten Weg, der Zuwendung zum Problem einer kirchlichen Dogmatik und den Erkenntnissen im deutschen Kirchenkampf etwas zu fremd gegenüberstand« (68, 283). Mit einer solchen Sicht tat Barth dem Freunde zweifellos unrecht, weil sich das Verhältnis der beiden nach dem Exodus Barths aus dem Pfarramt notwendigerweise ändern mußte. Staatsanwaltschaftliche Ermittlung, die nach Schuld fragt, wird hier nicht nach einem Hauptschuldigen suchen, sondern die Ursache dieser Entwicklung in der Nichtreflexion ihrer Methode gemeinsamen theologischen Arbeitens sehen.
Wer die Geschichte der dialektischen Theologie hin zur Bekennenden Kirche und ihrer »Selbstliquidation« (vgl. *Hermann Diem,* Ja oder Nein, 1974, 84ff) und weiter zur Restauration der Kirche nach 1945 bis zum Elend kirchlicher Polstersessel der Gegenwart überblickt, wird nicht umhin können, eine Ursache dieser traurigen Veränderungen darin zu sehen, daß das Seil zwischen dem Münsterpfarrer und dem Systematiker zwar nicht durchgeschnitten wurde, aber nicht mehr gespannt blieb.

Thurneysen war in seiner Verehrung nie unkritisch, ging es ihm doch um die Sache, die er durch Karl Barth ans Licht gehoben sah. Der in der Jugend aufgebrochen war zu neuen Ufern, weil ihn die akademische Theologie nicht befriedigte, litt im Alter besonders am Unvermögen der akademischen Theologie. 1959 erkundigte er sich bei mir: »Ob du auch so manchmal arme ›Gottesaufsätzlein‹ erhältst als Seminarpredigten?« Und dann fragte er weiter ins Grundsätzliche: »Warum führt die Theologie von heute, wie sie an der Uni gelehrt wird, zwar zu allerlei braven Exegesen, aber du liebe Zeit – zur Ausrichtung der Botschaft reicht es so gar nicht. Es muss immer wieder ein enormer Sprung sein von der Vorlesung über . . ., zur Predigt über . . . ! Woran liegt das denn? Auch die Barth-Schüler machen da keine Ausnahme. Barth erzieht wohl immer wieder Doktoranden und sogar P.D.s (Privatdozenten, R.B.), aber Prediger? wo sind sie?« (9.1.1959). Das Ungenügen an der akademischen Theologie, das der alte Thurneysen beklagte, ist das Ungenügen an einer Wissenschaftspraxis, in welcher die Theologie sich selbst und ihre Erkenntnis ebenso verdinglicht wie die Predigt ihren Text. Indem Thurneysen nach den Predigern fragt, die fehlen, verweist er auf den

fehlenden Praxisbezug der Theologie, auf eine Verselbständigung der Dogmatik, die der Gefahr erliegt, die Predigt zu vergessen. »Prediger? wo sind sie?« Thurneysen fragt nach der theologischen Frucht des Freundes. So wie er als junger über der aufgeschlagenen Bibel fragend und erwartend nach dem Freund hinblickte, tat er es noch als alter Mann. Aus den »Wonnen« wurde ein Schmerz. Aber Thurneysen hielt dem Freund die Treue, besuchte wie ein Student seine Sozietät. Er ließ seinen Zwilling nicht fahren. Am 80. Geburtstag, als er, der Gefeierte, seine Rede hielt, sprach er nach meiner Erinnerung mehr von Karl Barth als von sich selbst (vgl. 53). Was ihm in der Vater-Sohn-Beziehung Blumhardt, Kutter und Ragaz gegenüber zu seinem Schaden nicht recht gelungen war, gelang ihm in der Freundschaft mit Karl Barth zu seinem eigenen Vorteil.
Als Thurneysen 1919 dem Freund die Wahl nach St. Gallen anzeigte, bemerkte dieser: »Unsere gemeinsame Sache muß um jeden Preis weitergeführt werden« (2, 345f). Daß dies – schon bedingt durch die äußeren Umstände der geographischen Entfernung, der verschiedenen Berufe – nicht in der Intensität des Anfangs geschehen konnte, mag ein Grund dafür gewesen sein, daß die von Georg Merz mit dem Erscheinen des »Römerbriefs« als bevorstehend angesagte Reformation (vgl. 3, 487) nicht zum Durchbruch kam. Karl Barth vermochte die Wissenschaftspraxis der Theologie nicht zu verändern, Thurneysen nicht die Struktur des Pfarramtes. Hingegen ist anzunehmen, daß die Wissenschaftspraxis Karl Barth verändert hat, und wir werden zu fragen haben, inwiefern das Pfarramt Eduard Thurneysen verändert hat. Theologie als Teamwork ist die unerledigte Hinterlassenschaft der beiden Freunde, wichtig vor allem deshalb, weil hier zusammengeht, was an Universitäten immer noch getrennt ist, Erkenntnis und Liebe. »Ja, über das einmalige Verhältnis der beiden müßte man Bücher schreiben« (78, 8).
Das Neue an der Erneuerung evangelischer Theologie war nicht zuletzt dies, daß sie dialogisch, nicht monologisch, im Zusammen- und Wechselspiel eng befreundeter und benachbarter Pfarrer entstand: Geschenk einer Zweisamkeit. Daß schließlich aus dem Zusammenspiel ein Vorspielen des einen wurde, während der andere applaudierte und nur selten einmal pfiff, erscheint nicht frei von Tragik. Daß sich die Freunde nicht klarmachten, was sie taten, daß sie ihr gemeinsames Arbeiten einander zwar verdankten, aber in seiner Relevanz für die Theologie nicht weiter reflektierten, erscheint mir das große Defizit jenes theologischen Neubeginns gewesen zu sein. Eine Unterlassung, die heute noch als Hypothek auf uns lastet und die es abzuzahlen gilt, um so mehr, als die beiden von ihrem Herkommen kaum in der Lage waren, die Bedeutsamkeit dessen, was sie taten, in methodischer Hinsicht zu reflektieren. Im Reiche Gottes verwandelt sich Schuld, die wir übernehmen, in Gnade.

Eine Rückblende auf *Troeltsch* mag den Zusammenhang dieser leisen Tragik erhellen. Troeltsch hatte aus dem geschichtlichen Zusammenhang der Gemeinde mit Jesus die Möglich-

keit des Glaubens vom Ordinarius abhängig gemacht. Troeltsch hielt es für »eine bloße Redensart, wenn man sagt, der schlichte Glaube dürfe nicht von Gelehrten und Professoren abhängig gemacht werden«. Das ließ er nur als Ausnahme »für den einzelnen Fall« gelten. »Aber es ist unmöglich, historische Tatsachen im allgemeinen und im Prinzip der wissenschaftlichen Kritik entziehen zu wollen. In dieser Hinsicht bleibt, wenn man es so ausdrücken will, in der Tat eine Abhängigkeit von Gelehrten und Professoren, oder besser gesagt, von dem allgemeinen Gefühl historischer Zuverlässigkeit, das durch den Eindruck der wissenschaftlichen Forschung sich erzeugt« (86, 34f).
Die Selbstkorrektur Troeltschs »oder besser gesagt« verrät die Fähigkeit, einen Machtanspruch zu tarnen. Die Mahnung Barths von 1916, »daß *du* uns . . . immer noch die Auseinandersetzung mit deinem Freund Troeltsch schuldig bist« (2, 144), liest sich als ein frühes Warnsignal.

Wir sind Erben in beiderlei Hinsicht. Nehmen wir die Väter wahr, kehren wir uns zu ihnen, lernen wir auch, ihr Unerledigtes als unsere Aufgabe zu übernehmen. Daß das Miteinander des Aufbruchs zu einem Hintereinander wurde, daß die »kommunistische Geisteswirtschaft« der beiden nachher in der Leistungsreligion versumpfte, ist eine Anfrage an uns. Unerledigt ist die Auseinandersetzung mit Troeltsch, und unverändert sind die Machtstrukturen von Lehrstuhl und Kanzel. Demgegenüber: Wissenschaftspraxis und kirchliche Praxis als Basis und als Produkt von Freundschaft. Was Thurneysen in seiner Abschiedspredigt sagt, gilt auch für das Miteinander der beiden Freunde: »Es ist etwas Ewiges zwischen uns« (7, 3). Durch dieses Ewige wird der Freund dem Freund zur Existenzerweiterung hin auf die neue Kreatur. Charisma kommt zum Vorschein und wird in Dienst genommen. »Das Charisma Gottes aber ist das ewige Leben in Christus Jesus, unsrem Herrn« (Röm 6,23). Gymnastice, nicht dogmatice ausgedrückt: Die Väter verbinden uns mit dem Geist des Vaters, der war. Die Freunde und Brüder vermitteln uns den Geist des Gegenwärtigen. Wir haben Charisma nicht ohne die Väter, und wir werden als Charismatiker nur brauchbar durch den Freund und Bruder.
Kirchliche Praxis ist ein Gipfel, unersteigbar für den einzelnen, eine Wand, an der man als einzelner nur allzuleicht abstürzen kann. In der Bruderschaft ist ein für den einzelnen unerreichbarer Gipfel zu erklimmen – in der Bruderschaft, in der zwei einander zu Freunden werden, in der sich der eine steif macht, damit der andere nicht unter ihm bleibt.
Man mag die Geschichte von der Erstbesteigung der Engelhörner neben die Metapher vom Riesen und den Zwergen stellen. Zu den Vätern gehören Brüder, zu den Müttern Schwestern. Auf dem Rücken der Riesen sitzend, sehen wir weiter. Schlechte Freunde sind auf einen Abgrund hin angelegt, gute Freunde sind Leitern auf die Höhe. Beziehungen führen und ziehen uns immer irgendwo hin, und Freundschaftsbeziehungen gehören wie die Beziehungen zu den Vätern zu den Grundbedingungen des Werdens. Fortschritt gibt es nur im Miteinander.

Vorschule der Seelsorge

Was hat die Freundschaft mit Karl Barth für das Werden des Seelsorgers Thurneysen ausgetragen? Barth lieferte ihm in seiner Kirchlichen Dogmatik eine kritische Theorie der Seelsorge. Aber das ist nicht alles: In der Begegnung mit Blumhardt fand so etwas wie eine Berufung zum Seelsorger statt. In der Freundschaft mit Karl Barth bildete sich Thurneysen zum Seelsorger aus. Das machen die Briefe deutlich. Ich begnüge mich mit einem Hinweis auf einen aus dem Jahre 1916: »Wenn ich deine pädagogischen und seelsorgerlichen Künste, resp. das dahinterliegende tiefere Können auf mich wirken lasse, dann kann ich eben immer nur voll Neid im schönsten Sinne zu dir steil emporblicken. Von *Weitem* könnte ich das nicht leisten. Aber ich bin froh, daß du es kannst und leistest, es ist mir eine Beruhigung zu denken, daß es von unseren Voraussetzungen aus grundsätzlich *geht* und zwar *besser* geht als bei den Andern, – auch wenn es leider bei *mir* durchaus nicht geht« (2, 156f; vgl. 150 u.a.). – Als Thurneysen sich mit dem Gedanken trug, von Leutwil nach Zürich überzusiedeln, fragte ihn Barth, ob er seine »seelsorgerliche Funktion« speziell ihm gegenüber schon beendigt habe (2, 212). Nach dem Umzug nach St. Gallen schickte Thurneysen dem Freund Dankesbriefe der Leutwiler. Barth respondierte: »Die Leutwiler Briefe haben mir sehr viel gesagt, vor allem mich sehr beunruhigt, weil sie mir aufs neue gezeigt haben, was du kannst und was ich nicht kann und doch so gerne können möchte: mit den Leuten *leben*, segnend als guter Geist über die Täler und Fluren meiner Gemeinde schreiten, als ernster Faktor unter den Behörden für das gemeine Wohl wirken, kurz des Glaubens leben, der durch die Liebe tätig ist (vgl. Gal 5,6)« (2, 389). Im Blick auf eigene Kommunikationsprobleme hatte er ihn vorher »meine offenere Hälfte« genannt (2, 385). Wahre Freundschaft kennt keine Schmeichelei, wohl aber Lob. Indem Barth Thurneysen lobte, wuchs dieser über den Freund empor, entwickelte etwas, was der Freund so nicht entwickeln konnte. Thurneysen wurde zum Seelsorger, indem er Sohn und indem er Freund war. Noch einmal: Das ist nicht auszurechnen, nicht zu beweisen und sollte doch einsichtig sein. In der Freundschaft fängt an, was sich in der Seelsorge fortsetzt: die Erweiterung der Existenz durch den anderen.

So hat es der Barockdichter *Friedrich von Logau* ausgedrückt:
»Weil du mich, Freund, beschenkst mit dir,
So dank ich billig dir mit mir;
Nimm hin deswegen mich für dich,
Ich sei dir du, sei du mir ich!«
In diesem Tausch von Ich und Du vollzieht sich Freundschaft und auch das, was wir Seelsorge nennen: Wiedergeburt ist der Tausch zwischen Ich und Du mit dem Freund aus Nazareth. Und im Horizont dieses Tausches verstehe ich Friedrich von Logau.
Was *Karl Barth* in seiner Ethikvorlesung von 1928 von der Schöpfung her darlegt, ist auch auf das neue Sein hin zu denken: »Mein Freund ist *der* Mensch, der als mein *Mit*mensch dadurch in qualifizierter Weise ausgezeichnet ist, daß – wer will erklären wie? – seine und meine Seele

sich begegneten . . . sich begegneten in dem Sinn, daß ich mich bis zu einem Grade in ihm wiedererkannte . . . so daß seine Existenz bis zu einem gewissen Grad meine eigene bedeutet, seine Nicht-Existenz meine eigene Nicht-Existenz bedeuten würde. Es ist mein *alter ego*, wie die alte Formel sehr schön und richtig sagt« (60, 320).
Indem ich mich im andern finde, werde ich selbst zum Mitmenschen, denn ich entdecke den Nächsten: »Das Du, das mir im Freunde als alter ego entgegentritt, ist gleichsam das Tor zum anderen Menschen überhaupt . . . das Paradigma des *Nächsten*. Der gewisse naiv-egoistische Charakter des Begriffs Freundschaft soll bei dem Allen gar nicht geleugnet werden« (60, 320f).
Die Freundschaft aber bildet »das Korrektiv« zum naiven Egoismus, »den prinzipiellen Durchbruch durch die Möglichkeit eines egoistischen oder auch eines bloß durch die Stimme des Blutes und Geschlechtes altruistisch bestimmten Lebens« (60, 322). Im Prozeß der Existenzerweiterung durch den Freund wird einer zum Seelsorger. Seelsorge ist genau das, eine Freundschaft, in der einer für den anderen da ist, ohne daß er den anderen beherrschen will. Darin liegt das Evangelische evangelischer Seelsorge, daß sie auf Herrschaft verzichtet. So wurde die Freundschaft mit Karl Barth zur hohen Schule der Seelsorge.

Selbstbeschimpfung

Barth verfaßte seinen Römerbrief unter der Assistenz Thurneysens. Thurneysen brachte sein Buch über das Matthäusevangelium nicht zustande. Als es galt, den »Dostojewski« druckfertig zu machen, rief ihm Barth zu: »Hast du eigentlich dein Dostojewski-Manuskript abgeliefert? Hü! wenns noch nicht geschehen ist. Alle Welt schreit danach, es im Druck zu lesen, und auch ich brauche es dringend für den Schluß des Römerbriefs« (2, 494). Und nach knapp drei Wochen: »Ist Dostojewski fertig? Ich wiederhole, daß die ganze gebildete Welt darauf wartet und daß seit der Aarauer Konferenz schon ein Vierteljahr verstrichen ist. . . . Du bist fürchterlich in dieser Beziehung. Siehe doch, wie ich bis an die Knie in der Tinte wate, und nimm dir ein Beispiel!« (2, 497)
Als es um die Nachfolge Barths in Göttingen ging und Barth Eduard Thurneysen als Nachfolger vorschlagen wollte, schrieb er nach Bruggen: »O *hättest* du doch meinen jahrelangen Zurufen Gehör geschenkt! O *läge* doch dein Matthäus-Buch jetzt auf dem Tisch des Hauses!« (3, 360; vgl. 453)
Schon beim ersten Lesen des Briefwechsels stieg mir respektlos die Frage auf, die sowohl vom Echo der Gemeinde wie von seinem literarischen Gesamtwerk her völlig unmöglich ist: »War Thurneysen faul?« Thurneysen als Gemeindepfarrer und Hochschullehrer in einer Person ist mir immer von einer imponierenden Arbeitskraft erschienen.
Fräulein Trudy, Haushaltshilfe der letzten dreißig Jahre, neben Frau Thurneysen wohl die wichtigste Augenzeugin seiner Vita, berichtete über den immensen Fleiß des Münsterpfarrers. Wenn er sich morgens nur leicht verspätete, pflegte er zu sagen: »Jetzt kommt der faule Hund.« Hier artikulierte sich das Bewußtsein, das er von der Schule her hatte: »Dürfte besser sein«. Hier redete er stiefmütterlich mit sich selbst. Noch am Montag vor seinem Sterben, als er schon kaum mehr reden konnte, habe er gesagt: »Ich

bin ein fauler Hund.« Ein solches Votum gehört wesentlich zur Freundschaft mit Barth. Seine ironisierende Selbsteinschätzung im Schatten seiner Stiefmutter begleitete ihn aufs Sterbebett. Zur behaglichen Selbstzufriedenheit konnte er nicht kommen. Barth war sicherlich der vitalere der beiden, und an ihm gemessen kam sich der Theologe Thurneysen als »fauler Hund« vor (vgl. Brief an R. Bohren, 19.2.1963).
Namen, die uns andere geben, lauten anders als die Namen, die wir uns selbst geben. Der Name ›Schneck‹ nahm nicht an der Leistung das Maß, sondern an der Zeit und ließ den Seelsorger im voraus ahnen. Die Schnecke als Wappentier des Seelsorgers – einer, der sich Zeit nimmt. Die Selbstbezichtigung »fauler Hund« mißt die Leistung, nicht mehr die Zeit und klingt unseelsorgerlich der eigenen Seele gegenüber.

Übrigens befindet er sich mit seiner Selbstbeschimpfung in guter Gesellschaft. *Martin Luther* »schalt sich faul, stumpf und fühllos in einer Zeit, in der er aufs angestrengteste arbeitete und ihm die Sorge um die Kirche unablässig auf dem Herzen lag« (*Karl Holl*, Luther 1932[6], 401). Zum angestrengten Arbeiten gesellt sich das Bewußtsein vom Ungetanen, da klagt man dann über Faulheit, während Faulheit über die Anstrengung klagt. Der Faule – und insbesondere der faule Pfarrer – hat Zeit, seine Geschäftigkeit zu rühmen und über das Viele und Zuviele zu lamentieren, das er tun muß. Vielgeschäftigkeit und Hast sind Merkmale geistlicher Trägheit.

Was aber zählt in einem Theologenleben, und was läßt sich in ihm planen? Ist es das literarische Werk oder das, was getan wird einem der Geringsten? In Barth sehe ich einen theologischen Schriftsteller, der mit ungeheurer Energie der Herausforderung seiner Zeit antwortet. Zuerst mit dem Römerbrief, dann mit der Kirchlichen Dogmatik. Thurneysen scheint sich hingegen mehr vom Zufall leiten zu lassen. Man vermißt die Stringenz der Planung; wenn auch zunehmend eine Konzentration auf die Seelsorge stattfindet, so entsteht doch gleichzeitig der Eindruck der Verzettelung. Aber wer weiß, wie ein ungeschriebenes Buch vor Gottes Augen aussieht? Sehen doch diese Augen all die Menschen, denen Thurneysen zum Helfer wurde.

Freundschaft und Bruderschaft

Der Freund kann ein Bruder werden und der Bruder ein Freund. Der eine schließt den anderen nicht aus. Thurneysen hat selbst im Rückblick die Freundschaft als Bruderschaft interpretiert: »Wir hatten ja das unabweisbare Bedürfnis, in wirklicher Bruderschaft uns auszutauschen über alles, was, wie wir damals sagten, in Kirche, Welt und Reich Gottes geschah« (43, 831). Wir werden uns trotz oder gerade wegen einer solchen Beteuerung fragen müssen, was es zu bedeuten hat, daß hier eher vom Freund und von Freundschaft zu reden ist und nicht so sehr vom Bruder und der Bruderschaft: Warum ist Eduard Thurneysen der Freund? Warum ist er nicht der Bruder? Ich meine, die Sprache verrate hier einiges noch einmal über Segen und Sünde der Väter. Barth und Thurneysen sind von der Studentenzeit her

Farbenbrüder, sie werden aber primär nicht Amtsbrüder, sondern Freunde. Das Wort »Bruder« ist ein mit der Kirche krankgewordenes Wort, im Munde von Hierarchen bekommt es leicht einen trügerischen Unterton, und das Wort »Amtsbruder« trägt einen steifen Kragen, an dem sich ein junger Mensch den Hals wundreiben kann. Das Wort krankt am Amt oder an der Heuchelei von Konventikeln.
In der Basler Zofingia sang ›Schneck‹ den Missionskantus, der die Württemberger Missionsfreunde persifliert: »Von Grönlands eisger Zinke / sah ich den Bruder winke / mit fester Glaubenshand«. Vielleicht läßt sich vom »Freund« her der »Bruder« neu entdecken.

Dietrich Bonhoeffer wollte umgekehrt Freundschaft von der Kirche her neu begreifen. Er wies den Begriff der Freundschaft »in den Spielraum der Freiheit« (Ethik, 1975[8], 303ff, Anm. 2), und in einem Gedicht tönt es pathetisch: ». . . nicht aus dem schweren Boden der Erde, / sondern aus freiem Gefallen / und freiem Verlangen des Geistes, / der nicht des Eides noch des Gesetzes bedarf, / wird der Freund dem Freunde geschenkt« (Widerstand und Ergebung, Neuausgabe 1977, 422). In der Freiheit dankt der Freund, indem er sich selbst als Gegengabe schenkt. In der Freiheit geschieht die Existenzerweiterung, die Friedrich von Logau bereimt: »Ich sei dir du, sei du mir ich.« Kommt aber »etwas Ewiges« zum Vorschein »im freien Gefallen und freien Verlangen des Geistes«, so wird Freundschaft zum Modell einer vom Evangelium getragenen Bruderschaft. Meine Metapher von den Engelhörnern spricht von zwei Brüdern, die das Tun der Freunde veranschaulichen.

Der Bruder ist zu verstehen zunächst unter dem Vorzeichen des Gesetzes, der Freund vom Evangelium her. Zum Wesen der Bruderschaft gehört das Sein, zum Wesen der Freundschaft das Werden. Bruder ist man, Freund wird man. Den Freund wählt man, der Bruder ist einem gegeben. Will man von der Freundschaft her die Bruderschaft verstehen, muß man beachten, daß der Geist sich uns durch Freunde anders schenkt als durch Brüder. In der Freundschaft teilt sich mir ein Geist mit, den ich wähle, für den ich offen und empfänglich bin, während ich in der Bruderschaft dem Geist des Bruders ausgesetzt bin. Der Unterschied zwischen Bruder und Freund ist der zwischen dem Modus der Ethik und dem der Ästhetik – auf sie weist auch Bonhoeffer hin – als Folge des Unterschiedes von Gesetz und Evangelium. Freundesliebe muß nicht geboten werden. Sie ist mit dem Entdecken der Freundschaft gegeben und begleitet diese, so lange sie währt. Bruderliebe aber wird geboten. Worte wie »Brudermord«, »Bruderkrieg« fehlen in der Zusammensetzung mit »Freund« und verweisen auf die Bedrohtheit aller Bruderschaft. Sie braucht den Schutz des Gesetzes anders als die Freundschaft.

Den Bruder hat man, den Freund findet man. Eine Freundschaft kann in die Brüche gehen, Bruderschaft bleibt lebenslang. Man spricht vom minderen Bruder, nicht vom minderen Freund. Ein Freund ist immer nur Freund in einem Mehr. Da ist etwas, das ich bewundere, etwas über mir. Der Freund ist der Bruder, der über mir steht, und wenn ich einmal über ihm zu stehen komme, dann nur deshalb, weil ich mich an ihm hochgezogen habe. Das

Wort »Bruder« entstammt dem natürlichen Zusammenhang. Es schlägt durch in die spirituelle Sphäre. Die Kinder des einen Vaters sind Brüder. Da gibt es keine Freiheit der Wahl. Auf der anderen Seite will eine Freundschaft gepflegt sein; sie gehört zur Kultur, wie sie Kultur braucht.
Durch »etwas Ewiges« zwischen Freund und Freund nimmt Freundschaft teil am »Charisma Gottes« (Röm 6,23). Zwei bilden schon eine kleine Gemeinde, und Freundschaft wird zum Paradigma der Bruderschaft. In Christo hat der Bruder einen Vorsprung vor mir. In Christo wird jeder Bruder bewundernswert. In Christo werden aus Brüdern Freunde, der Freund Jesu aber wird auch anderen zum Freund. In Christo werden aber auch aus Freunden Brüder. – Wenn es in der Zofingia die Sitte der Blutsbrüderschaft gab, indem ein Farbenbruder den anderen ein Tröpflein eigenen Blutes trinken ließ, so stellte eine solche Sitte Bruderschaft über Freundschaft und betonte, daß der Freundschaft etwas fehle, eben das von Haus aus Unzertrennliche, das von Natur Unauflösliche. Im Begriff der Freundschaft ist gegenüber dem der Bruderschaft ein Weniger und ein Mehr enthalten, ein Mehr von Freiheit und Treue, ein Weniger von Anspruch und Recht. Es wird weitreichende ekklesiologische Konsequenzen haben, daß Barth und Thurneysen im Kulturprotestantismus aufgewachsen und durch die Schule der Zofingia gegangen sind, ihre Beziehung primär unter dem Vorzeichen der Freundschaft verstanden haben.
Das Vorbildliche am Miteinander der Freundschaft Barth-Thurneysen soll nicht geschmälert werden, wenn ich deren Grenze abstecke. Indem von der Freundschaft und nicht von der Bruderschaft die Rede ist, kommt ein elitärer Zug zum Vorschein; jede Freundschaft hat auf dem ihr eigenen Niveau den Charakter der Ausnahme, des Hervorragenden, einen Elitecharakter. Der nicht zu leugnende »naiv-egoistische Charakter des Begriffs Freundschaft« (60, 321) reklamiert den Freund für sich. Tor zum Nächsten ist »das Du, das mir im Freunde ... entgegentritt«, eben nur, leider nur »*gleichsam* das Tor zum anderen Menschen überhaupt« (60, 320; Hervorhebung R.B.). Freundschaft kann wohl ein Tor öffnen, sie kann aber auch Türen zuschlagen, verschließen.
Vielleicht liegt es am elitären Zug der Freundschaft, daß man Thurneysen oft Exklusivität vorgeworfen hat. Seine Begabung für die Freundschaft, seine große Fähigkeit zu bejahen, schloß in sich die andere: zu verneinen und zu verurteilen. Namentlich im Alter wird er viel über Zeitgenossen klagen, und lange nicht jeder tote Hund hat ein schönes Gebiß.
So bildet die Freundschaft der beiden Pfarrer einerseits ein Praxismodell für theologische Arbeit, und andererseits ist möglicherweise ihre Freundschaft die Grenze dessen, was sie intendieren. Die Freundschaft Barth-Thurneysen zeigt gleichzeitig eben die Beschränktheit aller Freundschaft, ihr Defizit gegenüber der Bruderschaft. Entdecken wir aber vom Freund her den Bruder, verändert sich die Perspektive. Der Weg zwischen Safenwil und Leutwil fand eine Fortsetzung in Barmen beispielsweise, beginnend mit dem Satz: »Die christliche Kirche ist eine Gemeinde von Brüdern ...«. Das war

ein Sprung in eine Zukunft, die wir noch lange nicht eingeholt haben (vgl. Kirche als ›Gemeinde von Brüdern‹. Barmen III, Bd. I und II, hg. von Alfred Burgsmüller, 1980/81).

Der Abschied

Thurneysen zog als erster aus dem Aargau weg. Sein Weggang zeigt die Macht des Institutionellen, den Zwang des Üblichen. Der Abschied leitete Veränderungen ein, deren Ausmaß ihm wohl kaum bewußt war. Rückblickend möchte man mit Günther Grass klagen: »Wie traurig sind diese Veränderungen.«
Zu seiner Abschiedspredigt wählte er ein Wort zwischen zwei Freunden, das Jonathan zu David spricht: »Was aber du und ich miteinander geredet haben, da ist der Herr zwischen dir und mir ewiglich« (1 Sam 20,23). Schon in dieser Textwahl kommt ein Aspekt seines Kirchenverständnisses zutage. Er sprach, Abschied nehmend, als Freund zu Freunden, rief den Leutwilern zu: »Es ist etwas Ewiges zwischen uns« (7, 3). Nach sechzig Jahren noch ist ein Widerschein dieses »Etwas« wahrnehmbar. Als Ewiges, da sich die ehemaligen Konfirmanden Thurneysens im Kirchgemeindehaus versammeln, ist es ein Kommendes. So verabschiedete er sich mit einem Wort der Hoffnung: »Denn es wird noch einmal klar werden, hervorbrechen, in aller Augen, in alle Ohren und auf alle Lippen kommen, daß wir Gottes sind« (7,5).
Der Prediger, der in der Predigt seine Gemeinde in die Hoffnung hineingab, stellte sie seinem Freund gegenüber in Frage: »Bin ich darin doch nur allzusehr ›segnend über die Fluren‹ geschritten?« (2, 391; vgl. 389). Klagte der Freund, daß es bei ihm dürr aussehe, tröstete Thurneysen: »Du darfst dich wirklich beruhigen, es wäre mir oftmals besser gewesen, ich hätte auch um mich eine breitere Verwüstungszone gelegt; das Beste war vielleicht doch die Steuerkommission und die Gründung einer Tabakarbeiter-Gewerkschaft« (2, 391). Der Hinweis auf die Verwüstungszone ist wiederum ein Zitat aus einem Barth-Brief. Als Thurneysen seinen Ruf nach Zürich-Außersil hatte, schrieb Barth: »Was wird aus mir bei der Verwüstungszone, die ich um mich gelegt habe?« (2, 212; vgl. Römerbrief, 1922², 25). Und nun wünschte sich Thurneysen beim Abschied eine »breitere Verwüstungszone«. War das ein frommer Wunsch, eine Selbstkritik an seiner die Seelsorge in den Vordergrund stellenden Amtsführung, das Eingeständnis voreiliger Friedfertigkeit gegenüber dem weit kampfeslustigeren Gefährten?
Der Prediger fuhr nicht fort, die gehaltene Predigt weiterhin zu halten, sondern ließ sozusagen fahren, was er vorher zugesprochen: »Es ist etwas Ewiges zwischen uns.« »Etwas Ewiges« scheint im Brief an Barth vergessen. Damit deute ich ein Problem an, das viel zu wenig bedacht ist, die Frage nämlich, inwiefern der Prediger selbst Hörer bleibt, die Predigt verantwortet. In der Regel vergessen wir Prediger unsere Predigt sehr schnell, erklären sie damit selbst für unverbindlich, behaupten dem Freund gegenüber

nicht, was wir der Gemeinde gesagt. Damit dementieren wir unser eigenes Wort.

Der Abschied von Leutwil war im Grunde auch der Beginn eines Abschiedes von ihrer Arbeitsgemeinschaft. Als dann Barth aus Safenwil auszog, schrieb Thurneysen nun schon aus St. Gallen-Bruggen nicht ohne Nostalgie: »Was machen wir auch, wir Toren? Wie gut waren doch die Jahre, da es noch kein ›Suchet Gott . . .‹, keinen Römerbrief, kein Brauenhochziehen, Stirnrunzeln und Zwischen den Zähnen Pfeifen über Overbeck, Kierkegaard und Dostojewski gab, wo noch keine Professuren und Christliche Welten angeboten wurden und Verlegerkonzerne sich um ›uns‹ zu interessieren begannen« (2, 524). Thurneysen schien zu ahnen, daß eine Zeit unwiederbringlich zu Ende sei und damit auch die Möglichkeit einer neuen Reformation.

Weil »etwas Ewiges« zwischen Pfarrer und Gemeinde ist, darum hat das Verhältnis zwischen Pfarrer und Gemeinde etwas von Unauflöslichkeit. Später schrieb er an jene Frau, die einmal auf dem Friedhof den himmlischen Jubel gehört hatte, und da hielt er an seiner Abschiedspredigt fest, da klang nach: »Es ist etwas Ewiges zwischen uns«: »Für uns ist der Abschied von *Leutwil* ein Wendepunkt, aber denken Sie, ich finde nicht, dass dadurch *innerlich* viel geändert worden sei. Ich bin freilich an einem *andern Orte*, aber an der *gleichen Sache*, und ich fühle mich innerlich *nicht* entfernt von *allem* und von *allen*, das und die mir im Seetal lieb und wichtig waren. Die Welt ist klein, und das Leben ist kurz, und Gottes Sache ist gross und weit und steht wie der Himmel über der Erde, und daran gemessen sind die kleinen Veränderungen hier und jetzt winzige Sprünge« (an F. Haffter, 22.12.1920). Schon vorher hatte er an Karl Barth geschrieben, der Wechsel berühre ihn nicht, »nicht bis ins Innerste« (2, 345). Wir sehen bei einem Ortswechsel in der Regel die Folgen nicht ab, die er bringt.

Als 1931 Heinrich Hug Pfarrer in Leutwil wurde, machte er die Konfirmandenreise nach Basel, und Thurneysen fragte jedes Kind nach seinen Eltern: »Er hatte alle im Kopf und im Herzen.«

Am 4.12.1940 antwortete der Münsterpfarrer auf einen Brief aus Leutwil: Er »hat mich ganz sehnsüchtig gemacht nach einer Begegnung mit euch und der alten Heimat. Ich bin mehr als es wohl scheinen mag, immer wieder mit meinen Gedanken dort oben im Seethal. Es ist mir manchmal, als ob die Bruggener Zeit mehr nur eine ganz kurze Episode gewesen sei zwischen Leutwil und Basel.«

Die Begegnung wurde aber auch von der Gemeinde her gesucht. Ein Zigarrenreisender, der geschäftlich in Basel zu tun hatte, besuchte dort auch seinen ehemaligen Pfarrer. Nach Leutwil zurückgekehrt, erzählte er von seinem Besuch und begründete ihn damit: »der Pfarrer Thurneysen hätte es nicht gern, wenn er vernehme, ich wäre in Basel gewesen und hätte ihn nicht besucht«. Als Thurneysen zum ersten Mal im Radio predigte, besaß einer im »Hübel« ein Radio und stellte es auf den Brunnenstock. So konnte das ganze Dorf seine Predigt hören.

Die Reifung

St. Gallen –Bruggen
1920–1927

Daß es sich bei mir nicht um das altgewohnte
kirchliche Tun ... handeln könne ...
        Eduard Thurneysen

Wir sinds noch nicht, wir werdens aber.
Es ist noch nicht getan und geschehen, es ist
aber der Weg.
          Martin Luther

Die Vorstadt und der Ruhm

Im Südzipfel des Kantons Sankt Gallen war Eduard Thurneysen geboren worden. Mit 32 Jahren, nach sechs Jahren Leutwil, zog er für sechs oder sieben Jahre nach Sankt Gallen. Traten diese Jahre in der Erinnerung des alten Thurneysen hinter Leutwil zurück, so entstand doch in Sankt Gallen sein Meisterwerk, hier erlangte er internationales Ansehen. Was aber zählt? Ist die Erinnerung ein Betrugssystem oder eine Richterin?
Zunächst sieht der Wechsel nicht nach Meisterschaft und Ruhm aus. Als Thurneysen die Wahl an den Freund gemeldet hatte, prophezeite er sich bereits selbst: »Eine merkwürdige steile Einsamkeit wird mich dort oben umfangen« (2, 345). Zwei Monate nach der Wahl saß der Prophet »unter dem Ginsterbusch« und mochte nicht prophezeien, ». . . mir graut vor St. Gallen. Sie haben dort, wie ich ihrem Gemeindeblatt entnehme, alles was man um Geld haben kann: elektrisches Geläute, Bauplatz für ein Gemeindehaus, Pläne für eine neue Kirche! Und hier schaut mich all das an, was ich unausgemacht zurücklasse, obwohl ich mir immer weniger einbilde, als sei was man in sechs Jahren ungut gemacht hat, in eventuellen weiteren sechs Jahren doch wieder gut zu machen. Unkraut und Weizen wächst jetzt halt fort bis zur Ernte. So bin ich zwischen zwei Stühlen, und mein Tun und Lassen steht in großer Fraglichkeit vor mir« (2, 352).
Der Safenwiler antwortete: »Dieses St. Gallen scheint ein ganz übler Karpfenteich zu sein, in dem du dich zum *bösen* Hecht entwickeln mußt, wenn dein Dortsein einen Sinn haben soll. Nur keine ›gesegnete Wirksamkeit‹! Sondern Pech, Schwefel und Rauchdampf in diesem wohlfrisierten Kirchenhimmel!« (2, 364) Barth mahnte den Freund zur Predigt des Gerichts, das anfangen muß beim Hause Gottes, also im »wohlfrisierten Kirchenhimmel«. Später seufzte der Leutwiler: »Unser Umzug nach St. Gallen kommt mir vor wie ein Umzug von einem Krankenbett auf ein anderes« (2, 374).
Nach der Einführung in St. Gallen berichtete er dem Freund: »Das Fest in der Wüste verlief nicht ungut, d.h. wirklich redlich und nach Kräften gedämpft. . . . Die allerlei von mir schon vor langher eingeschalteten Widerstände gegen das gewohnte Pfarrertum haben bei den für die Gemeinde Verantwortlichen eine gewisse Erkenntnis und Vorsicht bewirkt. Daß es sich bei mir nicht um das altgewohnte kirchliche Tun, um irgendeine hektische Geschäftigkeit handeln könne, sondern daß die Verkündigung im Mittelpunkt zu stehen habe, ist jedenfalls einigermaßen verstanden worden. Das drückte sich bei meinem Empfang darin aus, daß der Kirchenvorstand nicht als Empfangskomitee funktionierte, daß es meinerseits zu keinem Kniefall vor dem Herrn Dekan kam, keine auf mein Haupt gelegten Hände gab und kein Familienabend stattfand, wohl eine von dem Dekan gehaltene christlich-idealistische Predigt, die ich mir aber nachher (in meiner Predigt) alle Mühe zuzudecken gab. Ich hatte sie gleich zu Beginn mit jenem bei Kierkegaard entlehnten Gleichnis von dem gehorsamen Hündlein und eini-

gen Variationen darüber zugespitzt. Nachher fand ein kleines Mahl statt, bei dem keine besondern Reden gehalten wurden. Es verlief in einer guten Nüchternheit« (2, 376f).

Hier dämmert etwas auf von einem neuen Pfarrerbild, von einem Pfarrer, dessen Ziel es nicht mehr ist, es den Leuten recht zu machen, der nur eines sein will: »Verkündiger, Prediger«. In den Briefen an Karl Barth teilte er relativ wenig über die neue Gemeinde mit: »Neues geschieht hier nicht. Die Fremdheit, die uns hier umgibt, hält mich wie gefangen, und ich empfinde die Predigt als das einzige Loch, um herauszuschlüpfen. Mein Kirchenpflegspräsident, Robert Sturzenegger, ein Kaufmann, steht mir wacker zur Seite« (2, 382). Thurneysen hat hier der Predigt primär eine Funktion für den Prediger zugemessen: Ein Tor zur Freiheit im Gefängnis seiner Isolierung; das Gegenüber der Gemeinde schien ihn zu bedrücken. Nach vier Jahren schrieb er: »Da sitze ich nun . . . in meinem Bruggen, . . . angesichts der nüchternen ›Backsteinwände ärmlicher Vorstadtquartiere‹ und der Aufgabe, dahinein meine Predigt zu schreiben und zu halten« (3, 268).

»Dahinein«, in die »nüchternen ›Backsteinwände‹«, zu den Menschen ins Vorstadtquartier versuchte er nun zu reden, an sie adressierte er seine Predigt: »Viel, viel Fragwürdiges, Angefaultes, Unmögliches, Rätselhaftes begegnet einem immer aufs neue in unserer Vorstadt.« Und dann zitierte er Strindberg: »Es ist schade um die Menschen« (3, 325).

In der Nähe des Pfarrhauses stand eine kleine Fabrik, deren Maschinen nie liefen während der Jahre, die Thurneysen dort war: Arbeitslosigkeit. Thurneysen schrieb 1925: »Die ganze Lage hier aber ist trostloser als je. Die Stickereiindustrie bricht immer mehr zusammen. Arbeitslosigkeit ist an der Tagesordnung. Ich weiß gar nicht mehr, wie es in einer Gemeinde mit normalem Wirtschaftsgang aussieht und zugeht. Fast täglich umgibt einen Not, Druck, Seufzen von allen Seiten. Und man ist machtlos. Auch wird es deutlich, wie wenig der Mensch von heute innerlich ausgerüstet ist, um Druck auszuhalten« (3, 387).

Wieder ein Jahr später sah er sich in Strängen wie ein »Wolgaschlepper«, der mit seiner Körperkraft einen Wolgakahn über die Stromschnellen ziehen muß. Die Ermüdung drängte zu weiteren Metaphern: »mein Karren ist voll und wird Tag für Tag weit über Mitternacht hinaus den Berg hinaufgeschoben« (3, 394). Als er um einen Nachfolger warb, charakterisierte er Wilhelm Vischer gegenüber die soziale Struktur der Gemeinde: ». . . eine Vorstadtgemeinde mit viel bäuerlichem Einschlag und ohne eine klassenbewusste Arbeiterschaft« (5.4.1927).

Thurneysen in Sankt Gallen: ein kleiner Ruhm weltweit, ein Höhepunkt seines Wirkens. 1922 im Verein mit Friedrich Gogarten, Georg Merz und Karl Barth gründete er »Zwischen den Zeiten«, eine Zeitschrift, die 1933 ihr Ende fand (vgl. 49, II, 313ff). An literarischen Arbeiten erschienen: »Dostojewski« (1921), ein neuer Predigtband zusammen mit Karl Barth »Komm, Schöpfer Geist!« (1924), »Christoph Blumhardt« (1926), der Aufsatzband »Das Wort Gottes und die Kirche« (1927).

Anstelle eines Hin und Her zwischen Leutwil und Safenwil nun Vortragsreisen: Zweimal reiste er nach Bayern, den »Blumhardt« trug er 1925 in Nyborg vor. Nicht ohne Stolz konnte er Barth melden: »Dänemark ist *besetzt* . . .« (3, 351). Eduard Thurneysen dürfte sich kaum als Eroberer, eher als Statthalter gefühlt haben. Noch etwas ist für diese Zeit bemerkenswert. Nach dem Krieg kamen in Scharen deutsche Freunde ins Pfarrhaus nach Bruggen. An berühmten Namen sind zu nennen: Friedrich Gogarten, Georg Merz, der katholische Schriftsteller Theodor Haecker, der Psychosomatiker Richard Siebeck. Immer neue Besucher meldeten sich an, auch die Schweizer: Emil Brunner, Walter Nigg, Hermann Kutter – ein »Ameisenzug«.

Schwer vorstellbar, was hier vorging: Als erster Mitschuldiger am »Römerbrief« nahm Thurneysen teil am Erfolg dieses Buches. Als Exponent einer neuen Theologie war er sozusagen über Nacht ein berühmter Mann geworden. – »Mein Mann war von Natur aus demütig«, sagt Frau Thurneysen. Wer unter dem Motto »dürfte besser sein« lebt, wird schon demütig bleiben. Wie aber wirkt es sich aus, wenn ein Dorfpfarrer in die Vorstadt wechselt wie von einem Krankenbett in ein anderes und dann auf einmal internationale Beachtung findet? Ein solches Geschehen wird nicht ohne Einfluß auf den bleiben, dem es zustößt.

Der Christ als Leser

Eduard Thurneysen hat viele Hausbesuche gemacht, viele Besucher empfangen und viel gelesen. Er hat sich zeit seines Lebens an Büchern weitergebildet, in Sankt Gallen wandte er sich vor allem einem Autor zu. In der Hinwendung zu einem Autor aktualisiert er dessen Potenz: Wer liest, öffnet sich einem Geist, er liest Worte, die Geist vermitteln. Der Leser wird zum Sohn des Autors. Wer liest, tritt mit dem Autor sozusagen in ein Vater-Sohn-Verhältnis ein, er beerbt den Autor. Im Autor gewinnt der Leser Sprache, seine Welt und auch seine Existenz erweitern sich. Er nimmt auf, was ein anderer zu geben hat. Im Aufnehmen gesellt er sich zum Text, und er läßt den Text gesellig werden. Auf diese Weise erweitert er den Text, und der Text erweitert ihn. Der Leser vereinnahmt den Text, indem er sich vom Text packen läßt. Der Leser wird mit dem Autor familiär. Nach der Lektüre von Stefan Zweig schrieb Thurneysen: »Solche Künstler . . . sind unsere nächsten Verwandten!« (2, 476). Der Heilige Geist würde an Beschränktheit leiden, wenn er sich auf die Kirche eingrenzen ließe.

Wer sich dem Geist öffnet, kann sich nicht auf »geistliche«Literatur beschränken. »Heiliger Geist, Geist der Kraft und des Lebens, kann auch hinter ›weltlichen‹ Büchern und Schriften auf uns warten« (5, 88). In jedem Buch schläft Geist, der im Lesen wach wird, sich mitteilt. Lesen heißt den Geist im Buchstaben finden und also endlich und zuletzt auch den Heiligen Geist. Ein Laie, der jahrelang eng mit Thurneysen zusammengearbeitet hat, bezeichnet ihn als »ungeheuer belesen«. Als Leser kann er zum Brunnen werden, als Leser sammelt er Belebendes, das er weitergibt. Der Umgang mit einem Autor ist bildsamer als die Lektüre eines »Reader's Digest«; in der Beschränkung zeigt sich der Meister, auch in der des Lesers. Thurneysen führt uns mit seinem »Dostojewski« (vgl. 10) solche Beschränkung vor. Auch innerhalb des Werkes von Dostojewski selbst; er beschränkt sich im wesentlichen auf drei Romane.

Die Begegnung mit Blumhardt, die Freundschaft mit Karl Barth wurden in Beziehung gesetzt zum Werden des Seelsorgers. Zur Hinreise und zur Freundschaft kommt die Lektüre. Wirkt die Relation Sohn-Vater erhellend für das Verhältnis des Lesers zum Autor, so die Beziehung von Freund zu Freund erst recht. Im rechten Lesen wird der Leser zum Freund des Buches, zum Bücherfreund. Bücher ersetzen keinen Freund, sie ergänzen ihn. Auch ein »Lieblingsdichter« kann zu einem »alter ego« werden. Wenn aber der Freund von Büchern zum Bücherwurm verkümmert, der vor anderen Menschen in Bücher flieht, dann wird das Buch zum Ersatz für ungelebtes Leben.

In seiner »Lehre von der Seelsorge« wird Thurneysen schreiben: »Man kann als Seelsorger nicht genug wissen um den Menschen, nicht gebildet genug sein im weiten Bereiche alles Humanen.« Dann verweist er auf das Buch der Bücher als Wegweiserin für das Lesen von Büchern, um fortzufahren: »Man kann sich nicht genug vertraut machen mit der Lebensschau großer Menschendarsteller wie Balzac, Dostojewski und Jeremias Gotthelf« (35, 112). Die Bildung »im weiten Bereiche alles Humanen« gipfelt im Lesen: im Lesen der Heiligen Schrift und im Lesen bestimmter Schriftsteller. Lektüre als Vorschule der Seelsorge und der Predigt erst recht. Ich meine, hier lohnt ein kleiner Exkurs.

Tiefe Einsichten in das Wesen des Lesens vermittelt uns *Novalis*. An ihm wird die Parallele von Lesevorgang und Seelsorgegespräch schon deutlich: »Der wahre Leser muß der erweiterte Autor seyn. Er ist höhere Instanz, die die Sache von der niedern Instanz schon vorgearbeitet erhält.« Der Leser »läutert« das Buch, indem er sich von dem Gefühl leiten läßt, das für den Autor kritisches Prinzip war, »scheidet« er »beym Lesen wieder das Rohe und Gebildete des Buchs« (Schriften, Bd. 2, 1960, 470). »Der wahre Leser« liest in der gleichen Gefühlslage wie der Autor. In der Identität des Fühlens mit dem Autor wird der Leser selber zum Autor. Lesen heißt dann, sich in den Text einfühlen. Lektüre wird damit zum Modell der Seelsorge. Der Gedanke der Läuterung scheint mir hermeneutisch außerordentlich fruchtbar und auch auf Seelsorge und Predigt übertragbar zu sein. Anmerkungsweise sei vermerkt: *Wolfgang Iser* rezipiert Novalis auf seine Weise, wenn er im Text ein »Wirkungspotential« sieht, »das im Lesevorgang aktualisiert wird« (Der Akt des Lesens, 1976, 7).

Novalis sieht in der »Kunst *zu lesen*« eine Voraussetzung zur Autorschaft (Schriften, Bd. 3, 1960, 273). Er meint, ein Lehrvortrag lehre »ipso facto die Kunst des Lesens und Benutzens« (a.a.O., 367). *Gerhard von Rad* umschreibt einmal seine »Aufgabe als akademischer Lehrer«: »lesen zu lernen und lesen zu lehren« (Gottes Wirken in Israel, 1974, 321). Ich verweise auch auf seinen Aufsatz »Vom Lesen des Alten Testaments« (a.a.O., 11ff).

Nochmals *Novalis*: »Wenn man recht ließt, so entfaltet sich in unserm Innern eine wirckliche, sichtbare Welt nach den Worten« (a.a.O., 377). Im rechten Lesen kommt es zu einer inneren Anschauung und Orchestrierung. Der Leser ist darin kreativ, daß er sich das Gelesene vorstellt. Auf diese Weise wird das Lesen zu einem kreativen Akt, in dem sich der Text im Innern fortschreibt. Gerhard von Rad meint: »Bibellesen hat zu allen Zeiten eine Bereitschaft zur Kontemplation gefordert« (a.a.O., 21). In der Kontemplation entsteht »in unserm Innern eine wirckliche, sichtbare Welt nach den Worten«.

Was Thurneysen in der »Lehre von der Seelsorge« fordert, hat er mit seiner Schrift über Dostojewski selber gemacht. Er hat ihn gelesen, und er ist darüber zum erweiterten Autor geworden. Der Pfarrer von Bruggen hat als Leser auch geschrieben. Schreiben ist eine vorzügliche Art von Wahrnehmung. Indem ein Leser über Gelesenes schreibt, fixiert er, was er gelesen hat. In der Art und Weise nun, wie er das Gelesene festhält, zeigt er, was ihm wichtig ist, und unterstreicht das Wahrgenommene. Indem er Wahrgenommenes unterstreicht, verhält er sich kritisch gegenüber dem Text. Er »läutert« den Text. Er schreibt ihn fort, erweitert ihn. Dostojewski wird zum Kerygma.
Christoph Blumhardt und Hermann Kutter hatten auf ihre Weise etwas von Gott wahrgenommen und weitergegeben. Dies beeinflußte die Dostojewski-Lektüre Thurneysens. Der Pfarrer Thurneysen begegnete als Leser Dostojewski im Horizont einer neuen Gotteswahrnehmung. Als Wahrnehmender bewegte er sich und setzte in Bewegung!
Das Lesen von Romanen großer Menschendarsteller hat den Sinn, den Theologen für den Menschen sensibel zu machen. Die Sensibilität für die Menschen mag auch die Sensibilität für den Gott wachsen lassen, der sich den Menschen schenkt.

»Kannst du dir eine bessere Art denken, einen Menschen kennenzulernen, als wenn man *alles* mit ihm bespricht, was in Dostojewski vorkommt?« fragt *Elias Canetti* (Die Fackel im Ohr, 1980, 194).

So lehrt die Lektüre Dostojewskis, den Menschen in seiner Gefangenschaft und Verstrickung zu sehen und zu verstehen. Der Umgang mit den Gestalten der großen Menschendarsteller macht den Christen umgänglich. Pfarrer werden heißt in dem Sinne ein umgänglicher Mensch werden. Darum muß ein Pfarrer das Lesen lernen.
Noch eine Folge kann die Lektüre haben. Wer belesen, wer gebildet ist, braucht sich vor den anderen nicht zu fürchten. Ein humanes Lesen verhilft zum Gespräch – auch in der Weise, daß der Leser, der das Gelesene reflektiert, in diesem Moment nicht Zeit hat für Selbstreflexion, die Minderwertigkeitsgefühle kultiviert; er vertieft sich, ohne sich zu verlieren; er vergißt sich und die Welt, um sich und die Welt zu gewinnen. Viele Pfarrer sind deshalb zur Seelsorge untauglich, weil Minderwertigkeitsgefühle sie hemmen. Nun hilft dagegen sicher nicht schon Lektüre als solche, wohl aber mag die Erweiterung des Bewußtseins und eine Verfeinerung der Empfindung eine Hilfe werden in Umgang mit Menschen. Die Lektüre von Dosto-

jewski kann dazu beitragen, dem Fragwürdigen, Angefaulten, Unmöglichen, Rätselhaften ins Auge zu sehen.

Thurneysens »Dostojewski«

»Ich habe ihn nun mit trefflichem Eindruck ruhig gelesen und bin sehr, sehr froh, daß neben meinem ungefügen Lastautomobil nun dieses flinke und doch so überaus leistungsfähige Motorrad in voller Fahrt ist. Es wird sicher *vorher* ankommen bei Vielen.« So schrieb Barth an den Freund (2, 508), und er hatte mit seiner Weissagung recht. Das »Motorrad« holte viele Leser ab und vermittelte ihnen einen ersten Kontakt mit der neuen Theologie. Daß die Theologie Karl Barths bei vielen Intellektuellen »ankam«, war nicht zuletzt Thurneysens »Dostojewski« zu verdanken, der seinerseits die Schrift »wie eine Illustration« zum Römerbrief empfand (2, 499).

Die Leistungsfähigkeit von Thurneysens Motorrad und dessen volle Fahrt kann man nur würdigen, wenn man die Straßenverhältnisse von damals sich vorstellt: Fünf Jahre lang – 1915 bis 1920 – hatten in Zürich die Dadaisten den Aufstand geprobt als »Wickelkinder einer neuen Zeit«. Während sie im Cabaret Voltaire, Spiegelgasse 1, die Welt auf den Kopf stellten, wohnte schräg vis-à-vis ein gewisser Ulianow Lenin, der nach Petersburg fuhr, als die Dadaisten an der Bahnhofstraße eine Galerie eröffneten. Im Februar 1921 wurde die Revolution verraten, das Blut aufständischer Arbeiter und Matrosen färbte den Schnee von Kronstadt. In Oberschlesien kämpften deutsche Freikorps gegen Polen. In Zürich propagierte Bircher-Benner die Rohkost. Der Bubikopf kam auf. Die kleine Schweiz zählte bereits 70000 Arbeitslose, und in Deutschland hatte sich die Zahl der Ehescheidungen verdoppelt. Der Expressionismus ging zu Ende: »Trug seine Fahne über Bastille, Kreml, Golgatha, nur auf den Olymp gelangte er nicht oder auf anderes klassisches Gelände« (*Gottfried Benn*, GW 4, 1961, 390). Der Untergang des Abendlandes blieb angesagt, über die Seele erschienen viele Bücher, die Fundamente wankten, Widersprüche hallten durch die Luft; eine Zeit, Dostojewski zu lesen.

Karl Nötzel, »Dostojewski und wir« (1920): schon der Titel wirft ein Schlaglicht. Man las Dostojewski mit Betroffenheit, setzte den Russen in Relation zu sich selbst, seiner Zeit, seiner Lage: »und wir«, das hieß, man entdeckte Dostojewski und sich zusammen, entdeckte in Dostojewskis Roman eine Deutung der Zeit und empfand ihn als Zeitgenossen.
Wir können heute kaum ermessen, was der Russe für die Menschen nach dem Ersten Weltkrieg bedeutet hat. Man könnte auf die Bedeutung Kafkas nach dem Zweiten Weltkrieg verweisen, hätte aber doch nur einen schwachen Vergleich gefunden. Dostojewski ist ein Name für die Signatur der Zeit, und an ihm hat Thurneysen gezeigt, was die neue Theologie wollte. Ein Vorgang ohnegleichen, bis heute kaum gewürdigt und von den Kritikern Thurneysens geflissentlich übersehen.
Seit Schleiermachers »Reden über die Religion« hat kein Theologe es verstanden, in der Weise über Religion zu reden zu den Gebildeten unter ihren Verehrern wie Thurneysen. Markieren die Reden Schleiermachers eine Zeit, da Bürgertum und Christentum sich eins wußten, so markiert Thurn-

eysens Rede den Anfang vom Ende dieser Ära. Der Vergleich Thurneysen-Schleiermacher will nicht Thurneysen mit Schleiermacher gleichsetzen, er besagt aber immerhin: Wie der Schleiermacher der »Reden« befand sich der Thurneysen des »Dostojewski« auf der Höhe der Zeit. Seine Schrift gleicht insofern den «Reden«, als sie eine »Rede« über Religion darstellt.
Thurneysens Schrift ist in ihrer Weise ein Meisterwerk und einzigartig darin, daß sie das Ghetto der Theologie sprengt. Literaturbeflissene Theologen haben seither vieles über viele Schriftsteller geschrieben, aber ich kenne kein Werk, das der Tiefe und Dichte von Thurneysens Darstellung gleichkäme.
Karl Nötzel, wohl einer der besten deutschen Dostojewski-Kenner damaliger Zeit, hielt Thurneysens Schrift »weitaus für das bedeutendste Ergebnis der ganzen bisherigen Dostojewskiforschung«. Er bekennt, daß er »in jahrzehntelangem Suchen nach der geistigen Grundhaltung Dostojewskis auf dem Wege zu Thurneysen« war, der ihm »blitzartig die tiefinneren letzten Zusammenhänge des Ganzen erhellte« (81,9). Ein aktiver Gemeindepfarrer hielt einen Vortrag über einen Dichter, den er zu einem Schriftlein ausarbeitete, und das galt bei einem der besten Kenner als »eine grundlegende Deutung des religiösen Erlebnisses Dostojewskis«, als »Schlüssel zu seiner wesentlichen Problematik« (81, 8). Man kann auch den späteren Thurneysen nicht verstehen, wenn man von seinem »Dostojewski« und dessen Wirkung keine Kenntnis nimmt.
Selbstverständlich hat sich seit Karl Nötzel die Dostojewski-Forschung gewandelt. Man braucht nur die kenntnisreiche Arbeit von Konrad Onasch, »Der verschwiegene Christus. Versuch über die Poetisierung des Christentums in der Dichtung F.M. Dostojewskis« (1976) mit Thurneysen zu vergleichen, um einen Dostojewski zu finden, der sich zu demjenigen Thurneysens verhält wie der historische Jesus zum kerygmatischen Christus, anders ausgedrückt: zwischen Onasch und Thurneysen besteht ein Unterschied wie zwischen einem Schaukelpferd vor einem Warenhaus und einem Motorrad.
Es lohnt sich, den Vorgang zu reflektieren: Barth legte Paulus aus. Thurneysen legte Dostojewski aus und wollte damit die Paulus-Exegese illustrieren. Ein kühnes Unternehmen. Thurneysen hielt seine Rede über die Religion an Hand eines Textes, der in gewisser Weise der Text der Gebildeten seiner Zeit war, und er tat es ohne modernistische Attitüde. Er schloß Dostojewski auf und öffnete das Verständnis für die neue theologische Erkenntnis. Er legte, bildlich gesprochen, seine Dostojewski-Bände auf die Bibel, las die Bibel durch Dostojewski hindurch. Nicht deutete er die Bibel mit Hilfe des Schriftstellers.
In Predigten macht man es gewöhnlich umgekehrt: Man zieht Texte heran, um sich als Zeitgenossen zu empfehlen oder die Aktualität der Bibel zu rechtfertigen. Nach Meinung von Martin Doerne hat Thurneysen den Dostojewski »etwas zu direkt, vielleicht zu dicht an die geistige Situation von 1920 herangerückt« (Gott und Mensch in Dostojewskijs Werk, 1962, 94, Anm. 38). Was Doerne als Kritik anlegt, kann auch als Lob verstanden wer-

den. Thurneysen wird als wahrer Leser über dem Gelesenen zum Prediger. Dem Prediger kommt der Schriftsteller zu Hilfe, der auf seine Weise die Bibel auslegte als einer, der voraussah und eine Gegenwart deutete, in der man sich kaum mehr zurechtzufinden vermochte. Indem Thurneysen sich Dostojewski zuwandte, wandte er sich seiner eigenen Gegenwart zu.

Walter Lüthi, Augenzeuge jener Gegenwart, sagte am Grab: »Man kann sich heute kaum mehr vorstellen, wie das damals war. Wie horchten wir Studenten und jungen Pfarrer auf, als da in den zwanziger Jahren ein Pfarrer aus St. Gallen es unternahm, uns die Lektüre Dostojewskis! zu empfehlen, dieses Russen mit dem geheimnisvollen transzendenten Hintergrund! Das schlug damals frontal in unsere weltanschauliche Aufgeklärtheit und liberale Theologie hinein« (78, 7). Versteht man den »Dostojewski« als Botschaft, als Predigt an die Gebildeten, wird man sich nicht wundern, daß der Schlag gegen »weltanschauliche Aufgeklärtheit und liberale Theologie« von damals nicht direkt aus dem Jenseits kam, sondern, historisch betrachtet, aus eben der kulturellen Sphäre, gegen die er sich wandte.

Der Anfang von Thurneysens Schrift verrät deren anthropologisches Interesse. Dostojewski wird vorgestellt als einer, der die Wildheit der Menschen geschaut (10, 3). Thurneysen vergleicht die Menschen Dostojewskis und ihre Wirkung auf uns mit dem Zu-nahe-Kommen eines fahrenden Eisenbahnzuges, der in gleicher Richtung fährt, uns die sichere Wegspur verlieren läßt, so daß wir geradezu in »die an uns vorüberrollenden Räder zu stürzen« (10, 5) drohen. Die Menschen Dostojewskis »schreiten an uns vorüber in visionärer Fremdheit und Grösse und doch in seltsamer Nähe, . . . so dass wir unwillkürlich in Bestürzung geraten und unsern Weg nicht in gleicher Sicherheit fortsetzen können« (10, 5). Die Metapher vom Eisenbahnzug verrät jene Faszination und Irritation, die von Dostojewskis Gestalten ausgeht.
Am Schluß der Schrift werden nicht mehr die Menschen Dostojewskis, wird Dostojewski selbst als Mensch beschworen: »Er steht als *Mensch* vor uns« (10, 103). Schon bald taucht ein Stichwort auf, das später in der »Lehre von der Seelsorge« eine große Rolle spielen wird, Begegnung: »Wem sind wir begegnet? Und wissen doch, ehe wir fragen, dass wir uns selber begegnet sind; denn wir sind dem *Menschen* begegnet. Aber was heisst das: – ›dem Menschen‹ begegnen? Was ist das: – ›wir selber‹? Was ist das: – der Mensch?« (10, 6). Das Kerygma des »Dostojewski« befindet sich hier auf der Linie landesüblicher Predigt mit individualistischer Zuspitzung. »Was ist das: – der Mensch?« Das ist eine Frage eher des Seelsorgers als des Propheten. Thurneysen läßt sich faszinieren von der Fähigkeit des Russen, »sich in fremde Geister vollkommen hineinzuversetzen« (10,8), und übersieht, daß dies offensichtlich nicht zuletzt auch eine Fähigkeit des Großinquisitors ist. Zweifellos steht das Interesse am Menschen in Spannung zur folgenden prophetischen Kirchen- und Religionskritik, insofern er da, wo er von Kirche spricht, diese als die Kirche der je einzelnen versteht, die den Menschen führt und verführt (vgl. 10, 66f). Das Interesse am Menschen ist auf eine spannungsvolle Weise mit dem an der Prophetie verschränkt.

Der Umgang mit Dostojewski soll die Lage erkennen helfen, begegnen wir doch in den so fremden und so nahen Gestalten Dostojewskis uns selbst: »Schaut uns doch im Rätsel *ihres* Lebens nur das Rätsel des *eigenen* Lebens unsagbar eindringlich entgegen« (10,5). In gewisser Weise gab Thurneysen in dieser Schrift ein Porträt seiner selbst: Dostojewski als Prophet. Der Prophet sagt an, was es geschlagen hat. Dostojewski hatte die Apokalypse des europäischen Menschen gesehen, er war zum Propheten des Gerichts geworden. »Er hat vor allem die völlige Unterhöhlung der wirtschaftlichen Grundlagen, die Zerfressenheit der gesellschaftlichen Moral in allen europäischen Ländern klar erkannt und den Schrei der geknechteten Menschheit aus der Tiefe vernommen. Er hat die Grösse des Zornes erschaut, der sich überall angesammelt hatte auf einen Tag des Zornes. Er hat auch das Nahen dieses Tages selber gesehen und seine ganze Furchtbarkeit in prophetischen Worten vorausverkündigt. Denn wie nur wenige wusste er um die Gewalt der entfesselten Dämonen; er wusste, zu was die Revolte des aus seinen Kerkern blindwütend ausbrechenden Menschen führen muss« (10, 7).
In der Schilderung und Deutung der Legende vom Großinquisitor und der Teufelsphantasien Iwans findet die prophetische Rede über die Religion ihren Höhepunkt. Die Legende beispielsweise wird zum Predigttext: Thurneysen hebt die Distanz, in der Dostojewski erzählt, auf in der Weise, daß er das »Kerygma« der Legende an den Anfang setzt. Die Empörung der Menschen gegen Gott in Religion und Kirche wird dargestellt und begründet (10, 60). Den Rahmen der Legende läßt Thurneysen weg, die legendäre Verfremdung hebt er auf. Aus der Lobrede Iwans auf den Teufel in der Versuchungsgeschichte Jesu wird die Zumutung eines dreifachen Verzichts um Gottes und um des Sinnes seines eigenen Lebens willen. Thurneysen hebt die Mittelbarkeit auf hin zur Unmittelbarkeit, er eignet sich den Text an in Form von Betroffenheit.
Dostojewski geht vom Wunder aus, erzählt die Wunder des in Sevilla einkehrenden Christus und weist durch den Mund des Großinquisitors auf das Wunder, das Geheimnis und die Autorität hin, mit dem die Kirche die Tat Christi »verbessert«. Thurneysen indessen stellt um, spricht von der Autorität zuerst. Das Wunder deckt die Lage der Kirche auf. Bei Dostojewski sind Wunder und Geheimnis zweckbestimmt auf die Autorität hin. Thurneysen geht von dem Aufgedeckten aus. Die Kirche »sorgt für feste, klare, bestimmte Gewissensziele, für einen fassbaren Sinn des Lebens, für eine religiös-soziale oder bürgerliche Ideologie, für Moral und dazugehörige Sündenvergebung« (10, 66).
Sevilla liegt in Sankt Gallen und Sankt Gallen in Sevilla. Nicht Rom ist gemeint, sondern wir. Unter der Hand gerät der Großinquisitor zu unserem Sprecher. »Du stellst den Menschen vor Gott, d.h. aber in die vollkommenste ›Freiheit‹ von allen und jeden sichtbaren, greifbaren, begründbaren, diesseitig-menschlichen, materialen Prinzipien des Lebens. Da, wo sie alle aufhören, fängt das Göttliche an. Es ist ihre Krisis, ihr Ende, oder es ist nicht das Göttliche. In diese ›Freiheit‹ treten, hinter sich lassen alles menschlich

Bestimmte, Klare, Gewisse – das ist äusserste Qual, ›furchtbare Last‹. Diese Last legt Christus auf die Menschen. Wer mag das aushalten?« (10, 64). Der Schlußsatz signalisiert das Engagement des Autors, verrät, wie nahe Thurneysen selbst sich beim Großinquisitor vorfindet: »Wer mag das aushalten?«
Warum muß der Großinquisitor den Wiedergekommenen verhaften lassen? »Aus Liebe, aus Liebe zur Menschheit« (10, 74); die Liebe als Rechtfertigung des erneuten Gottesmordes. So ist es denn nicht Christus, sondern der Großinquisitor, der das Volk segnet. Sehe ich recht, regiert auch heute der Großinquisitor die Stunde. Im Namen der Freiheit, im Namen der Menschenliebe wird der Christus heute nicht verbrannt, aber vertrieben, um der Qual des Kreuzes ledig zu sein.
Eine neue Offenbarung muß der Großinquisitor verhindern. Sie wäre ein Verstoß gegen die »Glaubensfreiheit der Leute«. Im Namen der Menschenliebe und als Antwort des Humanen, aus den edelsten Motiven heraus muß Christus aufs neue liquidiert werden. Die Kirche entschärft Gott, lindert die Qual, die dieser auf den Menschen legt, die die Qual seiner Freiheit ist. Die Kirche hat Erbarmen mit dem schwachen und rebellischen Menschen. »Mehr Erbarmen, eine viel weichere, viel verstehendere Liebe als Christus selbst sie hatte. Sie nimmt dem Menschen seine Last ab, sie stellt sich ihm an die Seite und gibt ihm, was er braucht . . . jenes ›Kinderglück‹, . . . aber allerdings um den Preis seiner ›Freiheit‹« (10, 66). Der Text der Legende führt den Prediger Thurneysen dazu, der Kirche einen dreifachen Verrat an Gott anzulasten. Der Betrug an Gott ist auch ein solcher an den Menschen: »Sie führt den Menschen nicht mehr in jene Tiefe, wo er nur noch nach Gott in der Höhe schreien kann.« Sie betrügt den Menschen um Gott. »Das ist die Lüge der Gottlosigkeit der Religion« (10, 67).
Ein synoptischer Vergleich von Thurneysen und Dostojewski müßte Gegenstand einer eigenen Untersuchung werden. Hier geht es zunächst darum, einem Vergleich zwischen Thurneysen-Dostojewski und unserer Kirche standzuhalten; eine Kirche, die sich am Menschen und seinen Bedürfnissen orientiert, das ist die Kirche des Großinquisitors, und der Großinquisitor ist der, der die Menschen »annimmt« und ihnen das gibt, was sie nötig haben. Er hilft ihnen bei der Bewältigung der Lebensprobleme und akzeptiert dabei einen Nicht-Gott als Gott (vgl. 10, 71).
Der Name Iwan Karamasoff wird zu einem der Kirche und dem Homo religiosus die Sünde aufdeckenden »Text«, zu einer Predigt des Gesetzes; eine besondere Anrede oder Konkretion, eine Veranschaulichung an der kirchlichen Gegenwart ist nicht nötig; Iwan wirkt als Paradigma konkret genug. Auch nach einem Menschenalter braucht es kaum eine Verdeutlichung. Der helvetische Zwerg auf den Schultern des russischen Riesen sieht die Lage in einer Schärfe, die heute noch keineswegs verblaßt ist: sie ist immer noch unsere Lage und wird nicht wahrgenommen.
Die Schrift Thurneysens übt wie die alttestamentlichen Propheten Religions- und Kirchenkritik. Diese Kritik – und darin unterscheidet sie sich von

aller »Werturteilstheologie« – ist eine Kritik auf das kommende Gericht hin, eine Kritik im Wahrnehmen der Zukunft: »Er hat die Grösse des Zornes erschaut, der sich überall angesammelt hatte auf einen Tag des Zornes. Er hat auch das Nahen dieses Tages selber gesehen . . .«. Kirchen- und Religionskritik im Wahrnehmen des Tages Jahwes kann als Kritik, soll diese glaubwürdig sein, nur in Selbstbetroffenheit geschehen. Beschränkt sich Kirchen- und Religionskritik auf das Wahrnehmen von Phänomenen – im Beobachten wird sie allemal genießbar und erhöht das Selbstgefühl. Im Blick auf den kommenden Tag des Zornes aber vergeht der Kritik alle Genüßlichkeit. An Kirche und Theologie leidend, wird sie notwendigerweise zur Selbstkritik und versteht den Zorn des Gottes Israels im Blick auf St. Gallen, wo die Gemeinde alles »hat, was man um Geld haben kann« (2, 352), im Blick auf das Kirchenwesen, zu dem man selber gehört, erst recht. Harmlosigkeit ist keine Eigenschaft Gottes und Gotteserfahrung kein Kinderspiel, sondern das Hineingehen in eine Todeszone, in der Leben nur als Sterben möglich ist. Hatte Blumhardt dem jungen Thurneysen auf die Frage nach dem Gotterleben gesagt, er solle seine Bierlein trinken und seine Bücher lesen, so las er jetzt die Bücher Dostojewskis in der Synopse mit der Bibel und zeigte mit seiner Schrift, daß er Blumhardt begriffen hatte. Er legte mit seinem »Dostojewski« eine Art »Verwüstungszone« (2, 391) um sich.

Kritik an der Kirche, an der Religion kann nur der üben, der selbst in der Krisis Gottes steht, der etwas ahnt vom Leiden und der Qual, in die der hineinkommt, der Gott erfährt; nur wer »Todesweisheit« gewinnt, vermag hier zu urteilen. Umgekehrt wird ein Geschlecht, das nichts weiß vom Leiden an Gott, wehleidig und leidensscheu, zum Jammern geneigt, selbst jämmerlich und braucht die Religion als Fluchtasyl.

Kirchenkritik, Religionskritik gibt es in unseren Breiten beinahe jede Menge. Die Frage ist – und das will uns die Geister der Kritik prüfen helfen –, in wessen Namen sie geschieht. Die meistverbreitete Art der Kritik wird heute im Namen des modernen Menschen geübt. Im Namen des autonomen Menschen heißt das: »Damit kann ich nichts anfangen, das verstehe ich nicht, das sagt mir nichts.« Mit solchen Sprüchen macht sich der Urteilende selbst zum letzten Richter, zur höchsten richterlichen Instanz. Das ist »›Werturteilstheologie‹ schlimmen Stils« (2, 105).

Wenn ich recht sehe, herrschen heute in Theologie und Kirche weitgehend Anpassungsstrategien. Man versucht, die Religion, das Christentum dem Menschen von heute mundgerecht zu machen. Solches »Mundgerecht-machen-Wollen« hat zur Voraussetzung jegliche Absenz einer »Gottesqual« und das Festhalten an einer mediokren Beamtenbehaglichkeit. Thurneysens Religions- und Kirchenkritik erscheint unter diesem Gesichtswinkel als radikale Entmythologisierung, indem er an Hand von Dostojewski im Unglauben der Atheisten den Glauben sieht und in der Gläubigkeit der Religiösen den Unglauben.

Der Großinquisitor als Frage

Kann man den Großinquisitor in seiner eigenen Kirche entdecken und in und mit dieser Kirche leben und in ihr zu Ehren kommen? Zuerst hatte ich den Eindruck, Thurneysen gehe als Prophet in seinen »Dostojewski« hinein und komme als Seelsorger aus ihm heraus. Überblicke ich den Lebenslauf Eduard Thurneysens, so scheint es nicht ohne tragische Ironie zu sein, daß ihm der »Dostojewski« den Weg zur Münsterkanzel in Basel geebnet, diesen Weg auf keinen Fall versperrt hat.
Nimmt man die Schrift als »Predigt«, was sie schon insofern ist, als sie eine Botschaft aufgrund von Texten – und seien es die Dostojewskis – ausrichten will, so spitzt sich die Frage, ob Thurneysen selbst seinen »Dostojewski« ausgehalten, auf die Frage zu, ob er dem Nahen des Gerichtstages in seinem Text standgehalten habe. Die »Theologie der Krise« war getragen vom Krisenbewußtsein der Zeit und gab diesem Bewußtsein die theologische Deutung. Dostojewski wurde zum Zeugen und Deuter dieser Krise aufgerufen, als Seismograph gelesen für das Erdbeben, das die Menschheit erfaßt hatte und das heute nach Hiroshima, auch im Bau atomarer Kraftwerke, auf neue Stöße wartet. »Er hat die Grösse des Zornes erschaut . . .«.
Beim jungen Thurneysen klang ein Ton an, der später fast erstarb, ein Ton von Erschrockenheit, der um das Gericht weiß. »Die Revolte des aus seinen Kerkern blindwütend ausbrechenden Menschen« ist noch lange nicht vorbei. Darum müssen wir heute neu auf diesen verklungenen Ton hören. Aber man wird auch fragen, ob der Ton seiner Posaune deutlich genug war, um sich Gehör zu verschaffen. Auf »ein klassisches Gelände« der Prophetie ist er nicht gekommen. Dazu entsprach seine Botschaft vielleicht allzusehr der Zeitstimmung, gerade indem sie »frontal in unsere weltanschauliche Aufgeklärtheit und liberale Theologie« hineinschlug.

Zu seinem 80. Geburtstag präsentierte ihm *Hans-Joachim Kraus* den Satz *Luthers*: Nam prophetia, que venit ex Deo, sic venit, ut sit contra omnem sensum et velut impossibile asserat . . .« (89, 93) – in freier Übersetzung: »Denn die Prophetie, die aus Gott kommt, kommt so, daß sie wider alle Zeitstimmung ist und gleichsam Unmögliches behauptet.« Gerade in einer Wende, in einem Umbruch der Zeit, ist die Opposition zur Zeit noch keineswegs ein Ausweis prophetischen Geistes, wie überhaupt eine Wendung gegen die Zeit nicht unbedingt von prophetischem Charakter zeugen muß. Prophetie gibt es nie außerhalb der Zeit; die Frage ist nur, wie groß die Flußtrübe ist, die sie mitbringt, wo ihr Quellort liegt, woher sie ihre Inspiration empfängt.

Das Interesse am Menschen und der Eifer nach der Prophetie (vgl. 1Kor 14,1) geht nicht ohne weiteres in eins, wie es auch nicht notwendig sich widersprechen muß. Das Interesse am Menschen, und zwar am einzelnen, muß nicht abziehen von dem, was Dostojewski sah, als er die Größe des Zornes erschaute: »Wer den Menschen in seiner Apokalypse wahrnimmt, der sieht auch den Zorn Gottes.« Wer aber den Zorn kommen sieht, weiß, daß die Stunden der Seelsorger gezählt sind. Im Horizont des nahenden Tages ist das Interesse am Menschen aufgehoben, erfüllt; nicht daß jetzt ein apokalyptisches Interesse auftauchen und alles verschlingen würde, wohl aber, daß die Fragen des Seelsorgers aufgehen in denen des Propheten. Wo hingegen Prophetie aufgeht im Interesse des Menschen, wird sie zur falschen Prophetie. Der Prophet ist primär nicht ein Interessenvertreter des Menschlichen, sondern ein Mensch, der bei Gott etwas gemerkt hat und der nun vom Gemerkten bewegt, umgetrieben und gequält wird. Der Prophet hat nur ein Interesse, daß Gott selbst zu Worte komme, das Sagen habe, während der Großinquisitor Christus gegenüber geradezu als Interessenvertreter des Menschen auftritt.

Im Horizont des nahenden Gerichtes können nur Propheten Seelsorger sein. Die Frage, ob Thurneysen das Prophetische in seinem Dostojewski ausgehalten habe, ist primär weder eine Frage der Literaturhistorie oder -kritik noch eine solche der Kritik an Thurneysen, sondern unsere eigene Frage: Halten wir das Gericht aus, in dem wir stehen? Stehen wir gegen den Zorn, oder erweisen wir unsere Hilflosigkeit in Verdrängungen?

Da Thurneysen seinen Dostojewski »predigt« in des Wortes bester Bedeutung, nimmt sein Predigen teil am Stückwerkcharakter aller Predigt. Darum muß man sehen, was er in seinem Text liegenläßt und was das Liegengelassene bedeutet. Ich verweise vor allem auf eins: In der persönlichen Betroffenheit vergißt Thurneysen, sich selbst als Vertreter einer Institution in Frage zu stellen. Das Moment der Macht als Problem einer Macht, an der Thurneysen als Beamter der Kirche selbst teilhat, wird ausgeblendet, das Pfarramt als solches nicht problematisiert. – Bei Dostojewski tritt der Großinquisitor mit seinem Herrschaftswissen als Verführer auf, ein Moment, das Thurneysen kaum akzentuiert. Die Legende erklärt den Abfall als historische Entwicklung. Thurneysen verallgemeinert das hic et nunc der Legende ins Ontologische und erhebt die Geschichte sozusagen zur Natur. So kommt es zu einer von der Legende her fragwürdigen, von den Leutwiler Anfängen her schwer verständlichen Alternative, sie setzt »Kirchensturz und Kirchensturm« gegen »radikalste Kraft jener Demütigen, die auch in den Kirchen die Last der Lage auf sich nehmen . . .« (10, 93). In solcher Alternative wird weder die Gemeinde als immer schon geleitete noch die geschichtlich gewordene Situation von Kirche und Theologie ernst genommen. Mit der »Kraft jener Demütigen« wird einmal mehr unsichtbare Kirche gegen die in »Kirchensturz und Kirchensturm« sichtbare Kirche ausgespielt zugunsten des Status quo. Darum ist Thurneysens »Dostojewski« keine Reformationsschrift geworden.

Die Demütigen bilden die »wahre Kirche, indem sie . . . in der Kirche über die Kirche hinauswachsen« (10, 93). Damit erübrigt sich eine Reform der Kirche an Haupt und Gliedern. – Mit der Geschichte verflüchtigt sich auch die Ekklesiologie. Die Kirchenkritik verbleibt im Allgemeinen (vgl. 66f, 69f, 82f), und die Rede vom Gericht droht in die Nebelzone zu geraten, die durch Oswald Spenglers »Untergang des Abendlandes« beschildert wurde. Thurneysen ist auf seinem »flinken und doch so überaus leistungsfähigen

Motorrad« um die Möglichkeit einer neuen Reformation herumgefahren. Wir erinnern uns: Gerhard von Rad hat den Propheten den Platz angewiesen innerhalb eines Geschichtszusammenhanges, sozusagen an dem Schnittpunkt, da die schon fast zum Stehen gekommene Gottesgeschichte mit einem Mal dramatisch wieder in Bewegung kommt. Für mich besteht kein Zweifel: Thurneysen stand quasi an einem Schnittpunkt der Gottesgeschichte. Nun aber bin ich unsicher, wie ich seine Prophetie beurteilen soll. Ihre Einordnung in die Zeitgeschichte, die ich mit einigen Farbtupfern anzudeuten versuchte, verhüllt die an sich schon verborgene Gottesgeschichte noch tiefer, als sie es schon ist. Die Schwierigkeit der Deutung von Thurneysens Prophetie liegt in der Blindheit gegenüber der Gottesgeschichte jener Jahre. Hier kommt nun alles auf die mögliche Perspektive an: Betrachtet man diese Geschichte im Hinblick auf die ausgebliebene Reformation, werden die Hinweise auf Dada, Gottfried Benn, Oswald Spengler und Lenin zum Aufruf von Zeugen der Anklage. Dann hat Thurneysen mehr die Zeitstimmung wiedergegeben als die Zeit überholt.

Ein anderer Gesichtswinkel führt zu einer entgegengesetzten Beurteilung. Die Kirchen- und Religionskritik der dialektischen Theologie schuf die Voraussetzung für den Widerstand der Bekennenden Kirche im Dritten Reich. Die Gottesgeschichte kam wieder in Bewegung. Karl Barths entscheidender Anteil an dieser Geschichte wäre undenkbar ohne die gemeinsamen Anfänge. Thurneysens Motorrad erwies sich als flink und leistungsfähig genug, der Kirche zu helfen, tausend Jahre zu durchfahren.

Die Schwierigkeit, die unsereiner mit der Beurteilung der Prophetie hat, soll man nicht dem Autor anlasten; die im »Dostojewski« gemachte Gerichtsaussage hat an Evidenz seit den zwanziger Jahren nichts eingebüßt. Der Vater, den man als Vogel ausgestopft und in die Mülltonne gesteckt hat, wird zum Symptom für eine Auslegung des Gerichts, in dem man von den Vätern her steht. Die neuere Entwicklung in der Praktischen Theologie und in der Praxis der Kirche wäre nicht möglich und erst recht nicht nötig gewesen, wenn wir als praktisch-theologische Zwerge uns auf die Schultern Dostojewskis und Thurneysens gesetzt hätten! Was hat uns daran gehindert? Insofern die seinerzeitige Gegenwart Thurneysens für uns Vergangenheit bedeutet, fällt uns das Verstehen schwer. Insofern aber seine Gegenwart heute noch die unsere ist, haben wir uns gegen das Verstehen gewehrt und den »Großinquisitor« verdrängt. Ich glaube, man ehrt Thurneysen damit am besten, daß man sich durch sein Meisterwerk daran erinnern läßt: Der Großinquisitor verweist auf ein Stück »ungepredigte Bibel«, und die Ambivalenz, die sein Interpret hinterläßt, ruft nach leidenschaftlichem Eifer um die Prophetie.

Werweisen über Gotthelf

Ein geschriebenes Buch zeigt, was ein Autor kann, ein ungeschriebenes, was er will und nicht kann. Ein Plan bleibt unausgeführt, eine Sehnsucht kommt nicht zum Ziel, ein Traum wird nicht verwirklicht, ein Wille scheitert an seiner Möglichkeit. Die Kenntnis von den ungeschriebenen Büchern eines Autors ergäbe dessen selbsteigene Eschatologie, ein Porträt, eingezeichnet in seine uneingelöste Zukunft. Könnte man die ungeschriebenen Bücher eines Autors entziffern, wäre aus dem Negativ sein wahres Bild zu entwickeln und sein Geheimnis leichter zu enträtseln.

Der junge Thurneysen wollte einen Matthäus-Kommentar schreiben, der sich im Horizont seiner Schrift über die »Bergpredigt« ungefähr vorstellen läßt. Der alte meinte, er hätte gerne einmal einen Kriminalroman verfaßt; leider unterließ ich die Frage nach dem Stoff, den er sich dabei ausgedacht. Auch über Gotthelf wollte er schreiben, wie er über den großen Russen geschrieben. Er las ihn immer wieder. Seit 1947 machte er siebzehn Jahre lang im Gotthelf-Land Ferien, in einem »Stöckli« auf dem Kapf. Als Alterssitz des Bauern in der unmittelbaren Nähe des Hofes gab das Stöckli schon eine Anschauung jener Welt. Ich vermute, daß Gotthelf mit zunehmendem Alter für Thurneysen an Bedeutung gewann und den Russen zurückdrängte. 1946 wurde in der »Lehre von der Seelsorge« Gotthelf zweimal neben Dostojewski genannt. 1968 tauchte Gotthelf viermal auf in »Seelsorge im Vollzug«. Dostojewski ging und Gotthelf kam, aber dieser erschien nicht, vielleicht deshalb nicht, weil der Autor und sein Leser ähnlich begannen, ihr Weg aber in gewisser Hinsicht gegenläufig endete. Der Pfarrer von Lützelflüh und der von Leutwil begannen beide mit einem starken sozialen und pädagogischen Engagement. Wenn bei Gotthelf »fünf Mädchen im Branntwein jämmerlich« umkamen, so splitterte bei Thurneysen eine Schnapsflasche, die er einem Trinker zerschlug, und nach der Beerdigung eines Trinkers flogen Steine gegen ihn. Ging Thurneysen als Stadtpfarrer ans Basler Münster und wurde er als Hochschullehrer Spezialist für Seelsorge, so blieb Albert Bitzius Dorfpfarrer in Lützelflüh und entwickelte sich als Jeremias Gotthelf zum Propheten wider den Zeitgeist. (Zur Periodisierung Gotthelfs vgl. Eduard Buess, Jeremias Gotthelf. Sein Gottes- und Menschenverständnis, 1948, 298f.)

Trotzdem hätte sich der alternde Thurneysen gerade im späten Gotthelf wiederfinden können; die äußere Gegenläufigkeit ihrer Entwicklung birgt eine innere Parallele, die mit dem Stichwort »Konservativismus« freilich nicht sehr präzis auf einen Nenner zu bringen wäre. Unerklärt bliebe dabei die innere Notwendigkeit des Nicht-schreiben-Könnens. Im Zusammenhang von »Seelsorge und Psychologie« wird Thurneysen von Quellen »vielfacher Art« sprechen, »aus denen das psychologische Wissen zu schöpfen ist«, und Gotthelf »vor allem« nennen, vor Keller, »Dostojewski und Tolstoi . . ., und endlich Balzac« (35, 176f; vgl. 112). Es wäre geradezu eine Lust, Gotthelf als großen Seelenkenner in bezug zur Seelsorge darzustellen. Man könnte den pietistischen Vikari in »Anne Bäbi Jowäger« lehrreich analysieren oder »Geld und Geist« für die Eheseelsorge fruchtbar machen, von Thurneysen her mit guten Gründen. Sein Nicht-schreiben-Können wäre dann rein aus Zeit- und Kräftemangel zu erklären. Man hätte für die Seelsorge möglicherweise einiges, für das bessere Verständnis Thurneysens wenig gewonnen.

Aber nun stelle ich den ungeschriebenen »Gotthelf« neben den geschriebenen »Dostojewski«. Da legt es sich nahe, die Mutmaßungen über den Gotthelf-Leser als erweiterten Autor vom Dostojewski-Leser her anzustellen. So wäre es ein reizvolles Spiel etwa in der Art von Queneau, das erste Kapitel von Thurneysens »Dostojewski« auf Gotthelf umzuschreiben (10, 3–13). Die Menschen, die Dostojewski uns vor Augen führt, werden in ihrer Realistik von Thurneysen den Gestalten Gotthelfs verglichen (10, 13), und später meint er, vielleicht komme »in den grossen Schöpfungen Dostojewskis nur zum Ausbruch, was auch in allen tieferen Erzählungen Jeremias Gotthelfs sich ankündigt« (10, 45). Von solchen Äußerungen her drängt sich die Annahme auf, daß der Gotthelf-Plan auftauchte, als die Schrift über den Russen gelang. In diesem Fall blockierte er sich möglicherweise von Anfang an selbst, denn seine Vermutungen in einer Art Queneau-Spiel zu verifizieren oder zu falsifizieren, hatte er nicht nötig. Aber vielleicht ahnte er schon, daß er von Gotthelf her den »Dostojewski« in seinen stärksten Passagen – über den Großinquisitor – hätte widerrufen oder differenzieren müssen. Mit Recht wandte er sich gegen jene, die – im Gefolge der Goetheschen Ästhetik – zwischen dem Gesunden und Kranken unterschieden und für Gotthelf als »gesundere Kost« plädierten. Dagegen gab er zu bedenken: »vielleicht schlummert auch in seinem Wort eine Botschaft, die denen, die nur Heimatsinn und Pastoraltheologie aus ihm lesen möchten, eines Tages furchtbar in den Ohren gellen könnte. In Wirklichkeit ist – cum grano salis verstanden – das angeblich so gesunde Bernbiet Jeremias Gotthelfischer Gestaltung nicht so fern von dem Rußland Dostojewskis, wie die geographische Entferntheit vermuten lassen könnte« (10,44f).

Indem Thurneysen »Botschaft« gegen »nur Heimatsinn und Pastoraltheologie« setzte, legte sich der Kurzschluß nahe, es sei ein Gotthelf-Kerygma ohne Heimatsinn und Pastoraltheologie aus seinen Werken herauszudestillieren. In seinem theologischen Instinkt mochte er schon ahnen, daß Gotthelf einige Dissonanzen in die Zukunft seiner Kompositionen bringen könnte. Zudem stand er bei Gotthelf vor der gleichen Fatalität wie bei Dostojewski: die Prophetie vom russischen Messianismus und die des »Bernergeistes« ist hier wie dort nicht über jeden Zweifel erhaben, vom Antisemitismus Gotthelfs ganz zu schweigen.

Aber versuchen wir, uns Thurneysens Brille aufzusetzen und einige Texte zu befragen nach der in ihnen schlummernden »Botschaft«, die einmal den Theologen »furchtbar in den Ohren gellen könnte«, wobei ich mir der Problematik bewußt bin, aus einem Dichterwort eine »Botschaft« herauslesen zu wollen. Thurneysens Brille aufsetzen heißt die Texte auch gegen ihn selber lesen, denn es müßte ja aus der Lektüre beides herausspringen: die erweiterte Autorschaft im Über-ihn-schreiben-Wollen ebenso wie die Verhinderung des Schreibens.

Zunächst stoße ich auf *das Schöne und das Böse* in »Die schwarze Spinne«.

Das Schöne wird zwar nicht die Welt erlösen, glänzt hingegen als Vorschein der Erlösung: Erde und Haus glänzen »nicht umsonst«; da ist Himmelfahrt. Himmelfahrt wird zum Schlüssel der Wahrnehmung; »der Tag, an welchem der Sohn wieder zum Vater gegangen war«, macht die Welt zum Gleichnis, »es war der Tag, an welchem die ganze Pflanzenwelt dem Himmel entgegenwächst und blüht in voller Üppigkeit, dem Menschen ein alle Jahre neu werdendes Sinnbild seiner eigenen Bestimmung«. Luther war der Meinung, jetzt erst, seit wir das Evangelium haben, seien wir in der Lage, die Natur zu erkennen. Nach Gotthelf öffnet Himmelfahrt die Augen für den Graswuchs und im Graswuchs für des Betrachters eigenes Eschaton. Das Paradies feiert an einem solchen Tag eine kleine Wiederkehr. »Schön« ist das Haus, »schön« das Brot, das die Großmutter schneidet, »schön« ein Teller, auf dem der Käse liegt, »schön« sind die Strümpfe, die die Gotte (Taufpatin) für den Täufling bringt, »schön« gemalt der Taufspruch. »Schön« war der Täufling eingewickelt, »schön« sind Dachbett und Tauftuch. Die Gotte ist gleich zweimal »schön« mitsamt dem Blumenstrauß an ihrer Brust. »Schön« auch der noch unverheiratete Pate, aber nur einmal, »schön« ebenfalls die alte Sitte, daß Paten und Eltern der Predigt beiwohnen, und »der Pfarrer predigte recht schön«. Immer wieder evoziert das Beiwort »schön« Jenseitiges im Hiesigen, und am Schluß des Tages glänzt »schön« das Haus in des Mondes Schein. Eine Taufe wird gefeiert, eine Himmelfahrt beginnt, und um die Taufe herum ist alles »schön«: »Vom Zion her, der Krone der Schönheit, strahlt Gott auf« (Ps 50,2). Aber innen lauert Angst, regiert die sympathetische Magie. Man darf das Kind nicht zur Taufe fahren, sonst lernt das Kind seine Beine nie recht gebrauchen, und die Gotte darf nicht nach des Kindes Namen fragen, sonst wird das Kind neugierig. – Nicht nur das Paradies kommt zum Vorschein, sondern dessen Bedrohung. Das schöne Haus birgt ein schwarzes Geheimnis. Ein wüstes Stück Holz »gleich neben dem ersten Fenster« deutet darauf hin, daß das Unheil nur gebannt ist, daß unter dem Zapfen die schwarze Spinne darauf wartet, befreit zu werden. So ist das Schöne nicht des Schrecklichen Anfang, wohl aber dessen Gefängnis. Wo der Teufel nicht mehr los ist, wird die Welt schön. Der Teufel: Hier muß man Gotthelf gegen den Common sense lesen.

Wenn *Emanuel Hirsch* unter der »Erneuerung des Teufels- und Dämonenglaubens« nebst anderen Johann Christoph Blumhardt subsumiert, so führt er in doppelter und dreifacher Weise irre (Geschichte der neuern evangelischen Theologie, 1960², V, 144): Einmal tut er Blumhardt unrecht, für den die Macht des Auferstandenen in einer Weise zentral war, die sein ganzes Interesse absorbierte. Zum andern unterschlägt er die außerkirchliche schwarze Romantik (vgl. dazu jetzt *Mario Praz*, Liebe, Tod und Teufel, 1970, 2 Bde., dtv 4051f). Endlich verdeckt er das Problem, daß ein Jeremias Gotthelf, ein Dichter und als Theologe Sohn eines Aufklärers, von Herder, Schleiermacher und Fries herkommend, in seiner Meisternovelle einen Teufelspakt beschrieb. Er brauchte den Teufelsglauben nicht zu erneuern. Er fand ihn vor. Während der Teufel beim Russen als der Geist erscheint, »der um Gott weiß, um den wahren, jenseitigen, . . . und der doch nichts von ihm wissen will« (10, 75), erscheint er bei Gotthelf als Verführer und »Menschenmörder von Anfang an« (Joh 8,44). Die Rede vom Teufel besagt, daß das Böse eine Macht ist, die als übermenschliche Mächtigkeit über das menschliche Wollen und Vollbringen hinausragt. Da der Mensch sich lieber belügt, als daß er seine Ohnmacht zugibt, ist er geneigt, das Böse, das in ihm ist und über ihn hinausgeht, zu verharmlosen.

Zur Botschaft von Jeremias Gotthelf – schon Gottfried Keller nahm daran Anstoß – gehört zweifellos die Rede vom Teufel. Das könnte einem schon eines Tages in den Ohren gellen. Möglich wäre immerhin, daß die Theologen – Emanuel Hirsch wäre nur ein Indiz – das Böse in seinen Gestaltwerdungen verdrängen, indem sie die Rede vom Teufel den Zeltmissionaren und den Schriftstellern überlassen. Bleibt nur die Frage, ob in diesem Fall nicht die Dichter, sondern die Theologen zu viel lügen. Die Harmlosigkeit gegenwärtiger Theologie wie ihre Bedeutungslosigkeit mag damit zusammenhängen, daß sie die Macht des Bösen nicht erkennt als Gegenmacht Gottes. Auch der christliche Kitsch hat zur Voraussetzung ein Nichtwissen um den Versucher und übermenschlichen Menschenmörder, eine Verleugnung der Erbsünde. Grundlage des christlichen Kitsches ist ein Mangel an Gottesfurcht und eine mangelnde Einsicht in die Macht des Widersachers außer uns und in uns.

Thomas Mann hat offenbar die Gotthelf-Lektüre als eine Art Seelsorge an der eigenen Seele empfunden, wenn er in seiner Rechenschaft über »Die Entstehung des Doktors Faustus. Roman eines Romans« schrieb: »Mit großer Epik Fühlung zu halten, gleichsam die Kräfte in ihr zu baden, ist geboten, wenn man selbst erzählerisch Ernstes erstrebt: So las ich Jeremias Gotthelf, dessen ›Schwarze Spinne‹ ich bewundere wie kaum ein zweites Stück Weltliteratur, las seinen so oft das Homerische berührenden ›Uli der Knecht‹ und dessen blasseres Nachspiel ›Uli der Pächter‹« (Schriften und Reden zur Literatur, Kunst und Philosophie 3, 1968, 119). Der Roman, der wie kein anderer die Geschichte von tausend unseligen Jahren beschreibt, erzählt diese Geschichte als Teufelspakt, und sein Autor bezieht sich ausdrücklich auf Gotthelf.

Wenn aber die Dichter genötigt sind, vom Teufel zu reden, sofern sie die Wahrheit ihrer Zeit zu formulieren versuchen, könnte es sein, daß die Theologen über die Aufklärung noch nicht genügend aufgeklärt sind, die meint, das Licht der Vernunft hätte der Welt einen universellen Exorzismus gebracht. Wer hier nicht aufgeklärt genug ist, bleibt bei allem psychologischen Wissen über den Menschen unmündig, unaufgeklärt. Ähnlich wie Luther in den »Tessaradecas« das Übel in uns als Hölle beschreibt, die uns gnädig verborgen bleibt, weiß Gotthelf um das dem Menschen Verborgene: ». . . könntest du in die Hölle sehen, glaubst du wohl, daß du den Anblick auszuhalten vermöchtest? . . . und wenn des Menschen Auge hinabgerichtet wäre in den Abgrund der Menschenherzen, würde es wohl Lieblicheres, Schöneres erblicken?« (Predigten, XXVII, 229). Gotthelf hat in Tiefen des Menschlichen gesehen, die andere bestenfalls ahnen, nicht sehen. Er ist einer der großen Enträtseler des menschlichen Geheimnisses, und als solcher hilft er seinen Lesern, Menschen zu sein, dies um so mehr, als er nicht beim schwarzen Geheimnis der Menschenseele stehenbleibt. Seine Bücher bilden

nicht nur eine Fundgrube für die Seelsorgelehre, sie sind selbst Seelsorge – nicht zuletzt deshalb, weil sie um die übermenschliche Macht des Bösen wissen.
Seine Bücher sind Seelsorge, weil der *Segen* ihren heimlichen Grundtenor bildet. Eschatologisches Heil und hiesiges Wohl finden eine unzertrennliche Einheit und übertragen sich auf den Leser, der Gotthelf zu folgen vermag. Das Wort »Segen« meint, wie Karl Barth am Abend vor seinem Todestag sich ausdrückte: »Es wird regiert« – und setzt voraus: »Ich lasse mich regieren«. Segen ist da, wo Gott geehrt und gefürchtet wird. Der Mensch kann sich nicht aus dem Regiment Gottes wegstehlen. Er kann sich wohl gottlos gebärden, wird aber seinen Schöpfer, Erlöser und Richter nie los. Er ist in all seinem Tun und Lassen bestimmt von dem, was Gott tut und läßt, vom Segen oder vom – Unsegen. Man hat oft vom ›Magischen‹ bei Gotthelf gesprochen: ›Magisch‹ mag die Welt Gotthelfs erscheinen, weil Menschen und Dinge in ihr letztlich auf Gott bezogen sind – in »Segen und Unsegen«.

Claus Westermann hat in unseren Tagen unterschieden zwischen einem erlösenden und segnenden Handeln Jahwes in Israel (Der Segen in der Bibel und im Handeln der Kirche, 1968; jetzt GTB 1402, 1981).

Die Rede vom Erlöser tritt in der »Botschaft« des Jeremias Gotthelf zurück hinter der Rede vom Segen. In provokativ-direkter Weise stellt Gotthelf das Tun Gottes als ein Begleiten des Menschen dar im Belohnen des Guten wie im Bestrafen des Bösen, das als Segen und Unsegen schon in dieser Zeit seinen Niederschlag findet. »Es wird regiert« im politischen wie im privaten Bereich, auch wenn die Regierenden und Privaten es nicht merken. Aber auf das Merken des Unterschiedes kommt es an. Nach Luther besteht die höchste Kunst des Christenmenschen und des Theologen in besonderer Weise im Unterscheiden von Gesetz und Evangelium. Dementsprechend weist Gotthelf dem Landmann, der sich nicht von Gott losgesagt hat, die Aufgabe zu, zwischen Segen und Unsegen zu unterscheiden. Er »hat auch noch Augen für den Unterschied zwischen gesegneten und ungesegneten Menschen oder Sachen« (XII, 371). Der Bernergeist, den Gotthelf lobt, ist der Geist, der hier zu unterscheiden vermag.
Das Erlösungshandeln Gottes ruft des Menschen Dankbarkeit hervor. Da liegt des Menschen Heiligung beschlossen. In Segen und Unsegen scheint sich eine umgekehrte Perspektive zu eröffnen: Gott antwortet mit Segen und Unsegen auf das Tun des Menschen, so etwa in der Geschichte, die in »Uli der Pächter« erzählt wird (XI, 60ff). Ein junger Bauer erzwingt gegen das Votum der Großmutter die Sonntagsarbeit, als aber die Ernte eingebracht ist, schlägt der Blitz in den Hof und äschert ihn ein. Das Tun des Menschen erweist sich in diesem Fall als wetterbestimmend. Im Horizont der ökologischen Krise mag einen wenigstens eine Ahnung überkommen, daß Jeremias Gotthelf hier aufgeklärter erscheint als sein Kritiker Gottfried Keller, der diese Sicht als hinterweltlerisch abtut.

Gerade der alttestamentliche Zug seiner »Botschaft« macht diese für unsere Gegenwart aktuell, indem er das »Es wird regiert« auch und gerade für den politischen Raum behauptet. So führt er beispielsweise das Scheitern des Frankfurter Parlaments auf den Mangel an Gottesfurcht zurück: »Ja, wir sind überzeugt, das Parlament in Frankfurt wäre ein ganz anderes geworden, der Unsegen wäre nicht so schwarz und schauerlich über ihm gelegen, die Personen nicht so lächerlich oder verächtlich geworden, die Ratschläge nicht so verkehrt, wenn die christliche Weihe nicht mit solchem Hohne von der Hand gewiesen worden wäre« (XII, 372).

Eine solche Sicht der Geschichte widerspricht dem Common sense, der aus der Geschichte ein »Schicksal« macht, sie also »mythologisiert«, dergestalt, daß er Geschichte begreift als eine Art Naturgeschehen, gleichzeitig die Machbarkeit aller Dinge postuliert und dann so tut, als ob es eine Nemesis gäbe. Da viele Christen viel schlechte Politik machen, ist es wichtig zu sehen, daß Gotthelf einen kritischen Satz formuliert. Damit sagt er nicht, daß Politik von frommen Christen schon gute Politik sei. Man müßte hier noch unterscheiden zwischen Glaube, Gehorsam und Gläubigkeit. Gotthelf sieht das Parlament im Horizont des Unsegens. Der Umstand, daß wir über Segen und Unsegen in der Politik noch kaum nachgedacht haben, sollte nicht gegen Gotthelf sprechen. (Zum Frankfurter Parlament vgl. *Christian Homrichhausen*, Evangelische Christen in der Paulskirche 1848/49. Bd. 1–2, Theol.Diss. Heidelberg 1980.)

Gotthelf wird zum Epiker des Segens, gerade indem er den Unsegen nicht verschweigt: Da zieht ein Zug von Gestalten im Unsegen an uns vorbei, wenn er erzählt, »Wie fünf Mädchen im Branntwein jämmerlich umkommen«, zu schweigen von Christine, die sich mit dem Teufel einläßt (»Die schwarze Spinne«), hin zu Schnitzfritz und der Pfeffergret, die der Geiz zerfrißt (»Die Wege Gottes und der Menschen Gedanken«), und Joggeli, dem Bauern auf der Glungge, den das Mißtrauen plagt (»Uli der Pächter«), und dem Eisi im Dürrluft, das totbeten läßt (»Die Käserei in der Vehfreude«). Zahlreiche Erzählungen und Romane enden mit einer Art Segensspruch, mit einem Ausblick auf einen Horizont des Segens, und erklären das Erzählte als eine Art Gleichnis vom Himmelreich; am schönsten im Schluß von »Wie Uli der Knecht glücklich wird«: »Ja, lieber Leser, Vreneli und Uli sind im Himmel, das heißt, sie leben in ungetrübter Liebe, mit vier Knaben, zwei Mädchen von Gott gesegnet; sie leben im wachsenden Wohlstande, denn der Segen Gottes ist ihr Gfell, ihr Name hat guten Klang im Lande; weit umher stehn sie hoch angeschrieben, denn ihr Trachten geht hoch, geht darauf, daß ihr Name im Himmel angeschrieben stehe! Merke dir das, lieber Leser!« (IV, 387)

Die Periode ist ein Kunstwerk besonderer Art: Sie beginnt – den Leser anredend – im Himmel und endet – sich erneut an den Leser wendend – im Himmel. Das Im-Himmel-Sein wird irdisch erklärt als eheliche Zuneigung, reicher Kindersegen, wachsender Wohlstand, »denn der Segen Gottes ist ihr Gfell«, ihr Glücksfall. In Gesellschaft des Segens sind Vreneli und Uli

»im Himmel«. Am Sozialprestige, das sie genießen, an ihrem Hochangeschriebensein auf Erden spiegelt sich etwas von ihrem hohen Streben, das will, »daß ihr Name im Himmel angeschrieben stehe«.
Sprachlich verknüpft Gotthelf die Parallele von eschatologischem Heil und irdischem Wohl mit dem Parallelismus »Himmel – Himmel«, »Name im Lande – Name im Himmel«, »weit umher hoch angeschrieben – im Himmel angeschrieben stehen«. Der Parallelismus bildet die dem Segen adäquate Sprache, denn der Segen ist selbst seinem Wesen nach ein Parallelismus. Das Ineinander von ewigem Heil und irdischem Wohl erscheint uns anstößig, weil wir weithin das Begleiten Gottes in Segen und Unsegen vergessen und verdrängt haben. Man bedenke aber: Das Ineinander von ewigem Heil und irdischem Wohl ist gut biblisch. Der Mann des ersten Psalms ist wie ein Baum gepflanzt an den Wasserbächen, dem alles, was er tut, wohl gelingt. Das Heil ist nicht einfach deckungsgleich mit dem Wohl. Der Glaube aber entdeckt im Heil auch das Wohl.

Zu erinnern ist hier an die dogmatische Lehre vom concursus Dei (vgl. *Karl Barth*, KD III/3, 107ff) und an die Rede vom Syllogismus practicus (vgl. *Otto Weber*, Grundlagen der Dogmatik II, 402ff), auch etwa an die Frage 86 des *Heidelberger Katechismus:* Die guten Werke haben dort auch den Sinn, »daß wir bei uns selbst unseres Glaubens aus seinen Früchten gewiß seien und mit unserem gottseligen Wandel unsere Nächsten auch Christo gewinnen«. Man könnte wohl sagen, sie dienen der Seelsorge an der eigenen Seele und der Seelsorge am Nächsten.

Zum Miteinander von Segen und Unsegen, zum Ineinander von ewigem Heil und irdischem Wohl gehört *das Zusammen von Schöpfung und Erlösung*. Der Mensch ist nicht Mensch ohne die Erde, und er wird nicht im Jenseits erlöst, sondern im Hiesigen. So wird die Welt »voller Bibel«. Wenn der 19. Psalm ein Lob auf die Sonne singt, mit dem das Lob auf das Gesetz des Herrn zusammenstimmt und -klingt, dann gibt es für Gotthelf keine Trennung zwischen der Sprache der Kirche und Gottes Reden in der Schöpfung. Man sollte das Schreckwort von der »natürlichen Theologie« nicht zu schnell einführen. Der Dichter nimmt möglicherweise mehr wahr als der Theologe. Er liest die Bibel in der Schöpfung weiter. Die ersten Sätze aus dem Vorwort zu »Die Wassernot im Emmental« sind hier wichtig. Da distanziert sich Gotthelf von einer Zeit, »wo man ob den Werken Gottes Gott vergaß«; diese Zeit sieht er vorübergehen. Immer noch aber gibt es bei vielen die Meinung, »das Anschauen der Natur führe von Gott ab, Gott rede nur in seinem geschriebenen Worte zu uns. Für seine Stimme, die tagtäglich durch die Welten zu uns spricht, haben diese keine Ohren; daß Gott zu seinen Kindern rede in Sonnenschein und Sturm, daß er im Sichtbaren darstelle das Unsichtbare, daß die ganze Natur uns eine Gleichnisrede sei, die der Christ zu deuten habe, täte jedem not zu erkennen« (XV, 7).
Himmel und Erde werden zur Heiligen Schrift und der Dichter ihr Schriftgelehrter. Als solcher wird er zum Propheten des Wetters, zum Mann einer Vision. Das Verstehen dieser Heiligen Schrift wäre Beginn einer neuen

messianischen Zeit: »Würden so unsere Augen den Herrn schauen, so würden auch unsere Grundsätze des Herrn voll; dann würde jeder Ort, den unser Fuß betrittet, zur Kirche, jeder Tag zum heiligen Fest, das ganze Land zum großen Gotteshaus, gläubiger Beter voll, horchend auf die Stimme des Herren« (XV, 82). Gotthelf intoniert: »Würden so unsere Augen den Herrn schauen«; Thurneysen wird da, wo er in seinem Katechismus vom Heiligen Geist redet, respondieren: »Wir bekommen Augen für Gott, und wir verstehen unser Leben in seinem Lichte« (11, 44). Das Problem der natürlichen Theologie sind die Augen, und die Augen werden hell durch den Heiligen Geist.
Bezeichnenderweise finden wir in »Geld und Geist« die gleiche theologische Grundstruktur: Änneli wird getroffen von einer Predigt des Gesetzes. Das letzte Mahl Jesu wird zur Mahnung, sein eigenes letztes Mahl, sein Sterben zu bedenken. Am Nachmittag erhält die Predigt ihr Amen im Sakrament der Schöpfung; indem es über das reiche Land sieht, sieht es, »wie da eins ward der Himmel und die Erde, und von dieser Einigung kam der reiche Segen, kam der Sonne Licht, kam der Regen, kam der geheimnisreiche Tau, kam die wunderbare Kraft, welche Leben schafft im Schoße der Erde« (VII, 89). Wie Text und Predigt am Vormittag in ihr Herz gehen, so wird es am Nachmittag umschlossen von der Versöhnung von Himmel und Erde. Was sie in der Schöpfung erlebt, soll zur Erfahrung in der zwischenmenschlichen Beziehung werden: »Und sie dachte, ob denn eigentlich der Himmel nicht alles umranden sollte, nicht bloß die Erde, sondern auch der Menschen Leben, so daß, wenn die Jahre ihn drängen an der Erde äußersten Rand, vor ihm der Himmel offen liege. Darum auch alle seine Verhältnisse ein jegliches zum Berge wird, auf den der Himmel sich senket, und aus dem er in den Himmel steigen kann« (ebd.). Änneli erfährt sich als Schuldige im Erleben der Natur: Die Einigung von Himmel und Erde wird für sie zum Gericht, zum heilsamen Gericht. Änneli erfährt, was der Vikari bei Anne Bäbi törichterweise erzwingen wollte. Auch das Beiwort »schön« kehrt wieder: »Als Änneli ... die Augen aufhob, da schien ihr alles noch viel schöner als sonst«, denn der Himmel hatte sich mit der Erde »verwoben« (VII, 93). Schön wird das Sichtbare, wo es zur Harmonie mit dem Unsichtbaren gekommen ist. Das Schöne wird hier des Herrlichen Anfang und des Kommenden Gegenwart. Was Änneli in der Natur passiv wahrnimmt, wird es in seinen ehelichen Verhältnissen aktiv wahrnehmen, indem es sich mit seinem Mann versöhnt. Die Grundsätze Ännelis »werden des Herrn voll«. Der Katechismussatz Thurneysens bietet auch für das Geschehen in »Geld und Geist« einen bündigen Kommentar: Durch den Heiligen Geist bekommen wir »Augen für Gott, und wir verstehen unser Leben in seinem Lichte«. Von daher versteht man auch: Es ist der Seelsorger, der sich von Gotthelf angezogen weiß. Als Seelsorger macht er mit Gotthelf besondere Leseerfahrungen. Einer Depressiven wird er einen Band von Gotthelfs Erzählungen geben, »weil ich die Erfahrung gemacht habe, daß sie eine ungemein heilsame, geradezu gesundende Wirkung auf Depressive ausüben« (52, 59).

Ich stelle mir vor, daß die ersten zwei Gesichtspunkte, unter denen Gotthelf hier zur Sprache kam, der des Schönen und des Bösen, der von Segen und Unsegen, für Depressive schon heilsam sein können, daß Gotthelf aber in der Zusammenschau von Erlösung und Schöpfung erst recht »eine gesundende Wirkung auf Depressive« ausübt. Die Erfahrung Ännelis, daß der Versöhner eins mit dem Schöpfer ist und der Schöpfer eins mit dem Versöhner, kann im depressiven Leser einen erweiterten Autor finden; die Werke der Dreieinigkeit lassen sich nicht aufspalten. Vielleicht ist die Depression – theologisch gesehen – Zeichen und Folge einer solchen Aufspaltung. Gerade für den Depressiven, der in sich selbst versinkt, wird wichtig, daß ihm das Handeln Gottes in der Schöpfung deutlich gemacht wird. Der Depressive meint, er sei aus Gottes guter Schöpfung herausgefallen. Gotthelf kann ihm helfen, sich selbst wiederzufinden in allem, was der Schöpfer »sehr gut« gemacht hat.

Ich habe Gotthelf mit und gegen Thurneysen gelesen und fand bei ihm Stücke ungepredigter Bibel. Daß Dostojewski geht und Gotthelf kommt, aber nicht erscheint, läßt nach der ungepredigten Bibel Thurneysens fragen und wird bedeutsam werden für den weiteren Weg Thurneysens – besonders auch für seine Barth-Rezeption.

Barth sprach im Zusammenhang seiner Ausführungen über das tätige Leben von »allerhand *beiläufiger sekundärer* Arbeit« von Gotthelfs Romanen einmal als von »Ausweichbewegungen«: »Und Gott sei Dank, daß er sie gemacht hat, obwohl sich nicht wohl behaupten läßt, daß es seine Aufgabe als Pfarrer von Lützelflüh war, solche Romane zu schreiben!« (KD III/4, 629f). Der Weg Thurneysens von Dostojewski zu Gotthelf und der unausgeführte Buchplan erscheint in verschiedener Hinsicht als eine Art Ausweichbewegung.

Gotthelf war für Thurneysen vermutlich nicht nur Verkündiger ungepredigter Bibel, sondern auch Verführer: Er stand in Front gegen den Atheismus seiner Tage. Da blieb die Kirche mitten im Dorfe stehen. Zwar wird die Kirchen- und Religionskritik bei Thurneysen nie völlig verstummen, aber doch zurücktreten. Gotthelf wird in Basel zu einer Art Nothelfer für den Antistes werden. Auf diesem Hintergrund versteht man das Verlangen, Gotthelf einen Altar zu bauen, ein Verlangen, dem er widerstehen mußte. Allzu leicht wäre er dann selbst der Gefahr erlegen, »nur Pastoraltheologie« aus ihm herauszulesen.

Ich frage mich, ob Thurneysen mit seinem ungeschriebenen »Gotthelf« nicht auch der Spannung in seinem »Dostojewski« ausgewichen ist, der Spannung zwischen dem Verzicht »auf ›Brot‹, . . . auf das Reich Gottes auf *Erden*« (10, 61) und »einer vollen Hinwendung zum Leben, zur Natur und zum Menschen . . .« (10, 85). Eine Synopse der »Schwarzen Spinne« und des »Großinquisitors« für einen theologischen Leser als erweiterten Autor hätte eine neue Predigt von den letzten Dingen im Vorschein des Hiesigen erfordert: Aljoscha würde im Emmental die Erde küssen, Vreneli und Uli in ihrem Himmel den Starez Sossima kommentieren: »das Leben ist ein Paradies, und alle sind wir im Paradiese, *wir* wollen es nur nicht *erkennen*« (10,

79f). Es ist nicht auszudenken, was geschehen wäre, hätte Thurneysen »seinen« Dostojewski mit »seinem« Gotthelf zu einer Komposition zu verbinden gewußt; die Versöhnung von Altem und Neuem Testament hätte praktisch werden und Starez Sossima neu zu Ehren kommen können. Hier wäre einmal zu zeigen, wie Gotthelfs anstößige Rede vom Teufel aufs engste zusammenhängt mit seiner Entwicklung zum Propheten wider den Zeitgeist. Den Weg solcher Prophetie wird Thurneysen nicht gehen. Während sein Freund Karl Barth vom Teufelspakt unmittelbar betroffen werden und Widerstand leisten wird, kann sich Thurneysen ins eher Private der Seelsorge zurückziehen. Und – wer weiß – vielleicht wird die Gotthelf-Lektüre auch zu einer Art Ausweichbewegung Barth gegenüber. In einem gewissen Sinn bedeutete die Beschäftigung mit Gotthelf eine Korrektur zu seiner Barth-Rezeption. Sehe ich recht, bildet der »Dostojewski« eine Krönung der Zusammenarbeit von Barth und Thurneysen. Hätte Thurneysen die Kraft gehabt, seinen Gotthelf zu schreiben, hätte er nicht aus dem Weggenossen zum Nachfolger werden können, es wäre zum Bruch gekommen oder zu neuer Weggenossenschaft. Vielleicht war der große Bruder zu übermächtig, und Gotthelf wurde zum theologischen Untergrund. Die theologische Theorie, die er ein Leben lang von Karl Barth beziehen wird, erhält durch die Beschäftigung mit Gotthelf einen Unterton, der dann in der Seelsorge zum Tragen kommt und dort praktisch wird. Gotthelf wird auch in dieser Hinsicht zum Nothelfer. Er hilft ihm, in einer gewissen Starrheit an der Position der frühen zwanziger Jahre festzuhalten und damit sozusagen barthianischer als Barth selbst zu werden, denn Gotthelf läßt ihn mit Änneli dahin schauen, wo der Himmel die Berge und Hügel berührt. So bleibt Gotthelf in gewisser Weise theologisch unbewußt, so vermag Thurneysen seinem Freunde die Treue zu halten. Damit bildet Gotthelf auch eine Korrektur gegenüber der Thurneysen-Rezeption in der neueren Seelsorge-Literatur. Wenn Thurneysen Seelsorge definieren wird als »Ausrichtung des Wortes Gottes an den Einzelnen« (35, 9), geschieht solche Ausrichtung nicht außerhalb der Schöpfung und außerhalb der Geschöpflichkeit. Im Kontext der Lektüre Gotthelfs kann und darf man die Bestimmung, »daß es in der Seelsorge um Verkündigung geht, um Predigt im weitesten Sinne des Wortes« (35, 9), nicht so verstehen, als hätte der Sonntag nur einen Vormittag, als würde der Nachmittag fehlen, da Änneli sich niedersetzt und sieht, wie der Himmel sich niedersenkt zur Erde und eins wird Himmel und Erde, so daß die Predigt ihr Amen erhält im Sakrament der Schöpfung. Von Gotthelf her kann man ergänzen: Seelsorge ist Ausrichtung des Wortes Gottes an den Einzelnen in seiner Geschöpflichkeit, und die ganze Schöpfung gehört zum Wort. Das Wort Gottes wird irdisch ausgerichtet.

Im Schatten der Orthodoxie

Mit dem Exkurs über Gotthelf sind wir wiederum aus einer mehr oder weniger diachronischen Darstellung ausgebrochen. Nun wenden wir uns der

Frage zu: Wie nimmt der Prediger selbst seine Rede an die Gebildeten auf? Die Themenstellung des Vortrags »Schrift und Offenbarung« versetzt nach der Lektüre des »Dostojewski« in Erstaunen. Mein erster Eindruck nach der Lektüre war: Hier ist der Großinquisitor völlig vergessen. Erst recht und anders gerät man ins Fragen, wenn man diesen Aufsatz im Horizont von Jeremias Gotthelf sich vergegenwärtigt. In die Landschaft Gotthelfs paßt »Schrift und Offenbarung« kaum.

Thurneysen hielt den Vortrag 1923 zuerst in Zürich, dann in Bern und schließlich 1924 in Marburg. Nach dem Auftritt in Bern meinte er, ihm sei »doch nicht ganz wohl«, da er »*nur* den – nun eben Angriff gegen den Großinquisitor entfesseln konnte« (3, 202). Im Gegensatz zu meinem ersten Leseeindruck war Thurneysen der Meinung, er habe mit diesem Vortrag noch einmal im Sinne der Dostojewski-Schrift sich geäußert. Im Subordinieren der Schrift unter die Erfahrung sah der Autor offenbar eine Verneinung und Verleugnung des gegenwärtigen Christus. Darum verstand er seine Entfaltung des Themas als »Angriff«, aber vielleicht spürte er: Ein Sieg war das nicht.

Anders klingt der Bericht nach dem Vortrag in Marburg, wo u.a. »Niebergall schwach, aber doch anständig und achtungsvoll . . . Heidegger sehr zustimmend . . . Bultmann mit einer nachdenklichen Frage nach dem Verhältnis des ›hinter den Texten stehenden Historischen‹ zur Schrift als Urkunde davon« mit Thurneysen diskutierten (3, 229). Der Pfarrer von Bruggen war durch seinen »Dostojewski«, wenn nicht ein berühmter Mann, so doch ein Theologe geworden, der Beachtung fand – auch außerhalb der Theologie. Der Philosoph Heidegger wird mit seinem »sehr zustimmend« gegenüber den Theologen hervorgehoben. Nicht ohne Stolz meldete er dem Freund in einer vielsagenden Metapher: »Meine Burg erwies sich als wohlgebaut« (3, 230).

Ich weise nur auf zwei Beobachtungen im Vortrag hin: Er geht, bedeutsam genug, von einer »Erfahrung« aus, von einem »Gefühl des Unbehagens«, von einem Defizit, an dem Prediger, Theologiestudenten und einfache Bibelleser partizipieren. Die beste Predigt bleibt hinter dem zurück, was zu sagen wäre. So manche Kommentare sind unergiebig, das Bibellesen oft ebenfalls (1, 35f). Diese gemeinsame Erfahrung des Predigers, des Studenten und des Bibellesers wird nun von Thurneysen theologisch auf den Begriff gebracht. Sie wird gedeutet, und damit wird die Reflexion seelsorgerlich, was hier nicht in Spannung zum Prophetischen steht. Thurneysen deutet eine Erfahrung »prophetisch«. Unser »Erleben« ist der »Reflex des Problems« von »Schrift und Offenbarung« (1, 36f).

Die frühe dialektische Theologie ging immer wieder von der *Erfahrung* aus. So auch *Karl Barth* in seinem Vortrag »Das Wort Gottes als Aufgabe der Theologie« (49,I, 197ff). »Über unsre *Situation* möchte ich mich mit Ihnen unterhalten«, sagt Barth (49,I, 199). Und seine berühmte Formel meinte er als Charakteristik der Situation: »*Wir sollen als Theologen von Gott reden. Wir sind aber Menschen und können als solche nicht von Gott reden. Wir sollen Beides*, unser Sollen und unser Nicht-Können, *wissen und eben damit Gott die Ehre geben*« (ebd.).

Damit hat Barth seine Erfahrung als Prediger zum Modell gemacht für eine theologische Formel von allgemeiner Gültigkeit. In gleicher Struktur verfährt Thurneysen. Er deutet das Problem des einzelnen als ein allgemeines sachliches Problem. Dieser Sprachvorgang zeigt Thurneysen als Hermeneuten der Situation seiner Zuhörer. Er bringt ein als Leiden empfundenes Problem auf den Begriff: Theologie ist Seelsorge.

Die Kritiker der Wort-Gottes-Theologie pflegen diesen Erfahrungshintergrund in der Regel zu übersehen. Die Theologie des Wortes Gottes überholt die Erfahrung, indem sie von ihr ausgeht, nicht indem sie von ihr abstrahiert. Das besorgen später die Epigonen.

Darin unterscheidet sich Theologie von Theologie: Wahre Theologie geht von der Erfahrung aus und deutet Erfahrung von der Schrift her. Abstrahiert die Theologie von der Erfahrung, mißrät sie zur Spekulation und verliert ihren Inhalt. Sie wird leer. Deutet sie aber die Schrift von der Erfahrung her und wird die Erfahrung zum Kanon der Schriftdeutung, verliert sie ihre Klarsicht. Sie wird blind. So markiert die Stellung zum Kanon die Grenze zwischen Wahrheit und Lüge. So unterscheidet sich Theologie des lebendigen Gottes von der Theologie eines erdachten oder selbsternannten Gottes. Offenbarung drängt auf Erfahrung, ist Erfahrung. Ein Jenseitiges, das anders ist als die Welt, kommt zur Welt, indem es eine neue Welt schafft. Darum gibt es keine wahre Theologie ohne Erfahrung, wie andererseits die Dominanz der Erfahrung die Theologie verfälscht.

Auch die zweite Beobachtung gewinne ich primär am ersten Teil des Vortrags. Mich interessiert hierbei vor allem, was die Sprache über das Gemeinte hinaus aussagt. Thurneysen beschreibt Offenbarung zunächst in einem Dreischritt. Erstens: Der Inhalt der Offenbarung liegt »außerhalb der Welt menschlichen Erkennens und menschlichen Seins«. Zweitens: »Dieses Verborgene, Entlegene, Ferne« möchte eintreten »*in* diese Welt des menschlichen Erkennens und Seins«. Das geschieht drittens, indem das verborgene, jenseitige »Objekt« sich zum »Subjekt« wandelt, »das sich selber mitteilt« (1, 37) – und also im Heiligen Geist, im Prozeß der Neuschöpfung erfahrbar wird.

Der Großinquisitor bestreitet dem Christus das Recht zur weiteren Offenbarung. Er darf nichts Neues verkünden. Wie wird nun Thurneysen dem Großinquisitor und seinem Exegeten begegnen? Aus den drei Schritten wird überraschenderweise im weitergehenden vierten Schritt eine Runde: »Die allerletzte, den Kreis schließende Bestimmung aber ist diese: daß mit alldem nichts anderes dargestellt ist als der Inhalt der *Bibel*« (1, 38).

Der Metapher von der Burg im Brief an Barth entspricht die von der »den Kreis schließenden Bestimmung«. Dem Kreis entspricht der Geometer, der den Kreis schlägt: »Wie der Geometer, wenn er ein schwieriges Gelände vermessen will, das Netz seiner Bestimmungslinien kompliziert und engmaschig legen muß, um all den Geländefalten gerecht zu werden, so sind wir gezwungen, angesichts dessen, was wir in den Texten vorfinden, die in ihrer Gesamtheit die Bibel bilden, diesen Gedanken der Offenbarung zu denken« (1, 39). Die Wahl der Metapher zeigt: aus Geschichte wird Natur; das ist die Sprache neuer Mythen.

Der »umzäunte Bezirk des Kanons« taucht auf (1, 53). Dem Kreis, den der Theologe als Geometer mit seinen Bestimmungen schlägt, entspricht »die-

ser Kreis kanonischer Schriften« (1, 53). Das Schriftprinzip ist nichts anderes als »der wirklich zu Ende gedachte Gedanke der Offenbarung« (1, 46). Alle seine Metaphern betonen Statisches, Abgeschlossenes.
Der Redeweise »Burg«, »geschlossener Kreis«, »Geometer«, »zu Ende gedacht« steht nun gegenüber die Rede von einem geheimnisvollen, strengen, herrischen Etwas, von einem »Es« (1, 36), die Rede vom Heiligen Geist. »Heiliger Geist heißt Gott dann und da, wo er aus dem Objekt zum an uns handelnden, zu uns redenden Subjekt wird. Und nur da, wo dies geschieht, wo man wirklich *seine* Stimme in seinem Worte vernimmt, hat man das vernommen, was die Bibel eigentlich sagen will« (1, 42f). Durch die Rede vom Heiligen Geist wird die Metaphorik unstimmig. Was soll der arme Geometer machen, wenn ein Sturm seine Kreise stört, gar ihn davonträgt? Wie kann man eine wohlgebaute Burg bauen, wo es um die Ankunft des Geistes geht? Die Redeweise über den Vortrag paßt schlecht zu dem von Thurneysen Intendierten. Zwischen dem Gemeinten und dem Gesagten geht eine Bruchlinie. Im Rückgriff auf die Reformation wird beim Thema »Schrift und Offenbarung« in den Spitzenaussagen statisch geredet und Dynamisches gemeint. Wo aber bei einem Theologen die Sprache nicht stimmt, signalisiert das Unstimmige in der Sprache ein Unstimmiges in der Sache: Distanz zu Christoph Blumhardt; das Futurum tritt zurück gegenüber dem Datum, dem Gegebenen. Indem Thurneysen den Offenbarungsbegriff nach rückwärts zum Kanon hin absichert, nimmt er ihm die Stoßkraft ins Novum. Dem Ausgehen von der Erfahrung, vom Gefühl tiefen Unbefriedigtseins steht nun kein Ausblick auf kommende Erfahrung gegenüber. Da wird vom Gefühl nicht mehr geredet, auch nicht von neuer Erfahrung, da reduziert sich alles auf das Erkennen, und zum Schluß wird das »Gefühl des Unbefriedigtseins« gerechtfertigt. Sieht man zu Beginn des Vortrags die Erfahrung des Predigers eingebunden in die Erfahrung des Theologiestudenten und in die des Bibellesers überhaupt, so fehlt am Schluß des Vortrags ein Hinweis auf die Gemeinde. – Im »Dostojewski« hatte es geheißen: »Das allerletzte Wort seiner Romane heisst *Auferstehung*« (10, 51). Ist das Buch des Russen aus auf Auferstehung, so das Buch der Bücher erst recht. Die Offenbarung, von der die Bibel Zeugnis gibt, kann nicht abschließen mit der Bibel, vielmehr eröffnet die Bibel Offenbarung zu dem Ende, daß die Toten auferstehen und Gott wird alles in allem.
Und endlich: Wie soll die Offenbarung zu Ende gedacht werden, solange dieses Ende erst angesagt ist? Wird die Orthodoxie, die ihrem Wesen nach »Licht« ist, nicht da zum »Schatten«, wo ihre Sprache nicht recht stimmig wirkt? Ist eine Spektralanalyse dieses Schattens möglich? Die sprachliche Unstimmigkeit verrät ein und dieselbe Tendenz: Die Burg erweist sich als wohl gebaut, der Kreis wird geschlossen, der Gedanke zu Ende gedacht. Der Geometer vermißt das Land. Das Interesse, das sich hier sprachlich artikuliert, richtet sich primär nicht auf neue »Offenbarung«, nicht so sehr auf das Weitergehen der Offenbarung zum Ende hin, sondern eher auf »Sicherung« (1, 39).

Thurneysen grenzt sich nach links wie nach rechts ab. »Offenbarungseinsicht bezeichnet ein Jenseits von Liberalismus und Orthodoxie. Sie ist ihrer beider Krisis« (1, 62). Es ist ebenso begreiflich wie fatal, daß er dieses Jenseits, der Situation eines herrschenden Liberalismus entsprechend, deutlicher gegen den Liberalismus als gegen die Orthodoxie abgrenzen muß. Die Abgrenzung gegen die Orthodoxie wird zwar behauptet, aber nicht aufgewiesen. Thurneysen sieht, wo er steht, und weiß um das Mißliche seiner Lage; »mir ist der Schatten der Orthodoxie, in dem wir notgedrungen augenblicklich stehen, das peinlichste Problem der Lage« (3, 219; vgl. 203). Schon nach seinem Auftritt in Zürich hatte es geheißen: »Wir stehen nun einmal . . . auf der *rechten* Seite der Schlucht (von außen gesehen), und der Schatten der Orthodoxie liegt breit über unserer langsam vorrückenden Heeressäule, und wir erhalten demnächst Feuer von links« (3, 203). Allein beim Vorrücken nach Marburg erwies sich die Feuerkraft der theologischen Linken offensichtlich als gering. Es ist durchaus möglich, daß das Erfolgserlebnis in Marburg den Schatten der Orthodoxie als »das peinlichste Problem der Lage« vergessen ließ.

Thurneysen war sich der Peinlichkeit bewußt, indem er sich selber im vierten Teil des Vortrags gegen ein naheliegendes Mißverständnis abschirmte und erklärte, der Kanon sei »höchstens und im besten Falle« die Abschattung der Offenbarung, nicht deren Realgrund (1, 54). Solche nachträgliche Selbsterläuterung wirkt als heimliche Selbstkorrektur und vermag die Richtung jener Kreisbewegung nicht aufzuheben, die er in seinen vier Schritten vollzog. Die Sprachhandlung, die er mit dem vierten Schritt zunächst abschließt, ist durch nachträgliche Richtigstellung kaum mehr gutzumachen. Der Erfolg in Marburg enthob ihn an diesem entscheidenden Punkt einer Revision seiner Ausführung. Man kann gerade am Brief, den Thurneysen nach dem Marburger Treffen an den Freund richtete, merken, wie sehr theologisches Denken auch mit der Rezeption dieses Denkens selbst zusammenhängt; die Art und Weise der Rezeption motiviert zum Weitergehen in der eingeschlagenen Denkrichtung oder aber zur Revision, zur Umkehr des Denkens.

Ich darf nicht behaupten, Martin Heidegger sei schuld gewesen an der künftigen Entwicklung, aber das muß man sehen, daß die Stunde des Erfolgs für den Christenmenschen immer als eine Stunde der Gefahr schlägt: anstatt Gott die Ehre zu geben, auch nun selbst Ehre zu nehmen von den Menschen. Der Erfolg ist die Versuchung des Starken, der Erfolg will uns verführen, uns selbst an Stelle Gottes zu setzen und unsere eigenen Burgen zu rühmen, statt die »feste Burg« zu preisen.

Auch für die Fehlleistung unseres theologischen Denkens gilt das tiefe Wort des Russen, daß »jeder in allem vor allen schuldig ist« (10, 84). Ob sich Thurneysen wohl Rechenschaft gegeben hat darüber, wie er sich mit seinem Vortrag von Blumhardt abwandte, der etwa in einer Predigt sagen konnte: »Es ist gar nicht nötig, daß ich schriftgemäß bin, sondern daß ich Gott folgen kann!« Die Schrift ist Ausgang, nicht Ziel. Blumhardt meinte, daß deshalb »alle wirklichen

Männer Gottes in den Ruf kommen, daß sie unbiblisch seien«. Er sah in diesen »von jeder menschlichen Gelehrsamkeit sich unabhängig stellenden Menschen« die Schrift (»Ihr Menschen seid Gottes!«, 1936, 311; vgl. 74). Prophetie kann nicht ablesen. Sie spricht frei ins Offene. Glaube und Schrift sind nicht identisch. Wohl hat der Glaube seine Wurzel in der Schrift, er muß aber über die Schrift hinaus ins Novum je neuer geschichtlicher Situation. Als eine freie Rede ins Offene ist Prophetie nie unfehlbar. Sie muß geprüft werden an der Schrift.

Der Kanon tritt in »Schrift und Offenbarung« an die Stelle der Eschatologie und damit des Heiligen Geistes, ohne daß der Heilige Geist ganz ausgeschaltet wäre. Im Gegenteil: Im Heiligen Geist wird Gott aus einem Objekt zum Subjekt (1, 42). Und wieder kommt es zu einer domestizierenden Metapher: »Der Geist ist sozusagen die Klammer der Erkenntnis, innerhalb derer sich Subjekt und Objekt begegnen« (1, 43). Das ist wohl im Sinne der Reformatoren gedacht, aber im Schatten dieser Orthodoxie vermag er nicht den Gedanken der Offenbarung nach vorn hin zu denken; zu Ende gedacht wird der Gedanke der Offenbarung nicht im Schriftprinzip, sondern in der Vollendung. Als Angriff auf den Großinquisitor hat Thurneysen seinen Vortrag damals verstanden, aber sein Gedankengang, dem wir in seinem Anfang folgten, bleibt merkwürdig schutzlos gegenüber einer Usurpation durch den Großinquisitor und seinen Exegeten.

Die Rede vom Kreis, der sich schließt, verrät, wenn ich recht sehe, griechisches Denken. Daß die Offenbarung auf die Heimkehr Israels und auf die Auferstehung der Toten hindrängt, bleibt außer Sichtweite. Dementsprechend grenzt er das Werk des Geistes notorisch ein. Durch das Offenbaren des Offenbarers wird »auch unsere Erkenntnis in eine totale Krisis hineingeführt« (1, 38); aber vom Sein ist nicht die Rede. Und wenn er später die Offenbarung heute beschreibt, summiert er: »Hier sind Erkennen und Erkanntes ein und dasselbe« (1, 48).

Mit solcher Bestimmung erhält Thurneysens Orthodoxie einen heimlich gnostisierenden Zug. Und das ist wohl der Grundschaden aller Orthodoxie, daß sie sich auf das Erkennen beschränkt, sich selbst genügt und damit zum Schatten verkümmert. Die Warnung Luthers scheint mir nicht genügend bedacht: »Der Geist ohne Fleisch und Bein, das ist der Teufel« (vgl. WA 23, 260, 29). Daß der Geist bei Thurneysen wenig »Fleisch und Bein« hat, hängt zweifellos auch damit zusammen, daß Thurneysen über das Subjekt-Werden der Wahrheit (1, 44) nicht weiter reflektierte als abgrenzend gegen psychologische Bestimmungen. Er mußte sich gegen diese Seite absichern, weil er sich mit seiner Betonung des Kanons in Gegensatz begab gegen eine von Schleiermacher herkommende Theologie, in der das religiöse Subjekt zum Kanon geworden war. Fast möchte ich sagen: Die Situation hat ihn zur Orthodoxie verführt, wie denn andererseits der Erfolg in Marburg ihn nicht motivierte, das Peinliche seiner Lage zu reflektieren.

Die namhaft gemachten sprachlichen Signale geben ein Interesse an Sicherung kund, das nicht geeignet war, den in der Kirche herrschenden Großinquisitor zu überwinden. Nach dem Zweiten Weltkrieg kam es zu einer

Nachblüte des Historismus in der Exegese. Sie erregte Thurneysens Mißfallen, war aber die Konsequenz eines Denkens, das in »Schrift und Offenbarung« nicht überwunden, sondern wider Willen gefördert worden war. Wurde Thurneysen in der Folge zum Gefangenen seiner wohlgebauten Burg? Hatte er mit dem Schließen des Kreises nicht sich selbst eingekreist in einer Art von Biblizismus, der ihm von seinem Vater her allzu nahegelegen haben mag? Die Weichen für den Weg nach Basel und die künftige Entwicklung sind m.E. nicht zuletzt in »Schrift und Offenbarung« gestellt worden. Daß allerdings Thurneysen in der hier angezeigten Problematik nicht aufgeht, macht seine Größe aus.

Drei Jahre später stand er am Fenster und hielt Ausschau nach dem Blitz, der die Nacht erhellt. Jeremias Gotthelf aber muß dafür sorgen, daß er nicht zum Gefangenen seiner wohlgebauten Burg wird, so daß in seiner biblischen Geometrie die Schöpfung schön durchscheint.

Noch einmal Blumhardt

Er war kein Burgenfreund und stand um Gottes willen in Spannung zur universitären Theologie. Wird Thurneysen ins Offene zurückfinden, wenn ihm zwei Vorträge im Juli 1925 in Dänemark Anlaß geben, sich mit jenem erneut zu beschäftigen, der in der Freiheit der Kinder Gottes ihn zur Theologie berufen hatte? Man braucht nur an »Schrift und Offenbarung« zu denken, um zu erraten, daß die nun zu besprechende Arbeit in einer Zeit einer gewissen Distanzierung von Blumhardt entstand.

Zuerst von Karl Barth und nicht ohne mitschwingende Eitelkeit nostalgisch angemeldet: »Ich las heute in den von ›Schwester Anna‹ s.Z. mitgeteilten Blumhardtpredigten und mußte neidvoll an unsere Aargauer Zeit denken, wo wir auch noch so handlich zu reden, zu verheißen, zu versichern wußten. Hätten wir uns das nicht nehmen lassen sollen? Oder mußte es so sein? Jedenfalls da sind wir nun, und das ganze Volk steht umher und beschwatzt den interessanten Fall« (3, 295f), dann von Eduard Thurneysen festgeschrieben. Da kam sein Spiritualismusvorwurf gegen Blumhardt, demgegenüber sich die Freunde genötigt sahen, vorzustoßen »zur Gemeinde mit ihrer Lehre und Schrift als der Trägerin« (vgl. 3, 321f). Man trennte sich von Blumhardt gerade in dem Punkt, in dem Blumhardt Entscheidendes zu sagen hatte: in der Pneumatologie. Der »Lehre von der Kirche« näherte man sich, einer Neuentdeckung der Gemeinde kaum. Thurneysen sah Blumhardt im Gegensatz zur Gemeinde, was nach Kerlens Arbeit wohl als entscheidender Irrtum gelten muß. Im Januar hatte er schon geschrieben: »Über Blumhardt will ich in absehbarer Zeit etwas schreiben, jetzt nach dem Buch von Jäckh, der einfach einen frommen Pietisten aus ihm macht, erst recht« (3, 300). Im November vergleicht er die neue Schrift mit der über Dostojewski: »Mein ›Blumhardt‹ wird nächstens die Lemppsche Werft verlassen und in See stechen, als weitere kleine Pinasse (wie einst der ›Dostojewski‹) die großen Kriegsschiffe begleitend und umkreisend. Sie ist entsprechend der geförderteren Lage theologischer, als der Dostojewski es war, aber im Grunde im gleichen Sinne wie dieser einst ein nicht ganz unnützes Beispiel dafür, wie ›wir‹ ›es‹ meinen« (3, 386).

Aber schon das Vorwort zeigt Distanz, fast klingt es wie eine Entschuldigung: »Das Thema ist mir gestellt worden.« Da spricht kein Begeisterter, sondern einer, der sich mit dem äußeren Auftrag rechtfertigt. Die leise Entfremdung dem gegenüber, dem einmal die Hinreise galt, wird auch im Folgesatz deutlich, der die Motivierung, über Blumhardt zu reden, zuerst seinen Zuhörern und dann erst sich selbst zuschreibt mit der Meinung, »dass Christoph Blumhardt uns Heutigen, obwohl er nicht mehr unter uns lebt, weiterhin Wesentliches zu sagen hat« (14, 3). Im Vorwort zur Neuausgabe nach beinahe vierzig Jahren klingt es dezidierter, eher wie eine Selbstkorrektur: »Blumhardt hat die stagnierende Kirchlichkeit unserer Zeit durchbrochen, . . . ist ein prophetischer Rufer« (14, 5).

Demgegenüber bindet der Beginn der Schrift Blumhardt ins Institutionelle ein: »Wer ist *Christoph Blumhardt*? Ein schwäbischer Pfarrer, wird die bescheidene Antwort lauten müssen«. Sofort stilisiert Thurneysen Blumhardt in Richtung der Stille, wohl in der Weise, wie er ihn erlebt hat, spricht er gleich von einem, »der sein Leben, wenn er wohl auch von sich reden gemacht hat, in merkwürdig gewollter Verborgenheit verbrachte und vor ein paar Jahren in tiefer Stille gestorben ist« (14, 7). Der schwäbische Starez wird hier gesehen nach der gleichen Grundstruktur, wie Athanasius Jahrhunderte früher den heiligen Antonius gesehen hat: Indem er sich verbirgt, veröffentlicht ihn Gott selbst, nur daß bei Thurneysen das Gotteshandeln ins Anthropologische gedreht wird, »wenn er wohl auch von sich reden gemacht hat«. Sein Aufenthalt in »Volksversammlungen und Ratssälen« erfolgte »mehr nur nebenbei«. Er ist »eigentlich nie ganz aus seiner Abgeschiedenheit herausgetreten« (14, 7). »Das am meisten auffallende Zeichen seiner Zurückhaltung ist, dass Blumhardt nur selten, so gar nicht redend oder schreibend vor die grosse Öffentlichkeit trat. Er hielt keine Vorträge« (14, 9). »An die eigentliche Öffentlichkeit hat er sich erst gewendet in seinen allerletzten Jahren mit einem Andachtsbuch« (14, 9). »Er redete vor allem nie mit der Absicht, andere Leute von seinem Standpunkte zu überzeugen, sie auf seinen Boden herüberzuziehen« (14, 9f). Diese Äußerungen charakterisieren die Blumhardt-Rezeption Thurneysens. Er rezipiert primär den Seelsorger, und die Rezeption wird vollzogen von einem Autor, unterwegs zwischen Dostojewski und dem Basler Münster. Seine Blumhardt-Legende sagt sehr viel aus über den Erzähler; schon der hier skizzierte Beginn der Schrift kennzeichnet Thurneysens damaligen Standpunkt.

Der Pfarrer hat ein Interesse am Pfarrer. Die erste Charakteristik Blumhardts als schwäbischer Pfarrer verschweigt, daß er schon 1894 auf den Pfarrertitel verzichten wollte, daß ihm das königliche Konsistorium nahelegte, auf den Rang und Titel eines Pfarrers zu verzichten, was Blumhardt auch bereitwillig tat. Bei Thurneysen wird daraus eine in einem Nebensatz erwähnte Aberkennung (14, 13), eine Amtsentsetzung (14, 14), während Kerlen von einem Akt der Buße spricht (74, 49). Der Umstand, daß Blumhardt Pfarrer war, scheint gerade *nicht* charakteristisch für ihn, hat er doch nicht in einem schwäbischen Pfarrhaus gelebt, sondern horribile dictu – in einem Bad! Auch der Hinweis auf die radikalste Kirchenkritik wird relativiert: »Es gab Jahre, wo Blumhardt in seinen Predigten radikalste Kritik übte an der Kirche. Aber zu den zahlreichsten Besuchern von Bad Boll sind Pfarrer zu rechnen« (14, 13). Das »Aber« läßt vermuten, die Anwesenheit der vielen Pfarrer habe irgendwie schalldämpfend auf die Kritik gewirkt.

Das politische Engagement Blumhardts rückt von vornherein in den Nebensatz, auch wenn später darauf in positiver Würdigung eingegangen wird (14, 100ff). Thurneysen spricht distanziert als Beobachter und Interpret eher denn als Nachfolger: »Es ist in diesem Schritt nichts anderes zu sehen als eine neue, der damaligen Zeit und Lage entsprechende, reale Demonstration für das, das zu verkündigen Blumhardt sein Leben eingesetzt hatte: die Liebe Gottes zu *allen* Menschen, Gottes Stehen zur *Welt,* in der Sprache der Reformation ausgedrückt die Gerechtsprechung des *Sünders* nicht aus Werken, sondern aus Gnaden allein« (14, 101). Der Schritt Blumhardts wird schon im historischen Abstand vermessen und beim Vermessen in den Zusammenhang mit der reformatorischen Rechtfertigungslehre gebracht, also durch den Anschluß an die Tradition legitimiert. Dieses sein Vorgehen erklärt er als notwendig. (Man beachte: »Es ist . . . zu sehen«.) Warum hat unser Autor zunächst den Schritt Blumhardts hin zur Sozialdemokratie relativiert (14, 7), wenn er ihn dann später feiert: »Während die Kirche von Rechtfertigungs*worten* überfloß, wurden dort in Bad Boll diese Worte *betätigt*« (14, 101), und darüber hinaus noch in den Rang des Imitationswürdigen erhebt: »man wird nicht übersehen können, daß solche Demonstrationen (heute vielleicht wieder andere als damals!) gerade in ihrer vollen menschlichen Zweideutigkeit immer wieder notwendig und geboten sind« (14, 107)? Nochmals scheint das gebrochene Verhältnis Thurneysens zu Blumhardt durch. Der Klammersatz hebt die Vorbildlichkeit Blumhardts ins Schwebend-Verschwommene.

So abstrahiert denn auch die Stilisierung der Stille – historisch-kritisch betrachtet – von einer intensiven Reiseprediger- und Vortragstätigkeit in den Jahren 1884–1888 und von seiner späteren politischen »Agitation«. Mit der »eigentlichen Öffentlichkeit« (14, 9) meint Thurneysen die Buchhandlungen, die Blumhardts »Andachtsbuch« vertreiben. Er macht den zum Eremiten, der etwa von sich sagen konnte: »Wo die Millionen sein werden, da werdet ihr mich sehen« (zit. nach: Worte des evangelischen Pfarrers und Landtagsabgeordneten Christoph Blumhardt. Hg. von Johannes Harder, 1972, 13).

Die Betonung des »Pfarrers« verbunden mit der Relativierung des politischen Engagements sowie die Stilisierung Blumhardts zum Mann der Stille, das paßte nur zu gut zur eigenen Entwicklung des Autors. Vielleicht befinden wir uns mit der Blumhardt-Schrift an einer Bruchstelle in der theologi-

23 Kirche und Pfarrhaus
   St. Gallen-Bruggen

24 Das Antistitium in Basel

25
Der Ruhesitz
Birsigstraße 96

26
In Dänemark
27
Eduard Thurneysen
mit Friedrich Gogarten
und Emil Brunner

28
Das Schlößchen Auenstein

29
30
31
Der Zuhörer

32 Eduard Thurneysen mit Dorothee und Georges Casalis in Grächen

33 Das Stöckli auf dem Kapf

34 Das Arbeitszimmer im Antistitium

35 Die Trauung von Heinrich Hug
 1932 in Leutwil

36
Mit Konfirmandinnen im Kreuzgang

37
Eduard Thurneysen mit Karl Barth und Walter Lüthi in Blonay 1956

38
Mit Paul Siebeck in Blonay

39
Mit Rudolf Müller-Schwefe
40
Mit Helmut Thielicke
und seiner Frau

41
Mit Brigitte und Helmut Gollwitzer
42
Eduard Thurneysen mit Fräulein Trudy

43
Mit Marguerite Thurneysen in Berlin

schen Existenz Thurneysens. Die Briefe, die Thurneysen an Karl Barth nach der Dänemark-Reise schrieb, verloren kein Wort über den Mann der Stille. Der war offensichtlich für die beiden kaum mehr interessant: Der Reisebericht, den Thurneysen an Barth sandte, nahm das Motiv auf: ». . . und das ganze Volk steht umher und beschwatzt den interessanten Fall« (3, 296), nur fehlt jetzt die Selbstironie: »Dänemark ist *besetzt*« (3, 351).
Ist die Blumhardt-Schrift eine Art Grabrede auf einen Vater, und vertritt nun Karl Barth Vaterstelle an ihm? Als er ans Basler Münster gewählt wurde, gestand er dem Freund: »Ich bin eben . . . nicht einfach mehr ein ›Boller‹ im alten Sinne«, und erklärte, daß sie »über allerlei Töne« nicht mehr verfügten, »die bei Blumhardt und den Bollern noch da waren«, und meinte, bei ihnen sei alles »ein wenig mehr in Moll umgesetzt« (3, 486).

Zur Distanzierung von Blumhardt mag *Ernst Troeltsch* das Seine beigetragen haben: Von den »Soziallehren« her betrachtet, stellt »Bad Boll« sich als eine Form von Sekte dar, auf alle Fälle als eine Entwicklung, die sich folgerichtig den Vorwurf des Spiritualismus einhandeln mußte, so daß Rade Barth und Thurneysen schon 1915 abgemalt sah im Troeltsch (2, 25). Dazu kommt, daß Troeltsch selbst 1922 in Basel »Fritzli« (Fritz Lieb) gegenüber die Freunde als »Schwärmer« bezeichnet hatte, von denen er sich nur »in Ruhe gelassen zu werden« wünschte (3, 38f). Vermutlich blieb ein solches Votum des Meisters gerade auf Thurneysen nicht ohne Wirkung. Der Vorwurf Troeltschs wäre dann schlicht auf Blumhardt übertragen worden und hätte auf diese Weise seinerseits die Blumhardt-Rezeption gesteuert.

Allerdings hielt Thurneysen die Distanzierung nicht für endgültig. »Und vielleicht bleibt es ja nicht immer so« (3, 486). Daß er nicht völlig sich von dem lossagte, der ihn berufen, hat ihn bedeutend gemacht, wie andererseits die Distanzierung von Blumhardt bewirkt haben mag, daß man ihn später nur allzuschnell als Klassiker der Seelsorgelehre ins Abseits stellen konnte. Vielleicht fühlte Thurneysen, daß er hinter Blumhardt zurückblieb, hat er doch seine Schrift über ihn nicht sonderlich geliebt. Er hätte sie anders schreiben, mehr Geschichten von Blumhardt, versetzt mit Blumhardt-Worten, erzählen müssen, bekannte er später. Schließlich hatte Blumhardt, nach Thurneysens eigenem Zitat, »Reich Gottes« verstanden als »das Objektive Gottes, das eine Geschichte bildet und zu einem Erleben führt, bis der Tag kommt« (14, 38f). Implizit enthält Thurneysens Selbstkritik an der Blumhardt-Schrift eine kritische Aussage über seine eigene theologische Entwicklung. Der Hinweis auf das Manko der nicht erzählten Geschichten deutet auf den Zusammenhang von Thurneysens Stilisierung Blumhardts und seinem Spiritualismusvorwurf.

Gerhard Sauter hat Thurneysen gegenüber eingewandt, daß »Blumhardts Zurückhaltung in der Kennzeichnung der Gemeinde . . . nur konsequenter Ausdruck ihrer Armut sein will . . .«. Sauter meint, »der Vorwurf des Spiritualismus trifft – zugespitzt gesagt – im Zusammenhang dieser Periode Blumhardt nur als Kritik seiner mangelnden dialektisch-begrifflichen Präzision«, er sei nichts als »ein verfehlter Vorwurf« (Die Theologie des Reiches Gottes beim älteren und jüngeren Blumhardt, 1962, 245).

Eberhard Kerlen weist darauf hin, daß Thurneysen nach der »Gedankenwelt« Blumhardts gefragt habe, die Gemeinde von Bad Boll hingegen, »mit der Blumhardt in einem unaufhörlichen Wechselverhältnis stand«, für die Betrachtung ausfalle (74, 78). Gerade von daher scheint ein eigenartiges Licht auf den Spiritualismus-Vorwurf Thurneysens. Er wird zum Selbstvorwurf.

So bringt er die Botschaft Blumhardts auf die Formel: »Gott auf *Erden!* aber dann sofort auch: und auf Erden Gott!« (14, 49); aber schon die Betonung des »Pfarrers« deutet auf kirchliche Kanalisierung der Gegenwart Gottes im Geist zuungunsten einer Geschichte. Es ehrt den alten Thurneysen, daß er erkannte: »Blumhardt hat die stagnierende Kirchlichkeit unserer Zeit durchbrochen« (14, 5), seine Schrift aber verfaßte er in einer Zeit, da er sich anschickte, in die stagnierende Kirchlichkeit einzuschwenken.

Da er Barth die Besetzung Dänemarks meldet, wird die Stilisierung Blumhardts zum Mann der Stille nochmals bedeutsam als Korrektiv. Der nach Dänemark zu Vorträgen kam, sagte sicherlich nicht ohne Basler Selbstironie: »Er hielt keine Vorträge« (14, 9), was historisch so nicht stimmte. Eine späte Osterbetrachtung stellte er unter das Blumhardt-Wort »Ihr Menschen seid Gottes!« und sagte von ihm, er habe »die Bibel und in ihr vor allem die Evangelien ganz neu gelesen und verstanden« (54, 3). Aus der konkreten Anrede Blumhardts »Ihr Menschen . . .« wurde aber alsbald eine eher abstrakte Aussage »Der Mensch ist Gottes!« (54,4; vgl. aber 10)

Wenn sich auch im Verhältnis Thurneysens zu Blumhardt das Verhältnis der neuen »Seelsorgebewegung« zu Thurneysen vorausbildet, so fällt doch ein Unterschied schon im Vorwort von 1962 auf. Thurneysen begegnet Blumhardt nie mit der Überheblichkeit, welche die Späteren ihm gegenüber an den Tag legten. Die Blumhardt-Schrift ist insofern keine Grabrede auf einen Vater, als er mit Blumhardt nie fertig wurde und ihm zeit seines Lebens seine Dankbarkeit bezeugt hat (vgl. 39, 141ff u.a.).

Münsterpfarrer

1927–1959

. . . unerbittlich zeigten nun die Staatsrechnungen, die seit 1929 ständig mit Fehlbeträgen schlossen, daß der alte Reichtum Basels zurückging.
Paul Burckhardt

Armer Eduard, wie hast du nun so viel zu tun unter den Baslern!
Karl Barth

Ich war in Basel und habe die ganze Piste abgeschritten, reiste aber eher gern von dieser seltsamen Stadt ab, nachdem mir noch einige in besten Familien eben vorgefallene wahrhaft karamasoffische Begebenheiten das Bild gerundet hatten.
Eduard Thurneysen

Der Pfarrer in einer neuen Gemeinde

Eduard Thurneysen als Basler Münsterpfarrer bildet ein pastorales Lehrstück, ein Beispiel dafür, wie eine Gemeinde ihren Pfarrer unmerklich verändert, nicht unbedingt zu beider Vorteil. Darum soll jetzt etwas ausgeführt werden, was über Leutwil und Bruggen nur angedeutet worden ist.

Meine Mitteilungen über Basel und die Basler mache ich nicht bloß als Liebhaber dieser Stadt, durch Studium, Verwandtschaft und zwei Jahre Pfarramt in einem Vorort vielfach mit ihr verbunden, ich mache sie, weil das, was jetzt zu berichten ist, überall passiert, wo ein Pfarrer in eine Gemeinde kommt: Er hat eine Gemeinde, und eine Gemeinde hat ihn. Was er wird, wird er durch die Gemeinde. Wenn eine Gemeinde einen Pfarrer wählt, weiß sie noch nicht, was sie an ihm, wenn ein Pfarrer in eine Gemeinde kommt, weiß er noch nicht, was er an ihr hat.

Ein Pfarrer, der die Gemeinde wechselt, sollte sich vorher orientieren, sollte zumindest eine Ahnung haben von dem, was ihn erwartet, sollte wissen, was er will und was er nicht will, andernfalls wird er ungewollt und ohne es zu merken zum Produkt seiner Gemeinde. Nun nicht in dem Sinne, daß ihn die in der Gemeinde waltende Anmut der Gnade erhellt, sondern in dem Sinne, daß er Geistern ungeprüft ausgesetzt ist, die aus dem Dunkel aufsteigen. Die Frustration so vieler Pfarrer hängt nicht zuletzt damit zusammen, daß sie sich eines Teils ihrer Wirkungsmöglichkeiten begeben, weil sie sich nicht genügend Rechenschaft ablegen über den Ort, an dem sie wohnen. Sie liefern sich damit unter Umständen wehrlos dunklen Lokalgeistern aus oder nehmen die Chance nicht wahr, die ihnen der Genius loci bietet. So sagte mir seinerzeit in Berlin ein Superintendent mit triumphalem Lächeln: »Wenn die linken Brüder in die Gemeinde kommen, dunkeln sie ganz von selber nach.« Die Redeweise verrät leider mehr, als der Redende sagen wollte; die Gemeinde soll der Erhellung dienen, und jetzt dient sie der Verfinsterung. Die Frage wird sein, inwiefern der linke Bruder, der in Leutwil eine Gewerkschaft gegründet hatte, an der Basler Münstergemeinde »nachdunkelte«. Das Defizit an Pneumatologie hat dazu geführt, daß wir das Lokale theologisch nicht genügend wahrnehmen und zu würdigen wissen.

Ich erinnere in diesem Zusammenhang an den Essay von *Herbert Schöffler,* »Wittenberg im kolonialen Vorgelände«, der einen Ort schildert mit einer Hochschule ohne Tradition (Wirkungen der Reformation. Religionssoziologische Folgerungen für England und Deutschland, 1960, 110–132). Die Traditionslosigkeit von Wittenberg war eine der Vorbedingungen für das Zustandekommen der Reformation. Der Kölner Dom wäre als Kulisse zur Verbrennung der Bannbulle kaum geeignet gewesen.

Der Hinweis auf die Reformation zeigt, daß Gottes Handeln in der Geschichte seiner Kirche nicht im Raumlosen geschieht. Der Schöpfer Geist, der allein die Kirche erneuert, wirkt nicht außerorts, sondern innerorts: er zieht das Lokale in sein Schöpferwirken hinein. Er verbindet seinem Werk die Umstände; unter Umständen sind die Verhältnisse aber nicht so! Wir rühren hier an das Geheimnis der Akkommodation Gottes. Mit ihr hat es ein Pfarrer zu tun, der in eine neue Gemeinde zieht – und nicht nur er. Der Wechsel von Safenwil nach Göttingen, der Wechsel von Leutwil über Bruggen ans Basler Münster war beidemal ein Übergang in ausgeprägte Traditionen, die die Freunde beeinflußten und veränderten, und das waren beidemal Traditionen, die mehr aufs Konservieren als aufs Reformieren angelegt waren. Es war kein Zufall, daß Karl Barth in Göttingen mit »einer reproduzierenden, wiederkäuenden Epoche« begann (3, 15) und sich damit nur allzu schnell – bei aller spöttischen Distanz – dem universitären Lokalkolorit anpaßte: »Übrigens weiß dieser Hirsch wirklich gräßlich viel« (3, 23).

Von Basel und seinen Baslern

Der theologische Aufbruch geschah im Aargau in einem relativ jungen Staatswesen. Mit der Übersiedelung nach Basel kam er in eine ehemalige Bischofsstadt, in einen Stadtstaat von besonderer Prägung. Ein Basler kehrte nach Basel zurück nicht als Professor wie später Karl Barth, sondern als Pfarrer. Ein Pfarrer, der in Basel aufgewachsen, kehrte anders in eine Stadt zurück als ein Professor, der in Bern groß geworden war.
Eine Anthologie von Voten deutscher Dichter und Denker über Basel und die Basler ergibt eine Dissonanz, die etwas von der Welt ahnen läßt, in die Thurneysen hineinkam. Friedrich Nietzsche notiert: »Auch ich bin wirklich den Baslern gewogen, und es freut mich immer, einem Basler zu begegnen.« – Hugo Ball nennt Basel »die finsterste Stadt Deutschlands«. – Herbert Eulenberg beruft sich auf den Maler Arnold Böcklin, nach dem es in Basel »über vierhundert Vereine und keine vier Menschen gab«. – Frank Geerk nennt sich »Chronist dieser Stadt, die beherrscht wird von dir, o Ödipus, schwellender Zinsfuss«. – Hermann Burte reimt: »Jawohl, mein weitgereister Herr Fasler, Ich sage offen: Ich mag die Basler.« – Für Hanns Johst hat »keine Stadt Europas ein derartig abgeschlossenes Gesicht ... Hier muss die Zukunft immer ein Bestandteil der Tradition sein, wenn sie Zukunft haben will« (zit. nach *Kurt Marti*, Hg., Stimmen zur Schweiz, 1976, 149ff).
Werfen wir nochmals einen Blick auf einige Stränge der Tradition, auf das wirtschaftliche und kirchengeschichtliche Herkommen der Gemeinde; es ist stark und prägend. Vergegenwärtigen wir uns zuerst das Wirtschaftsleben der Stadt: Im Gefolge des Basler Konzils (1431–1449) kam die Papierfabrikation in Basel auf. Nach der Gründung der Universität verlieh der Buchdruck der Stadt Glanz und Ruhm. In der Gegenreformation kamen Exulanten aus Italien, Frankreich und den Niederlanden. Sie führten die Seidenindustrie ein. Auch andere Textilindustrien entwickelten sich. Während im 19. Jahrhundert Zollschranken errichtet wurden, begann, da die Seidenfär-

bereien Farbe brauchten, 1850 die chemische Industrie, ein heute die Stadt bestimmender Wirtschaftszweig. Handelsstadt seit alters her, blühte in ihr das Bank- und Versicherungswesen. Schon vor 1875 hatte der Staatsschreiber Gottlieb Bischoff »eine obligatorische Krankenversicherung der arbeitenden Klasse vorgeschlagen« (67, 300). Vor dem Ersten Weltkrieg wurde in Basel die erste öffentliche Krankenkasse der Schweiz, 1929 die internationale Zahlungsbank gegründet (vgl. *Traugott Geering*, Die wirtschaftlichen Kräfte Basels, in: Basel. Ein Stadtbuch, 1932, 111ff). Charakteristisch für die wirtschaftliche Entwicklung: Sie wurde in hohem Maße getragen von den alteingesessenen Familien.

Die Gemeinde, in die Eduard Thurneysen kam, ist in sozialer und lokaler Hinsicht gespalten in einen oberen und unteren Teil. Im Sankt-Alban-Quartier, in der »Dalbe«, wohnen die Fabrikanten und Geschäftsleute und in der »Breite« die kleinen Leute. – In Leutwil war er der Freund der Armen, von den Reichen abgelehnt. Wie soll es in Basel werden?

Hineinverflochten in die Handels- und Industriestadt ist eine alte humanistische Tradition und die des frommen Basel. Zwei Schritte von seinem Studierzimmer im Münsterhof findet sich nicht das Grab eines Heiligen oder Scholastikers, wohl aber das des größten Humanisten, Erasmus von Rotterdam. Basel ist die Stadt mit einer ausgeprägt humanistischen Tradition, überlappt vom Puritanismus und Pietismus, der in Basel besonders in Blüte stand, war doch die Christentumsgesellschaft, 1780 in Augsburg gegründet, in Basel besonders fruchtbar, wie sich in folgenden Gründungen zeigt: 1804 die Basler Bibelgesellschaft, 1815 die Basler Mission, 1820 die Rettungsanstalt in Beuggen, 1870 die Pilgermission auf St. Chrischona. An der Engelgasse baute das fromme Basel eine Kapelle, in der nur rechtgläubige Prediger nur Rechtdenkenden predigen durften. Den beiden Traditionen entsprechend formierten sich in der Basler Kirche zwei Gruppierungen, die Gruppe der sogenannten »Reformer« und die der »Positiven«, von denen schon die Rede war.

Goethe hat geschrieben:
»Zwei Gegner sind es, die sich boxen,
Die Arianer und Orthodoxen.
Durch viele Säkla dasselbe geschicht,
Es dauert bis an das jüngste Gericht.«
(Zahme Xenien IX)

Die Reformer oder Freisinnigen oder Liberalen fußten auf der Theologie des Hegelianers Alois Emanuel Biedermann. Vom politischen Liberalismus der Zeit kräftig unterstützt, errangen sie die »Vorherrschaft an den theologischen Fakultäten und in den kantonalen Kirchen« (*R. Pfister*, RGG³ V, 882). Eine der seltsamsten Blüten dieser Partei war das Verbot des Apostolischen Glaubensbekenntnisses in der Thurgauer Kirche. Viele Pfarrer der »Liberalen« kamen aus der Ostschweiz. Der Engsinn freisinniger Glaubensbrüder

bewog einen Mann wie Ragaz, einen Ruf auf eine Professur an der Berner Universität abzulehnen (83,I, 242f). Die Positiven oder die Rechten hoben sich nicht so sehr durch ihre Rechtgläubigkeit hervor als durch ihre Opposition zum herrschenden Freisinn, verbunden mit ängstlichem Festhalten an der Tradition.
Karl Barth begann als Redaktionssekretär der »Christlichen Welt«, Thurneysen als Verehrer Wernles. Sie kamen also aus der liberalen Theologie. Aber sie konnten sich offenbar mit dem Freisinn als Kirchenpartei nicht anfreunden. Schon 1913 hatte der Safenwiler Pfarrer den neuen Kollegen aufgefordert, sich in der Aargauer Synode »der . . . äußersten Rechten« anzuschließen (2, 3). Die Fraktion dieser »äußersten Rechten« bestand zur Hälfte aus dem politischen Linken Karl Barth. Sie hatte nur zwei Mitglieder!
Der Impetus der jungen dialektischen Theologie stellte sich quer zum herrschenden Kirchenwesen und schickte sich an, das liberale wie das positive Christentum zu überholen. In ihren Briefen manifestierte sich die Distanz der beiden Aargauer zu den »Positiven«. Wie wird Thurneysen in Basel sich zurechtfinden, wo sich die Lage seit einer Predigt von Leonhard Ragaz aus dem Jahre 1908 noch nicht wesentlich geändert hat?

»Schauet nun aber unsere *Basler Kirche* an. Hier haben wir nicht bloß zwei Geistesrichtungen, die miteinander ringen, sondern zwei *Parteikirchen*, die bis ins kleinste hinein als solche organisiert sind. Die gemeinsame Verfassung ist nur ein loses äußeres Band, das kirchliche Leben vollzieht sich in den Parteiorganisationen. Jede Gemeinde hat ihren positiven und reformerischen Gemeindeverein, ihren positiven und reformerischen Frauenverein, ihre positive und reformerische Krankenschwester, ihre positiven und reformerischen Kinderabende oder Sonntagsschule, ihre positiven und reformerischen Jugendvereine usw. Predigt und Kinderlehre sind nach dem Parteigesichtspunkt geordnet, zum Abendmahl gehen wir getrennt. Ich sage euch: *Es ist in unser Kirche nicht ein Fuß breit Raum für einen Mann, der keiner der beiden Parteien angehören will. Wir sind keine christlichen Gemeinden, wir sind nur Parteigemeinden*« (Gottesdienst und Parteidienst, in: »Der Aufbau«, Separatdruck, 1958, 6).

Ragaz war seinerzeit von den sogenannten »Freisinnigen« gewählt worden, wandte sich aber – sehr zum Mißfallen seiner Parteifreunde – gegen die Zertrennung der Kirche. Er wirkte 1902–1908 am Basler Münster. Man wurde also in Basel nicht so sehr Pfarrer einer bzw. zweier Gemeinden – der unteren und der oberen –, sondern Pfarrer einer kirchlichen Partei, und die Partei war als Verein organisiert.
Wenn es nach Arnold Böcklin in Basel »über vierhundert Vereine und keine vier Menschen gab«, so waren die »Parteigemeinden« Vereinsgemeinden nach der Devise:

»Laßt uns in Vereine treten,
denn der Mensch ist für Vereine da
und allein in Sozietäten
tritt der Mensch dem Menschen nah.«
(Zum Problem der Richtungen: *Eduard Buess*, Die kirchlichen Richtungen, ThSt 36, 1953).

Soziologisch zwei Gemeinden und faktisch zwei Sonderkirchen in einem Zweckverband. Humanismus und »o Ödipus, schwellender Zinsfuss« erwarteten den Neununddreißigjährigen. Der Tradition begegnete er schon in seiner neuen Wohnung: Das Pfarrhaus, Münsterhof 2, trug den Namen »Antistitium«, hatte siebzehn Zimmer, Sonnenhäuser und Mansarden (85, 11) und war kalt und sonnenlos (85, 19). Von 1530–1911 führte der erste Pfarrer am Münster den Namen »Antistes«. Er führte im Namen der Pfarrerschaft den Verkehr mit der Stadtobrigkeit und war der «primus inter pares« unter den Pfarrern. Die Würde des Amtes hing immer noch in den Räumen, die er fortan bewohnen sollte. In gewisser Weise wurde er der Pfarrer der ganzen Stadt, tatsächlich ihr erster Pfarrer, wenn er auch nicht deren Kirchenleitung präsidierte. Das Münster war und ist ein Predigtzentrum, aber es verbindet nicht. Die Kanzel steht hier noch höher als in den anderen Kirchen der Stadt. Das Gehalt war niedriger als in Sankt Gallen; aber an Neujahr kamen aus der »Dalben« traditionsgemäß »Couverts« ins Antistitium, Neujahrsgelder der Reichen, die das dürftige Gehalt aufbesserten. Er, der von Haus aus nicht eigentlich zum »Teig« gehörte, wurde zum Pfarrer der Leute, die auf eine unnachahmliche Art zu sagen wissen: »Das macht me nit«. Man übt in diesen Kreisen eine scharfe Zunge und behält bei hoffentlich schwellendem Zinsfuß ein gutes Herz. Wer zum »Teig« gehört, ist beinahe mit jedem verwandt, der auch dazugehört. Nirgends hat man so viele Vettern und Basen wie gerade in Basel, und wer auf sich hält, weiß in der Genealogie Bescheid: Die Heiligenfeste des Mittelalters gehen weiter: »Familientag«. Da hält der Clan Heerschau. Man hat wie an Weihnachten »sich wieder einmal gesehen und ein ganz klein wenig dabei gegähnt« (an R. und G. Pestalozzi, 27.12.1931).

Vielleicht wird Thurneysen erfahren, was *Leonhard Ragaz* in seiner Autobiographie beschreibt: »Im übrigen enthüllte Basel nach und nach auch seine nicht kleinen Vorzüge. Man muß in Basel sozusagen eine Quarantäne durchmachen, muß einen Stachelwall von Unfreundlichkeit, abweisendem Hochmut, ängstlichem oder überheblichem Mißtrauen durchmachen. Der ›Spion‹ über den Haustüren, das heißt ein ovaler Spiegel, der das Bild des vor der Türe Stehenden weitergibt, muß zuerst ansagen, wer unten stehe, bevor man die Türe öffnet, und ist für die Basler Art charakteristisch. Aber wenn die Quarantäne vorüber und der Stachelwall durchbrochen ist, dann ist man in Basel auch daheim. Dann wird man sozusagen in die Familie aufgenommen, als Eigener behandelt und mit großer Treue festgehalten. Dann offenbart die Basler Art ihre Schätze. Unter der stachligen Schale verbirgt diese baslerische Art ja einen kostbaren Kern von Ernst, Tiefe, Gescheitheit, Kultur und neben der konservativen Befangenheit die Fähigkeit zu einer großen geistigen Freiheit. Mit Zürich verhält es sich umgekehrt« (83,I, 245).
August Rüegg wird 1943 schreiben: »Es weht eine kalte Luft in Basel, kälter als in Zürich ... Wie gut bekommt sie uns doch. Da läßt man sich nichts vormachen von großtuerischer und machtvoll sich gebärdender, alles auffressender Superlativrhetorik« (Von Basels Geist und vom Charakter der Basler, 9f). Wenn Rüegg damit den Prediger am Münster schon heimlich porträtiert, so mit dem folgenden Satz schon ein wenig den Seelsorger: »Man nimmt es in Basel in allen Dingen und mit allen Menschen peinlich genau, ohne dabei in bürokratische Starrheit und Sturheit zu verfallen und sich gegen den gesunden Menschenverstand zu versündigen ...« (ebd., 13).

Nichts mag für die Geistesart der Stadt, für die geistige Freiheit wie für die Ablehnung jeder Superlativrhetorik charakteristischer sein als sprachlich die Vorliebe für den Diminutiv. Der alte Eberhard Vischer war der »Bäppeli«, sein Sohn Wilhelm der »Helmi« Vischer, während der sich in Basel niederlassende Erzherzog Eugen von Habsburg-Lothringen schlichtweg der »Erzi« genannt wurde. Friedrich Dürrenmatt hieß »Dürri«. Eduard Thurneysen sprach den Dialekt mit seiner Vorliebe für die Verkleinerungsform.

Der bequemere oder unbequemere Lift

Die Wahl ans Münster verlief unglatt. Die Basler hatten zunächst einen anderen im Sinn, allein eine Gruppe junger Menschen setzte sich für ihn ein, während die »Urpositiven« – so Marguerite Thurneysen – gegen ihn waren. Er selbst fühlte sich als »zweite Garnitur«. Allein das Münster lockte mehr, als es ängstigte. »Ich halte es immer noch für ein Märlein«, schrieb er an den Freund und sah sich selbst vielleicht ein wenig als Prinz. Aber sogleich zeigte er sich der tiefen Problematik bewußt und entschuldigte sich: ». . . ich wünsche mir wirklich ausgerechnet das Münster zuletzt, du lieber Himmel, wenn an einer Kirche könnte man an dieser aus- und aufgesogen oder aufgerieben werden von der Basler Atmosphäre, verbraucht, nicht wirklich zu Worte kommen, nach mühseligen Jahren einfach als Abgefahrener dastehen müssen, zu leicht erfunden, ich sehe alles, alles vor mir . . .«. Die Argumentation scheint auf die eigene Person bezogen, die er hinter einem »man« versteckte. Das Märchenschloß »Münster« hatte ihn offenbar in seinen Bann gezogen; »aber ich sehe, *wenn* es käme, keine vernünftige Möglichkeit, auszuweichen. Man hat sich weit genug vorgewagt und wird nun beim Worte genommen, wenn es auch zum Gerichte wäre« (3, 461).
Hatte er in diesem Augenblick den Großinquisitor vergessen, oder wirkte die Verdrängung des Institutionellen nach? Wie konnte er sonst »keine vernünftige Möglichkeit« sehen »auszuweichen«? War seine Vernunft dermaßen eingespielt auf den »Common sense«, wonach es vernünftig sei, immer die Stelle mit der größeren gesellschaftlichen Reputation anzutreten, so daß er in seiner Entscheidung schon völlig eingeengt erscheint?
Thurneysen verhält sich resignativ, wirkt fatalistisch, entscheidungsschwach. »Es wird auch da irgendwie unerbittlich geschehen, was in den Sternen geschrieben steht.« Er verhält sich passiv: »Gerührt habe ich wirklich keinen Finger und kann also auch jetzt nichts anderes als zusehen, zusehen, was mit einem geschieht« (3, 462). Der Wechsel von »ich« zu »einem« signalisiert den Voyeur seiner selbst; da ist keine Passivität des Ich, die eine solche des Glaubens wäre. Die Basler ließen sich Zeit, und der Basler Thurneysen mokierte sich gegenüber dem Basler Barth über die Basler: »ich erwartete eigentlich gestern in der Predigt etwa einen Baslerkopf auftauchen zu sehen – aber du liebe Zeit, keine Rede davon, das käme ja schon ganz einfach zu teuer, solch eine Reise! . . .« (3, 470f). Die Pünktlein nach dem Aus-

rufezeichen lassen noch mehr baslerische Bosheiten über die Basler vermuten. Nach einem Ondit gehörte Thurneysen »doch wirklich nicht ans Münster, sondern allenfalls nach Klein-Basel zu den kleinen Leuten«. So kam es denn auch zu einem Dramolett, das einen »Stachelwall von Unfreundlichkeit« sichtbar machte: Nach einer Probepredigt »nicht gerade unter dem Eindruck großen Kontaktes« war jedermann überzeugt, »die Sache sei nun im Blei« (3, 476). Die Wahlkommission wollte ihn vorschlagen. In einer Wählerversammlung aber wurde mit 85 gegen 45 Stimmen der Vorschlag abgelehnt und ein Zweier- oder Dreiervorschlag verlangt: »Fasse dich! Das von keinem Menschen, zu allerletzt von mir selber Erwartete ist eingetreten: ich bin am Montag in Basel in der Wählerversammlung einer wohlvorbereitet und überraschend vorbrechenden Opposition glatt und völlig zum Opfer gefallen . . . als Grund wurde angeführt: Thurneysen ist ein Barthianer, und ›wir wollen auf der ehrwürdigen Münsterkanzel keinen solchen!‹« (3, 475).

«Barthianer« wirkte als abschreckendes Etikett, das klarstellte, wie man ihn verstand, nicht als Genossen Barths, sondern als seinen Gefolgsmann. Thurneysen erhielt unter allerlei Zuschriften eine anonyme Postkarte, die zum Ausdruck brachte, wie sehr und wie man ihn als Barthianer begriff:
»Andere tragen den Bart,
doch du wirst vom Barthe getragen.
Blendend gleißt er,
und drum irrlichtelierest auch du.
Eng und steil ist die Treppe,
die zur Münsterkanzel emporführt.
Doch der begeisterte Clan
baut den bequemeren Lift« (3, 478, Anm. 3 und 493, Anm. 1).
Noch im Alter erinnerte er sich an diese Karte und kommentierte: »Gut gesagt, wa?« (an W. Vischer, 1.6.1970) In der Tat!
Noch 1940 skizzierte *Paul Geßler* die Situation bei Pfarrwahlen, bei der sich Positive und Liberale auf die Parole einigten: »Nur keinen Dialektiker!« (70, 7). Die Irritation und die Faszination, die Barth und mit ihm die Barthianer erweckten, schlug sich nieder in einem Vortrag, den *Paul Burckhardt* am 11. März 1927 – mitten im Gerangel der Pfarrwahl am Münster – hielt: »Was sagt uns die Theologie Karl Barths und seiner Freunde?« Der angesehene Schulmann und Lokalhistoriker vertrat die These: »Es handelt sich« bei der Auseinandersetzung um die neue Theologie »nicht um ein scholastisches Schulgezänk, sondern um einen geistigen Kampf allererster Ordnung« (66, 7; vgl. 10f). Über die Wirkung frühbarthianischer Predigt hieß es, viele Zuhörer merkten bloß, »daß ihnen schroffe oder seltsam scheinende Behauptungen vorgetragen werden, die mit dem nicht übereinstimmen, was ihrem religiösen Denken und Empfinden entspricht; es kommt ihnen sogar zuweilen vor, es werde ihnen ein unverdaulicher Brocken als Lebensbrot von der Kanzel zugeworfen . . .« (66, 7f). Paul Burckhardt hob ins Allgemeine, was ihm bei einigen Barthianern begegnet, daß das von Barth Entdeckte »etwas Starres und für die Nichteingeweihten Scholastisches bekommt; oder, wie sich K. Barth selber ausdrückt, daß er für den Erfolg seiner Bücher mit der Existenz von regelrechten ›Barthianern‹ gestraft worden ist« (66, 8). Auch wußte er: »Wenn ernste Christen . . . an dieser neuen Theologie, die ihnen in Predigt oder Druckschrift verkündigt wird, irre werden, so ist das wahrhaftig kein Wunder« (66, 43). Aber Burckhardt vermochte als einer, der »in dieser Theologie eine Stärkung und Be-

festigung« für seinen eigenen Glauben gefunden hatte (66, 10), die neue Theologie sehr klar und nicht unkritisch zu würdigen. Er rechtfertigte, ohne darauf Bezug zu nehmen, auch den Wahlkampf.

Thurneysen hielt die Kandidatur aufrecht, indessen Barth zum Rückzug riet. Der Lift hingegen funktionierte. In einer zweiten Wahlversammlung wurde er nochmals mit 127 gegen 73 Stimmen vorgeschlagen (3, 483). Er begründete sein Durchhalten damit, »daß nun wirklich eine Sachfrage aus der Wahlfrage heraussprang« (3, 484). Am Sonntag darauf wurde er mit 896 gegen 213 Stimmen gewählt. Zu den Merkwürdigkeiten Basels gehörte auch: Seit 1917 hatten im traditionsbewußten Basel die Frauen das Stimmrecht.
Der Brief an den Freund nach Göttingen klingt wie ein heimlicher Hilfe- und Notruf, wie eine wilde, aber innerlich unsichere Entschlossenheit: »Ich habe nun also zu gehen. Du aber, Karl, hast noch mehr als unser Freund Lukas Christ ein Stück Verantwortung auf dir dafür, daß ich nun wirklich gehe. Denn auf dich habe ich in Bruggen sehr gehört, als wir von dem relativen Sinn redeten, den ein solcher Schritt immerhin haben könne, und mir Mut machen ließ dazu« (3, 486).
»Der Mensch ist ein Geheimnis« – auch im Dual von Verantwortung und Geschick, von Vorherbestimmung und Entscheidung. An sich scheint der Gang ans Basler Münster für Eduard Thurneysen natürlich, war doch Basel seine Heimatstadt, mit der er und seine Frau sich vielfach verbunden fühlten. Andererseits wurde er durch diese Wahl in einer irreversiblen Weise festgelegt, so daß man sich fragen muß, ob die Rede »von dem relativen Sinn« eines solchen Schrittes nicht in einem falschen Sinne erbaulich war, indem das Hiesige im Blick auf das Künftige nicht auf – sondern abgewertet wurde. Möglicherweise wurde der Zusammenhang des Vorletzten mit dem Letzten nicht genügend gesehen. In der zitierten Briefstelle schob Thurneysen »ein Stück Verantwortung« den Freunden zu, übernahm damit den Hauptteil und stellte die Entscheidung als unausweichlich dar; Barths Rat zum Rückzug kam für ihn »zu spät. Die Predigt war gehalten, ich war engagiert, und alles rollte mit unheimlicher Schnelligkeit seinem Ende entgegen« (3, 486). Thurneysen deutete damit Schicksalhaftes an, aber es klang nicht gerade jeremianisch: »Ich weiß, o Herr, daß es nicht in des Menschen Macht steht, seinen Weg zu bestimmen, nicht bei dem Wandersmann, seinen Schritt zu lenken« (Jer 10,23).
Mit der Wahl Thurneysens taucht ein Problem auf, das immer wieder im Christenleben zum Vorschein kommt und im Pfarrerleben bei der Frage des Stellenwechsels konkret wird: Wir stehen in der Spannung zwischen Vorherbestimmung und eigener Entscheidung, einer Spannung, die ausgehalten sein will im Gebet und im Gespräch mit Freunden, genauer mit der Gemeinde, denn der Heilige Geist leitet mit der Kirche auch den einzelnen durch das Gespräch.
Es lohnt sich, die Wahl Thurneysens ans Münster als Lehrstück zu meditie-

ren: Einmal kommen wir häufig in die Lage, uns mit einem Rat am Entschluß eines Freundes zu beteiligen. Daher ist es gut und auch entlastend, wenn man wie die Freunde in Bruggen einen solchen Schritt relativieren kann. Zum andern denke ich, daß wir als Ratgeber hier oft zu schnell und eilfertig raten, indem wir nicht nur die Zukunft einer Gemeinde nicht überblicken, sondern auch die Verhältnisse, die bestimmenden Faktoren zu wenig kennen. Das Gespräch in Bruggen zeigt, daß Geistesleitung durch das Gespräch menschlicher Fragwürdigkeit nicht enthoben ist. Man kann – soll man einen Rat geben – den Horizont nicht genau genug abklären, in dem dieser Rat gegeben wird, und wir müssen wissen, daß wir mit unserem Rat oder Nicht-Rat Verantwortung für den anderen übernehmen.
Das Lehrstück führt uns einen entscheidungsschwachen Thurneysen vor, sich selbst gegenüber zwiespältig, sich treiben lassend, wünschend, fürchtend, halb zog es ihn, halb sank er hin. Gerade der Wechsel von »ich« zu »man« oder »einem« verrät eine Ich-Schwäche, die allemal in solchen Entscheidungszeiten droht und der brüderlichen Paraklese bedarf, der Ich-Stärkung, in der aus dem »man« ein »ich« wird; es ist vorauszusehen, daß die Ambivalenz, in der sich Thurneysen der Wahl stellt, die mangelnde Klärung seiner Motive und Ängste in der Spannweite von »Märlein« und »Gericht« ihm kaum helfen werden, dem starken Sog der Tradition gerade dieser Gemeinde zu widerstehen, einem Sog, dem er von seiner theologischen Erkenntnis her widerstehen müßte.
Für eine Pfarrer-Existenz sind hier vor allem zwei Überlegungen wichtig, die Frage, wo man anfängt, und die Frage, wo man die letzte Zeit seines Lebens zubringt. Der Schritt von Leutwil nach Sankt Gallen war – wenn ich so sagen darf – korrigierbar, der Schritt von Sankt Gallen nach Basel nicht – oder nur sehr schwer. Ein nur schwer oder geradezu unkorrigierbarer Schritt bedarf besonders sorgfältiger Erwägung.
In der Regel wechseln wir die Stellen, sei es nach Gesichtspunkten des Prestiges, sei es nach finanziellen Gesichtspunkten. Auch der Theologe lebt seinem Beruf unter dem Gesichtspunkt des sozialen Aufstieges, der ihn dann in soziale Zwänge versetzt. In der Zeit des Zweiten Weltkriegs hatte Karl Barth Thurneysen geraten, wieder Pfarrer auf einem Dorf zu werden. Aber das konnte er offenbar so wenig, wie Barth seinerzeit Thurneysens Rat, die Professur mit der Nachfolge Kutters zu vertauschen, hatte befolgen können (3, 337ff).
Es ist nicht auszudenken, welche Signalwirkung im einen oder anderen Fall ein laufbahnwidriges Verhalten gehabt hätte; unser Karrieredenken widerspricht der Regel Jesu, der den Jüngern ein Kind vorstellt: »Wer sich selbst erniedrigt wie dieses Kind, der ist der Größte im Reich der Himmel« (Mt 18,4).

Die Stadtfähigkeit

Der »doch wirklich nicht ans Münster« gehörte, wurde installiert. Nach erfolgter Einführung meinte der Münsterorganist zu einer seiner Schülerinnen: »Ein gescheiter Mensch, aber kein Münsterpfarrer.«
Aller Anfang ist schwer. Aber Thurneysen kam wohl gerüstet. »Er hatte sich von Anfang an sehr gut eingeführt, er war kolossal geschickt im Umgang mit Leuten«, sagte ein alter Kirchenvorsteher. Als Seelsorger machte er Besuche im unteren Teil der Gemeinde. In den oberen Teil ging er nur, wenn er gerufen wurde, was ihm einmal eine vornehme Dame übelnahm. Aber er gewann das Vertrauen der Basler Gesellschaft.
Dem Prediger hatte man im »Stachelwall von Unfreundlichkeit« vorausgesagt, daß er das Münster nie füllen werde. Eines Sonntags meinte ein Kollege von der anderen Partei – und die Sprache enthüllte seinen Kirchen- und Gottesdienstbegriff –: »Ein ausverkauftes Haus«. Damit war er anerkannt und blieb es. Sicherlich hat eine Schrift wie die des Rektors Paul Burckhardt (66) das Ihrige zu diesem Erfolg beigetragen. Die Hörerschaft, die er gewann, hielt ihm bis in sein hohes Alter die Treue. »Es waren große Zeiten, als er und Wilhelm Vischer, die beiden Barth-Schüler, in der Münstergemeinde predigten«, sagte der Kirchenvorstand und markierte damit nochmals die in Basel veränderte Stellung zu Barth. Thurneysen galt durchaus als Schüler, aber er bescherte mit seinem Freunde Vischer zusammen »große Zeiten«.
Ein nachdenkenswertes Phänomen: Die Treue der Gemeinde, erklärbar nicht nur aus den von Leonhard Ragaz entdeckten Qualitäten der Basler; Thurneysen gewann als Seelsorger ein hohes Prestige und rechtfertigte es als Theologe, der theologisch ständig weiterarbeitete und bei wachsender Routine nicht einfach in seiner Schablone aufging. Könnte aber das Phänomen seines Publikumserfolges auch ein Hinweis sein dafür, daß er sich nur zu gut eingeführt hatte und als Basler nur allzu willig den Baslern ein Basler wurde?
In einem Brief vom 27.3.1927 an den Freund erinnerte er sich in einem Postskriptum an die frühere Zeit, da die beiden Biographien von Pietisten gelesen hatten: »Weißt du noch, wie wir im Aargau dachten über die stadtfähig gewordenen Pietisten? Und nun sind wir selber so weit!« (3, 474). Als Thurneysen sich 1917 mit Spleiß beschäftigte, der nach seinem Urteil »wirklich ein selten kräftiger Pietist« gewesen, gewann er die Einsicht, »daß man alle Erkenntnisse nicht nur um ihrer selbst willen haben darf, sondern nur als Schlüssel, mit dem es Türen zu erbrechen gilt.« Spleiß legte ihm die Frage vor, wie jemand, der »doch anfangs auf dem prophetischen Weg« gegangen war, zum Antistes werden konnte. »Es macht doch einen seltsamen Eindruck, wenn man seine Zeugnisse aus den Jahren der Kraft liest und dann weitergeht und sieht, daß es zu nichts Stärkerem kommt als eben zu einer Erweckung und Anstaltsgründung und endlich zum Antistes« (2, 214f). Nicht die Reihenfolge, wohl aber die Tiefenstruktur seiner eigenen

Biographie verläuft in eigentümlicher Ähnlichkeit zum »selten kräftigen Pietisten« – »und endlich zum Antistes«: Erweckung hieß jetzt »ein ausverkauftes Haus« und die Anstalt, die er gründete, »Die Lehre von der Seelsorge«.

Da in Basel die Zukunft ein Bestandteil der Tradition sein muß, wenn sie Zukunft haben soll, bleibt zu vermuten, daß die Tradition eine Macht war, die der theologische Neuerer nicht genügend reflektierte, der er ziemlich wehrlos ausgeliefert war, um so mehr als er Erfolg hatte. Wer aber prüft die Geister des Erfolges und weiß zu unterscheiden zwischen »Segen« und »Verführung«? Auch in unserem Verhältnis zu den Toten wirkt sich »Segen« aus, »Verführung« oder gar »Fluch«. Wo vierhundert Jahre ein Antistes wohnte, einer nach dem andern, war das Herkommen in besonderer Weise mächtig. Bischofssitze sind nicht ohne weiteres Gnadenorte, weil sie Zentren von Macht waren, die je und je zur Sünde verführten. Wenn Thurneysen nun durch den Kreuzgang ging, mußte er an Grabplatten vorbei, die nach jeder Osterpredigt noch da sein würden. So weht durch ein Münster allemal ein Hauch von »Triumph des Todes«, vielleicht deshalb, weil man vergißt, daß die in Christus Entschlafenen in Sünde und Gnade zur Gemeinde gehören. »Ihm leben sie alle« – wie der Münsterpfarrer am Grab nicht müde wurde zu betonen (vgl. 57) – ein in hohem Grade polemischer Satz, ein Gegenwind gegen alle Todesluft.

Breughel hat ein Bild gemalt, das auch die neue Situation Thurneysens deutet. *Elias Canetti* hat es gesehen: »Hunderte von Toten, in Form von Skeletten, sehr aktive Skelette, sind damit beschäftigt, ebensoviele Lebende zu sich hinüberzuziehen. Es sind Figuren jeder Art, sei es in Massen, seien es Einzelne, nach ihrem Stand erkennbar, in ungeheurer Anstrengung, ihre Energie übertrifft um ein Mehrfaches die der Lebenden, denen sie sich zugewandt haben. Man weiß auch, daß es ihnen gelingen wird, doch ist es noch nicht gelungen. Man steht auf der Seite der Lebenden, deren Abwehr man stärken möchte, aber es verwirrt einen, daß die Toten lebendiger erscheinen als sie. Die Vitalität der Toten, wenn man es so nennen will, hat einen einzigen Sinn, nämlich den, die Lebenden zu sich herüberzuholen. Sie zerstreuen sich nicht, unternehmen nicht dies oder jenes, es gibt nur das eine und einzige, das sie wollen, während die Lebenden auf vielfache Weise an ihrem Dasein hängen« (a.a.O., 132f).
Was Canetti an Breughel aufgeht, hat der Aargauer *Hermann Burger* in seinem Roman »Schilten« skurril dargestellt: »den totalen Einbruch des . . . Friedhofalltags in die Schulsphäre«, den es »zu verhindern« gilt. »Wir waren also von allem Anfang an in der Defensive« (1977², 72). Mit welchem Einbruch ist von all den Epitaphien her zu rechnen? Der heilige Antonius wohnte in einem Grab. Er tat es bewußt, um den »sehr aktiven Skeletten« zu widerstehen. Elias Canetti schreibt von sich: »Die Energie dieser Abwehr, hundertfach abgewandelt, ist auf mich übergegangen und mir war seither oft zumute, als wäre ich alle diese Leute zusammen, die dem Tod widerstehen« (a.a.O., 133).

Ich meine, Eduard Thurneysen befindet sich nun an dem Ort, wo »die Vitalität der Toten« in besonderer Weise aktiv wird, um »die Lebenden zu sich herüberzuholen«. In der »Energie dieser Abwehr« wurde Thurneysen zum Seelsorger. Die Frage ist, ob er selbst genugsam für seine Seele sorgte, ob er – um mit der vita Antonii zu reden – genugsam den Lokaldämonen Widerstand geleistet hat. Hier gibt es Wirkungen ins Unbewußte hinein, denen sich keiner verschließen kann.

Herbert Schöffler hat diesen Sachverhalt an den Gegnern Luthers demonstriert: »Man kann die Geistesgeschichte völlig rational betrachten – die Traditionsgeladenheit des Bodens ist eben doch eine Kraft, die der Rationalste (und vielleicht gerade er, wenn er es in einem intelligenten Sinne ist) nicht aus der Rechnung entfernen kann. Wie war es doch mit den ersten Hauptgegnern Luthers: Hochstraten las Kolleg vierhundert Schritte vom Grab des Duns Scotus entfernt, sein Katheder stand zweihundert Schritte vom Grabe des Albertus Magnus, fünfzig Schritte vom Schrein der heiligen Drei Könige. Zwischen Berthold von Chiemsee und Eck, dem Ingolstädter Ordinarius, lag das Grab Occams. Wer die virtuellen Werte solcher Nachbarschaft nicht anerkennt, dem ist nicht zu helfen. Sie alle, Hochstraten, Berthold, Eck, Wimpina, Emser, Dungersheim, Cochläus, wohl alle namhaften Gegner Luthers sind im Kraftfeld des Limes geboren. Die Menschlein sehen diese bestimmenden Tatsachen ihres Lebens – gegen deren Wucht einige energische Köpfe anzugehen vermögen, die meisten nicht – vielleicht selbst nicht. Aber aus ihrem Munde sprechen dann Dinge, die über aller persönlichen Entscheidung stehen« (a.a.O., 125f).

Das Grab des Erasmus war es nicht, das ihn bestimmte, wohl aber die Vorgänger im Antistitium mehr und mehr – und wenn die Basler ihm den Spitznamen »dr Bedittend« gaben, mochte das böse Basler Lästermaul den Lebenden mit der Bedeutung der Vorgänger zusammenbringen. Wenn der Anonymus ihm zurief, »du wirst vom Barthe getragen«, so konnte er ihn später als von den Antistites »getragen« ansehen.
Basel hat ohnedies eine eigentümliche Nähe zum Tod; die Pest- und Erdbebenzeit wirkt irgendwie nach, der Triumph des Todes ist nicht weit, und der Totentanz läuft nicht nur über Holbeins Holzschnitt. Auf der Mauer des Kirchhofes des Dominikanerklosters prägt er sich den Kindern ein und im Kehrreim bis heute: »Ach lieber Tod von Basel, Bi-Ba-Basel . . .«.

Philippe Ariès hat eine faszinierende »Geschichte des Todes« geschrieben (1980). Wenn er eine Geographie des Todes schreiben würde, dann müßte m.E. Basel ein besonderes Kapitel bekommen. Möglicherweise wäre zu zeigen, in welche Nähe zur chemischen Industrie der Tod von Basel gerückt ist, daß diese Todesnähe die chemische Industrie erst ermöglicht hat.

Wie begegnet Thurneysen dem baslerischen Triumph des Todes? »Ich lese immer wieder in Bezzels Predigten und in seinem Büchlein übers Amt. Da läßt sich etwas schöpfen, was früher sicher in der Kirche in ganz anders reichem Masse vorhanden war, reicher auch noch, als es bei Bezzel sich findet, wo es nicht ganz frei ist von allerlei Seltsamkeiten, und was das eigentliche Leben der Kirche ausgemacht hat. Hätten wir wieder etwas davon wir arme Neunzehnjahrhundertleute« (an Georg Merz, 18.8.1927).
Und wie soll man das darstellen, einen Mann, der zweiunddreißig Jahre lang gräbernah gegen das Anrücken des Todes seinen Tag zu bestehen hat? Soll man zweiunddreißig Bücher schreiben, wo doch jeder Tag eine kleine Bibliothek füllen würde? Was bleibt zwischen Legende und Bücherei?

Vorher las man es anders: »Ich habe in diesen Wochen auch Bezzel gelesen. Mit Bewunderung, fast mit Heimweh nach diesem Jenseitschristentum, aber mit dem bestimmten Gefühl: so gehts nicht! So kann man sein als Leiter von Diakonissen, aber nicht einmal Bezzel war auf diese Weise ein wirklicher Leiter seiner *Kirche*. Ich schlug im Register seiner Biographie nach: Sozialismus, Politik, Wirtschaft, Krieg, Blumhardt, Entfremdung der Massen? – nichts fand sich davon, und doch war Bezzel Leiter einer der größten Kirchen Deutschlands vor und im Weltkrieg. Nun hat ja Rupprecht nur seine Theologie darstellen wollen, aber eben – wie wäre das bei – Calvin möglich gewesen ohne die ethischen Bezüge? Wenn *ein* Buch mich reformiert machen würde, so wäre es dieses . . .« (3, 394f). Es handelt sich um »eine Riesen-Extrawurst für unsre Bayern« (3, 389): *Johannes Rupprecht*, Hermann Bezzel als Theologe, 1925. Thurneysen las nun, da er im Antistitium wohnte, gerade einen lutherischen Kirchenmann, der »eine Pastoraltheologie« geschrieben hatte: »Der Dienst des Pfarrers (1916) . . . die letzte klassische, deren gesammelter Kraft sich auch der Widersprechende nicht entziehen kann« (*Manfred Seitz*, TRE 5, 776). ». . . aus dem Anschauen der göttlichen Personen« gewann er die Einsicht, »der Auftrag eines Pfarrers« bestehe darin: »*Mit geringen Mitteln auf kleinem Raume das Größte zu erreichen*« (ders., Hermann Bezzel, 1960, 57). Ihm wird testiert, er sei reif gewesen für das bischöfliche Amt (TRE 5, 774). *Johannes Rupprecht* schreibt von ihm: »Obwohl er den Titel noch nicht führte, war er ein Bischof von Gottes Gnaden« (EKL I, 425).

Karl Barth hat später seinen Freund »eine im besten Sinn bischöfliche Erscheinung« genannt (1, 228). Ein Bischof ist er freilich nicht geworden, und als es Stimmen gab, die ihn nach dem Krieg zum Bischof von Baden machen wollten, hat er abgelehnt. Nach Auskunft eines Kenners wäre er »zu weich« gewesen für dieses Amt. Bischof wurde er nicht, aber vielleicht doch »eine . . . bischöfliche Erscheinung«. Die Bezzel-Lektüre wies schon auf den Wandel hin, der sich anbahnte. Bezzel bot die Möglichkeit, die Lage in Ehren zu bestehen, gab aber kaum Anstöße zur Veränderung der Verhältnisse, zur Erneuerung der Strukturen. Die Gräber wurden wirksam und machten den, der kam, den Vorgängern ähnlich, zu »einer im besten Sinn bischöflichen Erscheinung«. Mit dieser Formulierung hat Barth wahrscheinlich mehr gesagt, als er sagen wollte.

Einsamkeit

Zunächst empfand er das Fehlen der Gemeinde. Wo er präsent war, blieb die Gemeinde abseits, und damit mangelte ihm ein Stück jener Mütterlichkeit, die er so früh hatte entbehren müssen. »Vielleicht sitze ich nicht viel weniger einsam in meinem Antistitium als du in deinem Münster. In St. Gallen war irgendwie wirklich etwas wie eine Gemeinde da, an der man sich trotz allem selber erholen konnte« (3, 554). Nicht nur die Gemeinde braucht einen Pfarrer, sondern auch der Pfarrer die Gemeinde, nicht zuletzt als Erholungsgebiet, als Ort des Zuspruchs und des Trostes. Gemeinde ist nicht nur Ackerfeld, auf dem hart zu arbeiten ist, sondern auch Ruheort und Festplatz.

Er entschuldigte sich wegen brieflichen Schweigens mit dem Hinweis auf den seltsamen »Eindruck, den das Basler Pflaster . . . auf mich machte. Ich saß und sitze noch ganz entwurzelt und fast ein wenig melancholisch in meinem Amtszimmer auf dem Münsterplatz mit seiner ungemütlich hohen Decke« (3, 509). Der Wechsel war für ihn eine Art Selbstentfremdung: »Ich muß mich nun also langsam finden, muß ein Feuerhörnlein fest in die Hand nehmen und dreinblasen und sehen, was es daraus weiter geben wird« (3, 510). Nach über einem Jahr vermißte er immer noch die Gemeinde: ». . . die Gemeinde *fehlt* mir«, klagte er gegenüber Pestalozzi (30.12.1928). »Man ist da – aber für *wen* eigentlich? Das reale Gespräch mit einer einem zugeordneten Gemeinde ist einfach hier nicht vorhanden. Man steht mit dem Anliegen, um das es einem geht, an der Luft, und ein gewisses, leises Frieren ist unvermeidlich.« Nach zweieinhalb Jahren Münsterpfarramt tönte es recht nostalgisch: »Heute hatte ich, ich weiß nicht warum, wieder einmal mehr als sonst eine gewisse Sehnsucht nach den tempi passati, wo wir einerseits unbeschwerter ausschritten, aber nicht das würde mich locken, sondern eher das andere, daß wir damals noch mehr, als es heute der Fall zu sein scheint, im Aufstiegsweg drin standen mit all seiner eigentlich größeren Mühe und Unsicherheit, aber darum auch größeren Verheißung und Hoffnung« (3, 707).

Dem äußeren Erfolg entsprach eine innere Angefochtenheit, ohne die Theologie ihr Wesen verliert: »Der Wagen ist ja in gewisser Weise in Schuß gebracht, aber er ist dafür auch auf ein Geleise geraten . . . Das Eisenbähnlein läuft, aber zur Strafe ist man nun verurteilt, dafür zu sorgen, daß es schließlich nicht doch noch aus den Kurven zwirbelt oder endlich gänzlich stillsteht, und man fragt sich manchmal, ob man eigentlich habe, auch nur dieses hinauszuführen« (3, 707). Die Metaphorik deckt den Verlust an Freiheit auf. Aus dem Schüttler und Rüttler von Leutwil war ein Zugführer geworden, der die gefährlichen Kurven nehmen und gegen drohenden Stillstand ankämpfen mußte. An Stelle des Aufbruchs das Festgelegte, die Fortsetzung: »Mein Zug fährt weiter und weiter sehr beladen dahin. Innerlich und äusserlich« (an R. Pestalozzi, 6.2.1932).

Thurneysen spürte die Differenz zwischen dem Wollen und dem Ausführen. Er litt am Eingefahrensein, an der Spanne zwischen dem Aufbruch von einst und dem Erreichten: »Was wollten wir eigentlich anderes, als das Wort Gottes wieder ehrlich hören, aber eben dieses ehrliche Hören ist ganz offensichtlich die immer wieder ganz und gar unmögliche, unzugängliche Sache. Auch unter unseren Händen (und unter wessen Händen nicht?) ist es immer wieder nicht, was es eigentlich ist, das, was an uns und an anderen die ganz große Bedrängnis, aber auch die ganz große Freude wirkt, sondern – nun nicht so sehr viel anderes, als was immer etwa schon gesagt oder gehört worden ist, das ›kirchlich‹ domestizierte Wort« (3, 707f). – »Ehrlich hören« können zwei Ohren nicht allein. Omnis homo mendax, und die Wahrheit wird im Chor aufgenommen.

Fast will es scheinen, als ob das Pathos der Unverfügbarkeit des Wortes – »ganz offensichtlich die immer wieder ganz und gar unmögliche, unzugängliche Sache« – der Selbstrechtfertigung des auf der Schiene Eingefah-

renen diene. Trotzdem litt er am »kirchlich« domestizierten Wort, an Basel und seinen Baslern: »Die merkwürdige Atmosphäre des Baslerpflasters, insbesondere des Basler Kirchenpflasters umgibt mich wieder, die ja eigentlich in nichts anderem besteht als in einer gewissen hier vielleicht doch mehr als an anderen Orten vorhandenen Muffigkeit« (an R. und G. Pestalozzi, 8.9.1931). Thurneysen hatte den Eindruck, in Basel sei »Skepsis und müdes Verzweifeln eigentlich die Hausluft« (20.12.1931) – eine Luft von den Gräbern her. »In St. Gallen war irgendwie wirklich etwas wie eine Gemeinde da, an der man sich doch trotz allem selber erholen konnte.«
Thurneysen hinterläßt uns eine Frage, die er selbst so kaum gestellt hat, die Frage nach der Zugehörigkeit, nach dem Gliedsein des Pfarrers in der Gemeinde. Das ist nicht zuletzt die Frage nach der Gemeinde als Erholungsgebiet des Pfarrers, einerseits als Spielgemeinschaft und andererseits als Gemeinschaft des Gebets und der Fürbitte. Es hängt viel davon ab, wie ein Pfarrer seine Gemeindearbeit anfängt, ob er weiß, was er will und was er in Gottes Namen wollen darf und was er auf alle Fälle nicht will und in Gottes Namen nicht wollen darf. Man kann die Frage auch so stellen: Was muß ein Pfarrer tun in einer Stadt, in der »Skepsis und müdes Verzweifeln eigentlich die Hausluft« darstellen? Genauer: Wie muß sich der Pfarrer in einer neuen Gemeinde als Hörer seiner eigenen Predigt verhalten? Welche Predigt braucht er selber, damit die Luft von den Gräbern her durch pfingstlichen Wind vertrieben wird? Der Pfarrer ist nicht der Herr einer Atmosphäre, aber die Verkündigung des Wortes Gottes schafft Atmosphäre: Gegenwind, hoffentlich, gegen alle Stickluft.

Pfarrerleben vielfältig

Die Basler Zeit erscheint gegenüber Bruggen und Leutwil merkwürdig geschichtslos. Er führte ein eher stilles Pfarrerleben, unterbrochen wohl von vielen, vielleicht zu vielen Vortragsreisen, aber ohne spektakuläre Aktionen, abgesehen von gelegentlichen Auftritten im Kino Forum, in dem 1931 und 1933 Vorträge gehalten wurden. Er sprach über »Klassenkampf oder Volksgemeinschaft« (85, 18).
Seine Gemeindearbeit hatte drei oder vier Schwerpunkte, die Predigt, den Unterricht, die Bibelstunde und mehr und mehr die Seelsorge. Über diese Aktivitäten wird noch zu reden sein. Dazu kam, daß »aus allen Ecken Basels und des Baselbietes« Brautpaare kamen, die eine Münstertrauung verlangten, »eine Obliegenheit, deren erstaunlichen Umfang ich vorher nicht ahnen konnte und die wahrlich auch nicht zu meinem innern Frieden beiträgt« (3, 509f). Er »unterliess es nie, bei der vorhergehenden Anmeldung zur Trauung ein eingehendes Gespräch mit jedem Hochzeitspaar zu führen« (85, 13). Und wenn Frau Thurneysen auf dem Friedhof Hörnli das Grab ihres Mannes aufsucht, kann es geschehen, daß eine ältere Frau sie herzlich begrüßt, deren Mann unweit von Eduard Thurneysen begraben ist: Der

Herr Pfarrer Thurneysen habe sie vor Jahren getraut. Dafür sei sie zeitlebens dankbar. Was zu seinem Frieden nicht beitrug, trug bei zum Frieden anderer. Er nahm die Situation an, ohne auf Veränderung zu sinnen.
Viel Freude machte ihm ein Leseabend; allmonatlich versammelten sich einige Männer und Frauen, um mit ihm Luther und Kierkegaard zu lesen, auch Karl Adam, Das Wesen des Katholizismus. Schließlich wandte man sich der Bibel zu. Freudig schrieb er an den Freund Pestalozzi vom ständigen Wachstum dieses Kreises, »indem vor allem ich immer etwa wieder eine Seele am Wege auflese, die ich in dieses Boot einsteigen heisse, um ihr einen gewissen Anschluss zu bieten« (9.11.1932).
Der Kirchenvorstand war gelähmt durch das Richtungswesen, hat – ich zitiere den langjährigen Präsidenten – »geistig nicht viel gemacht«. Er agierte als Verwaltungsbehörde. Thurneysen erlebte während seiner Amtszeit drei liberale Kollegen und mit ihnen einige Spannungen. Er, dem das Richtungswesen angst machte, wollte zuerst nicht in den Vorstand des positiven Gemeindevereins eintreten. Da aber das Gemeindeleben sich in den sogenannten Richtungsvereinen abspielte, glaubte er sich dem Beitritt nicht entziehen zu können. Der Parteikampf wurde dann besonders heftig, als es zur Wahl von Fritz Buri kam. Sie schlug Thurneysen auf den Kreislauf.
Sein Herz gehörte nach wie vor den kleinen Leuten. Ein Kirchenvorstand meint, besonders habe er es verstanden, in der Breite Anlässe des Gemeindevereins festlich zu gestalten. Für die untere Gemeinde sei die Kirche auch ein Ort der Geselligkeit gewesen, und das habe er geschickt ausgenutzt. »Er arbeitete immer an sich.«
Je mehr ich nach ihm frage, um so mehr staune ich über den Bienenfleiß dessen, der sich immer wieder als »faulen Hund« beschimpfte. Wenn ich ihn am Münsterplatz besuchte, machte er nie Aufhebens von seiner vielen Arbeit – das tun in der Regel nur die unter Legitimationszwang Stehenden. Aber bei jedem Besuch machte ich mir klar, daß ich das nicht mir abverlangen könnte, was er leistete: Pfarramt und Lehramt in einem.
Im Sommer begann sein Tagewerk in der Regel um sieben Uhr morgens mit Unterricht. Abends konnte er sich oft mit einer Teekanne hinsetzen und bis gegen Mitternacht arbeiten. Viele seiner Briefe eröffnete er mit einer Zeitangabe, nicht wenige nannten eine späte Stunde. Die Predigtvorbereitung dauerte manchmal die Nacht hindurch. Das geheime Zentrum seines Wirkens aber war das Gebet. Eine Fürbittenliste erinnerte ihn an den priesterlichen Dienst des Hirten. – Wo ein Pfarrer nachhaltig wirkt, wird sich immer zeigen, daß er seinen Dienst vom Gebet her tut. Das Gebet als verborgenes Tun weist auf das Geheimnis des Menschen und auch darauf, daß das Tun eines Pfarrers ebenso eine verborgene wie eine öffentliche Seite hat. Wo das Tun des Pfarrers nur öffentlich ist, wird es schnell zum Larven- und Maskenspiel.
Eine Zäsur brachte dem Sechzigjährigen nach dem Zweiten Weltkrieg eine Ungarn-Reise zusammen mit Walter Lüthi. Dort fand er lebendige Gemeinden und erfuhr etwas vom Platzregen des Wortes Gottes. Ein Evange-

list in Ungarn fragte ihn: »Wieviele Seelen haben Sie bekehrt?« Eduard Thurneysen nach einigem Zögern: »Es kommt nicht darauf an, daß ich die Zahl weiß. Aber das ist entscheidend, daß Gott sie kennt und es mir einmal sagt.«

Der Volksschriftsteller

In jedem Prediger steckt ein kleiner Volksschriftsteller und etwas von einem Journalisten: Wer eine Predigt schreibt, schreibt für das Volk, tut es für den und den Tag und für den und den Ort. Wer auf die Kanzel steigt, liebt auch andere Medien und Kommunikationsformen, vor allem solche, die über die gottesdienstliche Gemeinde hinausreichen und einen geneigten Leser finden. Volksschriftstellerei dient als verlängerter Arm der Predigt.

Thurneysen schrieb für zahlreiche Blätter und Blättlein. Besonderes Aufsehen erregte ein Artikel über die Anthroposophie (zuerst 1929). Von nun an war er ein rotes Tuch für Rudolf Steiners sanftmütige Jünger. Von 1928 an erschien beinahe jedes Jahr ein Beitrag im Zwingli-Kalender. Eine Sammlung von populären Aufsätzen kam 1950 unter dem Titel »Christ und Welt« heraus, eine Art Laiendogmatik, etwas zufällig vielleicht, aber hilfreich. »Christ und Welt« war wohl das Buch unter seinen zahlreichen Publikationen, das ich in der pfarramtlichen Praxis am meisten habe brauchen können. Von 1950 an folgten Festtagsartikel in der auflagestarken »Genossenschaft«, dem Wochenblatt der Konsumvereine, das allen Kunden gratis ins Haus fliegt. Auch in den Basler Tageszeitungen erschienen gelegentlich Artikel von ihm.

Der Sammelband »Christ und Welt« dokumentiert die Lehrgabe Thurneysens aufs schönste. Hier ist es ihm gelungen, zum Teil schwierige theologische Themen einfach und klar zur Sprache zu bringen. Im Betrachten und Bedenken der zahlreichen Titel seiner Gelegenheitsarbeiten fragt man sich, ob diese Sparte seiner Schriftstellerei nicht ein Ausdruck der Einsamkeit gewesen sei, in der er Aufträge annahm und als Chance sah, die aber seine Kräfte verzettelten. Die Fragen, die anläßlich seiner Wahl auftauchten, stellen sich hier wieder: Hat er sich nicht damit eines Großteils seiner Wirkung begeben, daß er zuviel wirkte? – Vielleicht signalisiert gerade seine Schriftstellerei zum Tage einen Grundschaden im Pfarrerleben, das zu sehr öffentlich lebt und aus ist auf sichtbare Wirkung. Damit aber drängt sich das eigene Werk in den Vordergrund und hindert Gottes Werk. Diese vielseitigen Tätigkeiten widersprechen der »merkwürdig gewollten Verborgenheit« und »Abgeschiedenheit« eines Christoph Blumhardt (14, 7).

Der Dozent

Im Sommersemester 1929 hielt er »am Rande des Basler Pantheons« »ein kleines Kolleglein . . . und zwar unter der Flagge: Übungen zum Kirchenbegriff« (3, 644). Im Wintersemester las er über Religionsunterricht. Das »Geläßlein«, das man ihm zugewiesen, erwies sich bereits als zu klein für seine Hörer (3, 684). Über mangelnden Zuspruch der Studenten konnte er sich wohl nie beklagen. In das Jahr 1930 fiel seine Antrittsvorlesung an der Universität über »Jesus Christus und die Kirche«. Von nun an lief neben der Vielfalt der Gemeindearbeit die Dozentenarbeit einher; ». . . und irgendwo bin ich froh, daß ich sie halten muß, wenn auch . . . Es tut auf alle Fälle *mir* gut« (3, 667). Verschiedentlich äußerte er sich zufrieden über den guten Besuch seiner Vorlesungen und Seminare: ». . . die theologischen Jünglinge haben sich in guter Zahl und wie mir scheint auch in ganz netter Qualität eingestellt« (an Pestalozzi, 8.11.1933). Die Predigten der Teilnehmer des homiletischen Seminars wurden einzeln unter vier Augen besprochen, oft verbunden mit einer Einladung an den Mittagstisch der Familie: »Gleich nachher verschwanden Lehrer und Schüler im Studierzimmer« (85, 15). In einer solchen Besprechung habe ich Entscheidendes gelernt, auch wenn mir damals gar nicht gefiel, was der Meister sagte: »Das ist mehr Paraphrase als Auslegung. Den Pflug tiefer ansetzen.« Im Pfarramt habe ich mich oft an seine Worte erinnert und nochmals angefangen, wenn ich nach der Niederschrift der Predigt hinter mir das Wort »Paraphrase« hörte.

Nach meiner Erinnerung an ihn als akademischen Lehrer empfand ich ihn als Pfarrer, der einen in das einführte, was er betrieb. Nicht war er als Professor auch Pfarrer, sondern er war als Pfarrer auch Professor. Kein Wunder, daß bei Lage der Dinge sich Thurneysen in der Fakultät wohl nie recht heimisch fühlte. Das war nicht sein Boden. Eine Ernennung zum ao. Professor für Praktische Theologie erhielt er erst 1941. – Ich weiß nicht, ob ich mich noch recht erinnere. Aber einerseits empfand ich das Seminar als ein wenig langweilig, andererseits konnte ich mich dem Anspruch nicht entziehen, den er in seiner Person darstellte. Vor allem aber war er von allem Anfang an in meiner Predigtpraxis präsent. Ich begriff: Sein Drängen auf Auslegung des Textes im Gegensatz zur bloßen Paraphrase galt der Heiligung des Namens, leitete zu einem Predigen an, das seine Spitze in der Doxologie fand. Nein, er war kein glanzvoller Lehrer, aber er verwies auf einen anderen Glanz. Als die Möglichkeit einer Professur für Praktische Theologie am Horizont sich auftat, sprach er dem Freund gegenüber von einer tiefen inneren Abwehr »gegen das blosse Studierzimmerdasein des Theologen, gerade des Theologen« (an R. Pestalozzi, 19.3.1937).

Verschiedene Berufungen lehnte er ab. Er wollte Pfarrer bleiben. Akademische Ehrungen blieben nicht aus: 1927 bekam er den theologischen Ehrendoktor von Gießen, 1934 den von Aberdeen; von Debrecen erhielt er eine Ehrenprofessur. 1939 vertrat er Emil Brunner ein Semester lang in Zürich. Eine Nachblüte seiner Dozententätigkeit gab es im Ruhestand. 1960 hielt er Gastvorlesungen in Hamburg, im Sommer ein Gastsemester mit 14-tägigen Vorlesungen in Berlin, 1966 nochmals in Hamburg. Er stand als amtierender Pfarrer wohl mehr am Rande der Fakultät, was ihn aber nicht hinderte, zur Kirchen- und Hochschulpolitik Stellung zu nehmen. Anläßlich meiner

Berufung nach Wuppertal schrieb er: »Seltsame Schweiz« (44). Nach der Wahl des Barth-Nachfolgers Heinrich Ott: »Warum nicht Gollwitzer?« (47). Thurneysen sah in der Wahl des Barth-Nachfolgers eine unheilige Allianz von kirchlichem Freisinn und politischem Konservativismus. In der deutschen Theologie erkannte er »eine deutliche restaurative Tendenz« (47, 131), für die ihm der Name Rudolf Bultmann kennzeichnend war. Tot war das alte Richtungswesen nicht, Thurneysen stand mit dem Rücken zur Wand. In diesem Artikel blickt einen der Autor beim Wiederlesen nach dreißig Jahren merkwürdig traurig an. Im zeitlichen Abstand wird m. E. nur allzu deutlich, wie sehr Thurneysen theologisch recht hatte. Aber es klang nicht überzeugend. Er konnte sich damit bei den Jüngeren nicht verständlich machen. Vielleicht deshalb nicht, weil er bei sich selbst die restaurative Tendenz, der er mit dem Einzug ins Antistitium vor über dreißig Jahren, notgedrungen und ohne es zu wissen, hatte huldigen müssen, nicht wahrnahm.

Streß

». . . immer noch hätte ich reihenweise Besuche zu machen, von allerlei Seiten angeforderte, ferner habe ich mich ziemlich reichlich zu Vorträgen und dergl. zur Verfügung gestellt, sozusagen um zu dokumentieren: da bin ich nun also, wer will etwas von mir?«
Offensichtlich war er von Anfang an ein begehrter Seelsorger; er stürzte sich gleichsam im »Kopfsprung in den Teich hinein«. Er hatte sich übernommen: ». . . ich bin glaub noch nie so überfordert gewesen wie jetzt, und ich werde das ein zweites Mal nicht mehr so ankurbeln« (3, 559). Der Vorsatz ist gut. Aber zwei Jahre später gestand er Pestalozzi: »Ich muss wirklich alle Motoren laufen lassen wie wohl noch nie in meinem Leben . . . Ich habe manchmal eine schwer zu bändigende Anwandlung, aus allem draus zu rennen irgendwo weit hinter den Mond.« Er litt ständig unter dem Gefühl, »auch nicht weiter zu sehen als die Anderen, höchstens dass man dies allgemeine Stop! der ganzen Lage und des eigenen Daseins spürt und spürt, ohne es ändern zu können, während die andern auf der grossen Ressliriti (Karussell, R.B.) irgendwie meinen, weil es rundum geht und die Musik dazu spielt, man komme wirklich vorwärts« (9.12.1929). Sicherlich mag die schwere Wirtschaftskrise, die 1929 – verbunden mit Arbeitslosigkeit – auch Basel traf, mit zu der Streßsituation beigetragen haben (vgl. 67, 373). Aber was er an den Freund Pestalozzi schrieb, meinte doch wohl die schwindelerregende Wiederkehr des je Gleichen, den Verschleiß im pfarramtlichen »Ressliriti«, in dem er sich drehte, ohne es ändern zu können. Und wenn er manchmal »etwas wie Heimweh« nach den Freunden hatte, bemerkte er resignierend: ». . . man wirbelt ja dann weiter und wird gewirbelt« (20.12.1931). »Die letzten Wochen waren für mich eine fatale Hetze« (8.11.1933). – Ich bilde mir ein, daß ich in den Seminaren, wenn ich ihn vom Münsterplatz her an den Rheinsprung kommen sah, oft den Eindruck

des Gehetzten hatte, während es nicht so war, wenn ich ihn besuchte. Er ließ einen nie etwas von Zeitmangel spüren, war da; ohne »fatale Hetze«. In dieser Zuwendung brachte er sich ganz ein als Theologe und Seelsorger. Als einzelner spürte er der Macht der Tradition gegenüber »dies allgemeine Stop! der ganzen Lage und des ganzen Daseins«, konnte es aber nicht ändern, wirbelte weiter und wurde gewirbelt. Aber wer vermag schon das »Ressliriti« zu stoppen? Ein beinahe fatalistischer Zug, ein passives Verhalten, wie es schon bei der Wahl ans Münster sichtbar wurde, schlägt auch hier durch. Damals schrieb er: » . . . alles rollte mit unheimlicher Schnelligkeit seinem Ende entgegen« (3, 486), und nun rollt das pfarramtliche Karussell.

1907 hatte *Hermann Kutter* seine Schrift »Wir Pfarrer« mit einem flammenden Aufruf zur Veränderung beschlossen: »Liebe Amtsbrüder, *es muß anders werden.* In unseren Herzen, in der Kirche, in unserer Stellung zu den Menschen. Nicht Pfarrerehre: Gottesehre. Nicht kirchliches Bewußtsein und Kirchentum: Gottesbewußtsein und Evangelium. Nicht Moral und Pharisäismus, nein, Leben und Liebe. Nicht Kompromisse mit der Welt, nein, der Kampf um eine neue Welt. Die Entscheidungsschlacht gegen den Mammon. Ein Inneres, das seine frischen Wasser ins Äußere ergießt. Nicht viele Wörtchen und Gemeinnützigkeiten: Geist, Wahrheit des lebendigen Gottes. Lösung der sozialen Frage in der Kraft des vollen Evangeliums. Freunde, das alles wird uns zuteil, wenn wir ermessen was das Evangelium verkündigt: *Der lebendige Gott offenbar in Jesus Christus*« (175f).

Auf Veränderung hin hat auch Thurneysen gelebt. Was Kutter fortissimo intonierte, hat Thurneysen piano weitergesungen, wobei das Nicht und das Nein immer leiser wurden und an die Stelle der »Lösung der sozialen Frage in der Kraft des vollen Evangeliums« die Seelsorge trat. Wie Kutter erwartete er alles vom Evangelium. Aber widerspricht in diesem Betracht die Existenz eines Münsterpfarrers nicht schon als solche dem Evangelium? In den Strukturen lebt Vergangenheit, und man sehe zu, daß sie nicht teilhaben am »Triumph des Todes«. Der Tod versucht die Lebenden auf seine Seite zu ziehen durch ein Zuviel an Arbeit, das er einem aufbürdet. Nun ist der Pfarrerberuf ein sehr freier Beruf mit vielseitigen Gestaltungsmöglichkeiten. Aber gerade die Freiheit, die er vor anderen Berufen gewährt, wird oft zur Fron, indem der Pfarrer das Kuttersche Nein zu vielen Wörtchen und Gemeinnützigkeiten nicht durchhält. Darum bildet der Umgang mit der Zeit und die Planung der Arbeit eines der größten Probleme im Pfarrerleben. Sehr viel liegt an der Strategie, die der Pfarrer für seine Gemeindearbeit entwickelt.

Zum Streß des Pfarramtes der des Dozenten: »Vor allem die Vorlesung ist nun einfach da wie ein Gewappneter, der mich Woche für Woche anfällt und zur Hergabe von zwei Kollegstunden zwingt, die, koste es was es wolle, auf Mittwoch von 2–4 Uhr erstellt sein müssen« (3, 683). »Es haben sich 27 Leute zu meinen Füßen niedergelassen und harren nun also der wöchentlichen Speisung, ohne zu ahnen, was da jeweils vorher in der Küche und Anrichte für fatale Stunden, vor allem Nachtstunden, durchgebracht werden müssen« (3, 684).

Wenn wir die Väter unter dem Vorzeichen von Segen und Sünde betrachten, wird gerade der, der durch große Leistung hervorsticht, zur Frage. Hermann Kutter hatte zu Recht bemerkt: »Die Pfarrer, die durch ihr Herumlaufen den Eindruck großer Arbeitslast erwecken wollen, tun in Wirklichkeit am allerwenigsten« (a.a.O., 175). Das kann man von Thurneysen so nicht sagen. Der Streß, dem er sich aussetzte, wirft trotzdem die Frage auf: Gehört er zum Ganzopfer des Lebens, das der Christ nach Röm 12,1 bringen soll? Ist Streß dem Gott wohlgefällig, der mit seiner Erde und dem Menschen zugleich den Sabbat schuf? Erscheint das Zuviel, das ein Pfarrer tut, nicht ebenso wie das Zuwenig als ein Signal von Glaubensschwäche? Der Sonntag erscheint als ein Hauptproblem, im Christenleben der einzelnen wie im Gesamtleben der Gemeinde, weil das Empfangen vor allem Tun kommt, die Vita passiva vor der Vita activa. Der alte Adam aber ist mit und ohne Talar hierzulande in der Regel ein Homo faber.

Der Pfarrer im Konfliktfall

Wie verhält sich ein Pfarrer in einem Konflikt? *Spurgeon* hat in seinen »Ratschlägen für Prediger« ein Kapitel überschrieben: »Das blinde Auge und das taube Ohr«, ein Kapitel von großer pastoraler Klugheit, mit dem Rat: »Seid taub und blind gegen die Zwistigkeiten, die ihr in der Gemeinde antrefft« (zit. nach *Helmut Thielicke*, Vom geistlichen Reden. Begegnung mit Spurgeon, 1961, 180).

Pastorale Weisheit wird dumm, wenn man sie verabsolutiert, in unserem Fall: wenn übersehen wird, daß Gottes Volk in eine Kampfgeschichte verwickelt ist, aus der es nicht ausscheren kann, ohne seinen Charakter als Gottesvolk zu verlieren. In diesem Kampf ist auch Schweigen wichtig, das Schweigen zu Geschwätz und Gerücht. Darum das blinde Auge und das taube Ohr. Wird aber das Auge blind und das Ohr taub für die Wahrheit, so geht alles verloren. Die Weisheit, die im Konflikt nötig wird, ist zunächst die der Unterscheidung zwischen Letztem und Vorletztem, zwischen einem nötigen und einem unnötigen Streit. Nur ein Narr meint, es gehe bei einem Ehekrach, bei Familienstreitigkeiten oder Querelen zwischen Nachbarn nun gleich um das Letzte und er sei auf alle Fälle der berufene Friedensstifter. Wer sich in einen überflüssigen Streit einmischt, ist ein Esel, der zu Recht Schläge bekommt. Zum Elend der Christenheit in unseren Tagen gehört, daß es unter Christen viele unnötige Händel gibt und daß man sich voreilig arrangiert, wo es zu streiten gilt. Wo in Theologie und Kirche der Streit um die Wahrheit aufhört, wo Wahrheit gleichgültig wird, verlieren Theologie und Kirche ihr Leben, da triumphiert der Tod. Die Konfliktscheu in gegenwärtiger Kirche und Theologie ist zwar groß, aber keineswegs zu verwechseln mit Frieden.
Die Wahrheit ist unteilbar, aber wir erkennen sie im Stückwerk. Sie ist eine und immer ganz, aber wir haben das Ganze nur im Fragment. Die eine un-

teilbare Wahrheit bleibt umstritten, der Heilige Geist aber ist versprochen zu dem Zweck, daß er Gottes Volk in alle Wahrheit führe (Joh 16,13). Unterwegs zu aller Wahrheit sind wir unterwegs zur Einheit. Wegleitung zur Einheit unter dem Vorzeichen der Geistverheißung ist eine der vornehmsten Aufgaben der Praktischen Theologie, nur wird sie gewöhnlich nicht wahrgenommen. Konflikte in der Kirche sind dann echte Konflikte und nicht einfach blöde Zänkereien, wenn sie im Streit um die Wahrheit aufbrechen, wenn sie ausgetragen werden als ein weiträumiges Liebesspiel.

Wahrheit und Liebe sind eins im Dreieinigen. Gott ist die Liebe, sein Sohn die Wahrheit und im Geist bleibt Liebe wahr. Geht aber der Liebe die Wahrheit verloren, wird sie verlogen und stirbt an ihrer Lüge. Verliert die Wahrheit die Liebe, wirkt sie tödlich. Darum bilden Konflikte in der Kirche Erprobungen beider, der Wahrheit wie der Liebe. Wo hingegen der Streit um die Wahrheit nicht geführt wird, leidet auch die Liebe Schaden.

Kein Streit um die Wahrheit wird in der Kirche von reinen Geistern geführt. Stets mischen sich irgendwelche Interessen, irgendwelche Ressentiments ein. Das kompliziert den Konflikt. Im Streit um die Wahrheit gibt es – im Gegensatz zur Politik – keinen Kompromiß. Da aber im theologischen Streit auch Theologen von Fleisch und Blut, will sagen mit ihren Interessen und Ressentiments beteiligt sind, gerät gerade der, der im Recht ist, in Gefahr. Er könnte ja die Wahrheit dadurch pervertieren, daß er sie als Vorwand für Eigenes vorschiebt. Soll die Macht der Wahrheit der Macht der Theologen dienen, geht die Liebe ins Exil. Und ein Streit um die Wahrheit, der nicht ein Liebesspiel bleibt – vielleicht ein bitter ernstes –, verkehrt die Wahrheit. Oft wird im Namen der Liebe ein Konflikt unterdrückt, der Streit um die Wahrheit verhindert. Da gelten Rilkes Verse: »Sieh dir die Liebenden an, / wenn erst das Bekennen begann, / wie bald sie lügen.« Wie ein Streit eigensüchtig geführt werden kann, so kann er auch eigensüchtig vermieden werden: Die Liebe wird träge. Weil im Streit um die Wahrheit die Liebe viele Räume durchmessen muß, um die Wahrheit ans Licht zu bringen – Räume des Seelischen, Räume des Geistigen –, spreche ich von einem weiträumigen Liebesspiel. Im ersten hier zu besprechenden Fall bedarf es einer einleitenden Orientierung.

Erweckung

K. *Algermissen* bezeichnet die »Erweckungsbewegung« als eine »innerprot.-internationale rel. Erneuerungsbewegung vom 17. bis 19. Jh., in Besinnung auf die bibl. Offenbarungsreligion ... als Gegenströmung gg. den rationalist. Geist der Aufklärung« (LThK 3, 1063f). Eine solche Sicht verdeckt m.E. das theologische Problem.

Die Frage der Erweckung ist nicht in erster Linie eine konfessionelle, sondern eine Gottesfrage: Im Psalter hat das Gebet auch den Aspekt, daß der Beter den als untätig erfahrenen Gott aufweckt. Die Bitte um Hilfe kann im

Bild vom Aufstehen und Aufwachen geschehen: »Erhebe dich, wache auf, mir Recht zu schaffen, meine Sache zu führen, mein Gott und mein Herr« (Ps 35, 23). »Wach auf! Warum schläfst du, o Herr? Erwache. Verstoße nicht ewig« (Ps 44, 24).
Die Erinnerung des Geschichtspsalms spricht in kühnem Anthropomorphismus ein göttliches Erwachen als die Voraussetzung für die Erwählung des Zion aus: »Da erwachte der Herr wie ein Schlafender, wie ein Held, der vom Weine bezwungen war« (Ps 78, 65). Wenn Gott schläft, sieht er nichts, hilft er nicht. Darum entspricht die Bitte ums Aufwachen der ums Sehen und Ausstrecken der Hand: »Und jetzt, Herr, sieh auf ihre Drohungen und verleihe deinen Knechten, dein Wort mit aller Freimütigkeit zu verkündigen, indem du die Hand ausstreckst zur Heilung und Zeichen und Wunder geschehen durch den Namen deines heiligen Knechtes Jesus« (Apg 4,29f). Wo Gott wie abwesend erfahren wird, rufen ihn die Beter herbei. Ein erwachter, ein aufgeweckter, ein sehender Gott ist anders anwesend als ein schlafender; seine Kraft wird aktiv. Wo Gott anfängt, aufzuwachen und zu sehen, da wird er nicht untätig bleiben. Die Frage der Erweckung ist demnach die Frage nach dem Handeln Gottes zum Heil, nach seiner aktiven Gegenwart.
Die Reformation war von Luther als Tat Gottes gedeutet worden: Gott habe sie gemacht, während er mit seinem Philipp Melanchthon Wittenbergisch Bier getrunken (vgl. WA 10, III, 18). Die Erneuerung, die sich im Aargau anbahnte, blieb in der akademischen und kirchlichen Struktur stecken. Das heißt: Gott blieb unerweckt.
Andererseits gehört die Erweckung wie die Erleuchtung zum Glauben. Der Erweckung Gottes entspricht die Erweckung des Menschen. So spricht Karl Barth von der »Erweckung zur Umkehr«. ». . . die Christen sind *Erwachende* . . . Indem sie erwachen, blicken sie auf, richten sie sich auf, vollziehen sie die dem Gefälle ihres sündig trägen Wesens widersetzliche Gegenbewegung. Sie sind aber Erwachende, weil sie *Erweckte* sind« (KD IV/2, 626f). Später, im Blick auf des Menschen Berufung, setzt er Erweckung in Parallele zur Erleuchtung (KD IV/3, 588ff), wo er ausdrücklich Bezug nimmt auf Pietismus und Methodismus. Einem Menschen geht etwas auf, was ihm vorher verschlossen war. Er sieht, was er vorher nicht hat sehen können, versteht, was ihm vorher unverständlich war. Der Heilige Geist schenkt eine Sensibilität für Gott. Wenn die Christen Erwachende sind, sind sie Erweckte. »Die Stunde ist da, aus dem Schlaf aufzuwachen« (Röm 13,11; vgl. 1Thess 5,6). Dann tönt es wie ein Responsorium zum Psalm: »Wach auf, der du schläfst, und steh auf von den Toten, so wird Christus dir als Licht aufgehen« (Eph 5,14).
Man darf »Erweckung« nicht als Etikett gebrauchen für eine Ausprägung des Protestantismus. Ich fasse den Begriff der Erweckung wie den der Orthodoxie positiv, beider Problematik behalte ich gleichwohl im Auge. Erweckung als Werk des Heiligen Geistes am Menschen bleibt – im Gegensatz zur Auferweckung Jesu Christi – allemal Imperfekt. »Christen sind *Erwa-*

chende«. Ihre Erweckung ist im Werden. Die Erweckten sind noch nicht Verwandelte, sind noch nicht im Himmel. Bleiben wir im Bild: Man kann gut und schlecht aufwachen, mit dem linken Bein aus dem Bett steigen. In der Metapher »Erweckung« verbirgt sich schon deren Fragwürdigkeit. Erweckung ist notwendig, aber nicht über jeden Zweifel erhaben. In der Sprache des Neuen Testaments ausgedrückt heißt das: auch die Geister der Erweckung müssen geprüft werden. Hierbei muß man sehen: Die Frucht des Geistes ist noch nicht der Geist selbst. Im Prüfen der Geister muß also vom Sichtbaren zum Unsichtbaren hin gedacht werden. Das Beispiel von Korinth lehrt, die Gefahr zu meiden, das Sichtbare zu verabsolutieren und zum Kriterium der Wahrheit zu machen: etwa am Phänomen der Zungenrede. Wo der Geist wirkt, sind Gaben. Aber nicht überall, wo Gaben sind, ist der Geist.

Die Theologie hat diesen Sachverhalt noch lange nicht genügend bedacht: Erweckung hat ihre Zeit und ihren Ort, es gibt Zeiten, in denen man den Eindruck hat, das Weltall schweige, weil Gott schlafe, und Gottes Volk versammle sich vornehmlich zum Gähnen. Alles bleibe steif und still. Aber auf einmal geraten Menschen in Bewegung, sie hören auf zu gähnen, sie stehen auf und machen Erfahrungen im Glauben.

Die Oxfordgruppenbewegung

Sie wurde 1921 vom Amerikaner Frank Buchman ins Leben gerufen. Ihr äußeres Merkmal: stille Zeit, eine Zeit, in der man auf Gott hört. Der Erkenntnis der Sünden dienen die vier Absoluten: Ehrlichkeit, Reinheit, Selbstlosigkeit, Liebe. Man tauscht sich mit einem Partner aus oder bekennt sich öffentlich, übergibt sein Leben Gott, macht Verfehlungen wieder gut und vertraut sich der Führung Gottes an.

Diese Bewegung war in den dreißiger Jahren in der Schweiz sehr aktiv. Ich erinnere mich noch: Als armer Gymnasiast war man plötzlich eingeladen zu Meetings in den vornehmsten Villen. Aristokraten und Spitzensportler traten auf und erzählten ihre religiösen Erlebnisse. Soziologisch gesehen war vorwiegend die obere Mittelklasse Trägerin dieser Bewegung. Emil Brunner wurde ihr Fürsprecher, Karl Barth ihr Kritiker. Die Auseinandersetzung verlief dramatisch, und Eduard Thurneysen war in sie verwickelt.

Zur weiteren Entwicklung: 1938 gründete *Buchman* die *Moralische Aufrüstung* mit ihrem Weltzentrum in Caux. War die Oxfordgruppenbewegung innerkirchlich und seelsorgerlich orientiert, so versuchte die MRA unter antikommunistischem Vorzeichen vor allem führende Persönlichkeiten von Politik, Wirtschaft und Wissenschaft anzusprechen.
1956 entstand in Deutschland der *Marburger Kreis*. »Er will« – nach seiner Selbstaussage – »dem heutigen Menschen helfen, sich selbst und seine Situation zu erkennen und eine lebendige, tragfähige Verbindung zu Jesus Christus zu finden.« Zur Abgrenzung gegenüber der »Gruppe« vgl. *Hans Hartwig von Goessel,* Die Gruppenbewegung und ihre Sendung, in: Christsein heute, hg. von Friedrich Samuel Rothenberg, 1961, 297ff.

Emil Brunner

Er war ein Jahr jünger als Thurneysen, 1889 in Winterthur im Kanton Zürich geboren und hatte Friedrich Zündel, den Biographen des älteren Blumhardt, zum Taufpaten. Als Student interessierte er sich besonders auch für juristische und wirtschaftliche Fragen und wurde bewegt von Ragaz und Kutter, dessen Vikar er war. Er predigte am 13. Oktober 1912 in der Kirche zu Leutwil über »Dein Reich komme!« und polemisierte gegen eine bloß jenseitige Auffassung vom Reich. »Wenn er (Jesus, R.B.) vom Gottesreich spricht, dann will er in allererster Linie vom Diesseits reden . . . das Gottesreich soll kommen auf diese Erde« (zit. nach *Walter J. Hollenweger*, in: Tendenzen der Theologie im 20. Jahrhundert, hg. von Hans Jürgen Schultz, 1966, 360ff). Er war es, der Thurneysen nach Leutwil holte.

1917 sprachen Brunner und Barth in Leutwil (2, 170). Thurneysens Echo: »Ich muß euch ausdrücklich sagen, wie sehr erfreulich der Widerhall unsrer Bibelwoche beim Volke ist . . . Insbesondere du, Karl, bist wirklich gehört und verstanden worden . . . Am wenigsten leicht scheinen Brunners Belehrungen verstanden worden zu sein« (2, 175). Als Brunner dann seine Braut in Leutwil vorstellte, las er »eine längere Arbeit vor«, wie Thurneysen meinte, »von unsern Gedanken aus« und: »Ich hatte eigentlich mehr erwartet, als schließlich dabei herauskam« (2, 218). Nach der Lektüre eines Aufsatzes tönte es vorsichtig: »Brunner ist gut, soweit ich bei flüchtigem Überlesen gesehen habe« (2, 266). Ein erstes Grollen Barths kündigte sich 1918 auf die Rezension zum »Römerbrief« an, den Brunner ein »– im Schillerschen Sinn – naives Buch« (49,I, 78) genannt hatte. »Die Bemühungen Brunners, alles unter *eine* Wölbung zu bringen, sind mir nicht recht sympathisch« (2, 305). Auch Thurneysen äußerte Bedenken und redete dann prophetisch: »Er ist einer unserer gescheitesten Freunde, und es könnte sich zwischen dir und ihm ein laufendes Seegefecht auf weite Distanz entwickeln« (2, 307). Brunner erhielt in der Folge keine allzu guten Zensuren von den Freunden. Immerhin meinte Thurneysen zu Barth: »Brunners Glaube an dich« ist »sicher echt« (2, 491).

Als Brunner sich 1921 mit seiner Schrift »Erlebnis, Erkenntnis und Glaube«, wie Moltmann meint, »in die Bundesgenossenschaft mit Karl Barth und Friedrich Gogarten gestellt« hatte (49,I, 258), fragte Barth zu Thurneysen hin: »Was sagst du zu Brunner? Es ist natürlich Brunner, aber als solcher doch eigentlich ganz gut« (3, 21). Brunner galt denn auch als ein Mitbegründer der dialektischen Theologie. Er wurde 1924 Professor für Systematische und Praktische Theologie in Zürich.

Das »laufende Seegefecht auf weite Distanz« zwischen Barth und Brunner kann hier nicht als Kolossalgemälde abgebildet werden mit Thurneysen im Schnellboot und weißer Fahne zwischen den Schlachtschiffen hin- und herfahrend. Eine Charakteristik Thurneysens von Brunner sei immerhin erwähnt: Als Brunner um eine Teilnahme Thurneysens an einer Konferenz in Oldham warb, schrieb er: ». . . du hast in eminentem Mass die Qualität die für solche neuen und gefährlichen Dinge nötig ist: den sichern ›Instinkt‹ aus dem Glauben heraus für das generaliter Richtige und generaliter Falsche . . . Darin bist du Karl Barth sehr ähnlich, hast aber auch die Gabe, die er nicht hat: mit anderen zusammenzuarbeiten und andere zu verstehen« (undatiert; mit Bleistift: 1931).

Das »Seegefecht auf weite Distanz« wurde sowohl über wie unter Wasser geführt, wobei man nicht vergessen darf, daß Barth und Thurneysen Basler waren (88, 12), Brunner aber Zürcher. – Die Wertschätzung der Preußen in Bayern wird möglicherweise von der Wertschätzung der Zürcher in Basel übertroffen. Zur Qualität eines echten Baslers gehört eine leichte Überheblichkeit gegenüber allem, was aus Zürich kommt. Der Konflikt über Wasser wird überschattet vom Streit Barth-Brunner um die natürliche Theologie. *Eberhard Busch* behandelt ihn wohl mit Recht unter der Rubrik »Spezialauseinandersetzungen« (68, 289). Für das Verständnis Thurneysens erheischt er ein besonderes Interesse und lichtet ein wenig das Dunkel, in dem der Anteil der sonst in der Geschichte Ungenannten versinkt.

1932 hatte die Oxfordgruppe in Ermatingen eine Tagung, an der auch Brunner teilnahm und Frank Buchman kennenlernte. Er schrieb am 29.8.1932 einen langen Brief an Thurneysen: »Es ist eine Erweckungsbewegung grossen Stils, aber im Unterschied zu den mir bekannten: keine pietistische«. Er war der Meinung: »Hier ist eine Sache im Gang, die ganz gewiss etwas von dem ist, auf das wir schon lange gewartet haben . . .«. In der Oxfordgruppenbewegung sah er sozusagen das praktische Pendant zur dialektischen Theologie, und Buchman stellte er an die Seite Blumhardts. Wie reagierte nun Thurneysen? Am 8.9. schrieb er ihm einen beinahe sechs Seiten langen Traktat. Schon die ersten Sätze zeigen den für die Freundschaft Begabten: »Du weisst gar nicht, wie viel ich in diesen Tagen im Stillen im Gespräch gewesen bin mit dir. Eben darum fällt es mir schwer, dir zu schreiben, denn es ist nicht möglich, das im innern Gespräch sich bei einem Bewegende so recht in die Form von ein paar schriftlichen Sätzen zu fassen, dass der Nächste, dem sie gelten etwas rechtes damit anfangen kann.« Er würde noch nicht schreiben, wenn es nicht um eines Dritten willen ein Mißverständnis auszuräumen gälte.
Zum inneren Dialog mit dem Freund gehörte eine Aufzählung von Menschen, die Thurneysen persönlich von ihrem Erleben in Ermatingen berichtet hatten; sieben Namen von Augenzeugen wurden aufgezählt, die Thurneysen neben Brunners Brief stellte. Thurneysen protokollierte zunächst seine Reaktion: »Ich habe auf alle diese Stimmen gehört, so aufmerksam, als es mir möglich war. Es ist keine Rede davon, dass es mir ums Schnöden wäre oder überhaupt um Ablehnung dieser auch für mein Verständnis sehr ernsthaften Bewegung. Du musst es mir wirklich glauben: ich sehe aus allem mir Berichteten so viel ernsthaftes Suchen und Wollen und Trachten, dass ich mich nur mitbeteiligt wissen kann. . . . ich sehe keinerlei Grund, mich irgendwie dagegen zu äussern oder gar zu stellen, aber ich sehe auch keinen dringenden Grund, so rückhaltlos ja dazu zu sagen, wie ich es aus deinem Briefe immerhin heraushöre.« Er meldet »ein gewisses Befrem-

den«gerade Brunners Brief gegenüber an und stellt die Frage: »Ist da nicht vielleicht doch einfach *zu viel* gesagt?« Thurneysen stört, daß Brunner »Buchmann gegenüber die Scholastik *Karl Barths betont erwähnt*« und »demgegenüber einer Art Synthese von unserer Theologie mit Buchmanns Bewegung das Wort geredet« habe, und er begründet, warum ihm, Thurneysen, eine gewisse Zurückhaltung auferlegt bleibe: »Das heisst nicht Ablehnung, das kann freundlichste innere Zuwendung bedeuten.« Vielleicht komme für ihn auch einmal die Stunde, in der er rückhaltlos Ja sagen könne. Dann nennt er die Bedingungen für dieses Ja. Das Problem, das dabei auftaucht, ist seit den Tagen, da Paulus nach Korinth schrieb, bis zum heutigen Tag nicht gelöst. Zwischen dem sichtbaren und dem unsichtbaren Wirken des Heiligen Geistes besteht eine dauernde Spannung: »Aber das weiss ich: es müssten *wirklich andere* Gründe von Buchmann her an mich herantreten als die es sind, die ich bisher aus allen den Berichten mir entgegengetragen sehe, die mich zu diesem rückhaltlosen ja brächten. Ich will gar nichts sagen von dem allerhand Fatalen und nur mit Kopfschütteln Anzuhörenden, das mir aus den Ermatingerberichten zum Teil entgegentrat. Solche Fehlbegriffe gibts überall. Aber ich kann dir nicht ganz verhehlen, dass gerade deine Begründungen mir am allerstärksten, eben weil sie von dir kommen, Bedenken erweckt haben. Und zwar einfach in der Richtung, dass ich fragen müsste: gibt es das denn nun doch wieder, diese Stelle, wo allem blossen Erkennen und in Gedanken Leben eine andere Seite gegenüberliegt, auf der nun – wie du so beschwörend schreibst – ›wirklich, Eduard, wirklich etwas geschieht‹? Was ist da gemeint? Du erläuterst es sofort durch ein paar Beispiele von dem Industriellen der nun ehrlich steuern wird und auch sonst seinen Mammonismus einsieht, von der Südafrikanerin, die ihren Rassenhass aufgibt, von der Gräfin, die nun mit ihren Dienstboten zusammen ihre quiet hours abhalten und sich von ihnen du sagen lassen will, von den Pfarrern, die ihre Eifersucht bekennen. Und du lässest auch durchblicken, dass sogar noch mehr viel ›interessantere‹ (!) Sünden bezeugt worden seien (ich finde die mir auch von anderer Seite bezeugte Art Buchmanns von ›interessanten Sündern‹ zu reden, *ganz unmöglich*, das sollte ihm nicht einmal im leichtesten Gespräch über die Lippen gehen!). Gut, ich bin ganz dabei, ich sehe das alles auch als ernst und wichtig an, ich bezweifle keineswegs, dass hier ›wirklich etwas geschehen‹ ist. Aber, aber: das wissen wir doch, und das darf doch keinen Augenblick vergessen werden, und das wird doch unsern Jubel über solche Ereignisse zum mindesten nicht so eindeutig laut werden lassen (mögen die Anderen es noch so sehr tun), daß auch diese Geschehnisse auch im besten Falle Geschehnisse auf dieser Erde sind, also auch sie wahrhaftig von sündigen Menschen herrührend, auch sie also ganz sicher niemals eindeutig gut, niemals sichtbar und *wirklich* als solche Ereignisse des heiligen Geistes. Wenn etwas feststeht, dann das! Sondern sie sind es, sofern sie Gott annimmt um Christi willen und nur so. Sofern sie also in der Kraft der Vergebung der Sünden zu Opfern werden (aber in der absoluten *Verborgenheit des Glaubens* und nur da, in der wirklichen humilitas der

Rechtfertigung und nur so!), zu Opfern *werden* (sie sind es als solche nie und nimmer), die Gott wohlgefällig sind. Und darum weil das so ist, darum allerdings würde ich ganz anders zurückhaltend von diesen Dingen reden und gerade damit Gott die Ehre zu geben vermeinen. Hier aber wird in einer Weise laut von hunderten solcher menschlichen Erfahrungen geredet, dass mir allerdings die Angst aufsteigt, es könnte wiedereinmal mehr der Mensch, der Mensch wichtig werden mit seinen frommen Erfahrungen – und Gott und sein Tun, eben jenes Opfer Christi, eben jenes Tun des Gottes, dem gegenüber unsere sichtbar werdenden Bekehrungen nur unendlich schwache, wenig oder gar nicht entsprechende Zeichen sind, das würde wieder zu kurz kommen, auch wenn man noch so laut *neben* den Bekehrungsversammlungen mit ihren Zeugnissen *auch* vom *Opfer Christi* redet. Ich sage dir das alles ein wenig scharf, um dir klar zu machen, wie sich mir alles spiegelt. Ich kann, ich kann einfach diese Zweiheit: Dogmatik auf der einen und Erfahrung auf der anderen Seite, blosses Erkennen und wirkliches Geschehen nicht anerkennen. Ich kann es nicht, denn ich darf es nicht aus letzten uns gegebenen Einsichten . . . Entweder hört man Gottes Wort, hört es wirklich, und dann ist dies mein Hören als solches auch mein Tun, dass heisst mein im Glauben geschehendes wirkliches Verhaftetwerden, Sündig- und Gerechtgesprochenwerden in einem oder dann hört man nicht wirklich und dann tut man auch nicht. Aber dass es da eine Zweiheit geben könnte, das streitet für mein Verstehen ganz einfach wider die Rechtfertigung. Und ich würde denken: eben dies, eben dies, das *wirkliche* Hörenwollen der Kirche auf das, was allein rettet, was allein Heiligung rechter Art mit sich bringt, das Hörenwollen auf das Wort vom Werk Jesu Christi allein, auf das Mysterium des Kreuzes, das bei uns so unendlich vergessen ist, das wäre jenes Besondere, das wir hüten müssen, verteidigen müssen, nie und nimmer aus den Augen verlieren dürfen, auch wenn eine noch so starke Heiligungsbewegung uns streifen will. Nocheinmal: das heisst wirklich nicht, irgend etwas verurteilendes gegen Ermatingen sagen, warum, ja, warum sollte nicht auch dort der heilige Geist sein Werk an den Menschen getan haben? Das frage ich mit dir, und ich habe keinen Grund, hier etwas leugnen zu wollen. Aber sofern es das Werk des heiligen Geistes gewesen ist, der dort etwas an den Menschen tat, so ist es gerade *nicht* das so merkwürdig Sichtbare und in seinem Sichtbarwerden uns Gerühmte, sondern das ganz und gar Verborgene, das ganz und gar nicht auch nicht durch irgendeine Methodik von quiet hours Erzielte, das Eine, Einfache, dass Menschen zum Glauben ans Wort und nur ans Wort (und nicht an ihre Guidance und sonstigen Erfahrungen) gekommen sind. Ich weiss, ich rede da einseitig du wirst sagen: eben das schliesse sich nicht aus. Nein, es schliesst sich nicht aus, aber es ist, da wo es beieinander liegt, doch etwas toto genere anderes. Und sieh, von da aus, da hätte ich nun doch starke Bedenken, Buchmann, so wie du es tust, mit dem alten Blumhardt in eine Linie zu rücken. Wie – da allerdings bin ich meiner Sache sicher – wie ruhig und überlegen hätte Blumhardt auch diese Erscheinung zur Kenntnis genommen, um sofort die Menschen dar-

über hinauszuführen und in den Glauben an das im Wort verheissene Reich des Herrn selber zu stellen. Von da aus habe ich nach wie vor einfach Bedenken gegen die starke Betonung der öffentlichen Beichte mit all dem wirklich nicht eindeutig guten, wirklich nicht eindeutig von allem Emotionalen freien (wie du mir schreibst) Interesse an den eigenen und den Sünden Anderer. Das wirst du doch nicht leugnen! Von da ist mir das . . . in allen Erzählungen von Ermatingen so reichliche Wiedergeben von Führungserfahrungen und Bekenntnis dieser und jener Verfehlung ebenfalls einfach nicht überzeugend. Wie ganz anders zurückhaltend ist im Neuen Testament von dieser Seite der Sache die Rede. Wie verbietet, ja, verbietet Jesus geradezu den von ihm Geheilten das Reden von dem Erfahrenen. Von da aus – nicht aus Kritisierlust – sehe ich die Gefahr der so naheliegenden Verwechslungen der eigenen inneren Stimme mit der Stimme des heiligen Geistes, wie sie gerade bei der Methodik des ›Schweigens‹, der ›quiet hours‹ so naheliegt, als ständige Bedrohung und würde viel lieber hören, dass mit ganz anderem Nachdruck, als es mir entgegentritt, auf's Wort verwiesen würde als dem Gegenstand und Halt wirklicher Besinnung in stillen Stunden. Doch das alles ist mir an sich nicht so dringend. Dringend ist mir aber jenes Eine, von dem ich oben sprach.«
Der zitierte Text bildet eine Lektion, die nicht nur den »Instinkt« Thurneysens »für das generaliter Richtige und generaliter Falsche« darstellt, sondern darüber hinaus Hilfestellung gibt für die uns aufgetragene Unterscheidung der Geister, wenn es zur Erweckung kommt. In diesem Sinn kann »Ermatingen« zu einem Lehrstück für die Gegenwart und Zukunft werden. Das Erwachen der Christen setzt diese in Bewegung.
Ist auch der Heilige Geist der Beweger, ist die Bewegung nicht der Heilige Geist. Der Heilige Geist drängt auf Sichtbarkeit, auf Früchte, aber was uns zu Gesicht kommt, die Frucht, ist nicht der Heilige Geist selbst. Nicht sollen seine Früchte madig gemacht, aber ebensowenig darf die Frucht mit dem Ursprung verwechselt werden. Da ist Thurneysen Brunner gegenüber im Recht. Die Frage bleibt, ob es im Schatten der Orthodoxie genügt, recht zu haben? Brunner wich der Problematik m.E. aus, wenn er die Oxfordbewegung »ganz und gar in die praktische Theologie« einordnen wollte, »vor allem unter cura specialis«. Aber dann hieß es: »Hilf mir, Eduard, dass die Sache ins rechte Geleise komme!« (23.11.1932)
Thurneysen lud Emil Brunner ein zu einer Predigt am Münster. Nachher schrieb Brunner: »Das Zusammenarbeiten mit dir aus einer tiefsten Gemeinsamkeit heraus vielmehr: aus dem Verbundensein im Letzten heraus, war für mich etwas vom Schönsten was ich bisher erfahren habe und es hat mich ›mit einem freudigen Geist ausgerüstet‹« (20.12.1932). Gleichzeitig bat er, Thurneysen möge in Bonn ein Wort für ihn einlegen.
Als aber Brunner in »Zwischen den Zeiten« einen Aufsatz veröffentlichen wollte und Thurneysen darauf antworten sollte, lehnte dieser ab. Alle Beteiligten würden sich nur »hoffnungslos auseinanderreden«. Er meinte, die Bewegung sei da, und man könne sie weder theologisch begründen noch ab-

lehnen. Gerade von den »Wissenden« müsse hier Stillschweigen gewahrt werden (3.2.1933). Die Geschichte hat ihm recht gegeben. – Bei Thurneysen begegnet uns auf einer ganz anderen Ebene als bei Spurgeon vielleicht nicht das taube Ohr und das blinde Auge, wohl aber der versiegelte Mund. Schon die Weisheit Israels weiß, das es eine Zeit gibt zu reden und eine Zeit zu schweigen (Pred 3, 7b). Ein Theologe muß nicht zu allem und jedem Stellung nehmen, und in der Leitung des Geistes gibt es auch die Möglichkeit der Nichteinmischung. War sie in diesem Fall der Weisheit letzter Schluß? Thurneysen argumentiert nach dem Denkmodell der Christologie im Modus der Abgrenzung. Hätte nicht die pneumatologische Kategorie der Vermengung oder Vermischung hier hilfreich sein können (vgl. *R. Bohren*, Predigtlehre, 1980[4], 78ff)?

Auenstein – ein Lehrstück

Zuerst eine kurze Chronik der laufenden Ereignisse: 1933 lud Brunner Barth und Rudolf Pestalozzi in seinen Oxfordgruppenkreis ein. Die Begegnung endete offensichtlich mit einem Eklat. Nach Thurneysen war der Abend »verhängnisvoll«. »Auch ich bin erschüttert darüber und könnte mir die Haar ausreissen deswegen.« Angesichts dieser akuten Krise versicherte Thurneysen dem Zürcher: »Du sollst unter keinen Umständen denken, dass unsere alte und bewährte Freundschaft, was auch immer geschehen möge, *jemals* in die Brüche gehen werde. Denk, ich habe dieser Tage, als wir von diesen Dingen sprachen, zu Marguerite gesagt, Emil könnte sagen und tun was immer er will, ich würde vielleicht manchmal etwas traurig sein darüber, aber ich würde nie von ihm lassen können, und er hoffentlich auch nicht von mir.« Darauf erfolgte eine ausdrückliche und eindrückliche Zurechtweisung Brunners, die dieser immerhin nicht zurückwies (14.9.1933; Antwort Brunners am Tag darauf). Im Briefkonvolut Brunner-Thurneysen fehlt das Jahr 1936. Das bedeutet sicher nicht, daß keine Briefe gewechselt worden sind; wo sie sich befinden, habe ich noch nicht herausbekommen.
Im September/Oktober 1934 schrieb Barth auf einer Italienreise sein »Nein« zu Emil Brunner: »Im übrigen aber genoß er in einer unbeschwerten Heiterkeit, wie sie einem auch jetzt noch geschenkt werden konnte, das Leben« (68, 261). Ein Jahr später kam es auf dem Bergli zu einem langen Zwiegespräch mit Brunner, bei dem Gottlob Spörri und ein deutscher Pfarrer assistierten, das aber »zu keinem Resultat führte. Am Ende machten Barth und Brunner einen gemeinsamen Ritt, was demonstrierte, dass die Assistenten des Gesprächs gar nicht mehr im Bewusstsein der Reiter waren, aber auch dass Barth so einen Konflikt souverän vom Tisch wischen konnte« (Gottlob Spörri, 12.11.1980). Im nachhinein deckt der gemeinsame Ritt den Schaden auf, der entstand, als beim »Aufbruch« der Theologie die theologische Methodik nicht genügend reflektiert wurde. Da wurde das Reiterlied angestimmt: »Wohlauf Kameraden, aufs Pferd, aufs Pferd«, und man

ritt dem Fußvolk der Assistenten davon. – Brunner dankte Barth herzlich »für den guten Tag, den du mir bereitet hast« (1.7.1935). Bald aber gab es neuen Ärger! Eine politische Wochenschrift hatte Brunner und Barth aufgefordert, einen Beitrag zur Oxfordgruppenbewegung zu schreiben. Als Barth »Kirche oder Gruppe« schrieb, zog Brunner seinen Beitrag zurück (vgl. EvTh 3, 1936, 205ff), was Barth gewaltig ärgerte.

Es ist kein Zufall, daß gerade im *Aargau* der Versuch gemacht wurde, die streitenden Lehrer zu versöhnen, war doch dort ein guter Boden für eine Erweckungsbewegung. »Auch die Oxford-Gruppenbewegung . . . wirkte ohne Zweifel befruchtend auf das kirchliche Leben im Aargau. Denn zusammen mit ihrem kometengleichen Aufstieg setzte überall, bei Laien wie Geistlichen, eine wertvolle Neubesinnung auf das Wesen der reformierten Kirche ein, und mehr als nur ein Pfarrer bekam in seiner Gemeinde in erfreulicher Weise davon zu spüren. Die Teilnahme am Abendmahl wuchs wieder merklich, und es scheint, dass die Zeiten vorbei sind, da an Kommunionstagen nach der Predigt das Kirchenvolk sich fluchtartig davonmachte und nur ein kärgliches Häuflein bei Brot und Kelch zurückblieb« (*Paul Erismann*, Heiliges Erbe. Bilder aus der Kirchengeschichte der Heimat für das reformierte Aargauervolk, 1953, 135).

Die in einer theologischen Arbeitsgemeinschaft, dem »Colloquium«, unter der Leitung von Gottlob Spörri vereinigten Pfarrer luden Barth und Brunner, Eduard Thurneysen und Walter Lüthi im Juni 1936 (nicht im Januar, vgl. 13, 289–H. Hug) auf das Schlößchen Auenstein ein. Wie gefährlich Thurneysen diese Begegnung erachtete, machte ein Traum deutlich: Barth und Thurneysen – andere sagen: Brunner und Thurneysen – teilten miteinander das Zimmer im Schlößli Auenstein. Und in dieser Nacht träumte Thurneysen, er sei mit Barth und Brunner zusammen über die Hochbrücke in St. Gallen-Bruggen gegangen. Plötzlich habe Karl Barth den Emil Brunner am Kragen gepackt und mit kräftigem Schwung über das Brückengeländer in das Tobel hinabschleudern wollen. Er, Thurneysen, habe aufgeschrien: »Um Himmelswillen, was tust Du da?« In diesem Augenblick sei er erwacht. Auch Karl Barth hatte in derselben Nacht einen Traum. Er stand an einem See und wollte »schiefern«, flache Steine über den See hintanzen lassen. Emil Brunner wollte ihm den Stein aus der Hand reißen; aber Barth warf den Stein gleichwohl.

»Träume sind sehr merkwürdig und oft von Gott gesandt. Sie bringen aus den Tiefen der Seele herauf, was da unten auf dem Grunde verborgen liegt, sie bringen dem Menschen, welcher sich ihrer achtet, zum Bewußtsein beides, verborgene Kräfte und verborgene Schwächen« (*Jeremias Gotthelf*, XX, 42).

Die Beurteilung der Begegnung durch die Teilnehmer war unterschiedlich: »Wir bereiteten ein Programm vor, das eine grundsätzliche Besinnung über die Grundlage und den Dienst der Kirche vorsah, der dann eine Aussprache folgen sollte. Karl Barth wies dann aber zu Beginn der Tagung unser Programm zurück und verlangte kategorisch, Emil Brunner solle seine . . . Arbeit über die Oxford-Gruppenbewegung vorlesen und anschließend solle darüber diskutiert werden« (H. Hug, 10.10.1980). Offensichtlich las Brunner den Artikel vor, den er von der Veröffentlichung zurückgezogen hatte, während Barth seine Thesen vortrug: »Es war mühsam, ein wirkliches Gespräch aufrechtzuerhalten im Gravitationsfeld eines beinah diktatorisch funktionierenden Fachmanns, der wie ein Polizeikommissar Gottes jede lautwerdende Aussage nicht auf ihren geistlichen Gehalt, jedoch nach ihrer Uebereinstimmung mit seiner eigenen, barthschen Theologie gnadenlos untersucht und fast immer als zu leicht befindet ... Ich weiss noch, wie Emil Brunner in einer Kampfpause an der frischen Luft zu ein paar jungen Begleitern sagte: ›So, wenn Ihr mir nicht besser beisteht in der Debatte, so weiss ich nicht, ob ich Barth nicht doch noch an die Gurgel springe ...‹ Derart fühlte sich Brunner, wir alle, andauernd von Barth missdeutet, vergewaltigt, überhört« (Werner Meyer, 13.10.1980).

»Man kann nicht sagen, Barth sei in Auenstein tyrannisch gewesen. Er war einfach ganz ablehnend gegen natürliche Theologie und die Oxfordbewegung. Eine von beiden wäre schon schlimm genug gewesen, aber beide kombiniert, da hörte für Barth alles auf. Er war ganz ohne den Humor, den man an ihm gewohnt war, und geriet in eine immer tiefere Verfinsterung. Vor dem Mittagessen, das der Schluss der Zusammenkunft war, mussten wir im Garten spazierengehen, weil der Tagungsraum für das Essen hergerichtet wurde. Ich war mit Brunner zusammen und in einiger Entfernung auf einem Parallelweg sahen wir Barth mit Begleitern, aber in der Erinnerung sehe ich nicht Thurneysen in dieser Gruppe. Barth hatte ein ganz finsteres, verschlossenes Gesicht. Als Brunner und ich zum Essen in den grossen Raum kamen, war die lange Tafel schon ganz besetzt, und wir setzten uns an ein Dreiertischchen daneben. Nun kommt Barth zuletzt noch herein, und es blieb ihm nichts anderes übrig, als sich zu uns zu setzen. Zunächst waren Barth und Brunner stumm ... Dann brach Barth das Schweigen, indem er sagte: Weisst du, Emil, wenn du gestorben wärest, könnte ich dich ganz gut in die Theologiegeschichte einreihen. Mit diesem Satz hatte er sich aus der Depression herausgewunden, und das Gespräch war nun nicht mehr eine harte Disputation« (Gottlob Spörri, 12.11.1980).

Vorher aber war noch etwas geschehen: »Zum Abschluss des Gesprächs verlangte Barth eine Art Plebiszit: jeder müsse persönlich erklären, wie er zu dieser Oxford-Gruppenbewegung stehe, ob er sie als eine gute oder eine ungute Sache betrachte. Ich konnte bei diesem ›Plebiszit‹ nur teilweise dabei sein, da ich zwischen hinein in Leutwil eine Abdankung zu halten hatte. Wie mir die andern nachher berichteten, hätten die meisten erklärt, dass sie diese Gruppenbewegung als eine gute Sache ansähen und dass sie sich auch, bei mancherlei theologischen Bedenken und Einwänden, doch eigentlich überall segensreich auf das Gemeindeleben auswirke. Es seien durch sie viele Menschen, die der Kirche zuvor völlig gleichgültig gegenübergestanden seien, zu eifrigen und treuen Gemeindegliedern geworden. Walter Lüthi berichtete, dass er an einer Tagung dieser Bewegung wertvolle persönliche Hilfe für seinen Dienst in der Gemeinde empfangen habe. Und selbst Eduard Thurneysen wollte diese Bewegung nicht als eine ungute Sache ablehnen. Karl Barth hörte sich alles ruhig an und erklärte zum Schluss: ›Es liegt klar vor Augen: ich habe die Schlacht verloren!‹« (H. Hug, 10.10.1980). – »Barth habe ich noch ziemlich deutlich auch visuell vor Augen, wie er – auf dem Sopha sitzend über die Schulter hinweg auf Brunner einsprach, der u. a. betonte, dass man, wenn man das Wort ausrichte, den Adressaten doch vor Augen haben und sich auf ihn ausrichten müsse – Barth dagegen betonte: das Wort allein tuts. Es trifft, ohne dass man die Kanone lange auf ein bestimmtes menschliches Ziel ausrichtet. Und ich habe noch in den Ohren, wie er am Schluss, wie er darein einwilligte, nun nicht erneut gegen Brunner und die Gruppenbewegung zu schreiben, mit drohend erhobenem Finger uns alle ansprach und festhielt, dass wir nun die Verantwortung dafür trügen, wenn ein geistliches Unheil in der Schweizer Kirche geschehe« (W. Zimmerli, 19.11.1980).

Das Psychodrama zwischen Barth und Brunner – Brunner und Barth ist nicht aufzuhellen. Es ist bewegend, daß Brunner am 5.4.1966, wenige Minuten bevor er in die Bewußtlosigkeit des Todes fiel, noch ein Gruß von Barth erreichte, den dieser Vogelsanger aufgetragen hatte: »Sagen Sie ihm, wenn er noch lebt und wenn es geht, noch einmal: ›Unserm Gott befohlen!‹ auch von mir. Und sagen Sie ihm *doch ja,* die Zeit, da ich meinte, ihm ein ›Nein!‹ entgegenrufen zu müssen, sei längst vorüber, wo wir doch alle nur davon leben, daß ein großer und barmherziger Gott zu uns allen sein gnädiges Ja sagt« (59, 327; vgl. dazu 264).

Aber nun die Rolle Thurneysens: Auf der einen Seite sah er sich als Gefolgsmann Barths. Er meinte einmal, Barth habe nur ihn, Brunner hingegen eine ganze Garde mitgenommen. »Barth legte den Heidelberger Katechismus und die Bibel vor sich auf den Tisch und war – unschlagbar.« Aber der Sieg war kein Triumph. Der Gefolgsmann war nicht blind. Er konnte auch berichten, daß er Barth nachher vorgehalten habe: »So hättest Du mit Emil Brunner nicht umgehen dürfen. Du hast ihn ja ausgeweidet wie ein Metzger es mit einem geschlachteten Tier tut!« Aber war dieser Tadel der Sache angemessen? Thurneysen brachte eine moralische Kategorie ein, wo es um die Wahrheit ging: Kannst du mit ihm so umgehen, wenn die Wahrheit auf deiner Seite ist? Ein Gesprächsteilnehmer hat später gefragt: Hat Barth gewußt, was er tat, als er sein »Nein« schrieb, daß er nicht nur mit Gedanken sich auseinandersetzte, sondern mit einem Menschen? Die Frage ist berechtigt. Aber Barth mußte auf dem Hintergrund seiner im Kirchenkampf gemachten Erfahrung die Dinge in einer Schärfe sehen, der gegenüber ein moralischer Einwand kaum ankommen mochte.

Barth kam aus Deutschland und hatte anders als die Schweizer vor Augen, daß es ja auch dort eine »Bewegung« gab in der Kirche, war ganz anders sensibilisiert für die Anfechtung, in der die Kirche stand. Er sah sich nicht verstanden darin, daß er meinte, der deutsche Kirchenkampf sei durchaus »als Frage an den schweizerischen Protestantismus« zu verstehen, ob er »aus dem Schlaf, aus dem aufzuwachen die deutsche Bekenntniskirche sich anschickt, auch schon erwacht ist oder ob er ihn – denn zweifellos war auch er seit Jahrhunderten in einen Schlaf versunken – etwa weiter zu schlafen gedenkt?« (zit. nach 68, 288). Es ging auch Barth um Erweckung. Von dem Geschehen in Deutschland herkommend ist das finstere Gesicht, das Barth in Auenstein machte, verständlich.

Man hat zu wenig Phantasie, um sich vorzustellen, wie belastet das Verhältnis auch von Barth und Thurneysen sein mußte. Für Thurneysen war es sicherlich nicht einfach, den Flüchtling zu verstehen, der wesentliche Erfahrungen gemacht hatte, die ihm bei aller Anteilnahme letztlich fremd bleiben mußten. Für Barth mußte es schwierig sein, den der Seelsorge zugewandten und in seiner Gemeinde vollauf beschäftigten und in ihr weithin aufgehenden Thurneysen als Weggenossen von einst wiederzufinden. Wenn man auch nur ein wenig versucht, die sich notwendigerweise ergebenden Belastungen beider zu verstehen, mag man ermessen, daß Thurneysen im Grunde überfordert war in der Vermittlerrolle zwischen den beiden Systematikern. Er konnte als Daheimgebliebener dem Rückkehrer im Konflikt nicht das sein, was er ihm hätte sein müssen.
»Thurneysen hat während der ganzen Tagung darum gerungen, Brücken zu schlagen und einen harten Bruch zu vermeiden. Noch sehe ich ihn vor mir, wie er während des Gesprächs – innerlich aufgewühlt – nicht mehr auf seinem Stuhl sitzen bleiben konnte, sondern aufstand und mit langen Schritten im Raum auf- und abging. Er hat sich zwar meines Wissens nie aktiv in der Gruppenbewegung betätigt, aber er konnte und wollte dem schroffen Nein Barth's nicht beipflichten« (H. Hug, 8.11.1980). – Gottlob Spörri hat den Spannungsbogen in Thurneysens Vermittlerrolle m.E. trefflich beschrieben: »Eduard Thurneysen war ja immer der brüderliche Vermittler zwischen Barth und Brunner und uns Aargauern. Dabei ist das ganz sicher, dass er theologisch eindeutig auf der Seite Barths stand . . . Thurneysen war in keiner Weise theologischer Vermittler, sondern sein Anliegen war, dass die menschlichen Verbindungen nie gänzlich abrissen. Für diese Mission konnte er Reisen machen, um in kurzem Gespräch irgendeinen dunklen Punkt auszuradieren« (12.11.1980). – ». . . spezielle Aussagen von Thurneysen sind mir nicht mehr in Erinnerung, wohl aber die Tatsache, dass er ganz so wie Lüthi Barth zu bewegen suchte, nicht neu eine öffentliche Polemik zu entfesseln« (W. Zimmerli, 19.11.1980). – »Mir selber ist hinsichtlich Thurneysens lediglich so etwas *Zurückhaltung* in der Debatte erinnerlich. Stand er zu sehr im Schatten ›Karls des Grossen‹?« (W. Meyer, 28.10.1980)
Man hat es Eduard Thurneysen und den Aargauern zu danken, daß Barth kein neues »Nein« schrieb, vielleicht auch, daß es zu einem Händedruck nachher kam. Eduard Thurneysen war in einer schwierigen Lage: Sein Freund Barth hatte recht und tat, wie ihm schon das Traumbild entschlüsselt hatte, unrecht. Auch war er der Stärkere, der den Brüdern, was das Verfahren anbetraf, zunächst seinen Willen aufzwang. Er war nach dem Urteil eines Beteiligten ein gewalttätiger Partner.
Wie sollte Thurneysen sich Barth, wie sollte er sich Brunner gegenüber

verhalten? Ein Kenner der Szene meint, Thurneysen habe seinem Freunde Barth gegenüber versagt. Es habe ihm einer gefehlt, der ihm einmal »wüst« gesagt, der ihn gehörig zur Ordnung gerufen hätte. Mündliches Echo eines anderen Teilnehmers: »Ich möchte Eduard Thurneysen nicht noch einmal so erleben, sich so duckend.« Zweifellos, Auenstein war keine Glanzstunde, aber die Geschichte Jesu Christi in den Seinen geht nicht nur durch Glanzstunden.

Auenstein stellt klar: Ein echter Konflikt hat seine Versuchung im Rechthaben und wird besonders gefährlich, wo beide recht haben. Und wo beide recht haben, hat in der Regel einer immer ein wenig mehr recht. Diese problematische Möglichkeit eröffnet sich vor allem dann, wenn der Streit ein unerforschtes Gebiet im Hintergrund hält, in unserem Fall die Lehre vom Heiligen Geist. Gerade im Abstand ungefähr eines halben Jahrhunderts kommt zutage, wieviel nüchterner Barth und mit ihm auch Thurneysen dachte. Andererseits richtete Barth Alternativen auf, die nicht aufrechtzuerhalten sind, etwa die Entgegensetzung von Jesus Christus und dem »angeblich verwandelten Menschen« (EvTh 3, 1936, 210). Hätte man sich in Auenstein zusammengetan, um das Unerforschte abzustecken, wäre alles vielleicht anders herausgekommen. Wo aber beide recht haben, werden beide, gerade indem sie im Recht sind, aneinander schuldig, und wer mehr recht hat, den trifft womöglich größere Schuld. Im Konflikt Barth-Brunner war Barth zweifellos der Stärkere und damit wohl auch der, den die größere Verantwortung traf.

Auenstein, als Lehrstück genommen, erweist den Seelsorgebegriff, sei er nun kerygmatisch oder psychologisch gefaßt, als zu eng, wenn ein Konflikt in der Kirche eine Anfrage an die Seelsorge ist. Zum einen geschieht Seelsorge nicht nur im Bezug von Ich und Du, sondern in einem Beziehungsnetz, an dem alle Beteiligten mitknüpfen, in das alle Beteiligten verknüpft sind. Zum andern kann Seelsorge nicht von »Lehre« abstrahieren, von der Frage also: Was lehrt, was sagt Jesus Christus in dem akuten Streitfall? In der Seelsorge kommt man nicht um theologische Entscheidungen herum! Thurneysen vollzog sie mit Barth und sprach für Brunner. Die Frage ist, ob er mit dieser Entscheidung Barth den Dienst tun konnte, den er ihm schuldig war, nämlich sein theologisches Recht in Frage zu stellen. Die Bemühung Thurneysens um die menschliche Verbindung war zwar wichtig, konnte aber nie ausreichend sein. Wir wissen nicht, was Thurneysen Barth alles gesagt hat, ahnen aber vielleicht, daß ihm in diesem Falle die theologische Souveränität mangelte, die sowohl Brunner als auch Barth hätte überholen können, um den Streit zu schlichten.

Wangemann schreibt in seinem Lebensbild des pommerschen Erweckungspredigers Gustav Knak: »Ich habe oft gesehen, daß, wenn im engeren Kreise die Brüder an einander geriethen und Gefahr vorhanden war, daß sie, das Sachliche aus den Augen verlierend, nur ihre Sondermeinungen mit persönlicher Energie zu vertheidigen suchten –, daß dann Knak, ich möchte sagen, nicht in klarer Erkenntniß des Stadiums, in welches die Diskussion getreten war, sondern instinktiv heraushfühlend, daß Persönliches zu stark und breit hervorträte, die betreffenden Combattanten so lange *küßte*, bis sie stille waren. Die Debatte blieb selbstverständlich auf sich beruhen – und zu Schaden kam Niemand dabei« (Gustav Knak, 1881[2], 220f). – Ein solches Verfahren war wohl auf dem Schlößchen Auenstein nicht möglich. Friede auf Kosten der Wahrheit ist allemal ein fauler Friede.

Wo Seelsorge sich am Willen Gottes orientiert, wird sie zwangsläufig zur Sorge um die Einheit des Volkes Gottes, und Einheit wird nur in der Wahrheit wirklich. In der Perspektive des hohepriesterlichen Gebets erscheint die Einheit der Jünger als Ziel aller Seelsorge. Solche Seelsorge bedarf der brüderlichen Vermittlung einerseits, wie ihr andererseits eine theologische Vermittlung nicht ohne weiteres dienlich sein wird. Gefordert ist in solchem Fall ein theologischer Souverän, man nenne ihn Prophet oder gar mit Schleiermacher »Kirchenfürst«, fähig, den theologischen oder kirchlichen Streit auf Wahrheit hin zu überholen.
Jeder Streit aber deckt dem, der Frieden stiften will, zunächst den eigenen Mangel an Souveränität auf: Statt Kirchenfürstlichkeit zeigt sich Ohnmacht. Wer in einen Konflikt hineingeht, wird so oder so mitschuldig. Konfliktstrategie nach dem Evangelium heißt: schuldig werden an der Schuld der Streitenden, heißt, an der fremden Schuld leiden. Wir sollen »Christo nachleiden, das wir ihm gleichformig werden« (WA 32, 295f). Wir sind als Seelsorger nicht unbedingt Konfliktlöser vom Dienst. Auch ein Konflikt, gerade ein Konflikt verlangt eine Prüfung der streitenden Geister und eine Prüfung seiner selbst, ob man jetzt und hier zum Friedensdienst berufen sei. Wo wir im Gehorsam Christo nachleiden und in der Schuld der anderen unsere eigene Schuld erkennen, wirken wir ins Unsichtbare hinein, und die Frucht wird nicht ausbleiben, denn es gibt kein Leiden hinter Christus her ohne Auferstehung. In diesem Horizont erweist sich die in Kirche und Theologie herrschende Konfliktscheu als Verleugnung des Kreuzes Christi.

Seinen für unseren Zusammenhang wichtigen Aufsatz »Schuldübernahme als Ausdruck der Christusnachfolge bei Martin Luther und Dietrich Bonhoeffer« beschließt *Heinz Joachim Held* mit einem Wort des Starez Sossima am Morgen seines Todestags: »Wißt, ihr Lieben, daß ein jeder von uns schuldig ist für alle und alles auf Erden, darüber besteht kein Zweifel, und dies nicht nur durch seinen Anteil an der allgemeinen Weltschuld, sondern jeder von uns ganz persönlich für alle Menschen und für jeden einzelnen Menschen auf dieser Erde. Diese Erkenntnis ist die Krone des Weges, den der Mönch zu gehen hat, ja ist die Krone jedes Menschenlebens auf Erden, sind doch die Mönche keine andersartigen Menschen, sondern solche, wie eigentlich alle Menschen auf Erden sein sollten« (Konsequenzen. Dietrich Bonhoeffers Kirchenverständnis heute, hg. von Ernst Feil und Ilse Tödt, 1980, 167).

Flüchtlinge

Leider hat das Problem seit 1942 nicht an Aktualität eingebüßt; heute sind wieder Millionen auf der Flucht vor Terror, Hunger und Armut. Das Problem wird in dem Maße wachsen, als unsere Gesellschaft ihren Charakter als Überflußgesellschaft verliert, die Arbeitslosigkeit wächst und die Lebensmittel – was wir im Moment uns nicht ausdenken können – sich verknappen. Der Konflikt um die Flüchtlingspolitik ist nicht bloß ein vergangener, sondern ein auf uns zukommender Konflikt. Er bleibt so lange noch harmlos, wie er kaum merkbare Opfer vom Gemeinwesen fordert. Wenn nur einige hundert oder tausend Flüchtlinge aus Afrika, Asien oder Lateinamerika in Stuttgart landen oder in Berlin schwarz über die Grenze kommen, erzeugen sie im biederen Deutschen untergründige Ängste, und welcher Deutsche ist nicht bieder? Wir biederen Eidgenossen aber haben zur Nazizeit eines der trübsten Kapitel unserer Geschichte geschrieben.

Zu Kriegsbeginn gab es in der Schweiz 7000 bis 8000 Flüchtlinge, darunter etwa 5000 Juden. Am 17.10.1939 beschloß der Bundesrat eine Änderung der fremdenpolizeilichen Regelung. Ausländer, die rechtswidrig in die Schweiz gekommen seien – mit Ausnahme der Deserteure oder politischen Flüchtlinge – in das Land »auszuschaffen«, aus dem sie gekommen (*Edgar Bonjour*, Geschichte der Schweizerischen Neutralität, Bd. VI 1939–1945, 1970, 14).
1941 protestierte *Karl Barth* gegen diese Flüchtlingspolitik des Bundesrates (Eine Schweizer Stimme 1938–1945, 1945, 224f). 1942 hatten wir fast 90000 Flüchtlinge. Am 4. August 1942 beschloß der Bundesrat eine noch härtere Politik. Zivilflüchtlinge seien zurückzuweisen, auch wenn damit Leib und Leben in Gefahr komme (Bonjour, a.a.O., 22). – Am 30. August 1942 kamen etwa 8000 junge Schweizer und Schweizerinnen zur Landsgemeinde der Jungen Kirche im Hallenstadion von Zürich-Oerlikon zusammen. Bundesrat *Eduard von Steiger*, Chef der eidgenössischen Justiz und Polizei, sprach »das unglückliche, so ganz falsche Vorstellungen über das Maß des Tragbaren erweckende Wort vom ›schon stark besetzten kleinen Rettungsboot‹« (a.a.O., 24), genannt Schweiz.

Walter Lüthi, ein »halsstarriger Protestant« (59, 347), meldete in seiner Predigt den Protest »zugunsten der jüdischen Flüchtlinge, gegen die Einreisesperre für aus Deutschland kommende Juden« an (78, 7). Die Situation erinnert an das alttestamentliche Auftreten eines Propheten. Lüthi ließ an Drastik und Deutlichkeit nichts zu wünschen übrig. Der Beschluß des Bundesrates belaste die Christen in dreifacher Weise: »Er ist erstens *lieblos*. Allein in der Stadt Basel werden laut amtlicher Statistik über dreitausend noch wohlgenährte Hunde gefüttert. Ich mag ihnen ihr Essen wohl gönnen. Aber solange wir in der Schweiz noch bereit sind, unser Brot und unsere Suppe und unsere Fleischration mit vielleicht hunderttausend Hunden zu teilen, und haben gleichzeitig Sorge, einige zehntausend oder auch hunderttausend Flüchtlinge würden für uns nicht mehr tragbar sein, ist das eine Einstellung von hochgradiger Lieblosigkeit. Und zweitens ist unser Verhalten *heuchlerisch* . . . Und drittens sind wir *undankbar*« (zit. nach *Alfred A. Häsler*, Das Boot ist voll . . ., 1967, 123f).
Lüthi scheute sich nicht, den Bundesrat direkt anzureden: »Lieber Herr Bundesrat, bemüht euch doch auch nicht, unser Gewissen zu beruhigen. Ihr tätet damit unserem Land einen schlechten Dienst« (a.a.O., 124). Oskar Farner, ein Kirchenoberer, bei dem Bundesrat von Steiger zu Gast war, kommentierte Lüthis Vortrag: Er wisse nicht, ob er unerhört oder ungehö-

rig gewesen sei. Belastend für Lüthi: Gertrud Kurz, die Mutter der Flüchtlinge, meinte nachher, Walter Lüthi solle das Maul halten, er erschwere die Flüchtlingshilfe im Verkehr mit den Behörden.

Am 2. September kam es dann in Basel zum Bettagskapitel, einer alljährlich im Herbst stattfindenden Versammlung der Baseler Pfarrer. Die Kollegen kommentierten und kritisierten Lüthis Auftreten und kamen zu einer Verurteilung Lüthis. Offenbar war die Mehrheit der Kollegenschaft der Auffassung, Lüthis Protest sei ungehörig gewesen: »Gegen Schluß der scharfen Auseinandersetzung stand einer auf und erklärte: Ja doch, es handle sich im vorliegenden Fall ohne Zweifel um eine echte Bekenntnissituation, somit um göttlichen Auftrag zum Widerstand, auch wenn es gegen die oberste Landesbehörde und gegen die Volksmehrheit gehe. Und dieser Sprecher und Beistand in der Not war der Kollege Thurneysen am Basler Münster« (78, 7. Im Sitzungsprotokoll des Kapitels fehlt ein Hinweis auf ein solches Votum). Lüthi erzählte die Episode am Grab Thurneysens mit der Hinzufügung: »Und vergiß nicht –«! Für ihn war das Eintreten Thurneysens eine Hilfe mehr als von menschlicher Art.

Ein beinahe klassischer Konflikt: Ein Kollege exponiert sich unpopulär für die Juden, er tritt nach vorn in Fürsprache und Widerspruch, und dann wird die Zusammenkunft der »lieben Väter und Brüder« – wie man sich in Schweizer Pfarrerversammlungen anzureden pflegte – zum Tribunal, in diesem Fall zum Richterspruch der Schwachen gegen den Starken; Lüthi war der bedeutendste Prediger nicht nur Basels, sondern überhaupt der Schweiz in jenen Jahren (vgl. 59, 503), und ein solcher Fall brachte möglicherweise kollegialen Lustgewinn; man konnte seine Besorgnis über Ungehöriges ausdrücken.

Der Verlauf der Geschichte hat Walter Lüthi und Eduard Thurneysen recht gegeben. Aber im Akt des Bekennens, im Widerstand gegen Obrigkeit und Masse wirkt das, was uns nachträglich als selbstverständlich erscheint, keineswegs selbstverständlich. Die Bekenntnissituation ist eben die, daß für jemand, für etwas, gegen jemand, gegen etwas bekannt wird. Wer bekennt, bekennt sich in einer offenen Situation, in diesem Fall für die Juden, gegen den Bundesrat. Aber in der Situation des Bekennens weiß Oskar Farner eben nicht, ob das, was der Bekenner sagt, unerhört oder ungehörig ist. Das Bekenntnis nimmt nicht auf, was in der Luft liegt, artikuliert nicht, was allgemein einsichtig ist. Geistgewirkt widerspricht es dem Zeitgeist. Nach Meinungsumfragen kann es sich nicht richten. Wer bekennt, wird angezweifelt wie Walter Lüthi im Bettagskapitel. Es kann sein, daß einer gegen alle bekennt, daß einer von allen verlassen bekennt. Dann ist er in der Situation Jesu, »der vor Pontius Pilatus für das gute Bekenntnis Zeugnis abgelegt hat« (1Tim 6, 13). Das Bekennen ist immer ein Bekennen gegenüber einer Übermacht, und wer bekennt, hat keine andere Macht als die des Namens, den er bekennt.

Es ist kein Zufall, daß Walter Lüthi für Eduard Thurneysen die Grabrede hielt und die ersten fünf Verse von Psalm 103 zum Text wählte. Wo einer in der Situation des Konflikts, der beinahe allgemeinen Verurteilung, sich vor den Angeklagten stellt, geschieht etwas vom Parakleten her, ein Unvergeßliches, entsteht eine Gemeinschaft unauflöslich, da ist, um mit Eduard Thurneysen zu reden, etwas Ewiges zwischen uns. Die Geschichte Jesu Christi geht in den Seinen weiter.

Bleibt anzumerken, daß *Alfred A. Häsler* in einem Katalog von Helfern neben Wilhelm Vischer den Pfarrer Thurneysen erwähnt, die »da waren« als »Repräsentanten der Humanität« (a.a.O., 305) in einer Zeit, in der man es in der Schweiz für staatsmännisch hielt, unmenschlich zu sein.

Die Kirche

Im »Dostojewski« sah Thurneysen die Empörung des Menschen gegen Gott in Religion und Kirche (10, 60). Auf eine neue Kirche wollte er lossteuern (3, 312). 1930 erinnerte er sich an den Aufbruch im Aargau anläßlich des Todes der Fräulein Haffter, die einmal über dem Friedhof den Jubel des Himmels gehört hatte: »Hoffentlich . . . begnügen auch wir uns ein weiteres Leben lang wie damals durchaus mit dem Wanderzelt der Stiftshütte, sooft wir von der Kirche reden . . .« (3, 712f).
Sein Wunsch ging nicht in Erfüllung. Er konnte nicht in Erfüllung gehen. Keine zehn Jahre brauchten die Antistites, um den Münsterpfarrer auf ihre Seite zu ziehen. Der im Antistitium – so scheint es – hatte ihnen wenig Widerstand entgegenzusetzen. Man kann auch sagen: Die Institution hatte sein Denken besetzt, das Pfarramt den Propheten in sich aufgesogen, der Schüttler und Rüttler wurde durch den Kreuzgang domestiziert. Einst hatten die beiden Aargauer Pfarrer über das »Furche-Verlags-Christentum« gespottet. Fünfzehn Jahre nach »Dostojewski« erschien im Furche-Verlag ein kleines Büchlein, geschrieben – wie ich meine – sowohl in der Vergessenheit des Großinquisitors auf der einen als auch in Fortsetzung der im »Dostojewski« vorscheinenden Spiritualisierung auf der anderen Seite: »Der Mensch von heute und die Kirche« (1936).
Zuerst wird »der Mensch von heute und sein Nein zur Kirche« dargestellt, er sei »religiös wieder bewegter« (23, 5). Aus dem kurz zuvor erschienenen Buch »Dichterglaube« kommen Hildur Dixelius, Will Vesper und August Winnig zu Wort. Summa: »Es steigt eine Flutwelle religiöser, und zwar echter, auf Christus gerichteter Erwartung in unserer Zeit auf« (23, 12). Diese Erwartung sei gekoppelt mit »entschlossenster, ausgeprägtester Ablehnung alles dessen, was Kirche heißt und ist« (23, 12). Beispiele hierzu werden nicht gebracht; mit der Kirchenkritik gedenkt Thurneysen sich nicht auseinanderzusetzen. Sie ist für den, der einmal von einer Pfarrstelle zur anderen überwechselte »wie von einem Krankenbett ins andere«, kein Thema mehr. Die »Empörung des Menschen gegen Gott in Religion und Kirche« (10, 60) wird nicht mehr gesehen; die geschichtliche Lage hat sich

gegenüber 1921 gewandelt, 1936 ist die Empörung des Menschen gegen Gott außerhalb der Kirche manifest geworden. Gerade hier ist mit Händen zu greifen, wie sehr das Zeitgeschehen das theologische Denken beeinflußt.

Auch später hält sich eine im Grunde unkritische Sicht der Kirche durch. Wenn er von der »*Problematik der Kirche von heute*« (51, 18) spricht, diagnostiziert er, »daß die Welt von heute, also die Welt der Technik und der Industrie und der naturwissenschaftlichen Bildung, sich ein wenig überall der Kirche gegenüber verfremdet hat« (51, 20). Einer unkritischen Sicht der Kirche entspricht dann auch eine solche seiner eigenen Generation im Gegenüber zur Jugend (56,8).

Trotzig setzt er den Zeitgenossen die These entgegen: »Gerade . . . an dem Punkte, ›Kirche‹ genannt, entscheidet sich das Schicksal der Gegenwart« (23, 13). Thurneysen vollzieht mit diesem Satz sozusagen schon den »Bruch im seelsorglichen Gespräch«, einen Bruch, der vor dem Hintergrund des Kirchenkampfes völlig einleuchtet. Die Kirche wird gerade in ihrer Bedeutung für die Gegenwart ernst genommen und als Salz der Erde begriffen. Das Kirchenbild Thurneysens erscheint nun aber selbst insofern spiritualistisch, als es die problematische Situation des Münsters dogmatisch überhöht. Hieß es zuerst: »Der kirchliche Mensch ist der grundsätzlich gebundene Mensch« (23, 16), so bedeutet Kirche nun »ein von sich Weggehen des Menschen, ein Sichhineinstellen an einen fremden, andern Ort, einen Ort, wo ich nicht mehr bei mir selber bin, einen Ort, wo ich sogar ein Buch aufgeschlagen bekomme, aus dem mir etwas vorgelesen wird, das ich als von außen, von oben her zu mir geredet, annehmen und anhören muß« (23, 20).

Die Institution »Kanzelrede«, verstanden im Blick auf den vereinzelten Hörer, prägt einen Kirchenbegriff, der eine Entmündigung der Gemeinde impliziert. Die Kirche ist ein Ort, »wo ich sogar ein Buch aufgeschlagen bekomme, aus dem mir etwas vorgelesen wird, das ich . . annehmen und anhören muß«. Das kann man gewiß einmal sagen, und angesichts der Hybris des modernen Menschen muß man es auch einmal sagen. Aber nun wird er in vielen Wiederholungen und Variationen immer wieder in ähnlicher Weise von der Kirche reden und damit im Grunde die Unmündigkeit und Passivität der traditionellen Gemeinde rechtfertigen. Die Institution Kanzelpredigt blockiert die Zukunft, und der Klerikalismus begrenzt, kanalisiert alles, gerade auch, indem er dagegen votiert.

Thurneysen wirkt hier steril. Er hat nicht nur Blumhardt und den Großinquisitor, sondern noch viel mehr die Eschatologie als Futurum vergessen (die wir meist auch vergessen). Zu Recht insistiert er auf dem Geschehen der Offenbarung, auf ihrem Ereignischarakter: »Offenbarung geschieht als das an uns sich richtende Anreden Gottes, oder sie ist nicht Offenbarung Gottes.« Aber nun fragt er nicht, was denn im Geschehen von Offenbarung mit und in der Kirche passiere, er formalisiert: »So wird im Raume der Kirche die Bibel verstanden« (23, 33). Wie er sich ausschweigt über die Kirchenkritik in »Dichterglaube«, so auch über die Wirkung der Offenbarung im Blick auf die Kirche. Das Reden über »Gemeinschaft« und »Freiheit« am Schluß der Schrift wirkt ebenso richtig wie blaß. Es kann nicht anders als unverbindlich bleiben. Die Ritualisierung des Buchaufschlagens verhindert sozusagen das Geschehen von Offenbarung. Der Gemeindebegriff versteint. Schon 1932 hatte er den Predigtbeginn überhöht. Da kam eine Frage ein wenig von oben herab: »Du weißt doch, was eine Predigt ist?« Anweisung wird gegeben zu einem rechten Predigtverständnis, die ein Inhaltliches formalisiert. Am Äußeren soll das Innere deutlich gemacht werden: »Achte einmal . . . darauf, mit was eine Predigt anfängt. Sie fängt nämlich immer und überall auf gleiche Weise an. Sie fängt damit an, daß der Pfarrer auf die Kanzel steigt.« Dann kommt das Buch, das geöffnet wird: »Predigt ist . . . eine Buchrede« (39, 162). Thurneysen betonte angesichts der geschichtlichen Situation, angesichts der steigenden braunen Flut in Deutschland, zu Recht die Bindung der Predigt an die Heilige Schrift. Aber er sah nicht, was er im ekklesiologischen Kontext mit seinem Satz machte: mit solcher Überhöhung des Rituals wurde dieses verfestigt.

Blumhardt redete bescheidener: »Wenn man sich versammelt, ist wenigstens ein Schimmer von der Gemeinde Jesu Christi da, der Kraft hat auf Erden«. Er redet gemeindegemäß und vorwärtsdrängend: »Und die Kraft Jesu Christi auf Erden liegt in seiner Gemeinde« (zit. nach 74, 320). – Man tut Söhnen unrecht, wenn man sie an den Vätern mißt, weil man damit in der Regel die neuen Fragen der Söhne nicht berücksichtigt und nur die Antworten vergleicht. Man konnte 1932 und 1936 nicht so reden, wie Blumhardt vor seiner Hausgemeinde hatte reden können.

Verrechnet man die Zeitumstände, verschärft sich die Frage von Blumhardt her: Die Restauration, die Thurneysen später beklagte (vgl. 47), war nicht nur mit dem Namen Rudolf Bultmann festzumachen. Sie wurde schon in Thurneysens Kirchenbegriff deutlich. Genauer: Sein Kirchenbegriff war schon das Ergebnis eines restaurativen Verhaltens.
Wir erinnern uns an die Notiz von Leonhard Ragaz, der meinte, nach einer Quarantäne sei »man in Basel auch daheim« und werde »sozusagen in die Familie aufgenommen, als Eigener behandelt und mit großer Treue festgehalten« (83,I, 245), der »kirchliche Mensch ist der grundsätzlich gebundene Mensch«. Er pilgert unentwegt ins Münster. »Kirche ist der Ort, wo gepredigt wird« (23, 26). Thurneysen war jetzt im Münster »daheim«, wurde nicht mehr »vom Barthe getragen«, wie der böse Anonymus angenommen hatte, sondern von der Institution Kanzelpredigt und mehr als das – von der Treue seiner Zuhörer.
Jede Aussage über die Kirche wird insofern zur Selbstaussage, als der, der spricht, auch von sich selbst spricht: »Freilich, auch ein Prediger ist nichts anderes als ein Mensch . . .« (23, 27). Wer das zugeben muß, hat zweifellos überhöht. Die Bedeutung des Theologen von Leutwil und Bruggen lag darin, daß er der Theologie gegen sich selbst recht gab. Jetzt rechtfertigt die Theologie den Theologen, d.h. den Prediger auf der Münsterkanzel, und der Theologe rechtfertigt die Institution. Die Denkstruktur ist hierarchisch

geworden, bewegt sich im Gefälle »Kanzel – Zuhörer«. Das Wanderzelt hat dem Tempel Platz gemacht.

Ich war der Meinung, die Absage an die Kerygmatheologie beinhalte einen Akt von Schuldverdrängung. Indem man den Vätern der Bekennenden Kirche absagte, rückte man – nolens volens – in den Schatten des deutschchristlichen Erbes. Hier nun erkenne ich bei Thurneysen einen ähnlichen Vorgang. Die Erbmasse an Schuld, mit der Institution über Jahrhunderte tradiert, wird im Lauf der Zeit nicht weniger, sondern wächst. Thurneysen ignorierte sie. Auf diese Weise hatte er dem »modernen Menschen« gegenüber recht, konnte ihm aber nicht gerecht werden. In der unveränderten Institution manifestiert sich die verdrängte Schuld der Kirche auch heute. Immer noch gilt: »Gerade . . . an dem Punkte, ›Kirche‹ genannt, entscheidet sich das Schicksal der Gegenwart« (23, 13).

Wir stehen vor einem Problem, das in der Praktischen Theologie nur unzulänglich bedacht ist. Die Praxis prägt das Bild der Kirche, das wir haben, wie die Vorstellung von der Kirche unser Handeln in der Praxis bestimmt. Die Praxis verändert unmerklich die Theologie; darin liegt ihre verführerische List. Wahre Theologie dagegen leitet zu veränderter Praxis an; darin liegt ihre heilende Kraft. Verführerische List der Praxis und heilende Kraft wahrer Theologie liegen miteinander im Streit ein Leben lang; entweder gerät die Praxis in die Krisis des Wortes, oder das Wort wird durch die Praxis korrumpiert. Die Institution enthält als verfestigte Vergangenheit in sich die Möglichkeit der Gnade so gut wie die Erbschaft von Schuld. Eduard Thurneysen betonte die Möglichkeit der Gnade und verdrängte das Erbe von Schuld und unterlag damit in einem gewissen Grad der List der Praxis. Indem bei ihm zuerst die Theologie kam, »dann die Theologie und nochmals die Theologie«, bekamen die Antistites ihn niemals völlig in ihre Gewalt, konnte er nie in der Routine aufgehen.

Schon *Luther* hat betont: »In vita est peccatum, error, immundities et miseria«: Im Leben herrschen Sünde, Irrtum, Unreinigkeit und Elend. Darum ist Liebe und Vergebung nötig. – »Sed in doctrina ut non est error, ita non opus habet ulla remissione peccatorum«: Aber in der Lehre ist nicht Irrtum, also braucht sie auch nicht die Sündenvergebung. – »Quare nulla prorsus est comparatio doctrinae et vitae«: Wie es denn auch keinen Vergleich zwischen Leben und Lehre gibt (WA 40,II,52; vgl. *Karl Gerhard Steck,* Lehre und Kirche bei Luther, 1963, 197ff). Kompliziert aber wird der Sachverhalt dadurch, daß Erfahrung die doctrina wahrzunehmen hilft, wie denn auch die Lehre gebunden ist an die Gegenwart Christi im Geist. Wenn Luther von der Lehre spricht, die keine Vergebung braucht, so meint er die reine Lehre, die Lehre, die der im Geist anwesende Christus lehrt, während bloße Menschenlehre eine »pestilens hypocrisis«, eine ungesunde, pestilenzialische Heuchelei darstellt (WA 5, 135, 29; Steck, 25f). In der Gegenwart ist die Lehre von der Kirche noch unterentwickelt. Man könnte m.E. an *Augustin* aufweisen, wie durch das werdende Staatskirchentum die Lehre von der Kirche beschädigt worden ist. In dieser Hinsicht brauchen wir heute ein neues Durchdenken der doctrina de ecclesia, wie denn die Erfahrung vom Zerfall des Corpus Christianum uns zur Neubesinnung auf das Zeugnis des Alten wie des Neuen Testamentes vom Volke Gottes ruft.

Es gehört zur Stärke von Eduard Thurneysen, daß er den Vorzug der Lehre vor der Praxis stets behauptet hat. Was er vielleicht nicht genügend übersehen konnte, war die Erosion und Korruption der Lehre durch die Praxis, ihre unmerkliche Veränderung durch die Verhältnisse. So wie die theologische Methode des Aufbruchs unreflektiert blieb, wurde beispielsweise das Buchaufschlagen des Pfarrers nicht kritisch mit dem Wort konfrontiert. Der korrumpierende Charakter kirchlicher Praxis fordert zum Fragen nach der »reinen Lehre« als Voraussetzung rechter Praxis heraus. Mehr noch: Man muß fragen, ob die Theorie scharf genug gefaßt sei, um dem Verschleiß durch die Praxis zu widerstehen. Die Rechenschaft über Wesen und Auftrag der Kirche inkludiert das Gericht, dergestalt, daß alles kirchliche Tun in der Krisis des Wortes revidiert wird. Eine solche Revision wird zur »pestilens hypocrisis«, wenn sie bloß als Beobachtung erfolgt. Sie erfordert Umkehr. In einem solchen Akt kann und muß auch gefragt werden, was denn Eduard Thurneysen uns an reiner Lehre schuldig geblieben sei, d.h. wir müssen zu neuen Fragestellungen vorstoßen.

Karl Barth hat – wohl 1935 – im »Geleitwort« zu einer Aufsatzsammlung Thurneysens geschrieben: »Die theologische Arbeit Eduard Thurneysens ist in ihren Anfängen herausgewachsen aus den Nöten des Pfarramts. Und in den Aufgaben des Pfarramts hat sie noch heute ganz offen ihren Zielpunkt« (1, 227). Die Charakteristik des Freundes erklärt, wie es zu den Aussagen über die Kanzel und das Ritual des Buchaufschlagens kommen konnte. Die Kirche wird als Pfarrersache begriffen, während wir dank der Nöte des Pfarramtes lernen müssen, den Pfarrer als Gemeindesache zu verstehen. Barth schreibt: »Wer die Vorträge von Eduard Thurneysen versteht, der versteht damit, daß die Kirche der Existenzgrund und das Subjekt der Theologie ist. Wer das nicht versteht, der hat auch Eduard Thurneysen nicht verstanden« (1, 227). – Diese Sätze erinnern an den Mekkapilger, der nach seinem Flug zur heiligen Stadt sich beim Gebet nicht konzentrieren konnte und dem dann gesagt wurde: der Geist gehe zu Fuß. Das würde heißen: Thurneysen hat das, was er verstand, nicht völlig eingeholt, und wir sind heute noch meilenweit von dem Mekka entfernt, das die beiden uns sichtbar gemacht haben.

Neben der hier aufgezeigten Statik in der Auffassung von der Kirche steht eine von der Wiederkunft Christi her zu verstehende Dynamik. 1939 schrieb er nach einer Darlegung seiner Lehre von »Kreuz und Wiederkunft Christi«: »Wir müßten hier nun von der *Kirche* reden« (28, 27). Im Zusammenhang der Zukunft Christi gerät das Reden von der Kirche in den Irrealis: »Wir müßten«, aber tun es nicht. »Wir müßten . . . Denn die Kirche ist der Ort des Volkes Gottes, das wartet, weil es das Volk ist, . . . das der Wiederkunft entgegengeht« (28, 27). Hier begnügt er sich »durchaus mit dem Wanderzelt der Stiftshütte«; zwei Seiten später wird Kirche verstanden »als der Ort derer, die in der Welt und ihren Gerichten warten auf das Kommen des Herrn« (28, 29). Vom Gehen ist zunächst nicht mehr die Rede (vgl. aber 28, 31). Aus der Spannung von »Warten und Eilen«, von den beiden Blumhardts im Anschluß an 2Petr 3, 12 gerne betont, ist ein Warten und Gehen geworden. Fast möchte man sagen: ›Schneck‹ bestimmt die Dynamik.

Was wir brauchen, ist eine Theorie der Gemeinde, die befähigt, aus den – dank Kirchensteuern – stets frisch getünchten Gräbern heraus das Haus Gottes in die Zukunft hinein zu bauen. Wir haben es nötig, daß Christus selbst uns über die Gemeinde und das, was wir zu tun haben, belehrt. Wir brauchen eine Weiterung des Horizonts in die Ökumene hinein. Ich denke, daß wir hier von den evangelischen Freikirchen so gut wie von der östlichen Orthodoxie zu lernen haben. Christus lehrt uns seine Lehre auch und gerade im ökumenischen Gespräch.

Von Thurneysen und Luther her ist zu fragen, ob das heute weithin herrschende Verständnis der Praktischen Theologie als Handlungswissenschaft ausreiche, zielt es doch zunächst auf eine Apologetik: Praktische Theologie soll als universitäre Disziplin gerechtfertigt werden. Dadurch tritt die Frage nach dem, was Christus uns heute für die Praxis lehrt, allzu leicht in den Hintergrund. Thurneysen hat sehr wohl gewußt um die Gefährdung des Lehrgeschehens. Als er in »Die Aufgabe der Predigt« warnte vor dem »*Eingehen auf das* sogenannte *Bedürfnis des Hörers*« (1, 102), wußte er offenbar um die Irreführung der Lehre durch die Situation. Aber er selbst redete im Grunde 1936 nur zu situationsgerecht.

Der Prediger

Bloß nach der Bibel reden möchte ich nicht.
                              Christoph Blumhardt

Du wolltest von mir etwas zu deiner Predigt
hören. Ich habe dein eindringliches ad-hominem-
Reden immer wieder sehr gern, gerade
weil ich das nicht so kann. So habe ich auch in
dieser Predigt manche vortrefflich formulierte
Stelle sehr zu schätzen gewußt. Aber mich beunruhigt etwas ihr Verhältnis zum Texte.
              Karl Barth an Eduard Thurneysen

Seinen Weg ging Eduard Thurneysen vom Kirchenkritiker zum Apologeten kirchlicher Institution. Auf ihm hob er seine Kirchenkritik auf, indem er sie mitnahm und im Mitnehmen verinnerlichte. Diesen Weg verfolgen wir, wie er sich in der Predigt niederschlägt, wenden unser Interesse der prophetischen Linie zu, die apologetische läßt sich schon aus der Schrift von 1936 »Der Mensch von heute und die Kirche« (23) erschließen.

Urteil der Gemeinde

Als »dr Bedittend« stand er auf der Kanzel, als einer, für den zuerst die Theologie kam, aber auch als der, der halt die Menschen gern hatte. Die Spannung zwischen Prophetie und Seelsorge umschloß den Prediger Eduard Thurneysen, wobei Prophetie und Seelsorge wohl streng zu unterscheiden, aber kaum zu trennen sind.
Ein Prediger ist und wird nicht ohne seine Wirkung. Er kann nicht predigen ohne seine Gemeinde, nicht ohne das volle oder leere Haus, in dem er predigt. In gewisser Weise gilt: Der Prediger macht die Predigt, und die Hörer machen den Prediger. Die Spannung zwischen Prophetie und Seelsorge umgreift auch das Verhältnis Gemeinde und Prediger. Die Gemeinde kann ein Charisma zum Leuchten bringen oder unterdrücken. Es ist nicht ohne Bedeutung, ob sie das Charisma einer öffentlich ergehenden Prophetie oder das einer privaten Seelsorge bevorzugt. Die Einwirkung der Gemeinde auf die Wirkung des Predigers kann nur angedeutet, nicht aber gemessen und gewogen werden. Sie bleibt verborgen, wie auch die Wirkung der Predigt nur zeichenhaft und vorläufig festzustellen ist eher in ihrer Breite als in ihrer Tiefe. – Er habe über die Köpfe hinweggeredet, sagen die braven Leute von Leutwil. Sie haben ihn sicher nicht verstanden, aber spürten seinen heiligen Ernst, meint Heinrich Hug. Und wenn ich einen Mediziner frage, was ihn an der Predigt des alten Thurneysen angezogen habe, antwortet er spontan: »seine Begeisterung«.
Vielleicht empfand ich als Student etwas von Unfreiheit, wenn er mir auf der Münsterkanzel als »Hofprediger« vorkam, der »gesalbt« redete. Was er sagte, schien so richtig, daß es ein leichtes Schuldgefühl auslöste, weil man mit dem Richtigen wenig anfangen konnte. Karl Barth hatte, wie schon erwähnt, in Basel Mühe, den Freund zu hören (vgl. 49,I, 116). Ein Pfarrer berichtet, er habe als Student jeweils die Faust gemacht, aber er sei wieder hingegangen. Da kommt etwas zum Vorschein von der Irritation und Faszination, die vom Prediger Thurneysen ausgegangen ist. Ein Schulmann benotet: »Drei von vier Predigten waren gut«. Ein Anglist, der den bald Achtzigjährigen in Hamburg predigen hörte, äußerte sich nachher: »guter alter Cognac«. Ein Presbyter meint im Rückblick: »Ich kann nicht sagen, daß mir eine Predigt besonderen Eindruck gemacht hätte.« Enttäuscht sei er nur ein einziges Mal gewesen. Gegenüber Wilhelm Vischer habe Thurneysen weniger politisch gepredigt. Er sei ungeheuer belesen gewesen. Als Remarques

»Im Westen nichts Neues« erschien, habe Thurneysen das Buch in einer Predigt angeführt und damit einen Sturm auf die Buchläden entfacht. Ein Buchhändler habe sein Lager rasch ausverkauft. Endlich erzählte ein Presbyter: »Für mich war es eine Offenbarung, daß ich hier einer viel gnädigeren Theologie begegnete, einer Theologie, in der Gnade und Glaube die Hauptsache war. Ich war so erzogen, daß ich mich gescheut hätte, Zweifel zu äußern; ›das ist Sünde‹, hätte die Mutter gesagt. Seine Predigten waren alleweil sehr zentral. Er meinte oft, er müsse die Sache zwei, dreimal sagen, es den Leuten einhämmern.« – Die Zufälligkeit der Voten entspricht der Zufälligkeit der Hörerschaft und spiegelt eine Wirkung, die sich in verschiedenen Hörern bricht. Nachdenkenswert: Keiner der Menschen, die ich nach seiner Seelsorge fragte, kam auf die Predigt zu sprechen. Auch scheint bezeichnend der Satz des alten Mannes, der nicht sagen kann, daß ihm eine Predigt besonderen Eindruck machte; eine Predigt, die nährt wie das tägliche Brot, muß nicht sensationell wirken. Offenbar haben die Treue und Stetigkeit des Predigers wie des Hörers ihre befreiende Wirkung getan: Eduard Thurneysens Predigt in Basel war keine Sensation, war aber auch keine Winkelsache. Sie hatte Macht über eine geballte Faust und war bis in eine Buchhandlung hinein spürbar. Andererseits mag der Wunsch, jedesmal alles zu sagen, mit der »Entpolitisierung« seiner Predigt zusammenhängen.

Selbstzeugnisse

Der Student gestand am 1.7.1911 Ernst Staehelin: »Ich habe mich nie mit Homiletik befaßt.« Er fügte seine eigene, keineswegs originelle Predigttheorie hinzu: »Im Ganzen schwebt mir als das von mir selber nie erreichte Ideal einer Predigt immer vor, *einen* centralen Gedanken scharf und klar und in der Gesamtheit s. Beziehungen zu erfassen und hinzustellen.« Seinem Ideal am nächsten fand er die Predigten von Benz und auch Frenssen, der im übrigen sein Freund nicht sei. Auch hatte er schon damals den Eindruck, »es gelinge eigentlich immer *dann* am Besten, wenn man sich nicht zu weit vom Text entfernt«. Am 14.1.1914 berichtete er dem Freunde R. Pestalozzi, daß er das Tauwetter »in erbaulichster Weise zum Thema der Predigt genommen hatte! ›Schneeschmelze draussen – und drinnen!‹ Das heißt man doch aktuell predigen!!« Dazu bemerkte er, sich selbst rechtfertigend oder kritisierend: »Jedenfalls ist solche Aktualität nicht gefährlich und umstürzlerisch.« Wir sehen ihn hier noch in der Tradition der »modernen Predigt«.
Zwei Momente werden ihn als Prediger wachsen lassen: die Selbstkritik, das Ungenügen am eigenen Predigen und die enge homiletische Arbeitsgemeinschaft mit Karl Barth. Der Aufstieg zur Kanzel erfolgte über die Freundschaft. Das Ungenügen am eigenen Predigen, die Selbstkritik erwuchs aus einem Ahnen dessen, was Predigt ist. Da war die Rede von einem schönen Text, dem er sich nicht ganz gewachsen fühlte, er sei als Prediger »unzufrie-

dener . . . als je« (2, 115). – Eine Predigt wurde charakterisiert: »mehr nur ein zaghafter Stoß ins große Horn« (2, 205). Der Prediger wußte schon, daß es mit Worten allein nicht getan ist, daß in der Predigt noch anderes zum Vorschein kommen muß. Vor der Himmelfahrt 1917 seufzte er: »Wir greifen beide zu stärksten Worten für nächsten Sonntag, hoffentlich bleiben wir nicht ohne alle Vollmacht« (2, 197). Das Ungenügen hatte ihn gepackt. Es ist des Predigers bestes, seliggepriesenes Teil. »Im Übrigen habe ich das Gefühl, augenblicklich gar nicht aus irgendeiner Vollmacht reden zu können, ich weiß nicht recht, was sagen und wie reden« (2, 128). Dennoch die Frage: »Ist es nicht eigentlich das Predigen, welches einstweilen noch die bevorzugte Art ist, wie wir reden können und sollen . . .?« (2, 102). Als Barth in Suhr den Sozialismus auslegte, kommentierte Thurneysen: »Das isolierte kirchliche Predigen allein tuts eben nicht« (2, 355).

Eine große Neugierde auf die Predigt gab Antrieb. So konnten sich Barth und seine Frau zum Besuch anmelden: »Du mußt uns dann Predigten von dir vorlesen, damit der Tag recht ergiebig wird« (2, 29). Ein Tag wurde in seiner Ergiebigkeit gemessen nach der Möglichkeit, auf den anderen zu hören. Später meinte Barth im Blick auf ihr »Kränzli«: »durch unaufhaltsames Predigtvorlesen seitens des Gastgebers« komme »ja *immer* etwas heraus, bei dem plaudernden Herumstehen und Büchertitelbesichtigen nicht immer« (2, 173). In gewisser Weise verstand sich Barth als Schüler. Wenn er Thurneysen eine Predigt schickte, konnte er ausdrücklich zur Kritik ermuntern: »Sag du mir dann nur gründlich die Meinung darüber, ich nehm's gerne an« (2, 37). Einmal kamen »unerbetenerweise die drei Predigten über Mose« mit der Aufforderung: »Sag mir dann, wo und wie dus anders machen würdest!« (2, 81). Danach fuhr er fort, er habe eben seine Bettagspredigt vom vorigen Jahr gelesen und er sehe wieder, »wieviel ich deinem Zuspruch im Jahr, das dazwischen liegt, zu verdanken habe« (ebd.). Thurneysen lernte von Barth das Predigen, indem Barth von ihm lernte. Thurneysen wußte die Predigt des Freundes aufzunehmen und weiterzuführen. Da liegt ein Geheimnis der Fruchtbarkeit dieses Gesprächs, daß es im Lob der Predigt die Predigt fortsetzt, die nun vom andern gehalten, d. h. hochgehalten wird. »Deine Predigt war mir eine Freude und mehr als das« (2, 37). Darauf folgen Erörterungen über die kleine Herde und das Reich Gottes. Der Predigtleser erwies sich als erweiterter Autor. Zum Schluß faßte er sein homiletisches Programm zusammen: »Ich habe das Bedürfnis, den Universalismus des göttlichen Handelns hervorzustellen, das sich auf Alle richtet und Alle erfaßt. Aber es tritt dies ja auch bei dir gerade im Anfang der Predigt zutage« (2, 38). Predigtkritik erscheint hier in ihrer besten Form als Amen des einen zur Predigt des anderen; so etwa Barth: »Ich las eben deine Predigt nochmals und finde sie ausgezeichnet, ich stehe zum Ganzen und zu jedem Satz« (2, 380). Ein andermal respondierte Thurneysen: »Ich sage Satz um Satz ja dazu« (2, 398). Aber es gab nicht nur Zustimmung, sondern auch Kritik (3, 716f).

Das Amen-Sagen des einen zum anderen ging bis zur Übernahme einer Predigt durch den andern. So konnte Barth 1915 eine Predigt seines Freundes noch einmal halten, »aber ein wenig anders und lange nicht so schön. Du kannst sie dann einmal lesen und dich freuen über die Anregung, die du mir gegeben« (2, 67). Und zwei Jahre später: »Ida (die Haushaltshilfe Barths aus Thurneysens Gemeinde) kam ganz erfreut von Leutwil zurück: du habest ›fast die gleiche‹ Predigt gehalten wie ich am Sonntag vorher, sogar mit den gleichen Liedern.« Barth fügte hinzu: »Was würden erst deine Konfirmanden für Entdeckungen machen in meinem Unterricht! Communio sanctorum!« (2, 225f). Das Übernehmen einer Predigt ist die schönste und beste Art und Weise einer Predigtkritik. So schreibt Barth an Thurneysen: »Letzthin habe ich auch deine Nikodemus-Predigt ›mit vollem Erfolg‹ als Bibelstunde im C.V.J.M. gehalten. Die über das ›Sorgen‹ ist aber besser. Man erwartet bei Nikodemus immer noch etwas, was dann nicht kommt, vielleicht doch auch abgesehen von dem, was ja wirklich nicht kommen darf. Aber auch diese Predigt hat besonders in der ersten Hälfte große Vorzüge« (3, 199).

Das Halten der Predigt des andern erprobt und bewährt Predigt und nutzt Communio Sanctorum als Voraussetzung von Predigt. Wer als Prediger originell wirken will, wirkt nicht über die eigene Beschränktheit hinaus. Wer sich vor der Predigt des andern verschließt, lernt schlecht Predigen. Das Übernehmen einer Predigt setzt voraus das Sich-Öffnen für den anderen. Was Barth und Thurneysen praktizierten mit dem gegenseitigen Brauchen von Predigten, das praktizierte Thurneysen auch später mit Predigten anderer. Bei der Antrittspredigt in Basel meldete Thurneysen Georg Merz, er habe über den gleichen Text gepredigt wie dieser bei seinem Einsatz: »Du wirst sie zu lesen bekommen und dabei konstatieren, dass ich dir einige Perlen aus deiner Predigt herübergenommen habe in die meine« (18.8.1927). Es wäre m.E. einer besonderen Detektivarbeit wert zu erforschen, in welchem Umfang Thurneysen Predigten übernommen hat.

Man kann nicht die Gnade predigen und gleichzeitig bei der Predigtvorbereitung einer Leistungsreligion huldigen. Das Übernehmen einer anderen Predigt ehrt den anderen Prediger und gibt der Gnade Vorrang vor dem eigenen Werk. Als unersättlicher Predigtleser und Virtuose im Übernehmen fremder Predigten bat er in Briefen an Freunde immer wieder um Zusendung von Predigten. Er hätte seinem Doppelauftrag als Pfarrer und Dozent wohl in keiner Weise gerecht werden können, wenn er nicht als freier Übernehmer in des Wortes wörtlicher Bedeutung gewirkt hätte. Mit Faulheit hat solch freies Übernehmertum nicht das geringste zu tun. Dies soll von zwei Seiten her beleuchtet werden.

In Basel sehen wir ihn unzufrieden, leidend an seinem Auftrag: ». . . es müßte eigentlich doch ganz anders aussehen, wenn das, was gesagt werden müßte, wirklich gesagt werden könnte, gesagt werden dürfte« (3, 520). Auch da kam es zur Klage über die Unerfüllbarkeit des Predigtauftrages: »Aber weiter und weiter bedrängt mich der Gedanke daran, *was* denn nun eigentlich dieses Basel, das mir zuhört, bei mir zu hören bekommt. Auf alle

Fälle, das Predigen bleibt und muß wohl bleiben eine Aufgabe, die als solche immer unerfüllbar vor einem steht und die man dann eben doch immer wieder angreifen muß« (3, 622). Wer so vor der Predigtaufgabe geistlich arm wird, der darf und muß fremde Predigten benutzen.
Der alte Thurneysen erzählte von einem Gespräch mit Tillich in Hamburg, der ihm berichtet habe, er brauche zwei oder drei Monate für die Vorbereitung einer Predigt, um seinen »boys« das Evangelium in der rechten Weise zu sagen. Er, Thurneysen, habe soviel Zeit nicht; ihm gehe es aber darum, daß ein Text ihn treffe. Ob ich nun durch einen Text im direkten Hören auf ihn getroffen werde oder im Lesen einer Predigt, wird ein- und dasselbe sein. Wo ein Text trifft, dringt er ein, verwundet und will – weiter; auch in einer Stadt, geprägt vom »das macht me nit« und ihrem besonderen Tod. Nur ein Schwätzer wird nicht in Sprachnot geraten: Nicht was der Prediger meint, sondern was die Stadt zu hören oder eben nicht zu hören bekommt, das Ungesagte vor allem bedrängt, was noch nicht eintraf, noch nicht treffen konnte, das durch die heimlichen Zensuren der Tradition Unterdrückte. Jeder Christenmensch steht zwischen dem »Charisma Gottes« (Röm 6, 23) und dem Triumph des Todes, wie Breughel ihn malte, und ein Prediger besonders. In der Teilnahme und Teilhabe »am ewigen Leben in Jesus Christus unserem Herrn« kommt es zur »Begeisterung« durch den Text, der weiter will – und zum Leiden an all dem, was das Weitergehen des Evangeliums hindert.

Eine Predigt des Propheten

Am 13.1.1919 schrieb er nach Safenwil: »Bei uns heulen die Sturmglocken immer weiter gegen die Bolschewikipfaffen« (2, 309). Was war passiert? Am 20.11.1918 meldete Barth, er habe durch seine Haushaltshilfe aus Leutwil erfahren, daß Thurneysens Predigt »große Entrüstung erregt habe!!« (2, 302). Der Prediger antwortete anderntags: »Ich habe in der Tat Zeichen großer Entrüstung angetroffen in meinen beiden Dörfern. Der Geldbaron von Dürrenäsch ist sogleich, nachdem er in den Wirtshäusern von der ›Brandrede‹ des Pfarrers vernommen hatte, zum Kirchenpflegspräsidenten gesprungen und wollte ihn scharf machen, was aber nicht gelang. Ich habe nun mit diesem abgeredet, die Predigt drucken zu lassen, um klarzulegen, was ich gesagt habe« (2, 303).
Die »Brandrede« erregte Anstoß, Ärgernis, sie durchdrang die Schallmauer, die gemeinhin die Kirche umgibt, wurde Wirtshausgespräch. Und die Gemeinde, vertreten durch den Vorsitzenden des Presbyteriums – im Aargau immer ein Laie –, verantwortete sie, indem man die Scharfmacherei des Fabrikanten zum Anlaß nahm, ihren Druck zu beschließen, um ihr nun erst recht Öffentlichkeit zu besorgen.
Es lohnt sich, wenigstens den Anfang genau anzusehen, weil er ein Lehrstück darstellt für prophetische Predigt und ihre Problematik. Der Mangel

an Prophetie, einer der Hauptmängel heutiger Verkündigung, provoziert unser besonderes Interesse an der Predigt des jungen Thurneysen: »Liebe Gemeinde! Ich muß heute ein Wort zu euch reden« (6,3). Der Prediger stellt sich in eine Reihe mit den Propheten und seiner Gemeinde gegenüber, er sagt nicht: »ich möchte«, »ich will«, »ich darf« oder »ich kann«, er sagt: »ich muß«, einem Prophetenspruch aus Sach 1,3 folgend, der zur Umkehr ruft: »Kehret euch zu mir, so will ich mich zu euch kehren, spricht der Herr.« – »Liebe Gemeinde! Ich muß heute . . .«. Indem er fortfährt, wechselt er den Standpunkt und stellt sich in die Reihe der Zuhörer: »Ich muß heute ein Wort zu euch reden von dem, was uns alle in diesen Tagen gewaltig bewegt.« Nicht dem Prophetenwort, sondern dem, was die Zeit bewegt, »*muß*« er Stimme geben. Im Wechsel des Standpunkts zeigt sich das Selbstverständnis des Predigers wie eine gewisse Unsicherheit seines prophetischen Anspruchs. Wohl tritt er mit seinem »muß« zum Propheten, aber er weiß sich zugleich – noch gut schleiermacherisch – als Organ der Gemeinde. So steht sein »muß« zwischen Text und Gemeinde. Fast hat es den Anschein, der Prediger empfinde das Ambivalente seiner Lage. Sein »muß« braucht Verstärkung, der Prediger bringt seine Subjektivität ein und verstärkt damit den Eindruck eines prophetischen Zwanges: »Ich muß heute ein Wort zu euch reden . . . und wäre doch froh, es nicht tun zu müssen . . .«. Die Unterstreichung des Zwanges, der auf ihm liegt, dient zugleich seiner Legitimation: ». . . denn ich weiß wohl, wie schwer es ist, davon zu reden.«

Ein zweiter Satz umschreibt die Lage; auf die Abschaffung der Monarchie in Deutschland, auf den Nationalstreik in der Schweiz wird angespielt. Der Prediger wechselt vom »ich« zum »wir«: »Wir stehen ja noch mitten drin in der Erregung über die Vorgänge in Deutschland und im eigenen Volke, der Streit der Meinungen und der Leidenschaften ist noch im vollen Gange, die Zeitungen widerhallen davon, und wo Menschen zusammentreffen, reden sie darüber.« Im Stimmengewirr des Meinungsstreites, der Zeitungsnachrichten und des Dorfgesprächs erhebt nun der Prophet seine Stimme. Eher zögernd, ein wenig unsicher mischt er sich in die Erregung ein. Das »ich muß« des ersten Satzes wird aufgeweicht durch »wir möchten« und »es gälte«: »Wir aber möchten hier doch von alledem nicht einfach nach *menschlicher* Weise reden . . . es gälte nach *göttlicher* Weise davon zu reden.« Der sich im ersten Satz zunächst dem Propheten zuzuordnen scheint, gesellt sich jetzt nochmals zur Gemeinde. Aus dem Fortissimo des »ich muß heute . . .« ist ein Mezzoforte geworden, in dem er nun sozusagen ein Programm für seine Predigt entwirft. Er möchte so reden, daß das Weltgeschehen ins Licht Gottes gerückt wird, »daß der tiefere Sinn zu Tage tritt, der dahinter liegt, so, daß wir erkennen könnten, woher und wohin die wilden Wasser alle strömen, die heute durch die Welt rauschen, als ob sie alles auflösen und zerstören möchten« (6, 3). Die Situation schreit förmlich nach Prophetie.

Thurneysen hat sein Predigtziel umrissen: das Zeitgeschehen soll gedeutet werden. Das Pathos des Anfangs erklärt sich nun: »Ich muß heute ein Wort zu euch reden von dem, was uns alle in diesen Tagen gewaltig bewegt«, weil es gilt, die Zeichen der Zeit zu deuten. Solches ist dem Prediger aller Zeiten aufgetragen. Jesus macht den Pharisäern zum Vorwurf, sie seien unfähig, die Zeichen der Zeit zu beurteilen (Mt 16,3). Unser Predigen steht unter der Nötigung, der Welt die Zeit anzusagen und zu deuten. Wie es Sache der Theologie ist, die Geister zu prüfen und zu beurteilen, so ist es Aufgabe der Predigt im besonderen, die Zeitgeister zu prüfen und zu beurteilen. Wir Prediger tun gut, nach geistlichen Gaben, am meisten nach der Gabe der Weissagung zu eifern (1Kor 14,1). Da die Prophetie eine Last sein kann, die ins Leiden führt, wird die Mahnung des Eifers namentlich in einer leidensscheuen Zeit wichtig. Redner, »die aus der Geldkatze reden«, können nicht nach Prophetie streben, wohl aber »solche, die aus dem Hunger reden«.

Schon 1906 hatte *Leonhard Ragaz* postuliert: »Die *prophetische* Predigt (muß) wieder unter uns erwachen, die Predigt der Gerechtigkeit und Wahrheit ... Und wenn auch unsere alten Kirchenmauern starke Worte zu hören bekommen, mögen sie zerfallen, wenn sie sie nicht ertragen können; dann stehen wir eben unter Gottes freiem Himmel« (zit. nach *Ulrich von den Steinen*, Agitation für das Reich Gottes, 1977, 61).
Thurneysen kommt mit seiner Predigt dem Postulat von Ragaz nach. In der gleichen Haltung hat *Barth* 1916 eine Predigt über Hes 13,1–16 begonnen: »Ich muß euch heute Antwort geben auf einen *Wunsch* an mich, den ihr auf dem Herzen und fast auf den Lippen habt« (Predigt im Gespräch 3, 1968², 3). Und später: »Ich muß ... mein Gewissen befreien und euch die Antwort geben, die ich euch schuldig bin« (ebd.). Der Prediger steht unter prophetischem Zwang; das »muß« wird nicht aufgeweicht. Predigt wird zum Abschütteln einer Last, das Predigen zur prophetischen Sprachhandlung.
1932 – das Datum ist vielsagend – distanzierte er sich von seiner eigenen prophetischen Predigt von 1916 und kreidete ihr Identifikation des Predigers mit dem Propheten an (a.a.O., 26f). Auch sagte er ihr nach, sie sei keine Auslegung, sondern »eine eigenmächtige Aussprache dessen, wessen ... mein eigenes Herz damals voll war« (27). Der Prediger Barth psychologisierte nachträglich sich selbst und setzte als Systematiker den Propheten ins Unrecht.

Vergleicht man die beiden Predigten miteinander, eignet der von Thurneysen ein besonderer Charakter: Sie deutete die Zeit, sie sagte, was das Heute vor Gott ist: »Die Welt bekommt heute ein neues Gesicht«, ein Gesicht, geprägt durch »eine gewaltige Umwälzung und Erneuerung« (6,3): die russische Revolution, die deutsche Revolution. Der Leutwiler Pfarrer stand gleichsam vor der Weltenuhr und las seinen Dorfgenossen vom Zifferblatt ab, was es geschlagen hatte. Er sah in den Umstürzen und Revolutionen seiner Zeit einen eschatologischen Hunger nach einer neuen Welt. Der revolutionäre Geist wurde gerechtfertigt, denn »dieses unruhige, sehnsüchtige, nach Gerechtigkeit hungernde Herz hat uns Gott gegeben« (6, 6). Veränderung wurde zur erklärten Notwendigkeit: ». . . es muß und will etwas anders werden unter uns. Es ist, wie wenn Frühlingsstürme über die Erde fegten« (6, 8). Das Zeitgeschehen drängte zu neuer Zeit und zur – Umkehr. Der Text wurde zur Losung für eine Wende: »Kehret euch zu mir, so will ich mich zu euch kehren« (6, 10).

Die Bedeutung dieser Predigt wird ermeßbar, wenn man sich einmal vorstellt, die Predigt Thurneysens wäre auf den meisten deutschen Kanzeln laut geworden und hätte allerorten zur Umkehr zu rufen vermocht. Der Antikommunismus hätte sich erübrigt, und Hitler wäre nicht »Führer« geworden. Eine solche Spekulation hat nur den Sinn, den zeichenhaften Rang von Thurneysens Predigt zu verdeutlichen.

Daß seine Predigt jedoch nicht die Kraft hatte, die Landschaft zu verändern, läßt sich an sprachlichen Signalen feststellen. Die Unsicherheit im ersten Satz, der Wandel von »ich muß« zu »wir möchten« zeichnet schon die Möglichkeit eines Rückzugs vor, den Barth von seiner Predigt 1932 expressis verbis vollzog. Der Prediger hält seinen Auftrag nicht aus. Er fragt: »Warum tun wir nicht endlich den klaren, tapfern Schritt an seine Seite, in seine Nähe, der uns mit Gott als dem Vater und zugleich mit den Menschen, vor allem mit den Armen, Verkürzten, Gedrückten, den Sündigen, Verirrten unter ihnen als mit unsern Brüdern unlöslich verbindet?«, und gibt zur Antwort: »Es wäre heute ganz besonders die Stunde dazu« (6, 11). Die emphatische Häufung »heute ganz besonders« einerseits und die unsichere Position des »wäre« andererseits offenbart eine Distanziertheit, die der Prophetenrede nicht gemäß ist. Warum sagt er nicht: »Heute ist die Stunde gekommen«? Im »wäre« artikuliert sich der Unterschied zur Reformation, wird die prophetische Ansage ins Gesetzliche umgebogen. Die Prophetie Thurneysens – so darf und muß man im nachhinein sagen – ist gegenüber viel falscher Prophetie wahr, spricht aber unsicher, bleibt schwach, macht den Eindruck des Halbherzigen. Der Prediger ist noch nicht durchgestoßen – von dem, was die Leute bewegt, zu dem, was Gott selbst bewegt. Was Menschen »darüber« reden, verdeckt noch, was Gott dazu sagt.

Die Einsicht in das Defizit einer solchen Predigt soll zum Reden aus dem Hunger führen. Gerade das Nichtdurchgehaltene in Thurneysens Predigt wird zur Frage an uns. Ihrer Schwäche müssen wir uns stellen, weil sie in noch größerem Maße unsere Schwäche ist. Zwei Momente werden wegweisend. Zunächst die Stellung zum Text: Im prophetischen »muß« leuchtet der Blitz auf, den der Mann am Fenster sieht. Seine Deutung der Zeit ist ein Akt »freier Prophetie« im Horizont des Schriftganzen. Das Deuten der Zeit kann wohl kaum im strengen Sinn Textauslegung sein. Die Legitimation der Prophetie liegt in ihrer Zukunft, nicht in ihrer Vergangenheit. In seiner freien Prophetie bewegt sich Thurneysen in der Tradition von Christoph Blumhardt, Leonhard Ragaz und Hermann Kutter, bekommt aber Angst vor der eigenen Courage. Indem die freie Prophetie auf Zukunft aus ist, schließt sie den Text auf. Sie führt zur Schrift hin: »Kehret euch zu mir . . .«. Prophetie öffnet den Text, bringt ihn neu zur Sprache. Diese Sprachbewegung ist geradezu ein Zeichen wahrer Prophetie. Sie hat ihre Wahrheit nicht im Schriftbeweis, nicht in richtiger Exegese, vermag jedoch die Schrift evident zu machen.

Vermutlich hat der romantische Prophetiebegriff eines *Bernhard Duhm* bei dieser Predigt Pate gestanden. Vielleicht liegt die Unsicherheit, die Schwäche dieser Predigt überhaupt in einem romantischen Prophetieverständnis, für das 1Kor 14 nicht wegleitend wird (Barth z.B. vergleicht sich selbst mit Hosea und Amos: 2, 269f).

Gerade wenn Prophetie ein freies Wort sein muß, bedarf sie der Prüfung, der Einbettung in die Gemeinde. Dieser Aspekt blieb den beiden Freunden anscheinend fremd, und das Nichtwahrnehmen der theologischen Qualifikation ihrer Freundschaft deutet schon auf die Schwäche ihrer Prophetie! In 1Kor 14 wird der ganzen Gemeinde zugemutet, nach den Geistesgaben und primär nach der Prophetie zu streben. Prophetie ist ein der Gemeinde gegebenes Charisma und nicht Leistung der Gemeinde. Insofern könnte der Wechsel vom »ich« zum »wir« in Thurneysens Predigtanfang legitim sein. Der Wandel vom »muß« zum »möchten«, vom Indikativ zum Konjunktiv aber deckt die Spannung auf zwischen prophetischem Anspruch und Wunschdenken. Thurneysen predigt als einzelner scheinbar in der unmittelbaren Abhängigkeit von Gott und seinem Wort. Die Aufgabe, die Zeichen der Zeit zu deuten, aber verweist uns an die Gemeinde, nicht zu dem Zweck, den Common sense der Gemeinde zu übernehmen, sondern im Gespräch mit der Gemeinde die Geister der Zeit zu prüfen und zu beurteilen. Hätte Thurneysen das Woher seines Urteils über die Zeit reflektiert, hätte ihm kaum verborgen bleiben können, daß seine freie Prophetie bedingt war sowohl durch die Schülerschaft bei Duhm als auch durch das Gespräch mit Blumhardt, Kutter, Ragaz und Barth, daß sie damit ihren Ort faktisch schon in der charismatischen Gemeinde hatte. Da diese nicht in Sicht war, lief die Prophetie der beiden Freunde auf einer Schiene, auf der sie nicht weiterfahren konnten, als sie die Bedeutung der Schrift entdeckt hatten: »Ich weiß, wie wir damals am liebsten jede religiös-soziale oder sonstige Konferenz sofort in ein Bibelkränzchen verwandelt hätten, weil wir der Meinung waren, es gebe jetzt nichts wichtigeres als gemeinsames Studium, vor allem des Neuen Testamentes; für die Not der Zeit würden wir dabei ganz gewiß auch nicht leer ausgehen. Ich sage das nur, um zu zeigen: es war für uns diese ganze Wendung zur theologischen Arbeit keine Schrulle und kam nicht aus einer Enttäuschung oder Verbitterung, es war eine elementare Notwendigkeit. Und wir werden nie mehr dahinter zurückkönnen« (16, 518). Es ist tragisch, daß ihnen mit der Entdeckung der paulinischen Gnadenlehre das Praktischwerden der Gnade in den Charismata der Gemeinde verborgen blieb.

Thurneysen hatte recht, wenn er Ragaz gegenüber betonte: ». . . ich persönlich kann mir keine Erkenntnis vorstellen, die tiefer hineingreift in die wirkliche Wirklichkeit des Menschen und Gottes, als wie sie in dem großen biblischen und reformatorischen Begriffspaar Sünde-Gnade enthalten ist, das wieder besser, lebendiger zu verstehen das eigentliche Anliegen unserer theologischen Arbeit geworden ist« (16, 519). Leider blieb er im Pauschalen stecken und hatte mit seiner Folgerung noch einmal recht – auch und gerade gegen sich selbst und seine problematische Emphase: »Aber das will ich allerdings sofort zugeben, daß wir alle die großen biblischen Worte wieder ganz neu, ganz anders buchstabieren, verstehen und aussprechen lernen sollten, als es heute geschieht. Ich wehre mich gegen keine Anklage, die das meinen sollte. Ich weiß, daß wir uns auf dieses ganz andere, ganz neue Reden des alten Wortes noch kaum verstehen. Und zwar meine ich mit einem solchen ganz anderen, ganz neuen Verstehen und Aussprechen des Wortes Gottes nun allerdings auch einfach ein ganz anderes, ganz neu *lebensnahes Reden der Kirche*« (16, 519). Sein Leben lang wird Thurneysen unterwegs sein nach einem »ganz andern, ganz neuen Reden des alten Wortes«, eben nach einem prophetischen Reden. Indem er aber ein »ganz neu lebensnahes Reden der Kirche« bloß erwartete, verhinderte seine Erwartung eine Veränderung, wie sie »die neue Zeit« intendierte und wie sie der in »Schrift und Offenbarung« beschriebene Kreis verbaut hat. Eine neue Generation wird darum bei seinem Anfang neu anfangen müssen zu predigen.

Es wäre einer gesonderten Untersuchung wert, die Analogie herauszuarbeiten, die zwischen der Entwicklung der lutherischen Reformation und der der dialektischen Theologie besteht. Ich verweise auf *Ekkehard Börsch*, Geber – Gabe – Aufgabe. Luthers Prophetie in den Entscheidungsjahren seiner Reformation 1520–1525, 1958: »Luther erkennt, ergreift und vollzieht 1520 seine *prophetische* Aufgabe, indem er das allen geltende Wort sagt« (13). »1525 tritt aus der Reformation ein Institutionalismus hervor, der sie fortan in die Hände der weltlichen Obrigkeit legt« (15). Die Scheidung der Geister ist endgültig erfolgt, die reine Lehre ist gefunden. Das Luthertum kann beginnen (17). – Ich weise hier auf das Büchlein von Börsch hin, meinend, es wäre schon der Mühe wert, nach einer solchen Analogie zu fragen (vgl. dazu auch *Hans-Joachim Kraus*, in: 89, 80ff).

Freilich zeigt schon ein erster Blick auch den Unterschied in der Qualität der Prophetie. Luther sagt »das allen geltende Wort«. Barth und Thurneysen kündigen es an. Sie stehen vor einer Reformation, die noch nicht gekommen ist. Wir Nachgeborenen tun gut, uns an ihren Platz zu stellen, oder besser: uns dem Platz nicht zu entziehen, an den wir gestellt sind. Es ist immer noch ein Ort vor der Reformation.

Eine Predigt des Antistes

»Drei von vier Predigten waren gut«, hatte der Schulmann gesagt. Offenbar handelte es sich bei der Predigt, die Thurneysen an der Feier zur Beendigung des Zweiten Weltkriegs hielt, um eine vierte. Er hat sie nicht drucken lassen, hatte wohl selbst nicht den Eindruck eines Meisterwerks, und den langjährigen Presbyter hatte sie – wie auch mich als Studenten – enttäuscht. Da rollte nach meinem Empfinden eine lange Rede über die Köpfe hinweg, ohne daß ein Funke übersprang. Ich erwähne sie, weil sie wiederum zur Zeitgeschichte spricht und gleichzeitig etwas von dem sichtbar werden läßt, was die Basler aus ihrem Prediger gemacht haben. Auch bildet sie einen nachträglichen Kommentar zu Auenstein, insofern sie die Distanz zwischen Barth und Thurneysen ahnen läßt.

»Mit Ross und Mann und Wagen hat sie der Herr geschlagen! So steht es hier im Siegeslied des Mose, und so möchten wir es heute an diesem Tag über das Geschehen unserer Zeit geschrieben haben« (34, 1). Der hymnische Satz ist ein freies Zitat nach dem Anfang eines Liedes von 1813: »Mit Mann und Roß und Wagen / so hat sie Gott geschlagen« (*Georg Büchmann, Geflügelte Worte*, 1961[30], 292). Der Prediger hat das Buch aufgeschlagen (vgl. 39, 162) und weist jetzt mit dem Finger auf den Vers. »So steht es hier«. Die Ähnlichkeit der Sprachstruktur des Predigtanfangs von 1945 im Vergleich zu dem von 1918 ist erstaunlich. Schloß er sich damals mit dem »ich muß« an den Propheten an, so erfolgt hier der Anschluß an den Text in der Verdichtung zweier Verse von Ex 15,1–21, aber nicht um weiterzusingen, sondern um Erwägungen anzustellen.

Der Prediger wünscht sich den Hörer als fiktiven Weiterschreiber des Hymnus. Dem »hier« stellt er »heute an diesem Tag« gegenüber. Die Emphase der doppelten Zeitangabe steht im Gegensatz zu dem umständlichen »möchten wir es . . . geschrieben haben«. Berief er sich 1918 sofort auf die Gemeinde und brachte dort die eigene Subjektivität ein, um die Schwierigkeit des Unternehmens anzudeuten, so muß er jetzt sein Unternehmen sogleich in Frage stellen: »Aber können wir es wirklich? Dürfen wir es? Können, dürfen wir miteinstimmen in dieses Siegeslied? Wissen wir auch, was wir tun, wenn wir das tun? Das ist die Frage, die heute in dieser Stunde über uns liegt« (34, 1).

Vier »es« in den vier ersten Sätzen entsprechen der Wendung von 1918, »denn ich weiß wohl, wie schwer es ist, davon zu reden«. Nach der programmatischen Ankündigung vier Fragesätze – Fragesätze bilden eine beliebte Sprachform gesetzlicher Rede. Der Prediger stellt dem Hörer die Aufgabe, der er sich selbst hätte stellen müssen: »Das ist die Frage, die heute in dieser Stunde über uns liegt.« Aus »heute an diesem Tag« ist »heute in dieser Stunde« geworden und aus dem Siegeslied des Mose ein Gesetz.

Die Sprachstruktur der ersten Sätze wiederholt sich, wenn der Prediger den Text den Nachrichten gegenüberstellt. Die Statik ist unverkennbar: »Hier aber steht«, kommt drei-, viermal vor. »Hier« wird uns »gesagt«, »aufgedeckt«. Das Ritual des Buchaufschlagens und Auf-den-Text-Zeigens erhält sozusagen sakramentale Bedeutung. »Hier steht, dass er, der Herr, sie geschlagen hat. Nicht Montgomery, nicht Eisenhower, nicht Schukow, nicht irgendein General, sondern Gott; Gott hat sie geschlagen. Das ist das Besondere, Neue, Andere, das weit über alles, was in der Zeitung steht, Hinausgreifende, das uns hier gesagt ist. Das ist das Besondere, Neue, Andere, dass uns hier aufgedeckt wird, dass wir einen Gott haben, der eingreift. Gott ist nicht nur der Hohe, Erhabene, Ruhende, der über allem schwebt, Gott ist erst recht nicht, wie wir es, ach so oft, in diesen Jahren denken wollten, der, der ratlos, hilflos allem gegenübersteht und alles gehen lässt, wie es gehen mag. Ja, wer hat nicht gelegentlich in Versuchung gestanden, so von ihm zu denken? Hier aber steht es anders. Und hier ist es gültig geworden über uns: Gott greift ein, Gott wendet, Gott ist der Kriegsherr. Singen will ich dem Herrn, denn Ross und Reiter warf er ins Meer! Aber er? Können wir das sagen? Können wir mitgehen, wenn die Bibel das sagt?« (34, 1). Dem Pathos in der Häufung »das Besondere, Neue, Andere« entsprechen nochmals Fragesätze. Aus dem prophetischen »ich muß heute ein Wort zu euch reden« am Schluß des Ersten ist am Schluß des Zweiten Weltkriegs eine rhetorische Frage geworden: »Können wir das sagen? Können wir mitgehen, wenn die Bibel das sagt?« Nachdem der Prophet sich zur »bischöflichen Gestalt« gewandelt, ersetzte Vorsicht die Tapferkeit. Vom Wagnis wurde nur noch gesprochen, gewagt wurde nicht mehr. Kein Geldbaron muß sich aufregen, Sturmglocken werden keine läuten. Die Mächtigen können zufrieden sein. Den »Regierungen in Bund und Kantonen« gebührt Dank »für ihre Vorsicht und ihren Einsatz an Arbeit« ebenso wie »unserer Armee und ihren Führern« (34, 3).

Die Problematik dieser Predigt kommt erst recht ans Licht, wenn man sie mit der vergleicht, die *Kornelis Heiko Miskotte* einen Tag vorher in Amsterdam gehalten hatte. Da bilden schon Textwahl und Thematik eine Herausforderung: »Gottes Feinde kommen um« (Predigten, 1969, 69ff). In einem ersten Teil erinnert der Prediger die Leiden des holländischen Volkes und fragt immer wieder, ob dessen Gegner wegen dieses oder jenes Unrechts nun Gottes Feinde seien, um immer wieder zu antworten: Nein! ». . . diese Feindschaft ist doch noch anders. Und die lag hier vor, weil diese Macht *allen Ernstes und buchstäblich Israel ausrotten wollte*« (77). Anschließend macht der Prediger deutlich, daß hinter den Judenverfolgungen ein Gotteshaß stehe, und erinnert, wie Holländer 1941 mit einem Streik auf »gewisse, vergleichsweise noch geringfügige Maßnahmen gegen die Juden« geantwortet hätten, während die Einführung des Judensterns 1942 »uns nicht mehr zum Widerstand veranlassen konnte« (78). Die Predigt Miskottes ist nicht nur deshalb von einer anderen Qualität, weil Holland den Krieg am eigenen Leib erfahren hat, sondern weil Miskotte es versteht, seinen Text zu übersetzen und dessen Hymnik aufzunehmen. Man könnte in bezug auf seine Predigt von einer schriftgebundenen Prophetie sprechen. Er erschließt mit Ps 92,10 die Deutung der historischen Stunde.

Bei Thurneysen wird der Text im Grunde nicht übersetzt, er dient zunächst nur als Etikett: ». . . und so möchten wir es heute an diesem Tag über das Geschehen . . . geschrieben haben.« Er bleibt »über« dem Geschehen unserer Zeit, das Moselied geht nicht ein »*in*« die Zeit, um diese zu verwandeln. Gesagt wird, was »hier steht«. Eine Art von statischem Biblizismus verdrängt die Prophetie. Wollte Blumhardt nicht bloß nach der Bibel reden, weil Jesus »mit uns durch seinen Geist« redet (62, 3,37), so hat nach dieser Predigt das Bibelwort alle andere Redeweise Jesu zum Schweigen gebracht. Wenn sich Barth bei einer Thurneysen-Predigt etwas beunruhigt zeigte über ihr Verhältnis zum Text (3, 716), mag dies auch für diese Predigt gelten. Der Prediger klammert das Alttestamentliche des Textes insofern aus, als er den Text nicht mit den Juden seiner Gegenwart liest.
Über die schweizerische Schuld an den Juden schweigt er sich aus. Ein einziger Satz betrifft das Leiden der Juden. Er liest sich im nachhinein nicht ohne Trauer, da er den Antisemitismus wie ein Naturereignis darstellt: »Seht, Israel war und ist bis heute durch alle Jahrhunderte seiner Geschichte hindurch dieses arme, wehrlose Volk gewesen und geblieben, unterjocht, unterdrückt, der Schwächere, der Kleinere« (34, 2). Das ist der Satz eines Be-

obachters, der jenen Satz Dostojewskis, alle seien an allem schuld, vergessen hat. Die Art und Weise, wie er dem vergeßlichen Israel, das immer wieder im Gericht steht, die Himmelfahrt entgegenstellt, wirkt peinlich: »Jetzt, liebe Gemeinde, jetzt ist es Himmelfahrt geworden. O wie gut, dass dieser Tag des Kriegsendes zusammenfällt mit dem Himmelfahrtstag! Himmelfahrt ist ja auch ein Siegestag, der Siegestag, der alle Siegestage in sich zusammenfasst. Himmelfahrt, das ist der Sieg dessen, der wahrhaftig noch ganz anders als Israel hinunter musste in die Schwachheit, in die Wehrlosigkeit, in die Schande, dort hinunter, wo gar nichts mehr anderes übrig bleibt als das Schreien des Gequälten und von Gott und Menschen Vergessenen empor zum Himmel. Jesus Christus hat ja diesen Weg angetreten in die Tiefe, ans Kreuz. Und dort in der Tiefe hat Gott ihn erhöht und ihm den Sieg gegeben« (34, 2f). Wie der biblische Text ein Jenseits bleibt, so auch die Himmelfahrt.

Ich frage mich, ob die Behandlung des Textes wie der Himmelfahrt nicht eine Art Zwei-Reiche-Lehre als geheimen Hintergrund habe. Das Wortreich des Textes bzw. der Himmelfahrt ist »über« der Zeit: ». . . und so möchten wir es . . . über das Geschehen unserer Zeit geschrieben haben«. Himmelfahrt bildet gleichsam die Idee eines Siegestags: »Himmelfahrt ist ja auch ein Siegestag, der Siegestag, der alle Siegestage in sich zusammenfasst.«

Es ist kein Zufall, daß Thurneysen 1945 die Predigt nicht glücken wollte, wie es denn auch nicht zufällig zu sein scheint, daß ein Jahr später die »Lehre von der Seelsorge« herauskam. Die Hinwendung zur Seelsorge bringt eine Vernachlässigung des »politischen Gottesdienstes« mit sich. Die Predigt von 1945 zeigt ihn als angepaßt an die Gesellschaft. Sie schmerzt. Wenn man bedenkt, daß Thurneysen-Epigonen in der Richtung dieser Predigt ihren Lehrer fortsetzten, rückt der »Hexenprozeß« gegen Thurneysen in ein neues Licht.

Der Predigtlehrer

Die spätere Entwicklung Thurneysens verdeckt die Homiletik der Anfänge: Im gleichen Jahr wie der »Dostojewski« erschien sein Vortrag »Die Aufgabe der Predigt«, für mich der aufregendste homiletische Traktat, den unser Jahrhundert geschrieben hat. Er atmet den prophetischen Geist des Aufbruchs. Er wird getragen und getrieben von jenem heiligen Ernst, den die Leutwiler nach Heinrich Hugs Aussage in seinen Predigten gespürt haben. Ihn hat einer geschrieben, der um die Gottesqual weiß. In ihm brennt etwas vom Feuer des brennenden Busches. Thurneysen hat hier eine Saat in die Zukunft geworfen, die erst noch aufgehen muß. Seine homiletische Lektion ist noch nicht gelernt. Er hat den Anfang, das Anfängliche, ein Grundwissen gelehrt, ohne das die Predigt in Deklamation, Argumentation oder Moralismus absinkt. Er weist dem Prediger den Weg zur Erfahrung des Unerfahrbaren, leitet an zum Sterben an Gott selbst, zum Verzicht auch auf Erfolg und Breitenwirkung. Die ars praedicandi wird zur ars moriendi, Predigen zur Kunst des Unmöglichen. Der Anspruch wirkt so exklusiv, daß man sich über den Einspruch der Mittelmäßigen nicht zu wundern braucht: »Nur der darf Gottes Zeuge sein, der, indem er es wird, in den Abgrund hinaustritt, über alles Menschliche hinausgreift, nur der, der *sterben* will, indem er vom Leben redet. ›Wir verkündigen nicht uns selbst . . . wir verkündigen Christus, den Gekreuzigten‹ (1.Kor.1,23; 2.Kor.4,5). *Den Tod des Menschen und alles Menschlichen zu verkündigen, ist die Aufgabe der Predigt.* Wo diese Predigt wirklich erschallt, da antwortet *Gott* mit dem Worte, das *Auferstehung* heißt und ist, und *dieses Auferstehungswort ist dann das Wort im Worte*« (1, 97). Thurneysen hat einen homiletischen Fundamentalsatz formuliert, der der Kirche über tausend Jahre hinweghelfen wird. Der hohe Anspruch erweist sich von der Geschichte her als notwendig.

Man wird den Samenwurf auf Zukunft nicht aufnehmen können, wenn man das Datum des Vortrags übersieht und von der Zeit- und Geistesgeschichte abstrahiert. Im Zusammenhang des »Dostojewski« wurde schon auf den *Dadaismus* als Ausdruck der Zeitströmung hingewiesen. In Berlin unterbrach ein Dadaist den Hofprediger *Dryander* im Berliner Dom und brüllte vom Chor herunter: »Sie selbst verspotten ja Christus, er ist Ihnen ja wurscht.« – Nach anderen Versionen soll er gerufen haben: »Christus ist mir wurscht!« (*Hans Richter*, Dada – Kunst und Antikunst, 1964, 130). Der Protest des Dadaisten nach der ersten Version ist auch der Protest Thurneysens.

Thurneysen war gewiß kein homiletischer Dadaist. Aber sein Protest gegen eine Predigt, die Christus für ihre eigenen Zwecke usurpiert, artikulierte sich als Protest gegen die Rhetorik, als Protest gegen das Eingehen auf die Hörerbedürfnisse, in dem dann das Evangelium vermarktet und der lebendige Christus »wurscht« ist. Gerade in der Synopse mit dem Dadaismus wird die kritische Potenz seines Vortrages auch gegenüber unserer Gegenwart und ihrem Predigen deutlich, verrät doch die Sprache unserer zeitgenössischen Hofprediger, wie sehr sie den Hörer hofieren, wie sehr ihnen Christus »wurscht« ist. Die Wiederaufwertung der Rhetorik kann als Symptom eines solchen Verhaltens gelten.
Man muß sich der Einseitigkeit und Wucht von Thurneysens homiletischer »Todesweisheit« (1, 100) aussetzen, muß sie als noch unerreicht entdecken, um ihre theologische Grenze zu sehen: Thurneysen lehrt uns den Anfang, das anfängliche Predigen, lehrt uns beides als Sterben am Wort, indem nämlich »der Tod des Menschen und alles Menschlichen« für den Prediger zuerst gilt, und er verheißt diesem Anfang eine Fortsetzung. Der Prediger initiiert mit seinem Hinaustreten »in den Abgrund« ein Gotteswerk: »Das lebendige Wort von jenseits der Kluft kann im Wort des Menschen nur da hervorbrechen, wo nach Gott als nach jener letzten ›unmöglichen Möglichkeit‹ gegriffen wird, die nur am Rande und jenseits alles Menschenmöglichen auftaucht« (1, 100). – »Wo diese Predigt wirklich erschallt, da antwor-

tet *Gott* mit dem Worte, das *Auferstehung* heißt und ist . . .«. Aber wenn er fortfährt: ». . . und *dieses Auferstehungswort ist dann das Wort im Worte*« (1, 97), so abstrahiert er vom Wirken des Auferstehungswortes, das Tote lebendig macht und Gemeinde schafft. Indem er das Auferstehungswort als Wort im Worte verortet, bereitet er schon die Kreismetaphorik von »Schrift und Offenbarung« vor. Auch das Ritual des Bibelaufschlagens mag hier eine Wurzel haben, wie er denn auch am Schluß des Vortrags auf die Bibel verweist: »Dort sind Kreuz und Auferstehung der geheimnisvolle Mittelpunkt, dem alle Straßen entgegenlaufen« (1, 106).
Ich sage, Thurneysen lehre das Anfängliche. Von der Fortsetzung spricht er nicht: Wenn Gott mit dem Worte antwortet, das Auferstehung heißt, werden die Kräfte der neuen Welt wirksam, die Schönheit, die die Welt erlösen wird, kommt zum Vorschein: incipit creatura nova. »Das Wort im Worte« bleibt nicht in der Fessel des Wortes, es wird zur Kraft der neuen Zeit, zum Frühlingswind, der die Charismen blühen läßt. Wenn Gott mit dem Auferstehungswort auf das Sterben am Wort antwortet, gibt es Geschichte, Lebensgeschichte, Auferstehungsgeschichte quer durch alle Todesgeschichte. Die Sprachlosigkeit des Antistes vom Frühjahr 1945 wird die Konsequenz sein der Nichtwahrnehmung dieser Geschichte, und die Konsequenz wird mit der Distanzierung von Blumhardt zusammenhängen.
Wo das äußere Wort vernachlässigt wird, droht die Schwärmerei. Das äußere Wort, in der Heiligen Schrift zum Buche geworden, kommt von der Gemeinde her und zielt auf die Gemeinde hin.
Wo das äußere Wort abgesehen von der Gemeinde betont, wo die Schrift gemeindelos wird, droht der Klerikalismus. Immer aber wird das Predigen anfänglich sein müssen, immer wird das Wort im Sterben geboren. Darum bleibt die Aufgabe der Predigt, wie sie Thurneysen formuliert, unsere Aufgabe. Sie ist der homiletischen Weisheit Anfang: »Es gibt nur *eine* Aufgabe der Kirche, und die heißt: ringen um neuen Respekt vor Gott. Diese Aufgabe ist die zentrale Aufgabe der Predigt« (1, 106).

Rhetorik?

Ein Erbe heidnischer Antike ist die Kunst oder Wissenschaft des rechten Redens (ars bene dicendi – bene dicendi sapientia). Rhetorik ist Sprachschule. – Thurneysen entwarf eine Art Antirhetorik, aber diese war eben auch – Sprachschule. Er selbst hat uns ein rechtes Verständnis seiner Antirhetorik nicht leicht gemacht, weil er, wie schon angedeutet und wie die Predigt von 1945 zusammen mit Karl Barths Hörerstreik lehrt, ein Opfer seiner Theorie wurde. – Der Vortrag selbst signalisiert, daß er die Gefahr eines gesetzlichen Mißverständnisses ahnte, wenn am Schluß die Frage bange machte: »Sind das doch wieder Rezepte und Anweisungen, wie man's machen soll, um aus der tiefen Not und Verlegenheit der Predigt in der Gegenwart herauszukommen?« (1, 106).

Man darf nicht Regel mit Rezept verwechseln: Regel eine Richtschnur, ein Ordnungs- und Strukturprinzip – Rezept eine genaue Anweisung. Die Regel meint etwas Grundsätzliches, allgemein Gültiges und gewährt Freiheit. Keine Regel ohne Ausnahme.
Das Rezept aber verträgt die Freiheit nicht, die der Regel innewohnt. Es verlangt Genauigkeit. Die Unterscheidung Regel – Rezept hilft verstehen, daß die Ablehnung der Rhetorik ein komplexer Vorgang ist. Man darf es sich hier nicht zu leicht machen.
Den Rhetoren seiner Zeit stellt er als erste Regel entgegen: »Keine Beredsamkeit!« (1, 101) Dazu die Warnung »vor dem *Eingehen auf das* sogenannte *Bedürfnis des Hörers*« (1, 102) und endlich »*Keine Abwechslung in der Predigt!* Es muß jeden Sonntag *alles* und darum jeden Sonntag das *Gleiche* gesagt werden« (1, 104). Diese drei Regeln gehören zusammen und bedürfen je einzeln einer Interpretation. Wir befassen uns im folgenden vor allem mit der ersten Regel, nehmen aber eine Bemerkung zur dritten vorweg:

Abwechslung macht das Leben süß, und Thurneysen wendet sich hier gegen jegliche Zuckerbäckerei beim Predigen. Das Postulat, »jeden Sonntag *alles* und darum jeden Sonntag *das Gleiche*« zu sagen, atmet prophetischen Geist, indem es sich gegen predigende Zuckergüsse wendet. Zugleich aber wird er sich in Erfüllung seiner Forderung selbst im Wege stehen. Sein Postulat wird ihm den prophetischen Weg versperren. »So steht es hier« wird an die Stelle von »So spricht der Herr« treten, um so mehr, als er aus seiner Regel für sich selbst weithin ein Rezept gemacht hat. In diesem Betracht lehrt Thurneysen *nur* das Anfängliche.

Thurneysen stellt in Gegensatz die menschliche Sprachbemühung und das Reden Gottes: ». . . je eifriger und geschäftiger geschaufelt wird, um den Kanal auszuheben, durch den die Wasser des göttlichen Wortes rinnen sollten, desto gähnender schaut uns nur die Leere dieses Kanals entgegen; denn kein Schaufeln und Graben und Formen auf unserer Seite zwingt die Offenbarung von der andern Seite herbei. Wo aber Offenbarung, d.h. wieder hervorbrechendes göttliches Wort ist, da gräbt sie sich ihr Bett selber und spottet unserer Kanäle« (1, 96). Die Metapher dröhnt förmlich: Der Wild- und Sturzbach, der sich sein Bett selbst gräbt, hat in sich eine Gewalt und Macht, eine ars und sapientia eigener Art, der gegenüber alle menschliche Kunst und Wissenschaft verblaßt, der gegenüber die Sprachbemühungen der Prediger unangemessen bleiben. Wo Gott selbst spricht, sind die Redner mit ihrem Latein am Ende, die bene dicendi scientia wird wie alle Weisheit dieser Welt zur Torheit. Die Offenbarung ist der Tod der Rhetorik, wie sie den Tod aller menschlichen Weisheit und Kunst einschließt.
Bevor Thurneysen seine Regeln formuliert, zitiert er Nietzsche: »Nur wo Gräber sind, gibt es Auferstehungen«, und aus diesem Nietzschewort folgert er: »Die Kanzel sei das Grab aller Menschenworte, denn auf ihr geht es um Auferstehung, um Gott« (1, 100f). Die Rhetorik wird beerdigt, damit ein neues Wort aus dem Grabe steige. Abgelehnt wird die Rhetorik des Advokaten, die Rhetorik des Kaufherrn, »der für seine Ware Reklame zu ma-

chen sucht«. Die Ablehnung der Rhetorik bildet das Negativ für das Reden Gottes: »Man spüre es, daß der Prediger nicht in eigener Sache redet« (1, 101). Auch das ist Sprachlehre; sie kann nur Regel sein, niemals Rezept: »Wo *Gott* verkündigt wird, da ersterben die armseligen Versuche menschlicher Redekunst, da steht das Wort *nicht* zu Gebote, weil man, indem man redet, hinhört, seufzt, sucht und ausschaut nach jenem ganz andern Wort, das nie und nirgends zu Gebote der Menschen steht, weil es Gottes Wort allein ist« (1, 101f). Auch eine Rhetorik im Grab bleibt immer noch – Rhetorik.

Die Antirhetorik Thurneysens will uns einhämmern, daß menschliche Rede nie Gottes mächtig wird. Sie hat ihr Wesen in der Ohnmacht. Sie übt Machtverzicht, indem sie die in der Redekunst angebotene Mächtigkeit grundsätzlich nicht braucht. Ihr Wert wird im Ausgesparten wahrnehmbar: »Wo dieses verborgene Seufzen und Suchen nach Gottes Wort nicht durch eine Predigt hindurchgeht, spürbar gerade an jener *Verhaltenheit* der Rede, wo im Reden des Predigers nicht jenes Gedränge am Tor entsteht, welches ankündigt, daß etwas Größeres als menschliches Wort ans Licht drängen möchte, da ist die Predigt nichts wert gewesen« (1, 102). Eine solche Sprechanweisung ist im Grunde wiederum eine rhetorische Regel. Jene Verhaltenheit der Rede kommt aus der Gebetshaltung des Redners, der im Reden »hinhört, seufzt, sucht und ausschaut nach jenem ganz andern Wort . . .«. Wer auf das Losbrechen des Wildbaches wartet, braucht keinen Kanal zu graben.

Die Polemik gegen Thurneysen wird unsinnig, wo man seine Regel zum Rezept macht. Wird die Kanzel als Grab aller Menschenworte erkannt, so kann das nicht zur Folge haben, daß der Prediger nur noch ein Todesröcheln von sich gibt. Auch der Prediger, der die Kanzel betritt, redet – redet öffentlich. Als Redender macht er von der ars bene dicendi Gebrauch. Die Predigt von 1918 ist auch als Rede ein kleines Kunstwerk. Ich begnüge mich hier mit einigen Hinweisen zum Anfang der Predigt. Der erste Satz in seiner rhythmisierten Prosa entspricht einem gängigen rhetorischen Redeanfang: »Ich muß heute ein Wort zu euch reden von dem, was uns alle in diesen Tagen gewaltig bewegt – und wäre doch froh, es nicht tun zu müssen, denn ich weiß wohl, wie schwer es ist, davon zu reden« (6, 3).

Der nach den Gesetzen der klassischen Rhetorik gestaltete Redeanfang (exordium) »soll die Zuhörer im Interesse der Partei für die Ausführungen in der weiteren Rede voreingenommen, der eigenen Argumentation aufgeschlossen machen« (*Gert Ueding*, Einführung in die Rhetorik, 1976, 208ff). Der Redeanfang wird zweifach ausgebildet:
1.) als »prooemium (principium): Die Einleitung«
2.) als »insinuatio: Die Einschmeichelung«.
Das prooemium verfolgt vor allem drei Ziele:
a.) »attentum parare: Das Erlangen der Aufmerksamkeit«
b.) »docilem parare: Das Erwecken der Gelehrigkeit«
c.) »captatio benevolentiae: Das Erlangen des Wohlwollens« (ebd.).

Alle drei Ziele der klassischen Rhetorik werden mit diesem Predigtanfang erreicht, er enthält auch eine versteckte captatio benevolentiae. Man kann das »Ich muß heute ein Wort zu euch reden« verstehen als einen Sprachgestus der Zuwendung, der Redner nimmt seine Zuhörer gleichsam beiseite. Auch die prophetische Rede folgt rhetorischen Gesetzen – in der Weise des Freien und nicht des Hörigen. Sie wird das rhetorische Gesetz erfüllen, indem sie redet; aber sie steht nicht unter diesem Gesetz.

Solange man das bleibende theologische Recht Thurneysens nicht versteht, wird man die Zeitbedingtheit seiner Rede falsch einordnen; sein Nein zur Rhetorik ist ein Ja zur Offenbarung, ein Ja zur Auferstehung. In der Zeit, da die Rhetorik eines Goebbels und Hitler Deutschland in die tausend Jahre hineinredete, hatte Thurneysen keinen Anlaß, sein Nein zur Rhetorik zu revidieren. Im Vorwort des mit Karl Barth herausgegebenen Bandes »Die große Barmherzigkeit« hieß es 1935, in diesen Predigten sei ein bestimmter Weg eingeschlagen, »den nach unserer Überzeugung die Predigt der Kirche in der Gegenwart immer bewußter und entschiedener gehen muß, den Weg fort von jeder Art Themapredigt und hin zur reinen Auslegungspredigt. Adolf Schlatter hat im Vorwort zu seinem eigenen letzterschienenen Predigtband ausgesprochen, es sei sein heißer Wunsch, daß die Kirche sich in ihrer Verkündigung reinigen möge von jeder Art Rhetorik. Es sei ihm daher immer verwehrt gewesen, sich als ›Kanzelredner‹ zu betätigen. Dieses Anliegen muß aufgenommen werden. Es kann nur dadurch in Erfüllung gehen, daß der Prediger immer ausschließlicher nichts anderes mehr sein will als ›ein Schüler der heiligen Schrift‹, wie Calvin es ausgedrückt hat. Predigen heißt ablesen, was geschrieben steht, ein Ablesen freilich, das zur Anrede wird an den Menschen von heute, aber so, daß auch dieser Mensch von heute durch die Predigt seiner Kirche seinerseits zum Schüler der heiligen Schrift wird« (22, 3).

Hier wird der Akzent in der Ablehnung der Rhetorik verschoben. Nicht mehr das Sterben und Auferstehen gilt als Grund der Ablehnung, sondern die Schülerschaft der Schrift. Aus der ars bene dicendi wird eine ars bene legendi. Zuversichtlich heißt es am Schluß: »Dieser Weg hat in der kirchlichen Notzeit der Gegenwart seine Bewährung erfahren. Die Tafeln der heiligen Schrift sind vor uns aufgerichtet. Weniger als je können wir lassen von dem oder hinausgehen wollen ›über das, was geschrieben steht‹ (1 Kor 4,6). In dieser Mittelbarkeit allein ist die Kirche frei und stark und getrost und unmittelbar zu ihrem Herrn« (22,4).

Auch diese Begründung hat ein bleibendes theologisches Recht. Martin Fischer hat dann die »Bekennende Kirche als Predigtbewegung« bezeichnet (Überlegungen zu Wort und Weg der Kirche, o.J., 63ff). Der grundsätzliche Verzicht der Rhetorik war damals schon ein Politikum. Noch einmal: Die Ablehnung der Rhetorik hat sich auch in der späteren Zeit mit einer anderen Begründung bewährt.

Vom Besprochenen her scheinen vier Momente für das Verhältnis der Predigt zur Rhetorik über Thurneysen hinaus wichtig: Weil die Predigt ihrer inneren Gestalt und ihrem Wesen nach *Gebet* ist, indem sich der Prediger nach Gott selbst ausstreckt, kann er auf Beredsamkeit verzichten und sie – im Verzicht – gebrauchen. In der Bitte um das Kommen des Schöpfergeistes überholt der Prediger seine Sprache. In der Anbetung verzichtet er auf eigene Mächtigkeit: »Dein ist das Reich und die Kraft und die Herrlichkeit« (Mt 6,13). Indem die Predigt einen *Text* hat, der immer schon stärker ist als die Predigt selbst, bedarf sie im Schlepptau des Textes der Rhetorik nicht, weil schon der Text dem Prediger eine Rhetorik besorgt. Die »Lust am Text« (Roland Barthes) bewahrt den Prediger vor dem Einerlei so gut wie vor der Verführung durch den Hörer. Was bedeutet es im Blick auf die Rhetorik, daß die Predigt zur *Gemeinde* gehört und die Gemeinde zur Predigt? Die Gestalt der Gemeinde bildet *die* Kunstkritik homiletischer Redekunst. Die filia verbi, die Tochter des Wortes, trägt die Züge ihrer Mutter, der Predigt. Soll die Predigt Gemeinde zur Welt bringen, wird kein Prediger die Beredsamkeit verachten, aber er wird wissen, daß neue Geburt nie und nimmer das Produkt einer Überredung sein kann. Da es keine *Prophetie* ohne Beredsamkeit, aber viel Beredsamkeit ohne Prophetie gibt, wird der Eifer nach der Prophetie die Interaktion zwischen Prediger und Gemeinde nicht an die erste Stelle setzen. Für die Prophetie bildet die Rhetorik kein selbständiges Thema.

Das theologische Recht einer Ablehnung der Beredsamkeit liegt im Interesse, nicht in der Perfektion der Aussage; sie impliziert ein Ja zur Prophetie. Gott soll zu Worte kommen. Das heißt: Man muß in Thurneysens Negation die Frage hören, die er den Heutigen stellt, und man wird ihn nicht einfach nachsprechen können. Da er selber aus seinen Regeln teilweise ein Rezept machte, müßte man die Regeln so formulieren, daß sie sich nicht unter der Hand in Rezepte verkehren. Man muß das Grundsätzliche hinter seiner Ablehnung grundsätzlicher zu fassen und weiterzuführen versuchen. Ungeklärt bleibt bei der Regel »keine Beredsamkeit«, bei der Differenzierung auch von »Regel« und »Rezept« das Verhältnis von Theorie und Praxis und darin das von Gotteswerk und Menschenwerk.
In einem ungedruckten Manuskript »Der Prediger« unterscheidet Thurneysen zwischen »grundsätzlich« und »tatsächlich«, zwischen »grundsätzlich« und »praktisch psychologisch«: »Grundsätzlich gesprochen ist die Verkündigung unabhängig vom persönlichen Charakter des Verkünders. Aber tatsächlich ist es nicht so« (ebd., 1). »Grundsätzlich macht das Wort die Christen, praktisch psychologisch kann man auch das umgekehrte sagen: die Christen machen den Glauben an das Wort, ganz besonders der Christ, der es verkündigt« (ebd., 2; vgl. 51, 30f). In diesem Betracht wäre die Ablehnung der Redekunst eine grundsätzliche, nicht eine tatsächliche. Was bedeutet dann das Tatsächliche für das Grundsätzliche, und welches theologische Gewicht hat die Praxis? Bei der Ablehnung der Rhetorik geht es in der Tat um etwas Anfängliches, eben Grundsätzliches, Prinzipielles. Andererseits aber vermag die Trennung zwischen »grundsätzlich« und »tatsächlich« nicht zu befriedigen, weil sie trennt, was nicht zu trennen ist, was ich in der Predigtlehre mit der »theonomen Reziprozität« auf den Begriff gebracht habe. Thurneysen selbst hat offenbar um das Unbefriedigende seiner Ablehnung der Rhetorik gewußt und später etwa von »geistlicher Rhetorik« gesprochen.

Sehe ich recht, geht heute der Kampf in der Praktischen Theologie vornehmlich um die Bedeutung der Rhetorik. Etwas vereinfachend kann man auf eine ähnliche Tiefenstruktur in anderen Fächern verweisen: Was die Rhetorik für die Homiletik, das bedeutet die Psychologie für die Poimenik, die Didaktik und Pädagogik für die Katechetik. In allen diesen Praxisfeldern geht es immer und immer wieder um die ars bene dicendi. Auch in der »Aufgabe der Predigt« ging es um nichts anderes. Begreift man Thurneysens Aufsatz als einen Beitrag zur geistlichen Redekunst, so versteht man, daß die Aufgabe der Predigt in dem Moment verraten ist, wo die Rhetorik ein selbständiges Thema wird: Das Wort ward Fleisch, nicht aber ist Jesus die Redekunst in Person. Die Macht, die er hat, ist nicht von dieser Welt und etwas anderes als das, was der Fachjargon heute »Kompetenz« nennt. Vom Großinquisitor her und seiner Kirche, die aus Erbarmen »Autorität« beansprucht, fällt grell ein Licht auf das Erstreben und Behaupten von »Kompetenz«.

Thurneysen verschlüsselt in der Ablehnung der Rhetorik die Frage nach der Vollmacht; aber er legt sie nicht frei, entfaltet sie nicht. Deshalb vielleicht muten viele seiner Predigten mit ihren Konjunktiven an wie Vorworte erst zu Prophetenreden. Beweist seine Abwehr der Rhetorik »den sichern ›Instinkt‹ aus dem Glauben heraus für das generaliter Richtige«, so steckt hier der Teufel möglicherweise im Detail, in einem Stück unreflektierter Praxis, das auch mit der Ausblendung der Institution im »Dostojewski« zusammenhängen mag. Die Frage, die ihn bei der Ablehnung der Rhetorik umtreibt, bleibt wegleitend und wichtiger als die Antwort, die er 1921 auf die Predigtmisere seiner Zeit gab: In der Frage nach der Vollmacht verdichtet sich das Verhältnis von Theorie und Praxis. Vollmacht hat etwas zu tun mit dem Beten des Predigers, seiner Schriftmeditation, seinem Eingegliedertsein in der Gemeinde, mit seiner theologischen und politischen Existenz. Vollmacht hat ihr Wesen primär in einer Beziehung, in die Fähigkeiten des Redners eingebracht werden: Geistliche Redekunst wird zur Sterbekunst der Rhetorik. Die Beerdigung der Rhetorik, aber eben auch der – Rhetorik, ihr wird ja die letzte Ehre erwiesen! – bildet eine Grundvoraussetzung für das Aufstehen eines Wortes, das nicht von dieser Welt ist.

Der Seelsorger

Ein eingefahrener Sandweg. Ohne Gräben. Wie breit ist er, kann man das sagen: Er geht über in die Wiese. Oder die Wiese hört auf. Oder geht über in einen Weg. Wie ist das genau? Es gibt keine Grenze. Der Weg ist nicht zu Ende. Und die Wiese fängt nicht an. Das ist nicht ausdrückbar. Und ist der Ort, wo wir leben.
Johannes Bobrowski

Ich bekenne, daß ich Angst habe vor jedem seelsorgerlichen Gespräch, weil ich nicht weiß, ob ich dem Menschen, der jetzt bei mir eintritt, in rechter Weise begegnen kann.
Eduard Thurneysen

Kommissar Maigret

Was ist ein Seelsorger, und wie sollen wir das zusammengesetzte Wort verstehen? Man könnte von Dostojewski her sagen, ein Seelsorger ist einer, der um das Geheimnis Mensch weiß, der es zu enträtseln sucht, um selber Mensch zu sein. Indem er am Geheimnis Mensch rätselt, erfährt er mehr über den anderen, als der über sich selbst. Ein Seelsorger ist ein Enträtsler, ein Wissender, einer, der um die Seele weiß, der dem Menschen begegnet und ihm das Menschsein erschließt. Ein Seelsorger sorgt um das Menschsein des Menschen. Die Frage stellt sich, woher einer an die Enträtselung herangeht, wie einer das macht. Wir nähern uns dieser Frage, indem wir einen Vergleich anstellen mit dem Detektiv.

Der alte Thurneysen las des Nachts die Detektiv-Romane von Georges Simenon. Kommissar Maigret, ein Enträtsler von Beruf und Leidenschaft auch er, der Detektiv mit der stets glimmenden Pfeife, der im Verfolgen einer Spur in »abwesende Versunkenheit« gerät (KLL, 5921), eine »Mischung aus Arzt und Priester«, ein Dechiffrierer von Schicksalen (a.a.O., 10660).

Ich brauche nur einige Sätze der Charakteristik von *Helmut Heißenbüttel* wiederzugeben, um einsichtig zu machen, warum Thurneysen von dieser Detektivgestalt gefesselt war: »Maigret ist einer von jenen Detektiven, die gleichzeitig eine einflußreiche offizielle Stellung innehaben. Ihm steht außer seinen übernatürlichen Eigenschaften ein großer Hilfsapparat zur Verfügung. Bezeichnenderweise macht ihn das jedoch nicht zum Repräsentanten staatlicher Gewalt, er befindet sich im Gegenteil in einem ständigen Kleinkrieg gegen deren Vertreter. Zur Unsterblichkeit und übernatürlichen Einsicht tritt die Fähigkeit, sich in den staatlichen Apparat einzunisten und sich dort zu halten« (Über Literatur, 1966, 106). Zweifellos begegnete ihm in Maigret der ältere Zwillingsbruder noch einmal. Maigret ist Charismatiker, murrt gegen die Bürokraten (Der faule Dieb) und wird doch von der Institution getragen. Am Quai d'Orfèvre wirkt er als ›Antistes‹. Wie Thurneysen Kirchenfürst und Outsider in einem war, so genießt Maigret höchsten Ruhm als Kriminalkommissar, erregt immer wieder Kopfschütteln und saugt unablässig an seiner Pfeife. Fast scheint es, Maigret sei ein als Kriminalkommissar getarnter säkularer Seelsorger. So wie der Seelsorger mit dem Seelsorgesuchenden solidarisch ist, lebt Maigret »mehr als seine Vorgänger und Kollegen . . . gleichberechtigt in der Gruppe der Verdächtigen . . . Die größere Nähe Maigrets zur Gruppe der Verdächtigen nähert ihn gleichzeitig dem Täter, dem Opfer an. Stärker als im früheren Typus des Kriminalromans tritt die leidende Verbundenheit des Entdeckers mit seinem Opfer hervor . . . Maigret ist immer auf dem Wege, sich mit dem Täter zu identifizieren . . . Er nimmt einen Teil der Last auf sich . . ., weil er (beziehungsweise der Autor) erkennt, daß etwas diese stärkere Identifizierung des Entdeckers mit dem Täter verlangt, daß etwas objektiv Wirksames die Funktion des Detektivs verändert« (a.a.O., 107f).

In einer gewissen Weise ist die Kunst Maigrets, die Kunst der Identifikation mit dem Verbrecher, auch die Kunst der Seelsorge. Ich entsinne mich an einen Roman, in dem der überführte Täter noch um ein Gespräch mit dem Kommissar bittet. Obwohl dieser mit der Untersuchung des Mordfalles nicht betraut ist, übermittelt er selbst die Todesnachricht an die Mutter des Opfers.

Wenn der junge Pfarrer von Leutwil seine Konfirmanden gelehrt hatte, in jedem Menschen etwas Gutes zu sehen, so las der alte Münsterpfarrer in »Maigret und die alte Dame«: »Sein Beruf zeigte ihm gewissermaßen die Kehrseite der freundlichen Fassade, aber trotzdem hütete er in seinem Herzen die kindliche Sehnsucht nach einer Welt ›wie auf den Bildern‹« (KLL, 5921). Maigret entwickelte Sympathie für die Kriminellen. Von Thurneysen hieß es: Er hatte die Menschen gern.

Was ist ein Seelsorger? So haben wir gefragt, und nun stoßen wir auf einen Seelsorger, der Kriminalromane las. Die Frage stellt sich nach der Beziehung Seelsorger-Detektiv. Sie führt zu einer Entsprechung. Wie Theologen den Kriminalroman lieben, so »liebt« der Kriminalroman den Theologen.

Dorothy Sayers und *Agatha Christie* waren Pfarrerstöchter. »Die fähigsten Detektive sehen aus wie Geistliche und die gerissensten Hasardspieler wie Bankprokuristen«, steht bei Gardner zu lesen (zit. nach *Heißenbüttel*, 106f). Inspektor Parker bei Dorothy Sayers hat Theologie studiert. Was hier als Tarnung erscheint, kann bis zur Identität von Seelsorger und Detektiv fortschreiten.

Chesterton hat in »Die Geschichten von Pater Brown« einen »kleinen, rundlichen, sanftmütig wirkenden, scheinbar zerstreuten katholischen Priester« (KLL, 3448) als Privatdetektiv geschildert. *Harry Kemelman* zeichnet in David Small einen jüdischen Rabbi, der die schwierigsten Probleme aus dem Thora- und Talmudstudium heraus löst: »Am Freitag schlief der Rabbi lang«; »Am Samstag aß der Rabbi nichts« u.a.

Ich habe nicht genügend Überblick über den Kriminalroman, um beurteilen zu können, ob es eine andere Berufsgruppe gibt, die so prononciert sich als Detektiv betätigt. Auffällig ist die Gleichung von Priester, Rabbi und Detektiv schon. Ich kann mir beispielsweise einen Chirurgen schlecht in der Rolle eines Detektivs vorstellen.

Der Kriminalroman ist ein eschatologisches Gleichnis keineswegs vom Himmelreich. Der Detektiv figuriert als eine Art Engel des Gerichts, der das Verbrechen aufdeckt. Er verkörpert gewissermaßen den usus elenchticus legis. Der Seelsorger aber ist – im Wissen um das Verbrechen – Zeuge der Vergebung. Wenn der Detektiv bei Georges Simenon zunächst als Zwilling eines Seelsorgers erscheint, so erweist er sich doch letzten Endes als dessen Antipode; der Seelsorger wühlt nicht in Schränken, stellt keine Nachforschungen an, er weiß immer schon genug, nicht Überführen des Verbrechers ist sein Ziel, sondern die Hinführung zur Gnade. Nicht hinter Gitter, sondern zur Freiheit der Kinder Gottes soll der in Schuld Verstrickte gebracht werden. Nicht der Versenkung gilt die Mühe des Seelsorgers, sondern der Erhöhung. Die Seelsorge Thurneysens läßt sich am besten damit charakterisieren: sie erhöht.

Man kann die Faszination, die Maigret auf den Münsterpfarrer ausgeübt hat, verstehen. Gerade die Nähe des Detektivs zu den Kriminellen, seine Tendenz zur Identifikation mit ihnen deckt die verwandte Struktur beider auf. Thurneysen schrieb über das Verhältnis des Seelsorgers zum Leidenden: »Wir treten, wenn wir echte Seelsorge üben am Leidenden, selber ganz und gar an den Ort seines Leidens, treten ihm zur Seite, werden ihm zum Bruder, zur Schwester, wir identifizieren uns mit ihm« (45, 269).

Der Seelsorger und der Detektiv: Zwillinge und Antipoden, damit haben wir Ähnlichkeit wie Differenz beider bezeichnet. Zwillinge, beide haben es mit dem sündigen Menschen zu tun. Antipoden sind sie im Ziel ihres Mühens. Der Detektiv deckt das Verbrechen auf. Er sorgt sich um das »Binden« des Übeltäters. Der Seelsorger löst den Übeltäter, er spürt die heimlichen Wege der Gnade auf und entdeckt die Gnadengaben. Er ist der Detektiv der Charis und hilft zum Charisma. Bei so großer Nähe und Ähnlichkeit beider kann es nicht verwundern, daß der Detektiv für den Seelsorger auch eine Versuchung darstellt.

Dietrich Bonhoeffer hat sich gegen ein »Hinter-den-Sünden-der-Menschen-Herschnüffeln, um sie einzufangen« gewandt. »Es ist, als ob man ein schönes Haus erst kennte, wenn man die Spinnweben im letzten Keller gefunden hätte, als ob man ein gutes Theaterstück erst recht würdigen könnte, wenn man gesehen hat, wie sich die Schauspieler hinter den Kulissen aufführen« (WE, NA 1970, 378f). Daß der Seelsorger nun zum Schnüffler wird und also zum Detektiv, das ist wohl die große Gefahr der Seelsorge heute. Dieser Gefahr erliegt der Theologe um so eher, je weniger er weiß, was ein Sünder ist, und je mehr er in einer Innerlichkeit den Ort Gottes sieht. »Theologisch gesehen ist der Fehler ein doppelter: erstens, man glaubt einen Menschen erst als einen Sünder ansprechen zu können, wenn man seine Schwächen bzw. sein Gemeines auspioniert hat; zweitens, man meint, das Wesen des Menschen bestehe in seinen innersten, intimsten Hintergründen und das nennt man dann seine ›Innerlichkeit‹; und ausgerechnet in diesen menschlichen Heimlichkeiten soll nun Gott seine Domäne haben!« (ebd.)

Der Detektiv wird zur Versuchung für den Seelsorger, wenn ausfällt, was Heißenbüttel bei Maigret notiert: »Er nimmt einen Teil der Last auf sich« – freilich aus anderen als kriminalistischen Motiven. In der Nachfolge Christi übernimmt der Seelsorger Schuld, nimmt auf sich, was den anderen erniedrigt. Er richtet sich an Stelle des anderen und eröffnet so dem anderen Freiheit (vgl. hierzu: *Heinz Joachim Held*, a.a.O., 140ff).

In der Seelsorge Thurneysens

Thurneysens Seelsorgetheorie ist im Zusammenhang seiner *Praxis* zu verstehen und zu beurteilen. Der Seelsorger entwickelte in der Folge seiner Tätigkeit auch eine Theorie, nicht umgekehrt: Predigtpraxis spiegelt sich im Urteil der Hörer einerseits und wird andererseits in Predigtmanuskripten oder Nachschriften nachprüfbar. Die Seelsorgepraxis geschieht nicht in Öffentlichkeit, sondern in Verschwiegenheit. Wir sind hier primär auf Legenden angewiesen, auf Erzählungen von Menschen, die dem Seelsorger begegneten. Seelsorgerliche Briefe machen Seelsorge augenfällig, bleiben aber in den meisten Fällen nur den Augen der Empfänger vorbehalten.

Dorothee Hoch: »Wenn ich mich frage, was mich bewogen hat, als Schulmädchen und als Studentin immer wieder gerade Eduard Thurneysen als Seelsorger aufzusuchen, um bei ihm Hilfe zu bekommen, dann meine ich es müsse der Umstand gewesen sein, daß dieser vielbeschäftigte

Mann sich Zeit für mich nahm. Ganz gesammelt und konzentriert war er für mich da. Ganz behutsam half er, die schwierigsten Dinge auszusprechen und so langsam den Problemen auf den Grund zu kommen. Von ›Vorhof‹ und ›Innenhof‹ des Gesprächs, vom ›Bruch im Gespräch‹ oder von hohen Worten ›senkrecht von oben‹ habe ich nichts bemerkt. Der Seelsorger versuchte einfach, mit mir zusammen herauszufinden, was in diesem konkreten Moment meines Lebens die ›Freiheit eines Christenmenschen‹ bedeuten könnte. Ich bekam keine Regeln, keine Befehle; ich wurde nicht beurteilt, ich bekam nichts aufgeredet. Sondern es geschah dort Hilfe zu einem Stückchen Ordnung, zu ein wenig Mut und zu neuen Schritten. Wenn er dann am Schluß mit mir betete, dann hatte ich das Gefühl: Jetzt gibt er mich zurück in die Hand Gottes. Er will mich nicht an sich binden.« Dorothee Hoch kann sich kaum »an eines seiner gesprochenen Worte erinnern«, wohl aber an ihre Gefühle: »das Gefühl der Geborgenheit, des völligen Angenommenseins, des Staunens über so viel persönliche Zuwendung, des Vertrauens und der menschlichen Nähe. Ich habe bei Eduard Thurneysen erfahren, daß ich trotz dem Gefühl eigenen Versagens, eigener Verurteilung und Minderwertigkeit voll anerkannt wurde, daß er mich seiner Zeit und seines Interesses für wert erachtete und mich als Person gelten ließ. Und damit hat – wie ich später merkte – auch sein theologisches Denken übereingestimmt. Denn ich habe ebenfalls bei Eduard Thurneysen gelernt, daß es jenes große ›Trotzdem‹ Gottes gibt, das uns davon entbindet, sein Wohlgefallen durch Leistungen erwerben zu müssen. Das hat Thurneysen mir durch seine Person, seine Haltung, seine seelsorgerliche Zuwendung eingeprägt und verbürgt« (72, 9f).

Dorothee Hoch hat in Thurneysen einen Seelsorger getroffen, der offensichtlich nicht dem Cliché entsprach, das man sich von ihm heute in der Literatur macht. In der Tendenz, den Lehrer der Poimenik gegenüber dem praktizierenden Seelsorger abzuwerten, konstatiert sie z.B. das Fehlen von bekannten Begriffen aus Thurneysens Lehre, »von ›Vorhof‹ und ›Innenhof‹ des Gesprächs, vom ›Bruch im Gespräch‹ oder von hohen Worten ›senkrecht von oben‹«. Sie unterläßt den Versuch, die Theorie von der Praxis her zu erklären und deutet mit ihrem Bericht auf die Spannung zwischen seiner Praxis und seiner Theorie einerseits und auf deren Einheit andererseits. Diese Widerspruchseinheit zwischen Seelsorgetheorie und Praxis wird nicht weiter verfolgt, da sie die neuere Entwicklung in der Seelsorgelehre im Horizont Thurneysens zu verstehen und zu rechtfertigen sucht. Dorothee Hoch hebt ein Moment heraus, das für Eduard Thurneysens Seelsorgepraxis entscheidend gewesen ist, das – wie ich aus zahlreichen Befragungen und eigener Erfahrung weiß – zur Grundstruktur seiner Seelsorge gehört. Der junge Mensch erfährt in der Seelsorge eine Umwertung. Er wird »voll anerkannt«, »für wert erachtet« – über sich selbst emporgehoben. Dorothee Hoch fühlte »Geborgenheit«, sie erfuhr Annahme, Zuwendung, Vertrauen, Nähe. Da begegnete ein älterer Mensch einem jüngeren väterlich, richtete ihn auf. Der Seelsorger wurde durch seine Haltung zum geistlichen Vater. Als Beter hebt er sein Kind über sich selbst hinaus. So wirkt er als »dr Bedittend«. Dieser Seelsorger schnüffelt nicht, er unterliegt nicht der Versuchung, zum Detektiv des lieben Gottes zu werden. Gerade in der Art und Weise seines Betens merkte sie: »Jetzt gibt er mich zurück in die Hand Gottes.« – Der Grundtenor seiner Seelsorge am Grab – »wir sind in seinen Händen« – hielt sich in der Einzelseelsorge durch (57, 8).

Eigene Erfahrung

Ein anderes ist es, ob ich einen Seelsorger aufsuche oder ob ich der Seelsorge begegne. Ich kann eigentlich nicht oder kaum sagen, ich hätte ihn als Seelsorger aufgesucht, war doch mein Verhältnis zu ihm als Student eher distanziert. Er forderte den jungen Pfarrer immer wieder auf, ihn zu besuchen, wobei er – mir immer wieder verwunderlich – ein Interesse an meiner Arbeit zeigte, in dem der Lehrer sich als Schüler erwies. Vielleicht hat mir dies geholfen, ihm in meiner Predigtpraxis recht zu geben, daß er mir in einer Weise recht gab, die mir bis heute erstaunlich und unerklärlich geblieben ist.

Dabei hatte meine Beziehung zu ihm etwas Zufälliges, Unpathetisches. Wenn wir die Eltern meiner Frau in Basel besuchten, ging ich zu ihm, was nach seiner Emeritierung sich um so natürlicher ergab, als er in der Birsigstraße in beinahe unmittelbarer Nähe zu meinen Schwiegereltern wohnte. Von der Oberwiler Straße mußte ich nur um ein Eckhaus herumgehen, an einer Garage mit vier Abstellplätzen und an zwei Wohnhäusern vorbei, und schon konnte ich an der Birsigstraße 96 läuten. So eröffnete das Zufällige der Nähe die Möglichkeit eines Kontaktes, der unter anderen Bedingungen nicht möglich geworden wäre.

Ins Unauffällige kam der Vorschein zuvorkommender Gnade. So dünkt es mich bezeichnend, daß ich mich an den Anlaß nicht mehr genau erinnere, bei dem er Jonathan zitierte. Möglicherweise hatte ich die Frage eines Stellenwechsels mit ihm besprochen, als er aufstand, mir die Hand gab und an den Bund zwischen David und Jonathan erinnerte: »Was wir aber geredet haben, siehe, da ist der Herr zwischen dir und mir ewiglich« (vgl. 1Sam 20,23) – vielleicht sagte er auch, »da sei der Herr zwischen uns ewiglich«. Ich weiß es nicht mehr genau. Aber das werde ich nie vergessen, daß ich das Wort Jonathans in Verbindung mit seinem Händedruck als Wunder erfuhr. Da war – um mit seiner Leutwiler Abschiedspredigt zu reden – etwas Ewiges zwischen uns.
Erst im nachhinein merkte ich, was geschehen war: Der Ältere sprach dem Jüngeren Zukunft zu, königlichen Rang im Sinne von 1Petr 2,9. Er erbat sich die Predigten, die für die Kranken der Gemeinde allmonatlich vervielfältigt wurden. Einmal oder mehrmals erzählten mir meine Schwiegereltern, daß Thurneysen ein Bild, das ich gebracht hatte, in seine Predigt aufgenommen habe, was erhebend war wie eine Adoption. Dem römischen Paterfamilias wurde nach der Geburt der Säugling vor die Füße gelegt; hob er ihn auf, wurde damit das Kind anerkannt, in seine Erbrechte eingesetzt. Wandte sich der Vater ab, konnte man den Säugling aussetzen.
Ich habe vielen Lehrern vieles zu danken, aber keinem ein so väterliches Vom-Boden-Auflesen wie Eduard Thurneysen. So wandelte sich ein Lehrer-Schüler-Verhältnis in ein Verhältnis von Vater und Sohn, rückte in den Horizont der Nachkommenschaft Abrahams. In der Metapher aus dem römischen Brauchtum: Es war die Anerkennung, die ich immer wieder erfuhr, die zum Vehikel väterlichen Segens wurde. So gewann die Beziehung

etwas Tröstliches. Ich meine, es war ein Trost vom Parakleten her, ein Trost, der nicht als solcher gespendet wurde, der vielmehr die Weise seines Umgangs mit mir war. Schon die Art, wie er einem Platz anbot, hatte etwas – darf ich sagen? – Erhebendes. Er verstand es, einem im Gespräch gleichsam einen Orden des Himmelreiches an die Brust zu heften. Auch gab er sich im Gespräch selbst, wobei aber auch im vertraulichen Gespräch eine Distanz blieb, deren Wesen ich als Hoheit bezeichnen möchte. Thurneysen war ein Mann des Gesprächs.

Eindrücklich auch das Telefonieren: Wenn ich ihn anrief, war er ganz da, war da in einer sonst kaum erfahrenen Präsenz. War das Gespräch beendet, gab es mir jedesmal einen kleinen Stich; er fiel gleichsam vom Draht, bevor er sich verabschiedete. Ich meinte zu spüren, daß er sich nun wieder anderen Dingen zuwandte. Der Stich, den ich jeweils beim Telefonieren spürte, verriet die Konzentration der Zuwendung, die jeweils beim Abschied erlosch und zugleich bewußt machte: Der am anderen Apparat steht unter einem anderen Gesetz.

An ein Lehrstück entsinne ich mich: Meine Frau und ich besuchten ihn einmal an seinem Ferienort auf dem »Kapf« im Emmental. Wir aßen mit ihm und einigen der Kinder und Enkel Speck und Bohnen. Beim obligaten schwarzen Kaffee unter einem alten Apfelbaum neben dem Haus kam das Gespräch auf die Auferstehung, und Thurneysen entwickelte seine Eschatologie nicht als Lehrsatz, sondern als Voraussage seiner Zukunft. Möglicherweise störte mich damals seine Tendenz, Sterben und Tod mit dem Jüngsten Gericht zu identifizieren. Trotz meiner Zweifel aber konnte ich nicht widersprechen, denn in dieser Stunde wohnte das Wunder unter dem Apfelbaum. Man war unterwegs nach Emmaus: »Und es begab sich: während sie miteinander redeten, trat Jesus unter sie« (Lk 24,14f hat er oft zitiert).

Als meine Frau starb, erinnerte ich mich irgendwie und irgendwann auch wieder an jenes Gespräch, das mir aufs neue tröstlich wurde. Ein Seelsorger wirkt eben nicht bloß im Akt eines seelsorgerlichen Gesprächs. Ein Geistlicher – ich nehme das Wort im Wortsinn – ist Seelsorger, und wo er ist, darf das Wunder nicht fehlen. Leonhard Ragaz berichtete in seiner Selbstbiographie von einem Gespräch mit Christoph Blumhardt, in dem sich in einem Moment Blumhardt in Christus verwandelt habe (83,II,134). Jene Stunde war von ähnlicher Art. Die Lehre wurde, indem Thurneysen sie vortrug, zu einem Vorschein vom Paradies und damit zu einer Art von Verklärung des Lehrenden, auch wenn sie mir nicht über jeden Zweifel erhaben vorkam.

In der Ekklesia lebt man miteinander im Übergang. Da ist der Weg, das Ausgetretene, was zu benennen ist, und da fängt als neue Erde die Wiese an, kaum zu benennen . . . »und ist der Ort, wo wir leben« und wo einer dem anderen zum Seelsorger und zum Vater wird. Da gibt es viel zu erzählen zwischen Wiese und Weg. Thurneysen wurde mein Lehrer in der Seelsorge als Erzähler: Er war ein theologischer Erzähler, kein Plauderer. Er brachte nicht einfach seine letzten Erfahrungen zur Sprache, der Stil seiner Erzählungen war paradigmatisch (vgl. *Martin Dibelius,* Die Formgeschichte des Evangeliums, 1933²), und damit brachte er in seinen Erzählungen das, was ich in der »Predigtlehre« die Kalendergeschichte genannt habe. Indem er Seelsorge erzählte, übte er Seelsorge am Seelsorger; er vergegenwärtigte Seelsorge. Dies geschah an Kursen und Tagungen so gut wie im Einzelgespräch. Ich meine, aus seinen Erzählungen am meisten gelernt zu haben. Meine Erinnerungen, auf den Begriff gebracht, weisen auf zweierlei. Einmal: Lehre, doctrina, hat immer auch den Aspekt der Seelsorge, ob sie sich nun im Rahmen der Unterrichtung von Kindern, beim schwarzen Kaffee oder im akademischen Rahmen abspielt. Lehre ist Seelsorge nicht bloß in ihrem Vollzug, sondern auch in ihrer Langzeitwirkung. Stimmt hingegen die doctrina nicht, wird Seelsorge zu einem Opiat. Zum andern: Seelsorge findet nicht nur dort statt, wo einer einen Seelsorger aufsucht, sie ist eine Dimension der Communio Sanctorum. Seelsorge gibt es nicht nur dort, wo eine Seele lädiert ist, in sogenannten Seelsorgefällen. Seelsorge hat auch den Aspekt der Förderung und Berufung und wird zu einer Protektion höherer Ordnung, zu einer Begünstigung im Vorschein der Gnade.

Zeugnisse

Seelsorge wird im Akt des Gelingens zu einer kleinen Verklärung, ein wenig zum Vorschein von Ostern und versetzt den, der zu mir spricht, in ein anderes, in ein neues Licht. Das Geheimnis eines Seelsorgers liegt in seiner Autorität, und diese wächst, je weniger er sie ausspielt. Autorität wächst aus dem verborgenen Leben mit Christus heraus und ist an kein Amt gebunden. Dennoch findet sie je und je in der Institution Pfarramt ihren Rahmen. Beladen mit der Last des Herkommens, umgrenzt dieser Rahmen ein weites Feld von Möglichkeiten. Autorität wird sich da entfalten, wo die inneren und die äußeren Möglichkeiten sich ergänzen, wo zu der übernatürlichen Einsicht Maigrets sozusagen die Fähigkeit kommt, »sich in den staatlichen Apparat einzunisten«, wo Charis die Institution nutzt und sie überspielt, wo der Vorschein von Ostern den Triumph des Todes überstrahlt. – Der Basler Münsterpfarrer wirkte institutionell in einem ganz anderen Rahmen als etwa sein Vater im Spital. In der Ambivalenz, die im baslerischen Spitznamen »dr Bedittend« mitschwingt, klang beides an: der Respekt vor seiner Autorität wie die Gefährdung dieser Autorität durch die Institution. In Basel wuchs ihm eine Vielfalt von Kontaktmöglichkeiten zu. Er rechtfertigte offenbar das Vertrauen, das man ihm von Amts wegen entgegenbrachte, und vermochte so als Anwalt der Schwachen Verbindungen zu knüpfen, zu pflegen und auszunutzen. – Ein Industrieller erzählte, er habe eine private Hilfskasse eingerichtet und für diesen Zweck in regelmäßigen Abständen gesammelt. »Ich war sehr froh, daß ich da etwas beitragen durfte, denn auf diese Weise hatte ich alle Jahre Gelegenheit, seinen Besuch zu empfangen und mit ihm über Fragen des Glaubens zu sprechen.« Ich saß derweil unter

Ahnenbildern aus der Renaissance und staunte am meisten über einen Satz: »Nie hat er mich seine Überlegenheit spüren lassen.« – Immer wieder erkundigte er sich nach der Frau eines Trinkers, die aus seiner in meine Gemeinde umgezogen war. Er wies sie an eine ihm bekannte Aristokratin, die in ihrer Nähe wohnte. So wuchs die Communio Sanctorum auch außerhalb seiner Parochie.

Die traditionelle kirchliche Seelsorge bezieht sich vornehmlich auf den Mittelstand. Die Reichen und Mächtigen, die in ihrem Heil in besonderer Weise Gefährdeten, werden in der Seelsorge sehr oft als Unpersonen behandelt; viele Pfarrer lassen sich durch Geld und Titel imponieren. – Thurneysen sagte mir einmal, er komme deshalb mit den reichen Leuten gut zurecht, weil er sie als Menschen nehme wie andere Menschen auch. Das dankten sie ihm, und das kam auch denen zugute, an die ein Seelsorger zuerst gewiesen ist: »Mit den Ärmsten hatte er ein ganz besonders gutes Verhältnis«, sagt seine Gemeindehelferin, die über zwanzig Jahre mit ihm zusammengearbeitet hat: »Es ist schön, wenn man im Rückblick nur danken kann.« Autorität unterscheidet sich von autoritärem Wesen darin, daß sie dem anderen Freiheit besorgt: »Ich war nicht eigentlich fromm. Ich dachte immer: Um mein Verhältnis zum lieben Gott brauchst du dir keine Gedanken zu machen. Da sorgt der Pfarrer Thurneysen.« Sorgen hatte diese Frau sonst genug: Tod des ersten Mannes nach einigen Wochen. Heirat mit einem Emigranten. Exil in Übersee. Rückkehr. Scheidung auf Anraten Thurneysens, der in einem anderen Fall leidenschaftlich – wie er selbst ausdrücklich betonte – im Glauben an deren Unauflöslichkeit um eine Ehe kämpfen konnte. Zwei Aussagen bleiben haften: »Er hat mir immer aus der Bibel etwas vorgelesen, und es war immer richtig.« Allem Anschein nach hat er es verstanden, das Wort der Wahrheit richtig auszuteilen (vgl. 2 Tim 2,15. Die ältere Seelsorgetheorie sprach von der Orthotome als der Kunst des richtigen Schriftgebrauches). Ein Gesicht blüht im Dank. »Rückblickend darf ich sagen: es war richtig, was er mir riet.«

Ich hatte durchaus den Eindruck, daß er im Begleiten eines Menschen über Jahre hin praktizierte, was er in seiner Theorie ablehnte, »Seelenführung«, »Seelenleitung«, wobei sofort zu sehen ist, daß sein Leiten und Führen im Grunde ein sich auf Dauer erstreckendes richtiges Austeilen des Wortes war. Auch hat der Begriff »Seelenleitung« in der katholischen Theologie nach dem Zweiten Vaticanum eine Interpretation bekommen, die eine protestantische Polemik überflüssig macht (vgl. V. Truhlar, Art. Seelenführung, in: HdPTh V, 496f).

Autorität, Verklärung, österlicher Vorschein. Man müßte Erzähler sein, Geschichte an Geschichte knüpfen, um das vielfältige Netz seiner Seelsorge darzustellen. Man könnte eine Ikone nach der anderen malen und alle auf Goldgrund und würde ihm doch nicht gerecht. Denn das Ewige, das in der Seelsorge zwischen Menschen ist, vermischt sich in die Zweideutigkeit alles Menschlichen, die in der Ikone zur Eindeutigkeit stilisiert wird. Wir sind vorläufig und bedürfen eines anderen Lichts. Vielleicht berührt die Autorität eines Seelsorgers in den Defekten mehr als in den Vorzügen, wenn nämlich die Defekte in den Sog der Neuschöpfung geraten. Ein Freund meint, er sei im Grunde kontaktarm gewesen. Die Leute hätten Mühe gehabt, mit ihm Kontakt zu halten. Er habe gewartet, bis etwas vom Partner gekommen sei. – Gaetano Benedetti hat an der Gedenkfeier von einem Traum berichtet, den ihm der Freund erzählte: »Er fährt auf offenem Meer, nachts, mit ihm sind andere Boote unterwegs, doch niemand kann das Schiff des anderen klar sehen. Was er in Augenblicken der Nähe wahrnehmen konnte, waren nur die Lichtsignale der fremden Schiffe; nicht mehr als das, betonte er. Also eine letzte, unausweichliche Einsamkeit, welche auch Einsamkeit des Mitgefährten bedeutet« (61, 262). In diesem Traum wird das, was ich Verklärung nenne, aufs äußerste reduziert.

Eine Stimmung herrscht wie in dem Gedicht von *Christian Morgenstern:*
»Die zur Wahrheit wandern,
wandern allein,
keiner kann dem andern
Wegbruder sein«;
oder in dem von *Hermann Hesse:*
»Seltsam, im Nebel zu wandern!
Leben ist Einsamsein.
Kein Mensch kennt den andern,
Jeder ist allein«.
Immerhin gab es Lichtsignale und zwischen den Schiffen ein fremdes Wort: »Es ist etwas Ewiges zwischen uns.«

Benedetti fährt dann fort: »Man muß die gläubige Person von Eduard Thurneysen, für welche ein ungebrochenes Vertrauen in die Pläne Gottes kennzeichnend war, doch eingespannt wissen in das Bewußtsein von einer hier auf dieser Erde sich immer meldenden, grundlegenden Widersprüchlichkeit und Gespaltenheit menschlichen Daseins. Diese voll zu realisieren wird keinem denkenden Menschen erspart. Wie man sich dazu stellt, das ist dann aber die Frage. Die Stellungnahme von Eduard Thurneysen ist in einem Satz zusammengefaßt, der etwas zu einfach oder naiv tönen könnte, wären es nicht die Worte eines Sterbenden, die er mir wenige Tage vor seinem Tod sagte: ›Das Echte wird am Ende immer siegen‹... Es war für mich als Psychiater immer wieder ergreifend, im Gespräch mit Eduard Thurneysen zu spüren, daß seine Solidarität mit dem Leidenden sich in grundsätzlichen Punkten mit ganz anders gearteten Erfahrungen berührte, die der Psychiater am Kranken macht. *Das charismatische Hören war eine große Gabe von Eduard Thurneysen,* vielleicht war es gerade diese Gabe, welche seine Freundschaft mir so wertvoll machte« (61, 262).

Briefseelsorger

Wer ihn besuchte, traf ihn oft telefonierend. Er setzte das Medium Telefon souverän ein, sei es zu einem diakonischen Zweck irgendwelcher Hilfestellung, auch kirchenpolitischer Art, sei es zu einem Hausbesuch en miniature, zur Nachfrage, wie es gehe; Fürbitte und Nachfrage nach den Menschen, für die er betete, gehörten zusammen. In seinem letzten Buch stellte er Brief, Telefon und Fürbitte nebeneinander (52, 100f).

Ein ausgezeichnetes Mittel seiner Seelsorge war der Brief. So konnte er nach einer Bibelstunde, in der eine Frage gestellt worden war, noch einen Brief schreiben. Fühlte sich der junge Thurneysen Blumhardt und Kutter dankbar verbunden für ihre Art der Seelsorge: »Sie haben mich einfach sehr ernst genommen« (2, 108), so nimmt er eine Frage, den Frager und die Fragerin nun so ernst, daß er eine Nachtstunde opfert. Zwischen dem Lehrer und dem Seelsorger ist nicht zu trennen. So sind viele theologische Freundesbriefe durchaus Seelsorgebriefe: Ordensverleihungen höherer Art. Da gibt es kleine theologische Traktate, aber auch das baslerische Schnöden, namentlich in späten Briefen, manchmal recht bitter. Charakteristisch für seine Art, Briefe zu schreiben: Nach der Niederschrift eines Briefes las er ihn sozusagen dem Empfänger, sich selbst und dem Mittler vor, indem er Worte, die ihm wichtig waren, unterstrich. Damit bekamen seine Briefe etwas Sprechendes. Die Unterstreichungen machten ihn zum Zeugen dessen, was er geschrieben hatte. Für seine Art, Briefe zu schreiben, mag auch folgende Erfahrung typisch sein: Als ich ihn einmal zu einer Gastvorlesung nach Wuppertal einlud, erhielt ich – wie auch andere – keine Antwort. Als er von der Krankheit meiner Frau hörte, kam sofort ein Brief, ein Zeichen des Mitgehens, der Teilnahme, ein Gespräch über örtliche Distanz hinweg. Seine Briefe waren Zeichen seiner Treue: Als er uns einmal in Wuppertal besuchte, hatte ich zu einem offenen Abend mit Studenten auch die Mutter eines jungen Freundes eingeladen, die im Verlauf des Abends von den Schwierigkeiten und Problemen einer Kollegin am Arbeitsplatz erzählte. Monate später erkundigte sich Thurneysen nach dem Ergehen jener Kollegin, sehr zu meiner Beschämung; ich hatte sie längst vergessen. Nirgends gewährt einem Thurneysen so sehr Einblick in seine Praxis wie in seinen Briefen. Darum soll hier auf zwei bzw. drei Briefe eingegangen werden. Sie stammen aus der Zeit vor und während des Zweiten Weltkriegs und zeigen Thurneysens »Seelsorge im Vollzug«.

»Betrachten Sie Ihren ganzen Zustand als Depression . . .«

Thurneysen eröffnet sein Schreiben mit einem Dank für einen Brief, den er von der Adressatin erhalten, über die er auch von zwei Menschen Nachricht bekommen hat. Damit weiß die Empfängerin, daß sie nicht allein ist. Sie steht in einem Geflecht von Beziehungen, ist von Gemeinde umgeben. Ausdrücklich versichert der Seelsorger sein Mitgehen: ». . . und in Gedanken habe ich nicht aufgehört, an Ihrem Ergehen teilzunehmen«. Offenbar hat die Adressatin schon vorher in der Seelsorge Thurneysens gestanden und ist jetzt zur Erholung fortgereist. Der Brief soll ein Zeichen sein, daß die Verbundenheit mit dem Seelsorger weitergeht:

»Liebe Fräulein NN, nehmen Sie herzlichen Dank für Ihren Brief; meine Frau und Pfarrer XY hatten mir schon ein wenig von Ihnen erzählen können, und in Gedanken habe ich nicht aufgehört, an Ihrem Ergehen teilzunehmen.«

Jeder Briefanfang ist eine verkappte Selbstvorstellung. In diesem Betracht nimmt der Seelsorger eine Stufung vor: »meine Frau und Pfarrer XY« waren Vorboten des Briefes. Sie hatten eine zudienende Funktion, verhalfen dem Seelsorger zur Teilnahme. Die Teilnahme am Ergehen der Erholungsbedürftigen dient der Versachlichung. Die Situation wird erklärt:

»Ich wundere mich im Grunde nicht darüber, dass Sie im Augenblick, da Sie nun zur Ruhe gekommen sind, nun erst die ganze Müdigkeit und innere Erschöpfung spüren, ja, dass eigentlich erst jetzt vieles über Sie hereinbricht, was vorher durch die Arbeit und den gewohnten Kontakt . . . noch zurückgehalten war an körperlich-seelischer Entkräftung und daraus entspringender Anfechtung.«

Der Kontext des ganzen Briefes läßt vermuten, daß die Frau ihre Lage als Anfechtung beschrieben hat. Thurneysen deckt die natürlichen Ursachen dieses Zustandes auf. Seine Teilnahme zeigt sich an der Zartheit seiner Fürsorge, indem er fortfährt: »Was ich nun nur ein wenig ersorge . . .«. »Ersorgen« ist ein Helvetizismus und meint ein in einer bestimmten Richtung verstärktes Sorgen. Möglicherweise stellt er sein Ersorgen der Sorge der Frau gegenüber und reduziert es auf zeitlich begrenztes »nun nur ein wenig«. Sein »Ersorgen« soll nicht dramatisieren:

»Was ich nun nur ein wenig ersorge, das ist die *Einsamkeit*, in der Sie sich eben doch mehr oder weniger selber überlassen sind, und die Sie in Ihrem jetzigen Zustand zum Grübeln und zu einer Art Kampf innerer Art verleiten kann, der nicht fruchtbar ist.«

Die Situation der Müdigkeit und inneren Erschöpfung wird als Anfechtung wohl im Brief an Thurneysen zur Sprache gebracht worden sein; er setzt nun der als Anfechtung erfahrenen Erschöpfung die Einsamkeit gegenüber. Thurneysen unterstreicht das Wort nach der Niederschrift des Briefes. Die Wirkung der Einsamkeit wird umschrieben als »Grübeln und eine Art Kampf, der nicht fruchtbar ist«. Der Briefschreiber sieht die Empfängerin anders, als diese sich selbst sieht. Das, was er »nur ein wenig« ersorgt, wird zur Mahnung. Aber wie er nun mahnt!

»Suchen Sie doch dieser Gefahr zu begegnen, indem Sie Ihre Freundin häufig aufsuchen, auch an uns, . . . und mich, wenn es geht, reichlich (in aller Kürze kann es geschehen) schreiben und viel hinausgehen oder im Freien liegen und See, Wiesen, Blumen, Berge zu sich reden lassen, sich daran erquicken. Wenn Sie lesen, lesen Sie gesunde, innerlich stärkende Bücher, also etwa Jeremias Gotthelf. Betrachten Sie Ihren ganzen Zustand nicht *nur* als Anfechtung, sondern als Depression, d.h. als Kranksein, das Ihnen augenblicklich gar nicht erlaubt, richtig und ruhig zu sehen, was eigentlich fehlt und wo es fehlt.«

In der Sprachbewegung des Briefs macht er sich – überspitzt ausgedrückt – zum Schwermütigen: »Was ich nun nur ein wenig ersorge«. Er bittet die

Adressatin um Hilfe in der Abwehr des Ersorgens. Wo er mahnt, wo er einen Rat gibt, stellt er sich sozusagen »unter« die Partnerin, als Bittsteller. Hier liegt alles an dem demütigen »doch«. Wenn man es streicht, verändert sich das Verhältnis Seelsorger-Patientin; dann stellt er sich »über« sie: »Suchen Sie *doch* dieser Gefahr zu begegnen«. Würde er schreiben: »Sie müssen dieser Gefahr begegnen«, könnte er Ängste auslösen. Aber nun bittet er gleichsam von unten nach oben, und er verlangt wenig. Offenbar ist ihre Freundin am gleichen Ort. Die Aufforderung, sie häufig aufzusuchen, wie auch die des Hinausgehens in die Natur bedeutet keine Überforderung. Der Rat häufigen Schreibens an Kontaktpersonen aber wird auf doppelte Weise erleichtert: »wenn es geht« und »in aller Kürze kann es geschehen«. Thurneysen vermeidet es, der Angefochtenen eine Last aufzuerlegen, vermeidet den Imperativ: »Wenn Sie lesen . . .«. Lesen muß sie nicht, aber wenn sie liest, soll sie Gotthelf lesen. Aber: die Freundin aufsuchen, »See, Wiesen, Blumen, Berge zu sich reden lassen«, das soll sie, das kann sie, das ist leicht und ist Seelsorge im Geiste Gotthelfs.

In der Differenzierung des Rates zeigt sich der Meister: Man lese die Passage ohne die Einschränkungen, die er macht, und man hat tötendes Gesetz: »Suchen Sie Ihre Freundin häufig auf. Schreiben Sie uns. Gehen sie viel hinaus, legen Sie sich ins Freie. Lesen Sie stärkende Bücher.« Beachtlich ist, wie er im zweiten imperativischen Satz den Begriff der Anfechtung nochmals positiv aufnimmt, um ihn zu relativieren, wie er denn auch den Begriff »Depression«, den er dem der Anfechtung gegenüberstellt, sofort relativiert durch ein »augenblicklich«. Auch schreibt der Seelsorger seine Diagnose nicht fest, er gibt einen Rat, wie die Empfängerin mit sich selbst umgehen soll. Damit wird die Patientin über sich selbst erhoben. Gesunde Urteilskraft wird ihr zugebilligt: »Betrachten Sie Ihren ganzen Zustand nicht *nur* als Anfechtung, sondern als Depression, d.h. als Kranksein, das Ihnen augenblicklich gar nicht erlaubt, richtig und ruhig zu sehen, was eigentlich fehlt und wo es fehlt.« Hier liegt alles an dem »Betrachten Sie«. Dann wechselt der Seelsorger den Platz, er tritt ihr gegenüber, erfüllt das, was er der Patientin zumutet, zieht daraus Folgerungen:

»Sie sehen jetzt wie alle Depressiven die Dinge falsch, verzerrt. Und Sie können nichts anderes tun als es Gottes Wort und uns zu *glauben,* dass Sie – gegen Ihren eigenen zeitweiligen Eindruck – in den Händen Gottes aufgehoben und wohl aufgehoben *sind.* Psalm 4 V. 9 *gilt,* gilt auch *Ihnen,* gilt auch jetzt.«

Der Aufforderung »Betrachten Sie« läßt er die Begründung als diagnostisches Urteil folgen: »Sie sehen jetzt . . . die Dinge falsch«. Er mildert aber sein Urteil durch den entlastenden Einschub »wie alle Depressiven« und die Zeitangabe »jetzt«, die vom »augenblicklich« herkommt. Dem falschen Sehen stellt er das Glauben entgegen, das er unterstreicht, und entdeckt ihr ihre wirkliche Lage, ihr wahres Sein: Sie sind »in den Händen Gottes aufgehoben und wohl aufgehoben«.

In die Zumutung zu glauben bringt er sich selbst ein, bringt er auch die ein, die er zu Anfang nannte: »Gottes Wort und uns«. Beide gehören zusammen, stehen miteinander gegen die Depression. Ein Einschub relativiert noch einmal die Anfechtung, während eine Doppelung »aufgehoben – wohl aufgehoben« das unterstrichene »Sie sind« betont. Der Seelsorger mutet der Depressiven Glauben zu, »dass Sie – gegen Ihren eigenen zeitweiligen Eindruck – in den Händen Gottes aufgehoben und wohl aufgehoben *sind*«. Hier schauen wir der Seelsorge Thurneysens gleichsam ins Herz: Der Seelsorger zeigt dem anderen, wo er sich in Wahrheit befindet, vermittelt ihm eine neue Optik seiner selbst. Das Sein in Gottes Händen wird noch durch ein Bibelwort unterstrichen, das er dem »Grübeln«, der »Art Kampf innerer Art« gegenüberstellt: »Im Frieden will ich mich niederlegen und einschlafen zumal; denn du allein, Herr, hilfst mir, daß ich sicher wohne« (Ps 4,9). Da wird unterstrichen und wiederholt: Das Psalmwort »gilt auch *Ihnen*, gilt auch *jetzt*«. Hier spricht Thurneysen mit höchstem Pathos und verläßt die Feierlichkeit alsbald wieder in einem Vergleich mit einem Knochenbruch, der in gewisser Weise nochmals den Zustand der Depression relativiert. Nach »Sie können nicht anders« kommt jetzt ein »Sie müssen«.

»Sie müssen diesen Ihren Zustand einfach *annehmen*, wie man ein gebrochenes Bein anzunehmen hat. Es *wird* sich alles langsam lichten, die Last wird schwinden, die Anfechtung wird weichen. Aber Sie müssen *warten* können. Wir gedenken Ihrer. Und ich bin voll Zuversicht für Sie. In Verbundenheit Ihr Eduard Thurneysen.«

»Sie müssen«, das steht vor und hinter einer Prognose, die Heil ansagt, dreimal ein »wird«: »lichten« – »schwinden« – »weichen«. Die Verheißung begründet die Nötigung zum doppelt unterstrichenen »annehmen« und zum »warten können«. Die Zusage der Fürbitte wird als »wir« gegeben und hilft zum »Warten«. Die Adressatin soll sich von der Gemeinde – hier offenbar Thurneysen und seiner Frau – getragen wissen. »Und ich bin voll Zuversicht für Sie.« Er ist für sie da und noch mehr, er hofft für sie, er ist »voll Zuversicht« für die, der Zuversicht für sich mangelt. Der Zumutung, »es Gottes Wort und uns zu glauben, dass Sie . . . in den Händen Gottes aufgehoben und wohl aufgehoben *sind*«, folgt jetzt die persönliche Zusicherung.
Was der Seelsorger von der Adressatin fordert, »es Gottes Wort und uns zu *glauben*«, bekennt er am Schluß von sich selbst, teilt es als Vorleistung mit. Die Imperative erweisen sich damit als nicht gesetzlich. Der Seelsorger läßt die Adressatin nicht allein. Er stellt sich neben sie, schaut schon voraus und nimmt den Briefempfänger mit zu dem »Gott der Hoffnung«. Damit eröffnet der Brief Zukunft. Er schickt sie auf den Weg der Heilung und spricht sich selbst als Begleiter zu. »Und ich bin voll Zuversicht für Sie.«
Meint er später, »der besondere Charakter des seelsorgerlichen Gespräches« werde sich erweisen »an der besonderen *Furchtlosigkeit* und Weite, mit der hier gerade das schwer zu bewältigende Konkretum dunkler irdisch-

menschlicher Tatbestände nicht gescheut, sondern aufgegriffen und verarbeitet wird« (35, 105), mag dieser Brief ein Beispiel sein dafür, wie er seine Theorie praktizierte.

»Als grosse Finsternis steht dieses Gericht auch vor mir . . .«

Im folgenden geht es in zwei Briefen um das Begleiten einer jungen Frau, deren Mann sich das Leben nahm, nachdem er die Waffe zuerst auf die beiden kleinen Kinder gerichtet hatte. Ich weiß, daß diese Briefe und das jahrelange Begleitetwerden – bei nicht häufigem direkten Kontakt – dieser Frau geholfen haben, ihr Schicksal anzunehmen und ihren Kindern eine innerlich gesunde, frohe Mutter zu sein. Die Wirkung des Briefes gehört zu dessen Interpretation. Vor allem der erste Brief vermittelt den Eindruck, daß sein Autor ihn rasch geschrieben hat, ohne viel Zeit zu haben, etwa nach ausgefeilten Formulierungen zu suchen. Im Vielerlei eines ausgefüllten Pfarrer-Alltags mag dieser Brief entstanden sein. Er ist völlig in den Zweck gestellt, buchstäblich ein Gelegenheitsbrief, auch wenn die »Gelegenheit« eine tragische war, ohne briefkünstlerischen Ehrgeiz, und das macht ihn als Seelsorgebrief gerade wertvoll.

Schon die Anrede durchbricht das konventionelle Briefschema, zeigt Zuwendung: Es gab bei ihm eine unnachahmliche Geste des Sich-einem-Zuneigens, die ich beim Lesen dieser Anrede wieder vor mir sehe und die unmittelbar zu den ersten Sätzen überleitet:

»Liebe, arme Frau NN, in tiefer Erschütterung und herzlicher Anteilnahme bin ich in Gedanken bei Ihnen. Als grosse Finsternis steht dieses Gericht und Leid, das über Sie hereingebrochen ist, auch vor mir und lässt mich keinen Augenblick los.«

Der Briefschreiber bringt seine Sprachlosigkeit zunächst in einem Cliché unter: »in tiefer Erschütterung und herzlicher Anteilnahme . . .«. So formelhaft das klingt: Die Wirkung des Briefes, der Seelsorge überhaupt, hängt nicht zuletzt daran, inwiefern ein solcher Satz gelebt wird, inwiefern der Briefschreiber mit seiner Person das Clichéhafte sprengt. Der Seelsorger tritt in die Nachbarschaft des anderen. Diese Nachbarschaft ermöglicht das Weinen mit dem Weinenden als Voraussetzung aller Tröstung. Für die Authentizität spricht – neben der Rezeption des Briefes – das einschränkende »in Gedanken« und der Fortgang der Sätze. Der Mensch in Trauer reagiert in der Regel sehr sensibel für das Echte und Unechte. Der zweite Satz verbindet die schon in der Anrede spürbare Zuwendung mit einer Deutung des Geschehens als »dieses Gericht und Leid« und steht nun »als grosse Finsternis . . . auch vor mir und lässt mich keinen Augenblick los«. Alles hängt an der Nuance, an der Verknüpfung der theologischen Aussage mit der eigenen Person. Er sagt nicht: »Was Sie erfahren haben, ist ein Gericht.« Er spricht aus, was er erfährt, wie er erlebt, was der jungen Frau geschehen ist:

»Als grosse Finsternis steht dieses Gericht und Leid, das über Sie hereingebrochen ist, auch vor mir und lässt mich keinen Augenblick los.« Sich und seine Erfahrung bietet er der Frau als Verstehensmodell an, gerade indem er Distanz deutlich macht: Die Finsternis, die vor ihm steht, muß für die Frau unendlich bedrängender sein. Thurneysen sieht sie begraben, zugeschüttet, erhebt eine Klage, die dann in zwei »man«-Sätzen verallgemeinert wird:

»Ach, was liegt jetzt für eine Bergeslast auf Ihnen! Wie soll und kann man diesen Mann begreifen! Man rätselt und grübelt und steht immer wieder nur vor dem Dunkel.«

Hat zuerst die Finsternis vor dem Briefschreiber gestanden, »steht man« nun umgekehrt »immer wieder nur vor dem Dunkel«. Der Wirkung der Katastrophe entspricht die menschliche Reaktion. Das »man« entlastet hier die Frau und schafft gleichsam Raum für den Zielsatz, den erneute Anrede und fünf Unterstreichungen auszeichnen.

»*Eines* aber *bleibt*, liebe Frau NN, lassen Sie es sich sagen, es *bleibt* die mächtige Gegenwart unseres Gottes, der Sünden *vergibt* und der in *allen* Gerichten rettet« (vgl. 35, 93f).

Anrede und Unterstreichungen markieren, wie sehr persönlich der amtlich klingende Satz gemeint ist. Wir haben hier ein schriftliches Beispiel dafür, was Thurneysen meint, wenn er dem Seelsorgegespräch liturgischen Charakter zumißt. Im folgenden Abschnitt kommt es zu einer Auslegung, zur Verdeutlichung der Gegenwart Gottes:

»Es sind da die Hände Jesu Christi, die auch dieses furchtbare Geschehen unbegreiflich, verborgen, aber real umschliessen können und werden. Lassen Sie dieses letzte einzige Licht nicht erlöschen in Ihrem Innern! In die unbegreiflichen, aber barmherzigen Hände dieses Gottes, der *unser* Gott ist, befehle ich Sie und die Kinder – und auch Ihren so unseligen Mann. Man zittert, wenn man an ihn denkt, aber . . . wer will verdammen?«

Der Autor drückt im ersten Satz seine Zuversicht aus. Die Gegenwart der Frau und seine eigene wird als Gegenwart der Hände interpretiert, und die Hände »können und werden«, was die Frau erfuhr, »umschliessen«. Der Finsternis, dem Dunkel gegenüber steht die Verheißung als »letztes winziges Licht«, und das soll die Frau nicht ausgehen lassen. Dem Befehl, den der Seelsorger gibt, folgt gleich seine eigene Tat, die Fürbitte ist. Sie macht den Befehl zum guten Gebot: »In die unbegreiflichen, aber barmherzigen Hände dieses Gottes, der *unser* Gott ist, befehle ich Sie und die Kinder – und auch Ihren so unseligen Mann.« Die mögliche Aggression der Frau gegen den Mann wird vom Seelsorger ins Gebet genommen und aufgehoben. »Man zittert, wenn man an ihn denkt, aber . . . wer will verdammen?«
Ein neuer Abschnitt beginnt mit einer (nunmehr der dritten!) Anrede und zeigt den unmittelbaren Zweck des Briefs. Er kündigt seinen Besuch an. Auch hier zeigt sich der Seelenkenner. Er fragt nicht, ob er kommen dürfe. Die Trauernde würde das möglicherweise ablehnen. Trauer macht men-

schenscheu. Aber Thurneysen drängt sich nicht auf. Er gibt der Frau die Möglichkeit, seinen Besuch abzusagen oder zu verschieben:

»Liebe Frau NN, es drängt mich, Sie zu sehen. Ich komme, wenn Sie mir nichts anderes berichten, nächsten Samstag.«

Die Besuchsankündigung bzw. der Besuch bildet sozusagen das sakramentale Zeichen zu der Aussage: »es *bleibt* die mächtige Gegenwart unseres Gottes«. Kein einziger Satz in diesem Brief wäre geschützt davor, als Leerformel aufgenommen zu werden. Die Besuchsankündigung aber beglaubigt jeden einzelnen Satz. Der Briefschluß ist sehr persönlich:

»Mit Ihnen grüsse ich Ihre armen Eltern und bin in diesen Tagen in besonderer Verbundenheit Ihnen nahe. Ich bin darin gewiss, daß Gott selber Ihnen *Kraft* schenken wird zu allem. Er ist Ihnen näher als je . . Suchen Sie sein Angesicht! Ihr Eduard Thurneysen.«

Die Eltern der Frau werden als »arme Eltern« neben die Frau gestellt. Sie werden den Brief vermutlich auch lesen. Er gilt auch ihnen. Man beachte wiederum die Nüchternheit der Aussage in der Einschränkung »in diesen Tagen«. Der Briefschreiber selber hat im Brief einen Weg zurückgelegt von der Anfechtung zur Gewißheit, in der es zu einem neuen Sehen kommt: »Er ist Ihnen näher als je«. Aus dieser neuen Sicht heraus kommt es zum guten Gebot: »Suchen Sie sein Angesicht!« (vgl. 35, 123).
Dieser Brief bildet ein Schulbeispiel für den Zusammenhang von Theologie und Psychologie und zeigt, wie das theologisch Richtige, richtig zur Sprache gebracht, auch psychologisch richtig ist. Die Deutung des unbegreiflichen Geschehens als Gericht – und nun wiederum nicht in der Art und Weise eines Urteils ausgesprochen, sondern als Kennzeichen eigener Erfahrung – hilft der jungen Frau, sich zu befreien von der ebenso naheliegenden wie quälenden und krankmachenden Frage: »Warum hat er das getan?« Mit dem Reden vom Gericht hebt er das Geschehen von der psychologischen auf die theologische Ebene und hilft damit der Frau gerade auch auf der psychologischen Ebene.

»Durch Sie für mein eigenes Leben wichtig geworden . . .«

Neun Tage später schrieb Thurneysen einen zweiten Brief, der gleichsam seinen Besuch quittiert und ihn als teilnehmenden Begleiter zeigt:

»Liebe Frau NN! Ich möchte gerne, dass Sie auf Sonntag ein paar Worte von mir haben. Ich denke täglich an Sie und an alle unsere Gespräche, an unser ganzes Erleben am letzten Samstag. Heute Morgen kam ein Brieflein Ihrer Mutter, in dem sie mir mitteilte, dass Ihr Maiteli (Baseldeutsch: kleines Mädchen, R.B.) nun doch wohl endgültig als Ihnen und seinem eigenen Leben zurückgegeben angesehen werden darf. Wenn auch das eine Aeuglein wahrscheinlich doch nicht mehr zu retten ist, so ist doch das Kind selber gerettet, und es kann mit seinem Leben doch noch alles, alles gut werden. Auch schreibt mir Ihre Mutter, dass die übrigen Schwierigkeiten sich zum Guten zu wenden scheinen. Ich kann Ihnen nicht sagen, wie froh ich darüber um Ihretwillen bin. Wir wollen es doch alles als ein Zeichen nehmen, ein Zeichen, das Gott selber Ihnen und uns gibt, dass er Sie, mitten in den Gerichten, durch die Sie gehen mussten, hält und leitet. Wir dürfen das auch ohne diese Zeichen im Glauben festhalten; aber nun fällt es uns doch leichter. Und dafür bin ich so dankbar. Ihr innerer Weg weist Sie nun erst recht darauf hin, dass Sie mit einer letzten Zuversicht und Entschiedenheit Ihr ganzes weiteres Leben in die mächtigen und barmherzigen Hände des Vaters befohlen wissen dürfen. Ich denke an jenes schlichte Lied: ›So nimm denn meine Hände und führe mich‹. Im letzten Vers dieses Liedes heisst es: ›Wenn ich auch gar nichts fühle von deiner Macht, du führst mich doch zum Ziele, auch durch die Nacht‹ – da ist Beides nun wahr für Sie: die Nacht, aber auch das Geführtsein durch die Nacht. Es ist mir für mein eigenes Leben und auch für mein Tun an andern Menschen von neuem wichtig geworden durch Sie, dass wir restlos und ganz dieses Gottes Händen uns ausliefern dürfen. Und wenn das die Frucht ist für Sie und Ihr Kind aus all dem Schweren, dann ist nichts umsonst gewesen. Ich werde mich freuen, weiter und weiter von Ihnen zu hören. Und Sie können darauf rechnen, dass ich, so gut es mir gegeben ist, Sie weiter begleiten werde. Ich bin in Verbundenheit Ihr Eduard Thurneysen.«

Eine Art Konfirmationsbrief weist die Frau in die Zukunft, gibt sie noch einmal zurück in die Hand Gottes und versichert sie seiner weiteren Begleitung, »so gut es mir gegeben ist«. Auch dieser Brief, als Lehrstück verstanden, zeigt, daß der Lehrer in der Seelsorge zum Schüler und die Schülerin zur Lehrerin geworden ist. »Es ist mir für mein eigenes Leben und auch für mein Tun an andern Menschen von neuem wichtig geworden durch Sie, dass wir restlos und ganz dieses Gottes Händen uns ausliefern dürfen.« Thurneysen hat eine Glaubensstärkung erfahren, und indem er sie verdankt, stärkt er seinerseits wieder den Glauben seiner Briefpartnerin, hebt sie über sich selber empor.
Als Konfirmator entläßt er den Menschen nicht, sondern bietet sich als Begleiter an. Mehr noch: er verspricht sich. »Er bindet den Menschen nicht an sich« – wurde mir immer wieder gesagt. Aber er bindet sich an den Menschen: »Ich werde mich freuen, weiter und weiter von Ihnen zu hören. Und sie können darauf rechnen, dass ich, so gut es mir gegeben ist, Sie weiter begleiten werde.« Der Seelsorger ist nach Thurneysen ein nachbarlicher Mensch, ein treuer Begleiter, ein Mitgeher: »In der Bergpredigt steht das Wort: ›So dich jemand nötigt eine Meile, so gehe mit ihm zwei!‹ Um solch ein gar nicht sparsames, sondern großherziges zwei oder drei oder zehn Meilen weit Mithineingehen in die Not und Wirrnis dessen, der vor uns steht, um solch ein Begleiter- und Weggefährte-Werden des Leidenden – darum geht es in echter Seelsorge« (45, 270): »Die zur Wahrheit wandern, wandern allein, keiner kann dem andern Wegbruder sein.« Der Seelsorger durchbricht dieses Gesetz der Einsamkeit und wird Wegbruder. Er überholt seinen Traum von den Schiffen; der Seelsorger wird zu einem Mitnehmenden; indem er teilnimmt an der Existenz des anderen, nimmt er ihn mit zum Glauben. Bezeichnenderweise schreibt die Adressatin nach Jahrzehnten: »Gerne möchte ich mithelfen, daß das, was dieser begnadete Seelsorger in

eine bestimmte Not hinein sagen durfte, vielleicht auch anderen in ihrer Not ein Lichtlein anzünde.« – Wenn ich seinerzeit bemerkt habe, seine »Lehre von der Seelsorge« behaupte zwar das allgemeine Priestertum, gehe aber praktisch vom Pfarrer aus (63, 131f), so scheint mir die eben zitierte Briefstelle typisch zu sein für Menschen, die von Thurneysen begleitet wurden: Sie sind in der Begleitung Thurneysens selbst zu Seelsorgern geworden. Viele Gespräche, die ich geführt habe, vermittelten mir diesen Eindruck.

Seelsorge in Theorie und Praxis

Thurneysen war zuerst Theologe und erst nachher Praktiker. Aber er war zuerst Seelsorger und erst nachher Theoretiker. Die Verschränkung von Theologie-Praxis-Seelsorgelehre macht verständlich, daß er auf so viel Nichtverstehen stieß. Vergleicht man von seiner Praxis her die Theorie, zeigt sich bald einmal, wie leicht es sich die Ankläger im »Hexenprozeß« gemacht haben. Blickt man von seiner Theorie her auf die Praxis, wird sichtbar, wie leicht er es seinen Anklägern gemacht hat.
Wenn Emil Brunner ihm einen »Instinkt« bescheinigte »für das generaliter Richtige und generaliter Falsche«, so hatte er mit »generaliter« und »Instinkt« schon eingeräumt, seine Distinktionen müßten im einzelnen nicht seine Stärke sein. Karl Barth schrieb ihm zu seinem Vortrag »Rechtfertigung und Seelsorge«: »Es ist sachlich alles in Ordnung. Aber es klappt theologisch nicht alles« (3, 563).
Schon der Begriff der Seelsorge macht Mühe. Die Denkbewegung in »Rechtfertigung und Seelsorge« vollzieht sich in einem Kreis. Der Mensch ist ein von Gott »angeredeter und dadurch gerechtfertigter«, er wird als solcher angesehen in der Seelsorge. Thurneysen beweist mit einer solchen Bestimmung m. E. seinen Instinkt »für das generaliter Richtige«. Die Schwierigkeit scheint die zu sein, daß er sowohl Seelsorge als auch Predigt bzw. Verkündigung einmal als Oberbegriff nimmt für alles Handeln der Kirche, daß er zum andern Seelsorge als spezielle versteht und Predigt als Kanzelrede. Einmal ist der primäre Akt der Seelsorge das Sehen, und solches Sehen ist »der eine, alles begründende Akt des Glaubens« (17, 85). Dann aber vollzieht sich der »primäre Akt des Glaubens« »zuerst und zunächst in der Verkündigung, in der Predigt« (17, 86). Auf diese Weise vermag er Predigt und Seelsorge in eins zu sehen: »Seelsorge ist Verkündigung des Wortes Gottes . . . ein Spezialfall der Predigt« (ebd.) und sorgt auch für einige Verwirrung.
Im Übergang von der »freien Prophetie« zur Orthodoxie »klappt theologisch nicht alles«: Seelsorge primär als Sehakt, Seelsorge eine Sache der Optik ist die prophetische Komponente seiner Seelsorge, die nie ganz verschwindet. So schrieb er noch 1969: »Nicht einmal ein Kind vermag man zu trösten in seinem Kummer, wenn man es nicht sieht als Kind des Vaters,

dem das Himmelreich gehört« (1, 222). Er setzte einen Sehakt voraus als Ermöglichung der Tröstung, ohne ihn zu reflektieren, wie er rund vierzig Jahre zuvor Seelsorge als Sehakt und als Sprachhandlung parallelisiert, aber nicht in Beziehung zueinander entfaltet hatte. Indem er später den primären Akt aller wirklichen Seelsorge überspielte, leistete er künftigen Mißverständnissen Vorschub. Die mangelnde begriffliche Klarheit setzte sich in seinem Hauptwerk fort.

In der »Lehre von der Seelsorge« wird Seelsorge zunächst definiert als »Ausrichtung des Wortes Gottes an den Einzelnen« (35, 9), später verstanden als Hinführung »zu Predigt und Sakrament und damit zum Worte Gottes« (35, 26). Weil Predigt als »ein sehr komplexer Akt . . . sich in eine Reihe von Handlungen« zerlegt (35, 10), muß das zweite Kapitel die Definition des Anfangs modifizieren: »Seelsorge ist ein Mittel, das zum Ziele hat, den Einzelnen . . . zu Predigt und Sakrament und damit zum Worte Gottes zu führen, ihn in die Gemeinde einzugliedern und dabei zu erhalten« (35, 26). Die anfängliche Definition wird auf der Ebene der Praxis zum Ziel reduziert. Thurneysens Begleiten eines Menschen wird in einem solchen Satz theoretisch auf den Begriff gebracht.

Man wird Thurneysen nicht gerecht, wenn man das Verwirrliche im Schillern der Begrifflichkeit nicht als Bestreben erkennt, die Weite der Sache zur Sprache zu bringen, ohne dabei die Substanz zu verlieren: Faßt er die erste Definition systematisch, so die zweite funktional. Er modifiziert und korrigiert also seine erste, steile Definition sofort, was ihm aber – wie die Thurneysen-Rezeption zeigt – wenig genutzt hat. Wiederum sehe ich ihn im Studierzimmer sinnend auf die »Kirchliche Dogmatik« zugehen: »Damit steht er sich nun selbst im Weg«, und meine, seine Problematik darin zu erkennen, daß er, dem ein Instinkt für das generaliter Richtige eignete, sich mit seiner Seelsorgelehre sozusagen selbst im Wege stand. Der Substanzverlust, der in der Folgezeit am Evangelischen der evangelischen Seelsorge eintrat, ist kaum zu ermessen. Er begann mit der Steilheit seiner Definition in der »Lehre von der Seelsorge«, die er selbst nicht durchhalten konnte, die er aber als notwendig erachtete.

In seinen Händen

Thurneysen ist nicht müde geworden, in verschiedenen Zusammenhängen von einem deutschen Handwerker zu erzählen, der im Grunde von der ganzen Bibel nur einen einzigen Satz begriffen und mit diesem einen Satz vielen Kranken geholfen habe: »Dazu ist der Sohn Gottes erschienen, daß er die Werke des Teufels zerstöre« (1Joh 3,8). Mit einem einfachen Fragenkatalog – etwa »Bist du geizig?« – habe er das Werk Satans im Leben des Hilfesuchenden erfragt, um ihm dann den Christus zu erklären, der gekommen sei, eben dieses Werk Satans zu zerstören.

In »Seelsorge im Vollzug« berichtet er von Laurenz Kiep unter dem Vorzeichen der Hoffnung, die die Seelsorge in einen Kampf verwickle (52, 63f). Mir ist der Hinweis auf den Handwerker unvergeßlich geworden, seit er an einem Pfarrerkurs lehrte, daß es in der Seelsorge nicht so sehr um das Erfassen komplizierter systematischer Zusammenhänge, sondern primär um das Erfassen einer elementaren Glaubenstatsache gehe. – Wenn ein Mensch, der in seiner Seelsorge stand, den Eindruck hatte, bei ihm komme dreimal die Theologie zuerst, so wird die Passion dessen verschwiegen, der von sich bekannte, er habe die Menschen gern: Wo die Liebe zu Wort kommt, reduziert und verdichtet sich das theologische System zu einem Satz, wird die Sprache elementar. Eine Metapher genügt. Da wird nicht wie in der Predigt »jeden Sonntag *alles* und darum jeden Sonntag das *Gleiche* gesagt« (1, 104), da wird nur eines immer wiederholt und bekommt in einer je neuen Situation eine je neue Bedeutung.

Es lohnt, sich den Vorgang bewußt zu machen. Dorothee Hoch erinnert sich an ihr Gefühl: »Jetzt gibt er mich zurück in die Hand Gottes«. In den drei Briefen kommt dreimal die gleiche Aussage vor, die man nur nacheinander zu lesen braucht, um den Bedeutungswandel der einen Aussage in der verschiedenen Situation zu ahnen: »Sie können nichts anderes tun als es Gottes Wort und uns zu *glauben*, dass Sie in den Händen Gottes aufgehoben und wohl aufgehoben *sind*.« – »Es sind da die Hände Jesu Christi, die auch dieses furchtbare Geschehen umschliessen können und werden . . . In die unbegreiflichen, aber barmherzigen Hände dieses Gottes befehle ich Sie . . .« – ». . . dass Sie mit einer letzten Zuversicht und Entschiedenheit Ihr ganzes weiteres Leben in die mächtigen und barmherzigen Hände des Vaters befohlen wissen dürfen.« – In der Metapher von der Hand Gottes verdichtet sich Thurneysens seelsorgerlicher Trost. Auch am Grabe wird immer wieder dieses eine betont: »Wir sind in seinen Händen«. Wo der Tod nach dem Menschen greift, beschwört er die Hand Gottes (vgl. 57, 8f).

Was besagt die Metapher? Ihr Ursprung liegt im Alten Testament. »Im NT wird die Hand Gottes nur da genannt, wo entweder Sätze aus dem AT angeführt werden oder aber at.licher Sprachgebrauch aufgenommen wird« (*Eduard Lohse*, ThW IX, 420). Ich folge *Walther Zimmerlis* Ezechielkommentar zu 1,3b: »An über 200 Stellen redet das AT von der Hand Jahwes . . . Die Hand ist das Organ, mit dem Jahwe die Geschichtsmächtigkeit seines Verheißungswortes erweist« (vgl. 1Kön 8,15.24; 2Chr 6,4.15). »Die Hand Jahwes kann dann geradezu verselbständigt werden und ihr Eigenleben bekommen. Die Hand Jahwes handelt bei den großen Schöpfungstaten, indem sie den Himmel ausspannt . . . Sie handelt in der Geschichte . . . Gerne wird in diesem Zusammenhang das Lastende dieser über den Menschen kommenden Hand Jahwes zum Ausdruck gebracht . . . Daneben stehen dann wieder Heilsaussagen, die um die bergende Kraft dieser Hand wissen.« Zimmerli verweist auf Jes 49,2 und 51,16. »Aus diesem allgemeineren Reden hebt sich nun aber deutlich die besondere prophetische Redeweise heraus, die mit der Wendung vom Kommen der Hand Jahwes über den Propheten das eigentliche Gepackt- und Ermächtigtwerden des Propheten durch Jahwe zum Ausdruck zu bringen sucht« (BK XIII/1, 47f).

Gegenüber den biblischen Aussagen hat sich Thurneysens Rede von der Hand oder den Händen Gottes oder Jesu auf nur *eine* Bedeutung reduziert.

Wohl ist die Erinnerung an das Handeln Gottes in Thurneysens Rede noch erhalten, der Eindruck des Statischen läßt sich trotzdem kaum leugnen. Wie auch die Bedeutungen der einen Aussage sich von Situation zu Situation wandeln, das bergende Moment dominiert, das Lastende wird nicht empfunden, die Gottesqual aus dem »Dostojewski« ist verschwunden.
Ich habe in der Einleitung zu den Grabreden auf den Zusammenhang mit den beiden Blumhardts hingewiesen: »Die Hand des Höchsten kann alles ändern« und »Ihr Menschen seid Gottes« (57, 8f). Aus »ändern« beim alten Blumhardt ist ein Sein geworden. Im Blick auf die Adressaten von Thurneysens Metapher genügt der Verweis auf Blumhardt nicht. Irgendwo klingt – wenigstens für gebildete Hörerinnen, und welche Hörerin wäre in Basel nicht gebildet? – auch jener Rilke nach, bei dem die Blätter fallen, wir alle fallen und diese Hand da fällt: »Und doch ist Einer, welcher dieses Fallen / unendlich sanft in seinen Händen hält.« Man wird wohl beachten, daß Rilke von anderen Händen dichtet als von »den Händen Jesu Christi, die auch dieses furchtbare Geschehen umschliessen können und werden«. Die Rede von den Händen Gottes bewahrt eine Erinnerung an sein Handeln, für das die Zusage der Begleitung durch den Seelsorger steht. Trotzdem scheint Thurneysen hier einem Rilke und seiner bürgerlichen Religiosität näher zu kommen als einem Jeremia, der nie fröhlich sitzen konnte »im Kreise der Scherzenden; von deiner Hand gebeugt saß ich einsam» (Jer 15,17), oder einem Ezechiel, an den das Wort des Herrn erging, über den die Hand des Herrn kam (Ez 1,3). Das Fallen in die Hände des lebendigen Gottes ist nicht mehr »schrecklich« wie in Hebr 10,31, in seinen Händen befindet man sich eher »unendlich sanft«. Ein Dilemma bricht auf: Er konnte nicht Münsterpfarrer sein, ohne dem Bildungsbürgertum ein Bildungsbürger zu werden, auch wenn das »Buch der Bilder« keineswegs sein Brevier geworden ist. Aber wurde er verstanden? Sicher können die Hände verstanden werden als Metapher für das Handeln Gottes. Dennoch: Der Bedeutungswandel der Metapher vom Alten Testament zu Thurneysen spiegelt die Problematik von Prophetie und Seelsorge wider!
Merkwürdig, Thurneysen zitiert als Seelsorgelehrer immer wieder Karl Barth als sein alter ego. Aber man wird schwerlich behaupten können, der seelsorgerliche Zuspruch Thurneysens bilde ein spezifisches Theologumenon der »Kirchlichen Dogmatik«; KD IV/3, 1014 übernimmt offenbar die Redeweise des Münsterpfarrers. »Hand« kommt im Sachregister der KD ebensowenig vor wie in den beiden Seelsorgebüchern Thurneysens selber. Für diesen Sachverhalt gibt es zwei Erklärungsmöglichkeiten: Man kann ihn als Ausdruck von Spontaneität – auch in der Wiederkehr – preisen, und man kann ihn als Mangel an Reflexion konkreter Praxis tadeln. Es könnte sein, daß man beidemal recht hat. Lehre und Zuspruch, Dogmatik und Frömmigkeit können verschiedene Sprachen sprechen; klaffen sie aber auf Dauer auseinander, hat das Denken die Seele noch nicht eingeholt. Verschmelzen sie sich, bilden Kopf und Herz einen Leib.

Jeremias Gotthelf schreibt an einer entscheidenden Stelle in »Jakobs Wanderungen«: ». . . und wie mit schwarzem Leichentuche verhüllte die Hand des Allmächtigen das Bewußtsein des armen Jakobs, der nicht mehr beten konnte, aber dennoch in der Hand des Allmächtigen blieb« (IX, 206).

Seelsorge und Psychologie

Sie liegen miteinander im Streit, weil der neue und der alte Mensch miteinander im Streit liegen. Das Problem des Verhältnisses zwischen Seelsorge und Psychologie kann nur dann theologisch befriedigend geklärt werden, wenn es in der Spannung zwischen dem alten und dem neuen Menschen gesehen wird. Die Schwierigkeit besteht darin, daß es sich um eine Entsprechung beider Verhältnisse handelt und nicht um eine einfache Auseinanderdividierung, so daß man nicht etwa sagen kann: die Seelsorge sorge sich um das Heil des neuen und die Psychotherapie um das Wohl des alten Menschen. Die Seelsorge befaßt sich mit dem neuen Menschen nicht ohne den alten. Es geht hier um ein sehr komplexes Verhältnis, bei dem eine Arbeitsteilung nicht einfach ist.

Seelsorge gibt es nicht ohne Psychologie, insofern der Mensch immer eine Seele von Mensch darstellt und sein altes Wesen noch das Feld beherrscht. Eduard Thurneysen wurde ein Schüler der Ärzte, ein Lernender, und als solcher hat er die Eigenständigkeit der Seelsorge betont. Seine Schülerschaft fand ihren schönsten Niederschlag in dem Aufsatz, den er zum Geburtstag von Richard Siebeck verfaßte (45), und zeigte sich noch in der späten Freundschaft mit Gaetano Benedetti, der ihm in seiner Gedenkrede ein Denkmal setzte: »Er war in seiner religiösen Überzeugung so sicher, daß er der Psychologie eine Autonomie lassen konnte, ohne sich dadurch gefährdet zu fühlen. Im Gegenteil, gerne schickte er mir Menschen, bei denen er im Gespräch die Grenzen der Seelsorge wahrnahm. Die vornehme geistige Haltung Eduard Thurneysens bestand eben darin, die Begrenztheit seiner Sicht beim Antreten wissenschaftlichen Bodens wahrzunehmen, ohne aber deswegen an der Universalität seines die Wissenschaft transzendierenden Anliegens zu zweifeln« (61, 263). Aber er war nicht nur ein Lernender, »sondern ein Helfender«. Ein anderer Psychiater schrieb – nach erfolgloser jahrelanger Analyse – über »eine schleichend verlaufende Geisteskrankheit schizophrenen Gepräges«: Die Frau des Patienten meine, »daß Du eventuell, falls der Zustand allmählich unerträglich werden sollte, am ehesten auf den Patienten Einfluß nehmen könntest«. Am Schluß des Briefes heißt es: »Du hast wirklich schon genug Psychopathen und andere psychisch Abnorme zu betreuen«. Ein andermal fragte der Psychiater an, ob er eine Patientin etwa allvierzehntägig »für etwas längere Zeit« empfangen könne: »Oft wünscht sie ja von Dir nur, daß Du ihr etwas vorliesest oder mit ihr betest. Sie steht zu Dir in einem solch tief innerlich begründeten Vertrauen, daß eine solche gemeinsame religiöse Vertiefung für sie außerordentlich viel bedeutet; ein Anderer könnte bei weitem nicht die gleiche Stärke der Wirkung erzielen wie Du.«

Die zwei Briefstellen gewähren einen Einblick in die Seelsorge Thurneysens an psychisch Leidenden und bezeugen, daß er dem Arzt gegenüber etwas voraus hatte und eine Wirkung auszuüben vermochte, die über die ärztliche Hilfestellung hinausging. Seine Praxis illustriert seine Theorie. Sein Versuch der Abgrenzung der Seelsorge von der Psychotherapie bekommt von seiner Seelsorge am seelisch Kranken her ein besonderes Gewicht und wird gleichzeitig relativiert.

Das »etwas«, das der Seelsorger Thurneysen seinem Gesprächspartner aus der Psychiatrie voraus hat, erklärt sich, wenn wir seine stärkste Aussage über die Seelsorge uns abermals in Erinnerung rufen: ». . . der Mensch wird auf Grund der Rechtfertigung gesehen als der, den Gott anspricht in Christus. Dieses Sehen des Menschen als eines, auf den Gott seine Hand gelegt hat, das ist der primäre Akt aller wirklichen Seelsorge« (17, 85). Man versteht auch, daß er sich sofort abgrenzt: »Solches Sehen hat freilich – das muß von Anfang an mit aller Deutlichkeit ausgesprochen werden – nichts zu tun mit irgendeiner psychologischen Feststellung« (ebd.). So richtig und wichtig diese Abgrenzung ist, so unzureichend bleibt sie, denn sie unterschlägt, daß die neue Optik auch eine psychologische Wirkung haben wird! Auch beachtet sie nicht, daß die andere Sehweise nicht jenseits der alten, sondern in der Vermischung mit der alten ihr Wesen hat. Das Sehen des Menschen aufgrund der Rechtfertigung geschieht nicht jenseits sinnlicher Wahrnehmung. Es ist kein ekstatisches Sehen und vollzieht sich nicht außerhalb der Psyche des Seelsorgers. Von der sinnlichen Wahrnehmung kann nicht abstrahiert werden, wohl aber erscheint diese in einem neuen Horizont, in dem sie eine neue Qualität erhält. Hat »solches Sehen . . . nichts zu tun mit irgendeiner psychologischen Feststellung«, erscheint eine solche Abgrenzung zumindest als mißverständlich. Im Sehen des Menschen aufgrund der Rechtfertigung ist alle psychologische Feststellung »aufgehoben«, so wie der alte durch den neuen Menschen »aufgehoben« ist. »Aufgehoben« aber ist nicht ausgelöscht. In der Abgrenzung gegenüber der Psychologie »klappt theologisch nicht alles« (vgl. 3, 563). »Es ist mit unserm Leben in Jesus Christus etwas geschehen. Es ist, seitdem er dagewesen ist, nicht mehr das gleiche Leben« (24, 20; zit. nach 1922[1]). Weil unser Leben nicht mehr das gleiche, aber immer noch *unser* Leben ist, darum wird man von Psychologie nicht abstrahieren können. Als gewandeltes ist unser Leben nicht seelenlos geworden; das Christusgeschehen macht aus unserem Leben nicht ein Jenseits der Psyche. Vielmehr wird die Psyche auf geheimnisvolle Weise in diesen Wandel einbezogen. Thurneysen trennte, was nicht zu trennen, sondern bloß zu unterscheiden war. Seelsorge lehrt den Menschen eschatologisch sehen, Psychologie sieht am Menschen, was vor Augen ist. Darum wandte er sich gegen jede Vermischung der Grenzen: »Die Ratlosigkeit der Theologie (und vielleicht auch die der Psychoanalyse!) zeigt sich in einer bedenklichen Neigung zu Grenzüberschreitungen und fragwürdigen Vermählungen von kirchlicher Seelsorge und Psychoanalyse« (17, 87). Später bemerkte er: »Psychologisierende und Psychiatrie statt Seelsorge übende Pfarrer – das ist etwas vom Allerschlimmsten!« (38, 144). »Etwas anderes ist es, als Theologe zu wissen um diese Dinge, etwas anderes, selber aktiv dem Psychoanalytiker ins Handwerk pfuschen zu wollen. Wir werden unsere (wenns sein kann vielleicht ausgedehnten und reichen) psychoanalytischen Kenntnisse in ganz anderer Richtung verwenden können und verwenden wollen, als der Psychoanalytiker es tun muß« (17, 87). Der Psychologie will und kann er nicht entrinnen. Die Psychologie steht aber unter dem eschatologischen Vorbehalt, sie gehört zu der Gestalt der Welt, die vergeht, und soll genutzt werden, als werde sie nicht genutzt (1Kor 7,31). Folgerichtig betont er gegen Schluß, »daß es sich bei der Seelsorge um ein neues Sehen und Verstehen des Menschen, ein Sehen und Verstehen des Menschen von Gott her handle. Und sofern zur Vorbereitung dieses im Akt der Seelsorge sich vollziehenden Sehens und Verstehens und daraus sich ergebenden Ansprechens des Menschen eine grundsätzliche Rechenschaft über den Menschen dienlich sein kann, und diese Rechenschaft in Anlehnung an den Sprachgebrauch Psychologie genannt werden sollte, so wäre endlich noch ein Wort zu sagen von einer von den hier gezeichneten Voraussetzungen aus zu gewinnenden *neuen* Psychologie. Denn den Menschen als unter Gericht und Gnade Gottes gerufen betrachten, das ist zweifellos etwas ganz anderes als ihn unter den Voraussetzungen betrachten, unter denen gemeinhin Psychologie betrieben wird. Eben von einem nicht im Menschen, auch nicht in der geheimsten Tiefe des Menschen Liegenden aus wird hier der Mensch gesehen und verstanden. Auf eine letzte, jenseits aller bewußten und unbewußten psychischen Nöte liegende Not wird alles bezogen, und aus einer letzten und ersten, jenseits aller auch der tiefsten seelischen Möglichkeiten des Menschen stehenden Hoffnung heraus wird dem Menschen zugesprochen. Und von da aus werden alle seine seelischen Tatsachen und Gegebenheiten in ein neues Licht rücken und man wird sie auch als solche besser und richtiger verstehen lernen können, als es der gewöhnlichen, auch der sogenannten Tiefenpsychologie möglich ist« (17, 93). Hier entwickelte Thurneysen ein Zukunftsprogramm, noch keineswegs eingelöst, eine neue Psychologie, die den Menschen sieht und versteht im Horizont des Unsichtbaren, »von Gott her«.

Die Frage entsteht, wie sich die neue zur alten Psychologie verhalte, wie denn die »seelischen Tatsachen und Gegebenheiten« aussehen, wie sie ins neue Licht gerückt werden. So einsichtig es ist, daß »den Menschen als unter Gericht und Gnade Gottes gerufen betrachten« auch eine psychologische Wirkung auf den Betrachter wie auf den zu betrachtenden Menschen hat, so schwierig wird die Vermittlung zwischen der eschatologischen Verborgenheit des neuen Menschen und den Wirkungen der Gnade auf die Seele. Wollte man Thurneysens Programm wieder aufnehmen, würde sich das Problem »Seelsorge und Psychologie« verschieben in das von »neuer« und »alter« Psychologie bzw. in das von Prophetie und Psychologie.

Emil Brunner hat unter dem Stichwort »biblische Psychologie«, 1930, in Würdigung der aufbrechenden Psychoanalyse betont, daß in biblischer Sicht der Mensch ein Sünder sei, »Mensch im Widerspruch« (Gott und Mensch. Vier Untersuchungen über das personhafte Sein, 1930, 70ff). Thurneysens Programm zeigt m.␣E. seinen Instinkt für das generaliter Richtige, indem er die neue Psychologie zu einer neuen Optik in Beziehung setzt und umfassender sich darstellt als *Emil Brunners* Entwurf. Man kann nur bedauern, daß er diesen Ansatz nicht weitergeführt hat.

Die hier eröffnete Perspektive fehlte freilich auch später nicht. Sie wurde aber bloß addierend hinzugefügt: »Die biblisch theologische Anthropologie hat also dieselben Tatbestände vor sich wie jede natürliche Anthropologie. Aber indem sie diese Tatbestände auf das Wort Gottes bezieht, läßt sie das Licht eines neuen Verständnisses des Menschen darauf fallen« (35, 52 bzw. 51). »Was hilft alle Psychologie und alle noch so geschickte Gesprächsführung, wenn wir die menschliche Not nicht vom Worte Gottes her sehen, deuten und verstehen gelernt haben« (52, 110). Während in »Rechtfertigung und Seelsorge« der Sehakt zuerst kam, wurde später die Psychologie dem Sehen vom Worte Gottes her vorgeordnet, am deutlichsten wohl in »Seelsorge und Psychologie«, wo in der Metaphorik des Übersetzens eine Art Zwei-Reiche-Lehre postuliert wird. Die Psychologie wandelt sich vom Mittel zum Zweck: »Übersetzen heißt doch hinüber-setzen. Wir denken an einen Strom, wo es von einem zum anderen Ufer hinüberzusetzen gilt. Für den, der dieses Hinübersetzen ausführen muß, gilt es also, die rechte Stelle zu finden, wo er mit seiner Botschaft drüben landen kann. Er muß also die Uferlandschaft, er muß die Menschen da drüben sehr gut kennen und verstehen, um sie in der rechten Weise anzureden« (38, 147). Daraufhin verglich er Diagnostik und Therapie des Arztes: »Diagnostik ist schon die halbe Heilkunst. Um solche Diagnostik geht es auch in der Seelsorge. Was nützen alle Gaben und Kräfte, was nützt selbst die Kenntnis des Wortes Gottes, wenn man den nicht versteht, mit dem man ins Gespräch kommen soll? Es braucht Weisheit, und Weisheit heißt noch einmal Wissen um den Menschen« (ebd.). – Wenn ich recht verstanden habe, war 1928 die Weisheit aus dem neuen Sehen, der Kunst der Wahrnehmung hervorgegangen, jetzt kam sie aus psychologischer Kenntnis und diente der ars bene dicendi, der Kunst des rechten Redens.

Die reformatorische Sicht ist in einer solchen Arbeitsteilung verlassen. Die hier sichtbar werdende Verschiebung hängt vermutlich mit jener in »Schrift und Offenbarung« sich ankündigenden Abkehr von der »freien Prophetie« zusammen. Das Postulat einer neuen Psychologie hingegen wäre in diesem Fall die Nach- und Spätblüte eines prophetischen Anfangs gewesen. Wäre Thurneysen seinem Ansatz treu geblieben, hätte er wohl nicht auf den Einfall kommen können, die Sünde von der Tiefenpsychologie her zu veranschaulichen und auf diese Weise zu vermischen, was er eigentlich nicht hatte vermischen wollen (35, 203ff; vgl. 82, 40ff).

Man hört oft, seine »Lehre von der Seelsorge« habe in der Praxis seiner Schüler versagt. Mit seinem Begriff der Seelsorge als Verkündigung hat er den Seelsorger in der Tat weitgehend allein gelassen. Ich sehe einen Grund zum Versagen seiner Theorie in der Praxis vieler seiner Schüler im Fehlen einer Lehre vom Sehen. Sprache gibt es nicht ohne das Auge. Die Metaphorik unserer Sprache lehrt, wie tief unser Sprechen im Sehen wurzelt. Andererseits leitet die Sprache zum Sehen an. Brächten wir den »primären Akt aller wirklichen Seelsorge« neu zu Ehren, würde sich auch die Praxis erneuern. Eine »neue Psychologie« wäre »Prophetie« in Hinsicht auf den einzelnen. In ihr wäre der Streit zwischen Seelsorge und Psychologie zu Ende geführt.

Der Bruch im seelsorgerlichen Gespräch

Der eine Hinreise gemacht, kommt von weit her und sagt als ein dem Menschen Zugewandter ein fremdes Wort. Thurneysens Rede vom »Bruch im seelsorgerlichen Gespräch« weist auf das Von-Weither und Zugewandt. Die Formulierung, oft mißverstanden, ist ein schwieriger Ausdruck für einen keineswegs leichten Sachverhalt und bedarf der Interpretation mehr als der Darstellung, ersetzt er doch eine Reflexion über das Sehen. Der § 7 seiner »Lehre von der Seelsorge« soll zunächst vom früheren Aufsatz her (17) verstanden werden: Im Glauben an die Rechtfertigung sieht der Seelsorger den, der zu ihm kommt, anders, als dieser sich selbst sieht; wer Seelsorge begehrt, sieht sich als Sünder, insofern er spürt: »mir fehlt etwas«. Der Seelsorger sieht ihn als Gerechtgesprochenen. Wer Seelsorge begehrt, sieht sich als Gerechter, insofern er seine Ungerechtigkeit verkennt. Der Seelsorger sieht ihn möglicherweise als Sünder. Ist der primäre Akt der wirklichen Seelsorge ein neues Sehen, so bringt der, der Seelsorge begehrt, seine Nöte, Ängste, sein altes Sehen ins Gespräch ein. Der Seelsorger wird den anderen »ganz *auf*nehmen« in seiner Lebenslage (35, 115), er wird also zunächst mit den Augen dessen, der Seelsorge sucht, die Lage sehen. Aber er kann und darf seinen Glauben nicht verleugnen, er kann und darf nicht an dieser Sicht erblinden, sondern wird dem anderen die neue Sicht eröffnen. Weil es im seelsorgerlichen Gespräch um diese neue Sicht geht, spricht Thurneysen vom »Bruch im seelsorgerlichen Gespräch«. Von Luther her sage ich: Wer die Seelsorge sucht, sieht mit den Philosophen die Sünde in der Welt, in den anderen, in sich, in den Verhältnissen. Der Seelsorger sieht die Sünde im Kreuz Christi und hilft damit dem anderen, sich und die Welt neu zu entdecken. In dieser Neuentdeckung liegt der Schlüssel für die Lösung seiner Probleme (vgl. WA 40/1, 445, 19ff.).
Es ist klar, daß der Übergang vom Sehen der »Philosophen« zum Sehen der »Theologen« nicht wie zwei Linien im Horizont ineinander verschwimmen. Sünde im Horizont der Welt und Sünde im Horizont des Kreuzes sind nicht zwei Aspekte einer Sache, ineinander verfließend, sondern zwei einander ausschließende Aspekte. Bringt der Seelsorger die neue Sicht ins Gespräch ein, entsteht notwendigerweise eine Zäsur. Der Theologe sagt dem Philoso-

phen, was er sieht, und damit entsteht ein »Bruch« im seelsorgerlichen Gespräch.

Vielleicht darf ich diesen Sachverhalt einmal an *Andersens* Märchen »Des Kaisers neue Kleider« veranschaulichen: Es war einmal ein Kaiser, ein Kleidernarr, zu dem kamen zwei Betrüger, die sich anheischig machten, die schönsten Kleider zu weben, Kleider allerdings mit der erstaunlichen Eigenschaft, »daß sie für jeden Menschen unsichtbar bleiben, der nicht für sein Amt tauge oder auch ungebührlich dumm sei«. Da niemand dumm sein will oder untauglich für sein Amt, weben die Gauner nichts aus nichts, bis der Kaiser die nichtexistenten Kleider anzieht, um in einer Prozession in neuer Pracht einherzustolzieren. Alle Leute zeigen sich entzückt über des Kaisers neue Kleider, bis ein kleines Kind sagt: »Aber er hat ja gar nichts an!« – Soweit folge ich Andersen und sage: Der Sünder ist Kaiser in der ganzen Pracht seines Nichtigen; vielleicht daß ihm die Kleider zu schwer sind, daß sie ihn drücken; es ist der Mensch in seiner Eitelkeit und Torheit. Alle Leute bewundern ihn in seiner kleiderlichen Hoheit, oder sie bemitleiden ihn, was auf dasselbe herauskommt. Der Seelsorger aber ist das kleine Kind, das sagt: »Aber er hat ja gar nichts an!« Der Kaiser erkennt, daß er seine Schleppe nicht länger zu schleppen braucht, der Kaiser kann aufatmen und Mensch sein. – Im Märchen ist es nicht so, da das ganze Volk zuletzt dem Knaben nachruft: »Er hat ja gar nichts an!« Da schauderte es den Kaiser, »denn er fand, sie hätten recht, aber er dachte nun: ›Jetzt muß ich die Prozession durchhalten.‹ Und dann hielt er sich noch stolzer, und die Kammerherren gingen hinterdrein und trugen die Schleppe, die gar nicht da war«.

Seelsorge soll den armen Kaiser erlösen, damit er seinen Weg nicht weitergehen muß, vielmehr umkehren kann. Seelsorge hilft zur Umkehr. Thurneysen ist nicht müde geworden, den Zusammenhang von Seelsorge und Buße zu betonen. Zum Bruch im seelsorgerlichen Gespräch muß es kommen, weil es im seelsorgerlichen Gespräch zur Buße, zur Umkehr kommen soll. Somit verweist die Metapher auf ein notwendiges und unverzichtbares Moment theologischer Wahrnehmung.

Andersens Märchen entblößt die Wirklichkeit des sich verkleidenden und seinen Verkleidungen verfallenden Menschen, zugleich enthüllt es den Blick für das, was vor aller Augen liegt, aber eben nicht wahrgenommen wird; das Kind sagt, was Sache ist.

Wohin soll der arme Kaiser nun gehen? Wer weist ihm den Weg aus seiner Nacktheit heraus? Da bedarf es noch einer anderen Wahrnehmung: »Aber so geht es in der Welt sehr oft und bei den Gelehrtesten am häufigsten, daß sie alles begreifen, alles lesen können, Gedrucktes, Geschriebenes, ja sogar die Hieroglyphen der Ägypter und Babylonier, nur nicht, was Gott mit eigener Hand in gewaltigen Buchstaben vor der Nase an die Wand schreibt« (*J. Gotthelf*, XX, 33).

Zum Bruch im seelsorgerlichen Gespräch kommt es da, wo die vor der Nase an die Wand geschriebene Gottesschrift gelesen wird. Der Seelsorger hat etwas zu sagen, was nicht von dieser Welt ist. Eine Schwierigkeit besteht nun darin, daß Thurneysen die Metapher vom Bruch nicht im optischen, sondern im akustischen Bereich ansiedelt. Nicht vom Sehen, sondern vom Hören ist die Rede. Der Seelsorger hört nach zwei Seiten hin, er hört auf den

Menschen und hört auf Gott. Indem einerseits nichts Menschliches auszuklammern ist und andererseits alles »dem Urteile des Wortes Gottes unterstellt« wird, »geht durch das ganze Gespräch eine Bruchlinie, die anzeigt, daß das menschliche Urteilen und Bewerten und das ihm entsprechende Verhalten hier zwar nicht außer Kraft gesetzt, aber daß es in seiner Vorläufigkeit erkannt ist« (35, 114).
In »Seelsorge im Vollzug« wird beim Besprechen des Krankenbesuchs nicht vom Bruch, sondern von einem »Vorstoß« geredet (vgl. 52, 203). Daß die Metapher »Bruch« ersetzt wird durch »Vorstoß«, zeigt, daß der Autor offenbar selber nicht ganz glücklich ist über seine Rede vom »Bruch«. In der Sache aber kann sie sehr hilfreich sein, indem sie mich davor bewahrt, dem anderen zu verfallen, sozusagen im anderen aufzugehen. Sie scheint mir deshalb wichtig zu sein, weil sie aufmerken läßt, daß der, mit dem ich rede, ein anderer ist und des rechten Wortes bedürftig. Sie soll den Seelsorger davor bewahren, zu einem Großinquisitor zu werden, und die Seelsorge zur Prophetie hin offenhalten: Das Wort von weit her in Zuwendung treffend gesprochen, ist so fremd, daß es die Situation blitzhaft erhellen und sinnenfällig verändern, ja umkehren kann. Und dies in einer den Menschen überraschenden und erhellenden Weise.

Von solcher Situationswende durch ein fremdes Wort, wenn auch in ganz anderem Zusammenhang, weiß *Erhard Kästner* in der »Stundentrommel« zu erzählen. Während eines Besuches im Kloster Lawra, dem ältesten und reichsten Kloster des Athos, saß man bei einem üppigen, zu üppigen Mahl beim Abt und becherte. Zu Ende des Mahles bot der Abt seinen Gästen aus Deutschland und Athen an, einen Asketen, den Pater Awakum, holen zu lassen. Dieser erschien, und der Abt lud ihn zu einem Glas Wein ein. »Awakum warf den Kopf verneinend in den Nacken zurück, ließ das angebotene Weinglas vorübergehen und sagte: ›König Salomon spricht: Gebt Wein zu trinken denen, deren Herz traurig ist, damit sie ihren Kummer vergessen und an ihr Elend nicht denken.‹« Awakum zitierte altgriechisch, er konnte beide Testamente auswendig: »man spürte die Stöße, man spürte die Schläge, die von dem Lumpenmanne am unteren Tischende kamen. Denn er saß am unteren Tischende, aber auf einmal war dieses Tischende oben«.

Das Finale

Auch die Sommer altern.

Walter Vogt

Es ist immer ein Zerbrechen und Hingerichtetwerden.

Eduard Thurneysen

Lob des Alters

»Altern als Problem für Künstler«: Gottfried Benn hat darüber meditiert. Unsicherheit auf der einen, Vollendung, Meisterschaft auf der anderen Seite. – »Altern als Problem des Christen«: Was bedeutet das Altwerden, wenn das Alte vergangen, grundsätzlich vergangen und alles neu geworden ist? Kann ein Prophet altern? Da gibt es doch nicht dieses Miteinander von Unsicherheit und Meisterschaft. Ist Altern ein Problem für den Propheten? In einer späten Predigt sagte er: »Wir werden alt und älter und stehen in der Versuchung, zu resignieren und zu verzagen. Aber gilt nicht auch hier das Wort: ›Dein Alter sei wie deine Jugend‹ (5.Mose 33, 25)? Das heißt nicht, daß wir in törichtem Jungbleibenwollen unser Alter vergessen sollen. Wohl müssen wir täglich unserer Sterblichkeit gedenken und dürfen dennoch jung bleiben als auf das gute Ende Hoffende und weiterhin getrost Ausschreitende. Damit geben wir Zeugnis davon, daß Gott uns das an Lebensfreude und Schaffenskraft noch schenkt, was er für gut findet. So wird unser Leben, wie Karl Barth es einmal ausdrückt, zur ›prophetischen Existenz‹ bis ans Ende unserer Tage« (54, 9). Thurneysen erklärt nicht näher, was Barth unter prophetischer Existenz verstanden habe. Aber das macht er deutlich, prophetische Existenz bleibt sozusagen alterslos in dem Sinne, daß wir in der Minderung des Alterns »dennoch jung bleiben als auf das gute Ende Hoffende und weiterhin getrost Ausschreitende«. Prophetische Existenz wird von Thurneysen als Habitus verstanden. Sie gehört – auch im Altern – zum prophetischen Wesen der Gemeinde, in der Prophetie dann ihre besondere Stunde hat. Anders die Existenz des Seelsorgers: Sie altert mit denen, die sie begleitet. Die Erfahrung legt Jahrring um Jahrring um eine Mitte der Weisheit: »Ist es nicht der tiefste Sinn des Altwerdens, daß wir Dinge bedenken, um die sich die Jugend noch nicht viel kümmert?« (56, 8).

Fast gewaltsam muß ich mir in Erinnerung rufen, daß ich schon als Student einem älteren Manne begegnet bin, daß der, der mir Freund und Vater wurde, einer älteren Generation angehörte. Ich schrieb zu seinem Achtzigsten: »Heute erscheint er mir eigentlich jünger« (89, 10). So sehe ich mich jetzt, aufs neue über ihn schreibend, in der merkwürdigen Lage, daß ich mit dem jüngeren Thurneysen beschäftigt bin und meine Erinnerung wohl auch die Gebrechlichkeit des Alters vor sich sieht; aber was sich mir eingeprägt hat, war nicht die Erscheinung des Alters, sondern wohl eher das Durchscheinen der Jugend ins Alter hinein. Er wirkt auf mich irgendwie alterslos. Sein Bild, das in mir lebt, verbirgt die Züge des Alternden in die Aufsätze des Jungen. Versuche ich, auch das literarische Werk zu überblicken, sehe ich nach »Rechtfertigung und Seelsorge«, 1928, nicht mehr viel Neues. Damit meine ich, daß diese Ansätze mehr versprechen, als die beiden Seelsorgebücher halten. Die großen Gedanken sind gedacht, der Instinkt für das generaliter Richtige weiß sich im Recht, aber das Rechthaben tut einem Menschen nicht immer gut. Ein Theologe im Recht wird nur allzuleicht zum Rechthabenden und der Rechthabende zum Rechthaber. Der Mann ist anerkannt, etabliert, hat als Pfarrer Erfolg. Er bekommt als Seelsorger recht. Dem Seelsorgelehrer hat man den Prozeß gemacht, da hat er nicht recht bekommen. In die Ambivalenz von Alterslosigkeit und Altern, in die Spannung von Prophet und Seelsorger dringt ein drittes Moment: Resignation, Bitterkeit, Einsamkeit, vermischt mit dem Gefühl der Überlegenheit und dessen Gegenteil.

Martin Luther schreibt zu Jesaja: »Wenn einer wohl und ehrbar gelebt und sein Amt recht verwaltet hat, er eine gute obrigkeitliche Person, ein guter Pfarrer usw. gewesen ist, so entspringt daraus die Selbstliebe, welche (recht) eigentlich zu den Alten nebst dem Geiz gehört. So ist unser Leben nicht allein sündlich, sondern die Sünde selbst« (WA 25,247, 21–24). Die Abgeklärtheit des Alters ist wohl niemals eine ungetrübte. Sie besteht lediglich darin, daß sich einige Trübungen beruhigt und als Bodensatz gesetzt haben. Selbstliebe gehört zum Altern, je mehr das Selbst sich mindert.

Zuletzt schrieb Thurneysen eine Betrachtung »Lob des Alters«. Darin relativiert er den Hinweis auf die Todesnähe des Alters mit Heidegger, wonach schon ein Kind vom ersten Tag an zum Sterben alt genug sei, um dann zu folgern: »Es ist also nicht viel damit gewonnen, daß man Alter und Jugend einander entgegensetzt zuungunsten des Alters« (56, 2). Das tönt nach Verteidigung. Wer so schreibt, fühlt sich in seinem Alter benachteiligt. Die Betrachtung macht den Eindruck, als werde die Konkretion des Alters und die Bitternis des Nicht-recht-Bekommens überspielt mit dem emphatischen Hinweis auf Gott (ebd.), indem er versuchen will, »das Geheimnis Gottes . . . namhaft zu machen« (56, 3). Im Verlauf dieses Versuchs kommt er auf das Gericht zu sprechen: »In Wirklichkeit stehen wir im Sterben vor Gott ohne alle Chancen eines Weiterlebens. Unser Leben liegt dann da, aber als das Gewesene. Was kann uns da anderes beschieden sein als Scham, tiefe, tiefe Traurigkeit und Scham angesichts unseres gewesenen Lebens, das wir doch im Ungehorsam gegen Gott verbracht haben! Das ist das Gericht, das über uns ergeht!« (56, 6f) Angesichts des Gerichts »bleibt uns nichts anderes übrig als – die *Hoffnung* auf *Gnade!*« (56, 7).
In dieser Hoffnung »sehen wir die alternden Menschen als eine Vorhut Gottes an in einer Welt, in der wir nur vorletzte und keine letzten Dinge mehr kennen« (56, 7). In der Folge rechtfertigt er die Alternden auf Kosten der Jugendlichen: »Ist es nicht der tiefste Sinn des Altwerdens, daß wir Dinge bedenken, um die sich die Jugend noch nicht viel kümmert? Wir Ältern aber bedenken und wissen sie für unsere Jungen. So ist es gemeint, wenn wir das Alter zu loben uns vornahmen als Stätte der Besinnung, des Trachtens nach einer Weisheit, die zu erwerben gerade die Jugend von heute wenig Lust und Freiheit besitzt, die aber der Menschheit niemals verlorengehen darf. Denn durch alle Jahrhunderte hindurch muß es doch um jenen Aufbruch gehen hin zu Gott und seinem kommenden Reich, einen Aufbruch, der auf Erden tatsächlich immer wieder sich ereignet« (56, 8).
Die Denkstruktur des alternden Thurneysen ist möglicherweise eine Folge

der Vereinsamung, möglicherweise auch deren Ursache. Die Selbstliebe, von der Luther spricht, wandelt sich zur Selbstgerechtigkeit, die wohl um das Gericht weiß, es aber da vergißt, wo sie über die Jugend redet. Sie vergißt auch die eigene Jugend. Wenn dem Alter nichts anderes übrigbleibt »als – die *Hoffnung* auf *Gnade*« (56, 7), dann müßte er die »*Hoffnung* auf *Gnade*« gerechterweise auf die Jugend ausdehnen und ihr zubilligen, daß sie noch nicht leisten kann, was das Alter leistet. Er müßte für die Jugend die gleiche Barmherzigkeit in Anspruch nehmen, auf die er selbst hofft. Statt dessen macht er sein Alter und dessen Weisheit zum Gesetz der Jugend, der er nichts weniger vorwirft, als daß sie den »Aufbruch . . . zu Gott und seinem kommenden Reich« verweigert. Vorher hat er Barths »Lebensregeln für ältere Menschen« zitiert, der nicht möchte, »daß wir Ältern die Jungen schulmeistern« (56, 7). Nun aber erteilt er der Jugend eine Zensur, indem er ihr vorwirft, sie besitze »wenig Lust und Freiheit« zum Erwerb jener Weisheit, nach der das Alter trachtet. Die hier gebotene indirekte Selbstdarstellung gewährt einen Einblick in die Seelenlage eines alten Mannes, der zumindest zeitweise mit der nachfolgenden Generation zerfallen ist.
Die Denkstruktur, die das Alter auf Kosten der Jugend rechtfertigt, findet sich analog schon 1936, als er die Kirche gegenüber dem modernen Menschen rechtfertigte (23). Wir finden sie 1962, als er den restaurativen Charakter der Bultmann-Schule anprangerte, ohne die eigenen restaurativen Tendenzen zu sehen. Die Kirche, die (eigene) Theologie, das Alter werden jeweils apologetisch dargestellt und lassen vermissen, was sonst seine Tugend als Seelsorger ist: das Sichhineinfühlen in den Kirchenfremden, den Andersdenkenden, den Jugendlichen. Wenn kirchliche Gegner ihm elitäres Verhalten vorwerfen, mag ein solcher Vorwurf in der hier anvisierten Denkstruktur seinen Ursprung haben, einer Denkstruktur, die wohl schon in der Frühzeit angelegt war. In der reformatorischen Sicht des Menschen als Gerechter und als Sünder zugleich erklärt sich die Ambivalenz von Alterslosigkeit und Alterserscheinung: Der Gerechte altert nicht, der Sünder wird grau und irgendwie närrisch. Der Gerechte wird im Alter weise.
»Ein gescheiter Mann, aber kein Münsterpfarrer«, hatte der Organist nach dem Einführungsgottesdienst gesagt. Aus dem »Stachelwall von Unfreundlichkeit« hat sich in der Folge ein Rosenhag von Hochschätzung gebildet, aus dem ihm viel Verehrung entgegenblüht, hinter dem er aber immer einsamer wird. »Wenn einer wohl und ehrbar gelebt und sein Amt recht verwaltet hat, so entspringt daraus die Selbstliebe.« »Heilige Pfarrer schaden in der Tiefe viel mehr als liederliche«, hat einer gesagt, der früh gestorben und selbst ein heiliger Pfarrer gewesen ist: Ludwig Hofacker. Ein abgründiges Wort. Es macht bewußt, daß wir Sünde nicht verstehen, auch die eigene nicht, wo wir sie als das Defizitäre begreifen, als Fehler und Mängel, daß sie vielmehr in unseren Tugenden ihr Wesen hat, da, wo wir stark sind und Erfolg haben, ja im Tiefsten, wo wir heilig sind: simul iustus et peccator, Gerechter und Sünder zugleich. Das ist nicht aufzuschlüsseln, und doch muß nach ihrer Unterscheidung gefragt werden, damit der Segen weiterwirke

und nicht der Schaden: »Der Weg ist nicht zu Ende. Und die Wiese fängt nicht an. Das ist nicht ausdrückbar. Und ist der Ort, wo wir leben.« Zwischen Wiese und Weg blühen nicht nur Verehrung und Dankbarkeit, da ist die Gefangenschaft in der Überforderung. Überblickt man vom Aufbruch her die Zeit des Münsterpfarrers – und ein solcher Blick sieht auf das Gedruckte, Sichtbare und übersieht das in der Stille vor Gott Getane und Gewirkte –, wird es zum Blick im Schmerz. Das Überindividuelle, die Sünde der Antistites, tradiert im Amt Institution als Sünde: Was ich nicht will, tue ich, und was ich will, tue ich nicht. Ich will mich nicht anpassen und bleibe ein Freier, werde aber ein Höriger der Verhältnisse: immer professoraler, immer pastoraler, je nachdem. Ein Sünder bin ich, indem ich da bin und so da bin, wie ich bin. Eine traditionelle Gemeinde kanalisiert die Kreativität. Der Betrieb verführt zur Routine, der auch »ein gescheiter Mann«, auch wenn er in großer Zucht theologisch an der Arbeit bleibt, sich nicht ganz entziehen kann. Ein Rätsel auch da: Die Monotonie seiner Predigten wird überholt von seiner Begeisterung. Da geht nichts auf, und jede Schwarzweißmalerei führt in die Irre, obwohl man gerade nach schwarz und weiß fragen muß, damit man das Helle ererbe.

Ich entsinne mich noch gut der Boldertagung 1957, wo ich mein Referat »Seelsorge – Trost der Seele oder Ruf zum Reich« hielt, das der Lehrer warm begrüßte (vgl. 51, 10ff). Als er im Verlauf der Tagung später nochmals ein Votum abgab, wies ihn ein junger Pfarrer leidenschaftlich darauf hin, daß das, was er sage und tue, im Widerspruch stehe zu dem von ihm Bejahten. Ich selbst war durch sein Wohlwollen und seine Anerkennung wohl so in der Selbstliebe bestärkt, daß ich mich nicht mit ihm auseinandersetzte. Sicherlich sah ich damals den Selbstwiderspruch Thurneysens etwa in der Polemik des Antistes gegen den Klerikalismus nicht so deutlich wie heute. Aber ich war auch nicht bereit, ihn da kritisch in Frage zu stellen, wo er mich lobte.
Rückblickend sehe ich dies als die Schuld des Schülers an, daß er gerade da, wo er ein Empfangender war und dankbar, den Lehrer nicht auch und gerade durch Widerspruch ehrte. Der Widerspruch hätte das existentiell noch Unerreichte des Verstandenen reklamieren müssen, um so dem zu Fuße gehenden, vielleicht sogar hinkenden Geist zu helfen, dahin zu kommen, wo er im Grunde schon war. Und man wäre der Zwerg gewesen, auf einem Riesen sitzend.
Im Abstand der Jahre sehe ich dies als *das* große Unrecht des Jüngeren gegenüber dem Älteren an, daß ich ihm gegenüber nicht kritikfähig war. Ich habe ihn nicht genug verehrt. So konnte ich gar nicht wahrnehmen, was mich ihm gegenüber in Konflikt gebracht hätte. Das Helle und das Dunkle ist nicht ein bloß individuelles. Das betrifft alle. Alle sind an allem schuld, an allem Hellen und an allem Dunklen.

Wie einer als Lehrer zu seinen Schülern steht und wie die Schüler zu ihrem Lehrer stehen, erscheint wesentlich auch für das Altern als Problem des Pfarrers und schließt in sich die Frage nach dem Weg, den einer mit der Gemeinde gemacht hat und macht, und das ist die Frage nach seinem Verbundensein mit Brüdern und Schwestern.
Der Freund hat zum 60. Geburtstag den Baslern vorgehalten, wie schwierig die Situation gewesen sei: »Ich bin Zeuge davon und halte es für richtig, dies hier auszusprechen, daß Eduard Thurneysen es in den letzten zwei Jahr-

zehnten als Pfarrer an unserem Münster wirklich nicht leicht gehabt hat. Es ist ja überhaupt weder innerlich noch äußerlich leicht, Pfarrer zu sein. Aber nun auch noch umgeben von so viel Erasmuslächeln, nun auch noch für eine Gemeinde, die eigentlich gar keine Gemeinde ist, sondern ein fluktuierendes und traditionell ein wenig treuloses ›Predigt-Publikum‹, nun auch noch inmitten des grotesken Gegensatzes zweier vorsintflutlicher ›Richtungen‹, von denen die eine nicht weiß, was sie will, die andere nicht will, was sie weiß und zwischen denen der Mensch nun dennoch wählen soll . . .« (58). Diese Sätze enthalten eine kräftige Anfrage an die Gemeinde, stellen diese selbst in Frage. Wie hätte eine Predigt aussehen müssen, damit statt des Erasmuslächelns große Augen ihn umgeben hätten? Und wie eine Gemeinde, die zu einer Predigt herausgefordert hätte, deren Osterlachen jenes Lächeln hätte vergehen lassen?

Auch der Freund wird in Frage gestellt. In Leutwil signalisierte die Mitarbeit im Blauen Kreuz und in der Steuerkommission, daß ein Prediger auf Veränderung aus war. Was war nun falsch gelaufen? – »Aber wieso *muß* es nun in der individuellen Seelsorge auf einmal klappen, während wir doch den sozialen Nöten etc. gegenüber die Überzeugung haben, daß es noch nicht klappen *kann*?« hatte der Safenwiler vor über dreißig Jahren gefragt (2, 44), während er beim Abraten vom Münster schrieb, »daß schärfste Opposition nach wie vor nötig ist, und – daß sie uns eigentlich besser liegt als das Regieren« (3, 480), womit Barth das Urteil des Kirchenmusikers auf seine Weise bestätigte.

Die Fragen, die sich im Blick auf den alternden Thurneysen aufdrängen, sind Fragen im Abstand, Fragen in Betroffenheit gleichzeitig, denn das Erbe ist gegeben, muß aber erworben werden. Wenn man es ausschlagen will, wird es einem zur Anklage. Wie kann einer in dieser Lage existieren, ohne einsam zu werden? Die Denkstruktur, der wir im »Lob des Alters« begegnet sind und die das Alter auf Kosten der Jugend rechtfertigt, mag eine Wurzel haben darin, »daß Eduard Thurneysen es in den letzten zwei Jahrzehnten (und wohl auch nachher, R.B.) an unserem Münster wirklich nicht leicht gehabt hat«. Aber was ist hier Ursache und was Wirkung?

Dein Alter sei wie deine Jugend

Die Sprache spricht wohl vom »Jugendfreund«, nicht aber vom »Altersfreund«, abstrahiert schon lieber zu »Altersfreundschaft« und berücksichtigt damit, daß Freundschaft im Alter einen anderen Stellenwert hat als in der Jugend.

Darf man David hier als Exempel bemühen? Der junge David hat in seiner Totenklage um Jonathan gesungen: »Es ist mir leid um dich, mein Bruder Jonathan, du warst mir so hold! Deine Liebe war mir köstlicher als Frauenliebe!« (2Sam 1,26). Darf man Jonathan mit Abisag von Sunem vergleichen? Alt und hochbetagt konnte der König »sich nicht mehr erwärmen«.

Da wurde Abisag gefunden und zum König gebracht: »Das Mädchen war sehr schön, und sie pflegte den König und bediente ihn; aber der König wohnte ihr nicht bei« (1Kön 1,4).
Montiert man – ungeachtet eines möglichen Einspruchs der Exegeten – den Vers aus Davids Klagelied mit der Nachricht des Erzählers und nimmt die Montage als Bild des Menschlichen, zeigt der Wechsel im Sprachgebrauch von »Jugendfreund« zu »Altersfreundschaft« die gleiche Tiefenstruktur wie der Wechsel von »Deine Liebe war mir köstlicher als Frauenliebe« zu »aber der König wohnte ihr nicht bei«: Erfüllung und Entsagung. Freundschaft geschieht zudem nie außerhalb unseres Geschlechts, auch wenn die Freunde ihre Beziehung als eine rein geistige verstehen. Zu den Voraussetzungen der Freundschaft – wie der Ehe – gehört in der Regel eine gewisse Gleichaltrigkeit. Darum gibt es auch die späte Freundschaft, etwa die von Karl Barth und Carl Zuckmayer.

Daneben das häufige Motiv, das ich hier ohne direkten biographischen Bezug nenne: Ein alter Mann verliebt sich in ein junges Menschenkind: Tod in Venedig und Tod in Kamakura oder noch kein Tod in Montauk. Gerhard Hauptmann, uralt, macht Zimmer für Zimmer Licht, entzückt vom Besuch eines jungen Mädchens: Jugend und brennende Lichter gegen den Tod. – Zur Vereinsamung des Alters gehört das Sterben alter Freunde. Da stirbt ein Teil von einem selbst weg, der nicht nachwächst, der unersetzlich ist. Je einsamer einer wird, um so mehr wächst die Trauer um die eigene Vergangenheit. Die Selbstliebe des Alters bricht aus – als Verliebtheit in die Jugend. Das wäre etwa an Montauk deutlich zu machen: die Liebesbeziehung als entäußerter, altersbedingter Narzißmus.

Was bedeutet das Altwerden, wenn das Alte vergangen, grundsätzlich vergangen und alles neu geworden ist? Vereinsamung des Alters ist Gericht über unser Kirchesein; im Leib Christi lebt ein Glied für das andere, da haben die Alten eine eigene Ehre, und Witwen zeichnen sich aus durch besondere Gottesnähe. Die Seelenlage des alten Thurneysen, wie sie uns im »Lob des Alters« begegnet, mag ein Reflex sein auf eine Haltung, die die Väter nicht mehr ehrt.
Im Leibe Christi gibt es eine Teilhabe am Schuldzusammenhang und an der Charis gleichermaßen: Die »kommunistische Geisteswirtschaft«, die einmal zwischen Safenwil und Leutwil herrschte, wird dann auch zwischen den Generationen funktionieren im Zusammenklang von Erfahrung und Möglichkeit, wobei die ältere Generation vor allem im Geben zur Empfängerin wird und die Jugend im Empfangen zur Geberin. »Mit dem Geist bekommen wir Väter und mit den Vätern einen Geist« (vgl. 64), während die Väter im Geist Söhne bekommen und mit ihnen den Geist, in dem ihr Alter wird wie die Jugend.
Thurneysens Gabe der Freundschaft ermattete im Alter nicht: die Palette der Freunde hatte Kontraste. Von Max Geiger zu Hans-Rudolf Müller-Schwefe, von Helmut Gollwitzer zu Helmut Thielicke. Und vor allem Wilhelm Vischer, Walter Lüthi und – bleibend – Karl Barth: »Ja, über das einmalige Verhältnis der beiden müßte man Bücher schreiben« (78, 8). In eines

dieser ungeschriebenen Bücher würde die Dramaturgie des Unbewußten eine makabre Szene hineinschreiben, die ein Camus oder Sartre hätte gestalten können: Auf den 60. Geburtstag hin hatte Karl Barth dem Freund Band III/2 seiner »Kirchlichen Dogmatik« gewidmet mit dem Wunsch für den »ersten Mitschuldigen des Römerbriefs« auf Zukunft hin: »Dein Alter sei wie deine Jugend!« Mit diesem Wunsch klemmte sich der größere Bruder noch einmal zwischen die Felsen. Das war doch wohl ein verstecktes Angebot, Zeichen auch einer großen Erwartung, ein Hilferuf vielleicht, wer weiß. Der Autor brachte das Buch ins Antistitium. Der Münsterpfarrer nahm es dankend in Empfang, öffnete es nicht, und der Autor schwieg. Einst hatte die Freundschaft das Buch der Bücher geöffnet, nun war es zu einer Überproduktion geistiger Privatwirtschaft gekommen, das Buch blieb geschlossen und wurde erst geöffnet, als Barth weg war, und der ging allein. »Keiner kann dem andern Wegbruder sein.« Die Freundschaft des Aufbruchs hatte gezeigt, welche Kraft in ihr schlummerte, sie vermochte das Hergebrachte zu überholen, das Institutionelle – wenigstens zeichenhaft – zu überwinden. Das war eine Freundschaft nach vorn. Wir haben schon bemerkt, wie die Freundschaft im Alter zurücksah, und nun wollte Barth ein Zeichen geben, den Freund nach vorn holen; er brachte ihm die Lehre über »die von Gott gut geschaffene Natur des Menschen« (KD III/2, VIII), ein Buch für den Seelsorger also im besonderen: »Dein Alter sei wie deine Jugend!« Aber das Zeichen wurde nicht wahrgenommen. Der Traum von nächtlicher Meerfahrt, den Benedetti erzählt hat, wurde hier überboten. Das Lichtsignal blieb unbeachtet, es war zu schwach, vermochte die Nacht nicht zu erhellen.

Entsprach der momentanen Hemmung Thurneysens, das Buch zu öffnen, die Barths, dem Freund zu sagen: »Guck mal hinein«, so mochte Barths Hemmung ein Reflex sein jener anderen, den Freund in seinem Hauptwerk mehr als nur spärlich zu zitieren. Im Rahmen der »Kirchlichen Dogmatik« fand er keinen Ort und keine Zeit, über Freundschaft als Moment der Communio Sanctorum nachzudenken (vgl. KD III/3, 323; IV/3, 913ff), obwohl in der Freundschaft mit Thurneysen der Weg zu seinem Lebenswerk eröffnet wurde. Unter diesem Aspekt mußte der Wunsch »Dein Alter sei wie deine Jugend!« gesetzlich wirken. Er ließ Thurneysen allein.

Alle Theologie leidet unter dem Defizit des Noch-Nicht, daß sie noch nicht in alle Wahrheit hineingeführt, daß sie noch unterwegs ist. Weil Barth 1928 die Freundschaft unter dem Aspekt der Schöpfung bedachte und den dritten Artikel hierbei übersah, konnte er seinen Hymnus auf die Freundschaft nicht weiterdichten zu einem Hymnus auf die Bruderschaft hin. In diesem Betracht vermochten – mit Canetti zu reden – die Toten die Lebenden mehr und mehr auf ihre Seite zu ziehen, und so gab es, vielleicht unbemerkt, einen Augenblick der Totenstille, in dem der Mund sich verschloß und das Buch geschlossen blieb.
Barth wiederholte später in einem Geburtstagsartikel seinen Wunsch und variierte ihn, »daß ihm der schöne Trotz und die schöne Serenität, die schon

seine jungen Jahre ausgezeichnet haben. . . . im angetretenen siebenten Lebensjahrzehnt . . . immer aufs Neue geschenkt werden möchten« (58, 110). Hatte er ihm seinerzeit für Sankt Gallen verordnet, er müsse sich »zum *bösen* Hecht« entwickeln (2, 364), so wünschte er ihm jetzt eine Wirksamkeit zurück, die die Sturmglocken läuten läßt. Der »schöne Trotz . . .«, das wäre doch ein Verhalten gewesen, das den Überforderungen die Stirn hätte bieten und zu »einer neuen Seelsorge« anleiten können. Ein schöner Trotz gegen das Basel, das so gut weiß, was man nicht macht, ein Trotz auch gegen das Erasmuslächeln und gegen eine Gemeindesituation, in der die Gemeinde eigentlich keine ist.
Barth gebrauchte ein altertümliches Wort für Heiterkeit und wünschte zum »schönen Trotz« die »schöne Serenität«, in der er weiland segnend über die Fluren geschritten, die ihm auch das Lebkuchenherz beschert. Trotz und Serenität und beide schön, das hätte dem im Amte Gefangenen Befreiung gebracht. Aber dazu wurde er zu sehr allein gelassen. Er wollte sich nicht von Karl Barth beerdigen lassen, und Karl Barth entwickelte im hohen Alter eine Abneigung gegen alte Leute. Kein Lebkuchenherz wurde gebacken und am Telefon manches Treffen abgewehrt. Das wird schon deutlich, wenn man Barths Altersbriefe liest: Als er an seine Schwiegertochter über einen allvierzehntägigen Wirtshausbesuch berichtete, stand dieser unter dem Vorzeichen einer Geduldsprobe: ». . . und übe mich nach allen Seiten in der Geduld, besonders auch in der, die die Mitmenschen mit mir selbst haben müssen, und gehe alle 14 Tage mit Onkel Eduard Thurneysen ein wenig ins Wirtshaus, wie ältere Herren es ja so gerne tun« (59, 258).
Das einschränkende »ein wenig« und der Nachsatz mit dem emphatischen »ja« lassen die Möglichkeiten offen, daß der Schreibende darin eine Ausnahme bilden könnte. »Und doch ist ja von den Freunden aus alten Tagen jedenfalls Eduard Thurneysen immer noch da, mir herzlich zugewendet und mit seinem Trost und seiner Aufmunterung durchs Telephon und persönlich erreichbar« (59, 478). »Mit dem jetzt auch 80jährigen Thurneysen stehe ich in viel telephonischem Verkehr« (59, 515). Hinter solchen Äußerungen tauchen die Fotografien Rudolf Pestalozzis wieder auf und das graphologische Gutachten von Ludwig Klages. Thurneysen blieb der Zugewandte, der Lernende, der sich vom älteren Bruder Sprache geben ließ und diese Sprache weitertrug. So brachte er Barths AD LIMINA APOSTOLORUM zu Thielicke und verschaffte ihm auf diese Weise einen Kontakt zu Barth (59, 570). Am Abend vor Barths Sterben rief er ihn spät an. Sie sprachen über die Weltlage. Der Freund sagte: »Aber nur ja die Ohren nicht hängen lassen! Nie! Denn – ›es wird regiert‹!« (68, 515). – Karl Barth begann sein epochales Werk im Gespräch mit Eduard Thurneysen und vollendete seinen Lebenslauf im Gespräch mit dem Getreuen. Am Anfang weist Thurneysen Barth auf Blumhardt hin, und zum Ende sagt Barth dem Freund ein Blumhardt-Wort: »Es wird regiert«.
Am Grab und in der Gedenkfeier im Münster schwieg Eduard Thurneysen. Aber dann setzte er dem Freund noch ein Denkmal. 1973 erschien »Karl

Barth, ›Theologie und Sozialismus‹ in den Briefen seiner Frühzeit«. 1973 und 1974 edierte er zwei Bände ihres Briefwechsels und nannte ihn im Vorwort zum ersten Band »bedeutsam wegen ihres Karl Barth betreffenden biographischen Gehalts und wegen ihrer theologiegeschichtlichen Relevanz« (2, VI). Eine Formulierung, geprägt von Demut und Stolz: Seine Biographie tritt hinter der Barths zurück. Ihretwegen brauchten die Briefe nicht veröffentlicht zu werden. An der theologiegeschichtlichen Relevanz aber war auch er beteiligt. Erstaunlich die Mitteilung, daß er sich zurückgenommen habe, indem er seine »eigenen Briefe oft in geraffter Fassung darbiete, freilich ohne sie inhaltlich zu verkürzen« (2, VII). Eine historisch-kritische Nachfrage nach dem, was die Raffungen des alten Thurneysen an den ursprünglichen Briefen verändert haben und was sie im Blick auf Thurneysen austragen, wäre Aufgabe einer besonderen Untersuchung im Interesse einer Charakterstudie des alten Thurneysen.

Jeder Brief, den ein Mensch schreibt, enthält eine Selbstdarstellung und Selbstinterpretation. Indem er die alten Briefe neu schrieb, gestaltete er sozusagen seine eigene Legende, authentisch ist sie allemal als Selbstdarstellung und Selbstinterpretation der entscheidenden Jahre. Ihr Quellenwert wird zudem gehoben durch die Antworten und Spiegelungen in den Briefen Barths. Ich stelle mir vor, daß Thurneysen im Edieren und Neuschreiben seiner Briefe nochmals den Aufbruch erlebte, ist es doch dem alternden Menschen eigentümlich, seine verlorene Zeit aufzusuchen, sie gegen die Vergänglichkeit festzuhalten. So hörte Karl Barth zusammen mit seinem Assistenten und dessen Frau »Predigten aus der allerersten Safenwiler Zeit« (68, 515).

Im Widerschein der reformatorischen Formel des simul iustus simul peccator, Gerechter und Sünder zugleich, kann man an Thurneysen bewundern die Größe, demütig zu sein, die zweite Geige zu spielen, um so der ersten Geige erst zur rechten Klangfülle zu verhelfen. Man kann seine Haltung auch als Schwäche deuten. Er wird »dr Bedittend« durch die Bedeutung des andern. Vielleicht wird la misère et la grandeur de l'homme, das Elend und die Größe des Menschen, nirgendwo deutlicher als da, wo er dem Freunde ein Freund wird. Aber auch den Dual der Freundschaft kann man in doppelter Weise wahrnehmen. Der Freund war für den Freund ein Glücksfall. Ohne die Freundschaft der beiden wäre Barth nicht Barth und Thurneysen nicht Thurneysen geworden. In dieser Freundschaft blitzt etwas auf von Geistesgegenwart, in ihr ist Gott schön geworden.

Indem die beiden ihre Freundschaft kaum recht einzubringen wußten in die Lehre von der Kirche, kam es dazu, daß Thurneysen in der Seelsorge Menschen nachbarlich begleitete, ihnen zum Freund wurde und sie befähigte, selber nachbarlich anderen zum Freund zu werden. Daß er auf der anderen Seite das Ritual des Buchaufschlagens lobt und Kirchenraum und Kanzel in einer Weise betonte, welche sich kaum mit den Intentionen seiner Lehre von der Kirche deckte, mochte die Kehrseite sein einer Medaille, einer theologisch kaum genügend reflektierten Praxis. Im Horizont der Ekklesiologie eröffnet sich für ihre Freundschaft noch einmal eine andere

Sicht. Solange das Gespräch über die Predigt währte und man in gemeinsamer Arbeit an der Predigt einander verbunden war, mochten die unterschiedlichen Schwerpunkte pfarramtlicher Praxis, Thurneysens Seelsorge, Barths politisches Engagement, weniger als Unterschiede denn als charismatisch bedingte Arbeitsteilung erscheinen – sozusagen problemlos, hier mehr Seelsorge, dort mehr politische Diakonie und Prophetie (später der Kirchenkampf). In Ermunterung und in kritischer Anfrage hin und her konnte einer des anderen Eigenart und Gabe nicht nur tolerieren, sondern kräftig nutzen. Was sich auf fruchtbare Weise ergänzt hatte, mußte nach örtlicher Trennung problematisch werden, wenn der unmittelbare Zuspruch und Einspruch sich verlor. Thurneysens Seelsorge bekam mehr und mehr ein Eigengewicht, verselbständigte und verengte sich aufs Private, ein Prozeß, der ihm selbst wohl kaum bewußt geworden ist, der aber mit innerer Notwendigkeit eine Verfestigung, um nicht zu sagen Erstarrung des Predigt- und Verkündigungsbegriffs mit sich führen mußte. Das war die Art und Weise, seinem Anfang treu zu bleiben.

Am Abend vor seinem Sterben hat Karl Barth die Sätze hingeschrieben: »›Gott ist kein Gott der Toten, sondern der Lebendigen‹. ›Ihm leben sie alle‹ – von den Aposteln bis zu den Vätern von vorgestern und gestern« (68, 515f). Die beiden leben auch für uns, indem sie ihm leben. Ihr Leben eröffnet den Nachkommen im Gelingen und im Versagen die Möglichkeit der Fortsetzung in Aneignung des gelebten Lebens und in der Entdeckung des noch ungelebten Lebens. Die Theologiegeschichte ist voll ungelebten Lebens. So viel Erkenntnis ist im Fluge erreicht worden, ohne daß der hinkende und humpelnde Menschengeist schon sein Mekka gefunden hätte. Die Freundschaft Barth-Thurneysen, vieldeutig ohne Zweideutigkeit, ist ein solches Mekka.

Theologie und Sozialismus

»Karl Barth war Sozialist« (79, 39) – Eduard Thurneysen nicht. Immerhin ist der Sozialismus ein Thema des jungen Pfarrers gewesen, das er im hohen Alter wieder aufnahm. Anlaß gaben nun nicht die geringen Löhne der Heimarbeiter, sondern eine Habilitationsschrift, verfaßt von Friedrich-Wilhelm Marquardt, eingereicht bei der Kirchlichen Hochschule Berlin, »unbegreiflicherweise vom Berufungskollegium mit freilich nur einer Stimme Mehrheit abgewiesen« (55A) – ein soziales Unrecht auch das; wer die Macht hat, bestimmt, was wissenschaftlich ist. Wies Thurneysen vor der »Kirchlichen Dogmatik« auf das ungelöste Problem theologischer Wissenschaftspraxis hin, so dokumentierte der Fall Marquardt die Problematik dieser Praxis aufs neue. »Man wird sagen können, daß dieser Entscheid nicht genügend begründet gewesen sei« (55B). Thurneysen vermutete, die Ablehnung gelte »im Grunde Gollwitzer«, dessen Assistent Marquardt war (55A). Thurneysen sprang seinem Freunde bei, wenn er sich in Zeitungsartikeln und in einer Broschüre zu Marquardt äußerte.
Daß er sich äußerte, war ein Akt der Freiheit eines alten Mannes und gibt

Anlaß, Thurneysens Stellung zur Politik zu beleuchten, insofern dies nicht schon geschehen ist.

»Karl Barth war Sozialist« – Eduard Thurneysen ein Sympathisant, der schon früh über »unsere roten Brüder« (4) schrieb. Der Kernsatz seines Aufsatzes zeigt die große Distanz, die er überbrücken möchte: »Wir müssen grundsätzlich und tatsächlich der Jugend unserer Arbeiterklasse verständnisvoll, weitherzig, mit einem Wort: brüderlich, gegenübertreten« (4, 54), aber eben »gegenübertreten«. Als sich der Safenwiler mit dem Gedanken abgab, in die Sozialdemokratische Partei des Kantons Aargau einzutreten, sprach Thurneysen von »Entpolitisierung« (2, 5). Als Barth 1915 in die Partei eintrat, begründete er diesen Schritt: »Gerade weil ich mich bemühe, Sonntag für Sonntag von den letzten Dingen zu reden, ließ es es mir nicht mehr zu, persönlich in den Wolken über der jetzigen bösen Welt zu schweben, sondern es mußte gerade jetzt gezeigt werden, daß der Glaube an das Größte die Arbeit und das Leiden im Unvollkommenen nicht aus- sondern einschließt ... Du beängstigend tief Orientierter wirst darüber bedenklich den Kopf schütteln ...« (2, 30). Die Ironie Barths ist nicht zu übersehen. »Du beängstigend tief Orientierter« – der Wissende wird angeredet, der nicht politisch handelt, weil er alles zu durchschauen meint. Tiefe gegen Oberfläche, Gnosis gegen Praxis. In der Frage des Sozialismus wird Thurneysen nicht »wir« sagen – auch wenn er »wir« sagt. Andererseits scheint mir für Barths Stellung zum Sozialismus charakteristisch, daß er vom Freund kein »wir« forderte, von ihm den Parteieintritt nicht verlangte. Den Kopf schütteln über seinen Freund sah ich Thurneysen nach der Ungarnkrise. Uns beiden war Barths Haltung gegenüber Ungarn unverständlich. In der Schweiz herrschte damals eine große Ungarnbegeisterung, in der man sich mit den Aufständischen identifizierte. Barth dagegen sprach von Kopflosigkeit der Ungarn und schockierte damit alles Volk. Thurneysen erklärte Barths Haltung aus dessen Gemeindeferne. Barth habe nicht wie er, Thurneysen, Gemeindegliedern gegenüber Rede und Antwort zu stehen. Da wurde nicht Tiefe gegen Oberfläche, Gnosis gegen Praxis gesetzt. Der Praktiker sprach gegen den Gelehrten, Emotion möglicherweise gegen Rationalität.

Als der junge Thurneysen über »Sozialismus und Christentum« schrieb (vgl. 2, 364), tönte es nostalgisch, redete ein Nachfahr: »Der denkwürdige, welt- und gottesgeschichtliche Augenblick, wo sie (Sozialismus und Christentum, R.B.) noch nebeneinander standen ... ist vorüber.« Ihm kam nur noch ein Nachwort zu: »... wir führen im ... besten Falle ein Gespräch *über* dieses Gespräch« (49,II, 221). Mit einer solchen Orts- und Zeitbestimmung blieb er – wie beim Parteieintritt seines Freundes – Zuschauer. Gegen Schluß wehrte er ab; »Wirtschaftsprogramme und politische Reformvorschläge« werden von der Kirche nicht verlangt. »Aber das ist verlangt, daß sie ihre eigene Aufgabe ernst nehme. Ihre eigene Aufgabe aber ist: tief« – Barths ironische Vokabel kehrt wieder! – »und ganz hineindringen in die reale Not des Lebens in ihrem vollen Umfang und nicht min-

der tief und ganz in die dieser Not antwortende göttliche Offenbarung und nicht ruhen, bis es zwischen diesen beiden Polen wieder zu blitzen beginnt, zu einem Rufen und zu einem Erhören kommt« (49,II, 245).
Man kann sich fragen, ob der Abwehrgestus gegen »Wirtschaftsprogramme und politische Reformvorschläge« nicht von vornherein eine Art Blitzableiter installiere, der den Einschlag von oben verhindert. Die Teilung, die Thurneysen vornimmt, impliziert einen Dualismus, eine Art von Zwei-Reiche-Lehre, die wir schon in der Unterscheidung von »grundsätzlich« und »tatsächlich« beim Predigen wie auch im Verhältnis von Seelsorge und Psychologie angetroffen haben. Trotzdem sieht Thurneysen den Sozialismus grundsätzlich als Provokation zur Prophetie an – auch wenn das Gespräch mit ihm zur Vergangenheit gehört.
Als er sich 1927/28 »Zum religiös-sozialen Problem« äußerte, sprach er wiederum im Rückblick und signalisierte den Milieuwechsel, den er inzwischen vollzogen hatte: »Wir lebten in unseren Industriegemeinden viel zu sehr mit dem arbeitenden Volke, um nicht zu sehen, wie notwendig seine Bewegung war« (16, 516). Das Leben »mit dem arbeitenden Volke« war schon Vergangenheit. Auch ging es Thurneysen nicht so sehr um das Problem »Sozialismus«, sondern eben um das »religiös-soziale Problem«. ». . . der Sozialismus . . . erschien von Anfang an deutlich unter das Gericht gestellt« (16, 515). Das Gericht wird leider nicht expliziert. Hatte Thurneysen den Vortrag von Ragaz als »den Beginn eines Gespräches« (16, 514) begrüßt, so liest sich heute Thurneysens Replik eher als Schlußwort denn als Weiterführung des Gesprächs.
Beim Tod von Hermann Kutter (1931) kam er erneut auf den »religiösen Sozialismus« zu sprechen, als dessen Hauptvertreter der eben Verstorbene gelte. Auch da machte er sofort einen Abwehrgestus in Form einer Richtigstellung: »Das ist insofern irreführend, als es ihm im Grunde gar nicht um die wirtschaftlichen und politischen Dinge als solche ging.« Kutter »war keiner der politisierenden Pfarrer«, er hielt sich »gänzlich fern . . . von der politischen Parteinahme«. Auch der Begriff der Tiefe kehrte wieder als Gegenbegriff zur Aktion. »Er sah die ganze Tiefe der sozialen Not. Aber er sah auch, wie alle diese Nöte und Finsternisse zusammenlaufen in der einen Not und Finsternis, daß es fehlt an der Erkenntnis Gottes« (Basler Nachrichten, 25.3.1931).
Eine ähnliche Sprachstruktur findet sich nun auch in seiner späten Schrift zum Sozialismus. Wenn er davon spricht, daß die Zeitgeschichte für Barth »eine in ihrer Bedeutung nicht zu überschätzende Begegnung mit der Wirklichkeit des damaligen Lebens« darstellte, kommt wieder ein Abwehrgestus. Die »damalige Krisensituation« war nur der Auslöser des theologischen Aufbruches: »Dessen eigentlicher Sinn und Gehalt aber wurzelt in einer ganz andern Tiefe« (55, 5). Man hört die ironische Stimme aus Safenwil: »Du beängstigend tief Orientierter«.
Marquardt differenzierte in »Theologie und Sozialismus« kaum zwischen Barths und Thurneysens Stellung zur Politik (79, 97ff und 169ff), was

Thurneysen offenbar gerne akzeptierte. Unbefangen gebrauchte er die Wendung »unsere Hinwendung zum Sozialismus« (55, 21). Dies steht in Spannung zu der früheren Aussage, wonach er Marquardts Buch »mit Überraschung« gelesen habe. »Überraschend war für mich der durch Marquardt beabsichtigte Nachweis, daß das ganze Lebenswerk Barths nicht nur durchzogen sei von einer politischen Komponente, sondern geradezu hinauslaufe auf die marxistische Formel vom Theorie-, Praxisbezug . . .« (55B). Das Eingeständnis der Überraschung räumte ein, daß nicht einmal er ihn so gekannt habe, wie Marquardt ihn herausarbeitete. Marquardt verstand Barth offenbar in einer Weise, in der dieser selbst sich nicht verstanden hatte. Er entwarf ein Bild Karl Barths, »wie wir es bisher so nicht kannten« (55, 10). Mit diesem entdeckte Thurneysen auch sein eigenes Bild neu, er sah sich mit seinem Freund in einer Weise verbunden, wie er es nicht gewesen war – er sah sich möglicherweise besser verstanden, als er sich selbst bisher verstanden hatte.

Die Ambivalenz Thurneysens dem Gegenstand und dem Ergebnis von Marquardts Untersuchung gegenüber, markiert durch die Stichworte »unsere Hinwendung« und »Überraschung«, fand ihre Entsprechung in der Beurteilung von Marquardts Arbeit. Einerseits war er des Lobes voll: Sein Buch ist »mit grosser Sachkenntnis« geschrieben (55, 10), stellt »eine grossartige Leistung« dar (55, 36). Thurneysen schloß sich dem Autor an, pflichtete ihm bei: »Ich habe seine These . . . aufgenommen und *bejaht*« (ebd.). In der Basler Zeitung aber hatte er geschrieben: »Es liegt bei Marquardt eine Interpretation vor, die wir nicht einfach übernehmen können, indem er Karl Barth geradezu als verkappten Marxisten darstellt« (55A). In der Heimatstadt wehrte er sich gegen Marquardt, der Barth marxistisch interpretierte. Der Theologenwelt gegenüber bejahte er die These Marquardts, daß Karl Barth Sozialist gewesen sei [wobei erst noch zu beachten wäre, daß Marquardt schreibt: »Der Sozialismus dieser Theologie ist praktisch-pragmatisch, und theoretisch bedeutet dies einen Eklektizismus, der kaum einem sozialistischen Gruppen- oder Parteianspruch genügen kann« (79, 303. Zu Marquardt vgl. 69, 19ff)].

Die Zitatenmontage konstruiert einen Widerspruch, der an Schärfe verliert, sobald man bedenkt, daß Thurneysen auch da, wo er die These Marquardts bejaht, dies nicht ohne die kritische Frage tut, »ob er dem eschatologischen Vorbehalt das Gewicht gibt, das ihm zusteht. Es muss eindeutig klar bleiben, dass man keine revolutionäre Veränderung mit dem Kommen des Reiches Gottes verwechselt« (55, 37). Damit ist auch ausgedrückt, daß er in Barth keinen verkappten Marxisten sehen möchte. Die Frage stellt sich aber erst recht, wie das Bejahen von Marquardts These, die doch das Bejahen ihrer Entfaltung in sich schließt, mit Thurneysens kritischem Vorbehalt zusammenstimme. Die Frage ist m.E. nicht mit dem Hinweis auf eine mögliche Altersunsicherheit zu beantworten. Nach meiner Erinnerung an ein Gespräch über Marquardts Buch war ihm das, was die Zitatenmontage als Widersprüchlichkeit herausstellt, kein Problem. Die freudige Bejahung unterdrückte die Bedenken nicht. Das Eintreten für Marquardt war gewissermaßen ein soziales Engagement. Ihm war Unrecht geschehen. So trat er für ihn ein. In beiden Zeitungsartikeln nimmt die Frage der Berufung einen relativ breiten Raum ein. Hier liegt möglicherweise ein Schlüssel zum Verständnis: Sich auf eine Situation einzustellen, sich für einen Menschen zu engagieren, diese Begabung des Seelsorgers gefährdet ihn selbst. Er läßt sich von der Situation beeindrucken, liefert sich ihr aus, und aus dem Akt der Freiheit wird Abhängigkeit. Es war nicht das erste, es war möglicherweise das letzte Mal, daß Thurneysen sich in eine Widersprüchlichkeit verwickelte. Aber es gibt bessere Treue als Linientreue. Und ein Mangel an Selbstwiderspruch könnte schlimmeren Mangel zu Tage fördern – die Enge eines Selbstgerechten.

Das Eintreten für Marquardt ehrt den alten Thurneysen. Er versuchte mit der Autorität des »Jochgenossen« eine These zu untermauern, die jedem ideologisch Fixierten ein Greuel sein muß. Bei allem Respekt vor Marquardts kühner Interpretation scheint mir Thurneysen selbst eine Art Antipode von Marquardts Thurneysenbild darzustellen. Dieser müßte auch deshalb überrascht gewesen sein, daß er sich in seinen alten Tagen vom Kopf auf die Füße gestellt sah; mit einem neuen Barth-Bild »von erstaunlicher Geschlossenheit zumindest in seinen Konturen und Grundfarben« (*Hans-Georg Geyer*, 84, 21) sah er auch ein Bild seiner selbst: »Es ist noch ein Bild in statu nascendi und verspricht darum auch naturgemäß mehr, als es schon an Einlösungen der Anschauung darbietet« (ebd.). Thurneysen projizierte möglicherweise seine Ambivalenz gegenüber dem Sozialismus in die Darstellung Marquardts.

Was an Thurneysens Stellung zum Sozialismus deutlich wird, läßt sich auch auf dem Gebiet der *Praktischen Theologie* zeigen: Da ihm die pneumatologische Kategorie der Vermischung fehlt, sieht man ihn ständig in Abwehrgesten; darum muß er z.B. »eine ganz andere Tiefe« der »damaligen Krisensituation« entgegensetzen. Vielleicht entspricht seine Stellung zum Sozialismus derjenigen zur Psychologie. Beidemal wird das Eigene und Eigentliche der Theologie betont. Mit diesem Betonen des Eigenen und Eigentlichen bleibt ein Stück Praxis unreflektiert oder abgewiesen: keine »Wirtschaftsprogramme und politische Reformvorschläge«. Entsprechend hieß es auch in der Homiletik: »keine Rhetorik«.

Auch im Gestus der Ablehnung von »Wirtschaftsprogrammen und politischen Reformvorschlägen« mag sich letztlich die Frage nach der Vollmacht verbergen. So läßt sich die Stellung Thurneysens zu Marquardt verstehen als Ausdruck einer tieferen und umfassenderen Ambivalenz. In »Seelsorge im Vollzug« sieht er »das *Ganze der Gesellschaft*« und deren »Seele«, er weiß auch »mit Grund und Recht von einer *Seelsorge an der Gesellschaft*« zu sprechen (52, 70; vgl. 29f, 68) und ordnet solcher Seelsorge die Arbeit der Akademien und der Gossner Mission ausdrücklich zu (52, 30f). Obwohl er die Möglichkeit, daß die »Seele« der Gesellschaft erkranken kann, in Rechnung stellt und Symptome benennt (52, 70f), stößt er von dieser Einsicht nicht zu der Frage vor, wie die »Seele« der Gesellschaft und die Einzelseele zusammenhängen, in welcher Wechselseitigkeit sie einander bedingen und was dies für die Theorie und Praxis seiner Seelsorge bedeute. Im zweiten Teil seines Buches wendet er sich »konkreter Seelsorge« zu (52, 97ff), als hätte er das »Ganze der Gesellschaft« kaum in den Blick genommen. Auf diese Weise überspielt er die Frage nach der Vollmacht, die sich im Horizont der Gesellschaft nicht auf bloß individualistische Lösungen reduzieren läßt. Sie weitet sich aus auf eine Sozietät, eine Gemeinschaft, und wird damit zur Frage nach der Macht und Kraft der Gemeinde, nach der Vergegenwärtigung von Zukunft in ihr. Auch Thurneysen war auf Zukunft aus, was in der oben angedeuteten Sprachstruktur des Abwehrgestus sichtbar wird. Sein Nicht und Nein meint einen eschatologischen Vorbehalt und ist »ein sehnsüchtiges Vorwärtsdrängen nach einem Ziel, das ich noch nicht erreicht habe« (2, 35). Die Frage bleibt, ob er damit – wenn nicht »ganz«, so doch »fast« – in die Nähe »des von Kutter zehnmal umgebrachten positiven Christentums geraten ist, welches christlich ›glaubt‹ und die Welt Welt sein läßt« (2, 32).

Hoffnung

Wenn der Mensch sich als ein völlig Gerechter in Christus erkennt und in all seinen Altersstufen völlig als Sünder, dann beinhaltet »völlig – völlig« im eschatologischen Vorbehalt nicht ein Gleichgewicht der Kräfte, sondern eine Spannung zwischen »schönem Trotz« und »schöner Serenität« (58), eine Spannung des Glaubens, der Hoffnung und der Liebe, ein Nein und ein Ja.
Der »schöne Trotz«, den ihm der Freund zum Sechzigsten gewünscht hatte, lebte als Sehnsucht in ihm weiter. Als Mann im Fenster stand er auch am Ende seines Lebens, hielt Ausschau nach dem Blitz, der die Nacht erleuchtet. In der Sehnsucht wird die Vorfindlichkeit überholt, das Gewordene nach vorn gerissen, es soll nicht bleiben, wie es ist. Die Sehnsucht trotzt den Verhältnissen. Die Sehnsucht behauptet gegen den Augenschein des Alten die Wahrheit des Neuen. Die Sehnsucht verneint und bejaht. Hatte er in frühen Jahren gepredigt: »Nichts *muß* bleiben, Armut nicht, Not nicht, Hunger nicht, Krieg nicht; denn Gott ist Gott« (5, 117), so schien der Horizont des Fünfundsiebzigjährigen verengt zu sein. Aber das »muß« der Hoffnung blieb, und Hoffnung machte den Trotz schön: »Eine neue Gestalt der Verkündigung muß gesucht und gefunden werden . . . Die neue Seelsorge . . . muß sich ganz neu ausrichten lassen auf die Botschaft vom kommenden Reich« (51, 3). Solche Sätze überholen das apologetische Reden von Kanzel und Buchaufschlagen und betonen, daß das bloße Predigen es nicht tut. »Neu« und »ganz neu« sind Worte, die der alte Thurneysen gerne gebrauchte – und sind Worte der Sehnsucht, formuliert nicht nur als Postulate, sondern auch als prophetische Deutung der gegenwärtigen Zeit (wenn auch die Sprache einige Unsicherheit verrät). Christoph Blumhardt

meldete sich wieder zu Wort: »Ich möchte sagen, daß in der heutigen Philosophie und Psychologie ganz leise eine Sprache sich bildet, die uns neu von Gott reden läßt. Und wo das anfängt, da wird das kleine Sätzlein ›Gott ist‹ zu einer Botschaft, die alles verändert, auch das so dunkle Weltgebiet der Gesellschaft und der Politik, und Gottes große Taten fangen wieder an zu leuchten . . . Die ›Revolution Gottes‹ schreitet unaufhaltsam ihren Weg einem Ende entgegen, das er uns schenken will und wird. Ist es nicht herrlich, in einer solchen Zeit zu leben? Ist es nicht herrlich, in solch einer Zeit alt zu werden?« (56, 4f) Rhetorische Fragen bilden eine versteckte Zumutung. Sie korrespondieren zwar mit dem »ich möchte sagen«, kontrastieren aber mit dem Anfang seiner Predigt von 1918: »Ich muß heute ein Wort zu euch reden« (6, 3) – und bleiben doch ein Dokument der Hoffnung.
Altern als Problem des Christen erscheint als Frage nach der Hoffnung. Die Kunst des Alterns besteht in der Nichtermüdbarkeit der Hoffnung. Wo die Hoffnung weit wird, erscheint die Serenität schön. »Eduard Thurneysen war mit seiner Frau in meinem Landhäuschen«, schrieb Helmut Thielicke 1967 an Barth: »Wie beglückend ist diese hilaritas zweier alter Menschen, deren Auge noch zu trinken begehrt und auch zu trinken weiß, was die Wimper hält!« (59, 570). Bei seinem letzten Besuch in Blonay am Genfersee im Hause einer Tochter schrieb er 1974 ins Gästebuch Worte, in denen sich Gotthelfs Ahnung mit Blumhardts Weite verband: ». . . Die herrliche Landschaft, die ahnen lässt, wie unbegreiflich strahlend *dereinst* die *erneute* Erde uns Kindern Gottes vor Augen stehen wird. Und dazu werden Alle, Alle, die einst gelebt haben, gehören, auch die hier unten Geplagten, Verkürzten, Geschundenen . . .« (85, 33).
Um den Mann im Fenster, der in die nächtliche Wolkenwand blickt und auf den Blitz wartet, ist es Tag geworden. Das Lied, das er in Leutwil so oft hatte singen lassen, singt und klingt um ihn her. »Morgenglanz der Ewigkeit« hat es hell werden lassen. Sonntag am Genfersee, Licht durchflutet einen Tag mit Weitsicht und Gold auf den Wellen des Lac Léman, und dort ist um ihn mehr als ein Blitz, ein Maientag und eine Landschaft, »die ahnen lässt, wie unbegreiflich strahlend *dereinst* die *erneute* Erde uns Kindern Gottes vor Augen stehen wird«. Die Landschaft vermittelte Anschauung vom Kommenden. In ihr ist nichts von Horizontverengung. Im Gegenteil: Bevor er in die Wolkenwand des Sterbens hineinmuß, in die letzte Angst des Gewitters – ein Maientag, an dem er seine »theologiegeschichtliche Relevanz« (2, VI) ins Gästebuch einträgt. Diese ist nicht darzustellen etwa im Herausarbeiten der ihm gegenüber Barth eigentümlichen Aussagen. Sie besteht vielmehr im Ganzen seiner theologischen Existenz, in der Praxis und Hoffnung weitgehend einander suchen. Hoffnung ist nicht eng, sie engt nicht ein, sie stellt ins Weite. Schon der junge Leutwiler Pfarrer hatte 1915 das Bedürfnis angemeldet, »den Universalismus des göttlichen Handelns hervorzustellen, das sich auf Alle richtet und Alle erfaßt« (2, 38). In diesem Bedürfnis hatte er 1939 »Kreuz und Wiederkunft Christi« im Zusammenhang gesehen: Er deutete das Kreuz im Horizont des Traumes von Nebukadnezar, der die Zer-

schlagung der Weltreiche schaut,»und ein neues Reich aus der Höhe erfüllt den Erdboden« (28, 21). Der Tag, an dem ihn in Blonay »die herrliche Landschaft« das neue Reich ahnen ließ, war ein Tag im Vorschein jenes Tages, an dem *er* wieder dasein wird, »sichtbar für alle als der Auferstandene, als der Sieger, als der König dieses seines Reiches« (28, 23). »Schon steht sein Morgenstern am Himmel, und wir wandern ihm entgegen durch die Nacht der Zeiten« (28, 25). Oder in einem anderen Bild: »Die neue Welt hat Wurzel geschlagen in der alten Welt« (24, 5). Wo einer nächtens dem Morgenstern entgegenwandert, werden alte Tage jung, und wo die neue Welt die Alterserscheinungen durchwächst, erscheint ein Achtzigjähriger »eigentlich jünger«.

In einer theologischen Miniatur über »*Allversöhnung oder Verdammnis?*« von 1946 hatte er sich von beiden Lehren distanziert, weil »in der Bibel beides, das Gericht und die Gnade Gottes, untrennbar zusammengehören, während sie hier in der Lehre der Allversöhnung wie auch in der Lehre von den ewigen Höllenstrafen auseinandertreten, so daß das eine oder das andere zu kurz kommt« (39, 42). Diesen beiden Lehren gegenüber verwies er auf Mose vor dem brennenden Busch; der »bekommt zu hören, daß es hier nichts zu begreifen gibt, sondern daß er nur niederknien und anbeten kann. Vor Gott zerbrechen die klügsten Gedanken wie Zündhölzer, mit denen man eine Mauer einstoßen will« (39, 43). »Darum keine Lehre von der Allversöhnung, aber auch nicht, ja viel weniger eine Lehre von den ewigen Höllenstrafen für bestimmte Menschen« (39, 44)!
Der kleine Essay, ein Meisterwerk seelsorgerlicher Theologie, löst die Lehre aus ihrer Erstarrung und bringt reformatorische Theologie neu zur Sprache, indem er die beiden Lehren zurückführt in das richterliche und rettende Handeln Gottes: »Es gibt also Verdammnis für mich, aber es gibt sie, wenn ich auf Christus schaue, nicht mehr anders denn als eine von mir hinweggenommene Verdammnis!« (39, 45). Hier wird alle Statik einer Orthodoxie überwunden durch die Bewegung des Glaubens, der sich hineinstellt in Gottes Handeln und andere hineinruft. Wenn man die Eintragung im Gästebuch von jener Miniatur her liest, spiegelt sie präzise die früheren Gedanken wider. »Keine Lehre von der Allversöhnung«: »uns Kindern Gottes« – »noch viel weniger eine Lehre von den ewigen Höllenstrafen für bestimmte Menschen«: »Und dazu werden Alle, Alle, die einst gelebt haben, gehören«.
Beides ist zusammenzudenken im Blick auf die Wiederkunft des Richters, der sich für uns hat richten lassen. »Man soll von der Hölle nur reden, um auf ihn zu zeigen, der sie überwunden hat« (39, 46). Aber der Tod ist immer noch »der Sünde Sold«, und von Gotthelf her wäre zu fragen, ob theologische Meisterschaft in einer Welt, in der mehr und mehr die Hölle los ist, nicht zur Beschwichtigung verführt. Die Frage verstärkt sich, wenn man *Philippe Ariès* »Geschichte des Todes« an die Ausführungen Thurneysens heranhält, der »das totale Verschwinden der Hölle« feststellt (a.a.O., 738). Den machbaren Höllen gegenüber verschwindet die metaphysische Hölle: »Wo es keine Hölle mehr gibt, hat sich auch der Himmel verändert . . .« (a.a.O., 784) – auch die Hoffnung auf den »Gott der Hoffnung« (Röm 15, 13).

Ihr Ende schauet an

»Schon steht sein Morgenstern am Himmel, und wir wandern ihm entgegen durch die Nacht der Zeiten« (28, 25). Aber die Toten sind sozusagen größere Heere und treten dem Wanderer in den Weg, so daß er einmal nicht weiter kann. Die »Hunderte von Toten«, die Canetti auf Breughels Bild sah, »sind damit beschäftigt, ebensoviele Lebende zu sich hinüberzuziehen . . . Man weiß auch, daß es ihnen gelingen wird«. Auch einer, der die Auferstehung predigte und der glaubte, was er predigte, auch einer mit der Energie der Abwehr im Ohr, muß sterben. Einmal schlägt ihm die Stunde, da die Finsternis wächst und der Morgenstern sich zu verbergen scheint, die letzte Stunde, da nicht der Blitz der Offenbarung durch die Wolkenwand zuckt, vielmehr irrlichternd der Tod triumphiert, eine verborgene Stunde. Das Sterben ist unanschaulich geworden. Der Öffentlichkeit entzogen, eingegrenzt in die Intimität des engsten Familienkreises oder ins Abseits gestellt in das Badezimmer einer Spitalabteilung, stirbt man heute – für sich. Daß das Sterben eines Christenmenschen die Gemeinde betrifft, wird kaum mehr wahrgenommen. Die »Tröstung der Sterbenden und der Trauernden« als Amtshandlung gesehen, läßt den Horizont der Gemeinde verschwinden (52, 212ff). Erst der Tote wird vor der Gemeinde bekanntgegeben. Der Sterbende wird verschwiegen. Auch im Verhältnis zum Sterben zeigt sich das Angeglichensein der Gemeinde an die Gesellschaft.

Eine weitere Schwierigkeit: Man stirbt in Raten. So war der Auszug aus dem Antistitium ein erster Akt des Sterbens. Nach dem Abschied von der Münsterkanzel konnte er eine Vertretung an der Oekolampadgemeinde übernehmen. Nach Ablauf dieser Zeit sagte er zu Fräulein Trudy, er wisse nicht, ob man ihn noch brauche. Nicht mehr gebraucht werden ist anders als nicht mehr mögen. Da wird einem das Sterben stillschweigend verordnet. Fräulein Trudy aber ging zum Kirchenratspräsidenten und setzte sich dafür ein, daß er Predigtvertretungen übernehmen durfte. Vor seiner letzten Predigt kam er strahlend ins Studierzimmer: »Ist das eine Gnade, daß ich noch predigen darf.«

Die Lehrer der Kirche sterben in gewissem Sinne öffentlich. Sie sterben, indem sie ihrem Herrn sterben für die Gemeinde, sei es auf der Intensivstation, sei es wie Karl Barth im Schlaf mit zum Nachtgebet gefalteten Händen. Damit ist schon angedeutet, daß »Öffentlichkeit« dem Sterben das Geheimnis nicht raubt. Wohl aber vollendet sich das Maß der Übereinstimmung oder Dissonanz von Leben und Lehre im Sterben. Nicht entscheidet jene Übereinstimmung oder Dissonanz über die Güte der Lehre, aber sie dokumentiert, inwiefern der Lehrer sein eigener Schüler war und inwiefern es sich lohnt, ihm zu folgen. Sie hilft oder hemmt den Schüler. Nicht bedeutet das Sterben die Apokalypse eines Menschenlebens, dennoch beinhaltet das Sterben eines Lehrers eine Art Amen: So hängt die Wirkung Dietrich Bonhoeffers auch und gerade an seinem Sterben. Er starb nicht auf seiten der Mörder, sondern als Gemordeter.

Eduard Thurneysen lebte sein Leben nicht leicht und starb seinen Tod nicht leicht. Angst und Anfechtung blieben ihm nicht erspart. Aber er starb als Seelsorger. Stark gehbehindert konnte er gegen das Ende hin nur noch um den Häuserblock herumgehen: von der Birsigstraße durch die Oberwilerstraße zum Steinenring, wo er im Café einkehrte. Die Frau, die ihn dort

bediente, war der letzte Mensch, der spürte, daß da einer am Stock herkam, der die Menschen »gern« hatte. Er konnte ihr in verwickelten Verhältnissen zurechthelfen. Zuletzt ließ er sich in einer Taxe hinfahren. Auf dem Rückweg war er so schwach, daß er sich alle paar Schritte auf ein Mäuerchen setzen mußte; ein Bild menschlicher Hinfälligkeit: »Weisst du, das ist eine schwere Sache, das Sterben.«
Drei Tage vor seinem Tode kam es zu einer Szene, die schon im Evangelium vorgeformt wurde und deren Struktur auch in Gotthelfs »Geld und Geist« sich findet. Nach dem Johannesevangelium »ordinierte« der Gekreuzigte den Lieblingsjünger zum Dienst an seiner Mutter: »Als nun Jesus die Mutter sah und neben ihr den Jünger stehen, den er liebhatte, sagte er zur Mutter: Weib, siehe, dein Sohn! Hierauf sagte er zum Jünger: Siehe, deine Mutter! Und von jener Stunde an nahm sie der Jünger in sein Haus« (Joh 19,26f). – Wenn Änneli in »Geld und Geist« die letzte Stunde nahen fühlt, weist es seinen Sohn Resli an sein Mädchen, dem der Sohn grollt, und setzt das Anne Mareili als Hausfrau und Mutter an seine Stelle ein: »Es ist jetz die neui Mutter« (VII, 394). Eduard Thurneysen war schon etwas verwirrt und meinte, er hätte eine Konfirmationsfeier zu halten. In einem lichten Augenblick sagte er: »Trudy ... Trudy ... treu, treu ...«, und nannte den Namen der Serviererin.

Von der Bedeutung des Lehrers

»Was ist das für ein Mann? So einer müßte hundert Jahre alt werden!« Nun sein Mund verstummt ist und seine Hand die Feder niedergelegt hat, bleibt er erst recht, was er gewesen, »dr Bedittend«. Das Mehrdeutige des ihm angehängten Namens soll eindeutig werden. Das Eindeutige aber erscheint unauffindbar; eines Menschen Geheimnis wächst, je mehr man sich um dessen Enträtselung müht, und wenn ich meine, ich verstehe den anderen besser, als er sich selbst versteht, weil ich über Schlüssel verfüge, welche verborgene Kammern des Menschlichen aufschließen, muß ich zusehen, daß ich nicht unter der Hand mir einen Menschen mache nach meinem Bilde. Zum mich immer wieder neu Bewegenden und Faszinierenden der Beschäftigung mit Thurneysen gehört dies, daß er sich mir immer wieder entzogen hat, wo ich ihn zu fassen meinte. Die Gefahr, »mit jedem Satz aus dem Gleichgewicht zu kommen«, ließ die Schritte unsicher werden, das Gleichgewicht überhaupt zwischen dem Nachfolger und dem Historiker, zwischen autobiographischer Erinnerung und Analyse war kaum zu halten. »Was ist doch der Mensch, daß du seiner gedenkst, und des Menschen Kind, daß du dich seiner annimmst?« (Ps 8,5). »Die biographische Wahrheit ist nicht zu haben«; sie ist nicht unsere. Dennoch brauchen wir sie, wenn wir Menschen sein wollen; Mensch wird der Mensch durch den Menschen, und ein Mensch, durch den ein anderer zum Menschen sich bildet, heißt Lehrer. Der Mensch ging auf im Theologen und der Theologe im Pfarrer, er

ging auf in dem, was er lehrte und tat; dennoch besteht eine vielfältige Differenz zwischen der Botschaft, die er war, und der Botschaft, die er uns hinterlassen hat. An der Differenz dieser Botschaften ist die Bedeutung des Lehrers zu erheben. Er war eine Botschaft und exemplarisch als ein zweiter Geiger, ein minderer Bruder, keine Zentralsonne, die ein Säkulum erleuchtete, aber ein Kirchenlicht immerhin, und die Botschaft, die er hinterließ, wird wieder aufgehen; ein Kirchenlicht wird immer ein ewiges Licht sein.
Man stoße sich nicht am Vergleich: Die Bedeutung eines Lehrers wandelt sich ähnlich der Sonne. Wenn wir von der Sonne sprechen, wissen wir, daß die Sprache trügt, weil uns die Sinne trügen. Wir sehen sie aufgehen am Morgen, zum Zenit ansteigen und sinken in den Abend hinein. Wir lesen ihre Stunden an den Sonnenuhren und beobachten ihren Lauf, sprechen von ihren ersten und letzten Strahlen. Aber unser galileischer Vorderkopf durchschaut die Welt unseres mythologischen Hinterkopfes. Verdunkeln Wolken die Sonne, wissen wir, Sonne bleibt Sonne, und wenn ein Wind in die Wolken fährt, bricht sie hervor in neuem Glanz. Und wenn sie altert und kraftlos am Novemberhimmel hängt, sagen wir uns, ihre Schwäche hänge nicht an der Sonne, sondern an der Jahreszeit.
Wer hellen Sinnes ist, wird jetzt schon wahrnehmen, was der Apokalyptiker für die Zeit der Totenauferstehung ankündigt: »Die Lehrer aber werden leuchten wie des Himmels Glanz, und die, so viele zur Gerechtigkeit weisen, wie die Sterne immer und ewiglich« (Dan 12,3). Wer aber ist hellen Sinnes und kennt die Astronomie der Entschlafenen in der Vollendung? Wir haben hier ein Gegenbild zu dem, was Breughel malte und Canetti erschüttert hat. Die Toten ziehen uns auf ihre Seite. Die vollendeten Gerechten aber werden dem Firmament verglichen und haben eine Macht wie die von Sternen. Ihr Wesen ist das stille Leuchten, das den Irdischen zur Orientierung hilft.
Was uns fehlt: ein Galilei für die Lehrer, einer, der hinter das Sinnenfällige schaut und den theologischen Hinterkopf nach vorn bringt: Lehrer werden in der Vollendung zu Fixsternen, um die wir uns drehen, ob wir sie verehren oder verachten. Nicht sie sind von uns, wir sind von ihnen abhängig, nicht haben sie uns, wir haben sie nötig. Nicht richten sie sich nach unsern Fragen, ihre Antworten stellen uns in Frage, und ihre Fragen nehmen uns ins Gericht. Wir aber meinen, sie drehten sich um uns, und wir müßten ihnen die Zeit ansagen. Wir könnten fertig sein mit ihnen und tun, als ob es sie nicht gäbe, als ob sie von unseren Gnaden lebten. Aber sie leben von anderer Gnade, und ihre »Arbeit ist nicht vergeblich im Herrn« (1Kor 15,58).
In schülerhafter Torheit wollte ich meinem Lehrer und Freund ein Denkmal setzen, ernannte mich selbst zu seinem Fürsprecher. Aber nun kann ich getrost mein Amt abgeben. Er spricht für sich selbst und für einen anderen. Die Bedeutung, die wir ihm zumessen, hängt ab von der Tages- und Jahreszeit und von der Wetterlage, vom Hoch und Tief, in dem wir stehen. Ich sage Zeit, sage Wetter und sehe uns im Geistigen einerseits abhängig von der Zeit und andrerseits als Wettermacher. Geheimnisvolle Meteorologie:

Das Hoch oder Tief unserer Wetterkarte hängt ab von der Differenz zwischen der von uns dem Lehrer zugeschriebenen Bedeutung und seiner Bedeutung in der Vollendung. In dieser Differenz bekommt der Anfang des Lebens, sein Werden, ein besonderes Gewicht. Wer Lehrer geworden, war selbst Schüler gewesen. In der Art und Weise des Schülerseins kündigt sich schon die Bedeutung des Lehrers an!

Dies sei an einem Stichwort nochmals in Erinnnerung gerufen: Der junge Thurneysen bewunderte an Kutter »seinen religiösen Tiefblick und... Instinkt«. Was er am Lehrer bewunderte, wurde später an ihm wahrnehmbar, wenn Emil Brunner ihm bescheinigte, er habe »den sichern ›Instinkt‹ aus dem Glauben heraus für das generaliter Richtige und generaliter Falsche«. Darf man unter »Instinkt« die »Gabe der Unterscheidung der Geister« verstehen, so zeigt sich: Im Bewundern von Charisma wächst ein Schüler in das Wunder des Charismas hinein.

Bedeutung bekommt ein Lehrer auch und gerade da, wo wir meinen, ihm nicht folgen zu können. Leitstern bleibt er allemal. Wir können und sollen ihn nicht vom Himmel reißen. Um so dringlicher wird es, seinen Standort zu bestimmen und ihn selbst zu vermessen. Dabei sollen wir wissen: Das Maß, das wir einem Lehrer, und das Maß, das Gott ihm zumißt im Unsichtbaren, ist zweierlei Maß. Und das Maß, mit dem wir messen, wird uns selbst angelegt.

Die Geschichte Christi in den Seinen ist die Geschichte des Vollkommenen in den Unvollkommenen, die Erzählung vom Vollmächtigen in den Ohnmächtigen, die Historie des Sündlosen in den Sündern. Es ist das Drama von Begabungen, deren Brauch und Mißbrauch, das Gemisch von Hellsichtigkeit und Blindheit, der Wechsel von Vorschein und Verborgenheit. Was aber verändert sich, wenn einer, der uns voranging, in dieser Geschichte nicht tot, sondern lebendig ist? Die Frage nach der Biographie stellt sich damit noch einmal. Die Biographie lebt von der Fiktion, das Leben des Darzustellenden sei abgeschlossen und werde überschaubar. Reicht aber ein Leben hinein in die neue Welt Gottes, dann muß die gelebte Vergangenheit offen gehalten werden zur Gegenwart und Zukunft hin. Da genügt die Vorbildlichkeit der Legende auch nicht mehr. Ist die Legende »Andacht, in der die Ketzerei schlummert; Glaube an die Autorität und Spiel mit ihr«, so muß eine evangelische Lebensbeschreibung den Namen erinnern und auf seine Gegenwärtigkeit verweisen. Die Darstellungen der Kirchengeschichte aber gehen in der Regel davon aus, daß der Dargestellte tot sei, theologisch betrachtet ein unmögliches Verfahren. Schlummert in der Legende die Ketzerei, hört man sie in der Kirchengeschichte schnarchen.

Eduard Thurneysen, der Lehrer, macht uns vor, wie man als Pfarrer Theologe und als Theologe Pfarrer sein und in beidem Mensch bleiben kann. Dies wird am schönsten an einem Traum sichtbar: »Träume sind sehr merkwürdig und oft von Gott gesandt.« Ein Traum, den Gaetano Benedetti erzählte, macht die Kraft sichtbar, die in der Einheit beruht der Botschaft, die er war, mit der Botschaft, die er hinterlassen hat. Einige Jahre vor seinem Sterben

»sah und erlebte sich Eduard Thurneysen als bereits Verstorbener. Er fühlte sich in einem weiten, kreisförmigen Raum, in einem immensen Saal, zu dem sich ringsum unendlich viele Türen öffneten. Über jeder Tür war eine Inschrift zu lesen, welche in einem Wort oder in einem Satz, die hervorstechende Qualität des entsprechenden Verstorbenen zusammenfaßte, also die Bestimmung seines menschlichen Daseins hervorhob. ›Da ist deine Tür‹, sagte ihm eine Stimme – ›lese‹ . . . Seine Inschrift bestand aber aus einem einzigen Wort und lautete: ›Vergebung‹« (61, 262). Der Traum macht einsichtig, warum seine Begeisterung in der Predigt faszinieren konnte, auch auf das Ritual des Buchaufschlagens fällt ein neues Licht. Sein Geheimnis, daß er als Pfarrer Autorität hatte wie selten einer, wird hier enträtselt. Das Mehrdeutige des Lehrers und seiner Lehre wird eindeutig, wenn er die Tür der Vergebung durchschritten hat und nun auf der anderen Seite lebt – tröstlich gerade in dem, was Vergebung nötig machte. Der nicht geschriebene Matthäuskommentar, die nicht geschriebene Schrift über Gotthelf wiegen leicht gegenüber einer versäumten Reformation. Die Hypotheken, die er hinterlassen hat, scheinen wichtiger als das Kapital, das er erwarb. Er kann all seinen Kritikern recht geben und sie – beschämen. Er segnet uns, die Nachkommenden, mit dem, was an Möglichkeit in ihm angelegt war und nicht zur Entfaltung gekommen ist. Sein Ungetanes verpflichtet mehr als sein Werk. Er gewinnt durch seine Ambivalenzen und Versagungen. An seinem Anfang und Aufbruch gemessen, steht er als ein in mancherlei Hinsicht an seinen Zielen Gescheiterter vor uns, der nicht dort ankam, wo liebende Verehrung ihn sehen möchte. Gerade als Nichtangekommener wird er zum Wegweiser und im ungelebten Leben zur Orientierungshilfe. Ungelebtes Leben sind ungelöste, vielleicht ungelebte oder unausgelebte Fragen. Es kommt da zum Vorschein, wo einer dem andern zum Rätsel wird. »Ihm leben sie alle« gerade auch da, wo eine Lösung nicht gefunden wurde. Ich blende zurück auf zwei Äußerungen, die ungelöste Fragen und Rätsel versichtbaren. Die beiden Freunde scheinen darin ihre Rollen vertauscht zu haben, Barth ist zum Apologeten Thurneysens geworden und Thurneysen zum Kritiker Barths: Barth spricht vom Pfarrersein Thurneysens »für eine Gemeinde, die eigentlich gar keine Gemeinde ist«, und Thurneysen sinnend vor den Bänden der »Kirchlichen Dogmatik«: »Damit steht er sich selber im Weg.«

Beides sind nicht letzte Urteile, beide Voten aber decken einen Aspekt der Wahrheit auf. In solchem Aufdecken leben sie ›ihm‹ und leben sie für uns und verweisen auf das Ungelöste, das beide hinterlassen haben. Die Radikalität des gegenseitigen Sich-in-Frage-Stellens zeigt zudem die Tiefe ihrer Verbundenheit. Daß beiden Voten der Charakter des eher Zufälligen eignet, mag zu dem gehören, was wir die leise Tragik ihrer Freundschaft nannten. Sah Thurneysen in den zwanziger Jahren, »daß unser Schiff sich nolens volens der Lehre von der Kirche nähert wie einem neuen Kontinent« (3, 312), so peilen die beiden Voten primär nicht die Lehre an, sondern die Praxis, die des Pfarrers wie die des Professors, genauer das Defizit ihrer Praxis, das als solches einen Mangel an Theorie aufdeckt. Der neue Kontinent bleibt nach den beiden Voten unentdeckt, dessen Bodenschätze ungehoben.

Thurneysen veranschaulicht Jesu Verbot des Richtens. Sein Rang und seine Problematik zeigen sich darin, daß er widersprüchliche Interpretationsmöglichkeiten bietet: Ragaz und andere Zeitgenossen bescheinigen ihm Hochmut. Die Lebensgefährtin sieht seine Demut. Seine Freundschaft mit Karl Barth kann als Größe bewundert und ebenso als Schwäche angesehen werden. Seine Lehre von der Schrift hat ihm den prophetischen Weg versperrt, mit seiner Lehre vom Bruch im seelsorgerlichen Gespräch schob er die Sperre wieder weg. Die Rede vom Sein in den Händen Gottes kann man als Einweisung in die Gegenwart des Lebendigen verstehen und als Vertröstung bürgerlicher Religiosität diffamieren. Der »Hexenprozeß« läßt sich einerseits im Sinne der letzten Seligpreisung zu einer Ikone stilisieren, andererseits sollte er nach meiner Darstellung Thurneysens in seinen Intentionen zu verstehen sein. Auch das Bild, von dem ich ausgegangen bin, läßt sich so und so deuten: Daß er am Fenster stand, ist positiv zu sehen als Bild der Standhaftigkeit und Treue, negativ als Bild eines Immobilismus. Versteht man das Stehen im negativen Sinn, ergibt sich eine Metapher für die Widerspruchseinheit seines Wesens. Er geht nicht hinaus in den Wind und ins Wetter. Er bleibt in seiner Stube. Aber er zeigt hinaus, wartet auf das Neue. Als Theologe aus Leidenschaft demonstriert er, wie theologische Existenz das Pfarrersein durchdringt. Gleichzeitig blendet er die Struktur des Pfarramtes weitgehend aus der theologischen Reflexion aus.

Wegweiser und Leitstern ist Eduard Thurneysen zuerst im Widerspruch zwischen Aufbruch und Weg. »Wir beide, Barth und ich, waren damals genau das, was man heute ›frustrierte Pfarrer‹ heisst« (55, 12). Die Frustration ist seit ihrer Zeit gewachsen, die Krise des Pfarramtes hat die Pfarrfamilien sozusagen in Sippenhaft genommen, so daß viele Frauen von Pfarrern nicht mehr Pfarrfrauen sein mögen. Eduard Thurneysen kann als Fixstern zu einem neuen Pfarrerbild verhelfen, indem er uns exemplarisch verdeutlicht: Die Last der unveränderten Institution macht »das Regieren« (3, 480) als solches schon schuldig. Der einzelne kann – menschlich gesprochen – Verhältnisse nicht ändern, die Verhältnisse ändern ihn. Das zeigt gerade die Vorbildlichkeit seiner Amtsführung deutlich, die eben die Problematik des Pfarramtes freisetzt, schließt sie doch ein hohes Maß von Anpassung ein, in dem Konflikte vermieden wurden. Hier wird auch erklärbar, warum der vorbildliche Pfarrer Eduard Thurneysen *kein* Modell und Leitbild für künftige Pfarrer abgeben kann: indem er nach zwei Jahrzehnten hingebungsvollen Wirkens einer Gemeinde vorsteht, »die eigentlich gar keine Gemeinde ist«.

In einer Treue ohnegleichen hat er das Doppelamt von Münsterpfarrer und Hochschullehrer versehen, bleibt er bewunderungswürdig. Gerade seine Beinahevollkommenheit, mit der er sein Pfarramt ausfüllte, ist für uns unwiederholbar, weil theologisch nicht zu verantworten und menschlich nicht zu verkraften. Von ihm gilt, was Karl Barth gerne in bezug auf seine Person gesagt: »Sei ein Mann und folge mir *nicht* nach!«

Seine Bedeutung, als ein Hoch die theologische Wetterkarte bestimmte:

Man konnte als sein Schüler mit Begeisterung Pfarrer werden, ohne im Pfarrersein aufzugehen; eingepflanzt blieb eine heilige Unzufriedenheit mit dem Bestehenden, ein schöner Trotz auch da, wo er das Institutionelle rechtfertigte. Solche Rechtfertigung wußte sich schließlich aufgehoben in einem ebenso theologisch tief begründeten wie tief empfundenen eschatologischen Vorbehalt, einer strikten Weigerung, Vorletztes für Letztes zu halten und auszugeben.

Je mehr ich über ihn nachdenke, um so mehr erschrecke ich: Wenn schon ein Mann mit solchen Gaben versehen, mit einem solchen Freund begabt, zum Opfer des Milieus wird und die Institution nicht zu ändern vermag, wie soll dann ein weniger Begabter den Druck des Pfarramtes aushalten? Wie kann einer dem entgehen, daß er mit den Jahren immer pastoraler wird, wenn er nun nicht Eduard Thurneysen heißt und keinen Karl Barth zum Freund hat? Wie läßt sich der Weg vermeiden, den er ging? Was ist das für ein Mann, der in Legende und Erinnerung als ein Ganzer erscheint, ungeteilt in Theologie und Glaube und der in seinen literarischen Werken nicht mit sich selbst übereinzustimmen scheint, ein Opfer des von Metz benannten Schismas zwischen »theologischem System« oder »Systematik« und »religiöser Erfahrung« oder «Mystik«?

Das »Schisma« entfesselte einen Kampf und Streit, lebenslang. Wo er als Theologe polemisierte, stellte er sich in erster Linie gegen sich selbst. Theologie trieb er hauptsächlich gegen sein Fleisch, auch gegen sein frommes, und hier liegt der Wurzelgrund seiner Ambivalenz wie seiner Autorität: Tersteegen lehnte er als Pietisten und Mystiker ab – seine Lieder liebte und sang er. Von der liberalen Theologie, dem Kind der Aufklärung, trennte er sich – dem von der Aufklärung herkommenden Gotthelf wandte er sich zu. Die Anthroposophie entlarvte und verwarf er – ein Leben lang blieb er von ihr angezogen. Gegen römisch-katholische Theologie und Praxis machte er Front – wurde im Begleiten zum Führer einer Seele und pries das Ritual. Seiner psychischen Struktur hätte eine nach allen Seiten offene Vermittlungstheologie entsprochen. Indem er der Theologie gegen sich selbst recht gab, wuchs er über sich hinaus. In dem Maß, wie er das Schisma von Theologie und Existenz in sich selbst zur Versöhnung brachte, konnte er sich vom äußeren Streit – anders als Karl Barth – fernhalten, wobei freilich ein Stachel blieb, und das ließ seine Existenz prophetisch bleiben. Aber damit ist noch nicht alles erklärt.

Ich versuche das Problem zunächst aus dem biographischen Kontext zu lösen, um es als theologisches zu formulieren: Indem das Dogma von der *Erbsünde* nicht mehr verstanden wurde, auch der Artikel vom Heiligen Geist nicht zu Ehren kam, hat sich uns der Horizont von Sünde und Gnade verdunkelt. Was quer durch die Zeit gilt in der Folge der Generationen, gilt auch quer durch die Gemeinschaft der Heiligen in der Gegenwart. In der Freundschaft genieße ich nicht nur das Charisma des Freundes. Ich werde nicht nur Teilhaber des Ewigen, das der andere von Gott hat. Da gibt es nicht nur »Lebensbalsam«, sondern irgendwo auch verderbliches Gift. Ich werde mitschuldig an seiner Schuld. Freundschaft, Bruderschaft, Gemeinschaft vermitteln nicht nur die Teilhabe an dem, was der Freund, der Bruder, die Gemeinde von Gott haben, sondern auch Teilhabe an deren Verfehlungen und Schuld.

»Wißt ihr nicht, daß ein wenig Sauerteig den ganzen Teig durchsäuert?« Wir wissen es nicht. Calvin bemerkt zu 1 Kor 5,6: »Dazu macht dies Beispiel deutlich, daß *ein* Sünder die ganze Gemeinde schuldig macht.« Wir sind gleichgültig geworden gegen die Macht der Sünde, wissen nicht mehr, was Sünde ist, und sind als einzelne – ob Laien oder Geistliche – der konkreten Gemeindesituation gegenüber wehrlos. Eine verkommene Gemeinde mag weniger leicht zur Verführerin des Pfarrers werden als eine »lebendige«, auch wird eine Landgemeinde die Sünde eher sichtbar werden lassen als eine Münstergemeinde mit »Breite« und »Dalbe«. »Schlechte Gesellschaft verdirbt gute Sitten«, sagt man und täuscht sich über die heimliche Verderbnis guter Gesellschaft hinweg. Die geheimen Verführungen der Anständigen können auf Dauer wirksamer werden als die Verlockungen der Lasziven. Gerade wenn ein Pfarrer anerkannt wird, ein volles Haus hat, muß er auf der Hut sein und wachsam. »Ihr habt noch nicht bis aufs Blut widerstanden im Kampf wider die Sünde« (Hebr 12,4).

Indem Thurneysen »Seelsorge« als »Kirchenzucht« zu begreifen suchte und Kirchenzucht als Ortsbezeichnung verstand, »an dem alles, was Seelsorge sinnvollerweise sein kann und sein soll, seine Stelle findet« (35, 41), war eine Erinnerung an die die Gemeinde gefährdende Macht der Sünde aufbewahrt; indem Seelsorge die »Kirchenzucht« faktisch ablöst, markiert schon der Sprachgebrauch, daß die Gefährdung der Gemeinde durch die Sünde nicht mehr wahrgenommen wird. Die Eingrenzung der Sünde auf den einzelnen bildet geradezu eine Voraussetzung für die Ablösung der Kirchenzucht durch die Seelsorge.

Der Mangel an Widerstand gegen den Einfluß des Milieus kann biographisch möglicherweise erhellt werden aus seinem Verhältnis zu *Hermann Kutter*. Einerseits hat er sich von ihm abgewandt, andererseits blieb er wohl mehr von ihm geprägt, als er wußte. Vielleicht war der mokante Ton, in dem er von ihm sprach, eine Art von Verteidigung ihm gegenüber. Es ist nicht auszudenken, wie Thurneysens Pfarrerexistenz verlaufen wäre, hätte er im Antistitium nochmals »Wir Pfarrer« gelesen und fortgeschrieben statt »Der Dienst des Pfarrers« von Bezzel. Bezzel hat ihm sicher zum Immer-pastoraler-Werden und zur »bischöflichen Gestalt« verholfen. Aber hätte ihn Kutter vor der in Basel vorgezeichneten Entwicklung bewahren können? »Wir Pfarrer« ist nicht schlechthin identisch mit Kutter.

Wenn man in der Autobiographie von *Ragaz* die Charakteristik Kutters liest und sie mit dem Werdegang Thurneysens vergleicht, so wird einem eine gewisse Strukturähnlichkeit bewußt, der Weg von der Prophetie zur Verkirchlichung: »Kutter war mit Posaunenstößen aufgetreten und hatte die Christenheit auf das verkannte Gottesrecht des Proletariates hingewiesen ... Nachdem er mit jenen Posaunenstößen aufgetreten war, sollte auf einmal alles still sein. Gott allein sollte es machen. Nur predigen durfte man es, aber nicht tun. Er, der von der Kirche auf der Kanzel sagen konnte: ›Wir brauchen keine Kirche‹ ... konnte dann erklären, nur die Kirche habe den Auftrag, die Sache Gottes zu vertreten, und in der Kirche nur die Pfarrer« (83, II, 103f). Der Weg Thurneysens scheint durch den Weg Kutters, so wie Ragaz ihn gesehen hat, vorgezeichnet. Der Briefwechsel der beiden Freunde im Aargau bestätigt diese Sicht. Er zeigt,

255

wie anfänglich (1915) Barth für Ragaz Partei ergreift: »Aber über Ragaz solltest Du weniger schimpfen« (2, 27). – »Gegenrat« aus Leutwil, »die Kutter'sche Orientierung stärker aufzunehmen. Sie ruft zunächst zum Abwarten, ist aber im Grunde radikaler und zugleich aufbauender als die von Ragaz« (2, 28). Fand Barth bei Ragaz mehr das Motiv, bei Kutter mehr das Quietiv betont (2, 33), schien ihm »der prinzipielle und ausschließliche Quietismus Kutters eine Verarmung« (2, 29). Er wollte sich an »*kleinen* Realisierungen des Gottesreiches« freuen (2, 87). Thurneysen entschied sich in der Folge für einen gewissen Quietismus: »Wir alle suchen die neue Stadt Gottes, und da braucht es beiderlei Leute, solche die wie manche Religiössoziale aktiv-politisch vorgehen, um die Gesellschaft heute schon zu erneuern, und solche die gleich uns trachten nach den göttlichen Kräften, ohne die uns nichts gelingen kann« (2, 171). Vergleicht man die Charakteristik Kutters von Ragaz mit der frühen Diskussion der Freunde über Kutter und Ragaz, kann man vermuten, Kutter habe geradezu den Weg zu Bezzel geebnet und mit seinen kirchenkritischen Posaunenstößen übergeleitet zu den Schalmeien, welche die »Liebe zur Kirche« priesen. Alle sind an allem schuld.

Seine Bedeutung im andauernden Tiefdrucksystem zeitgenössischer Wettermacher: Er ist in seiner Person den Weg gegangen, den er für die austrat, die ihm später den Prozeß machten, den Weg zum einzelnen, den Weg von der Prophetie in die Seelsorge. Den Weg von der Prophetenrede von 1918 zur »entpolitisierten« Predigt zum Kriegsende 1945. Er hatte den Schlüssel zu vielen Herzen, und er hat vielen Befreiung gebracht. Aber dieser sein Weg in die Seelsorge machte aus dem Schüttler und Rüttler einen Beruhiger, war eben ein Weg an einer Reformation der Kirche vorbei, an jener Reformation, die auf dem Wege zwischen Leutwil und Safenwil einmal zum Greifen nahe war.

Das Leben Thurneysens stellt uns die Frage, ob sein Weg in die Seelsorge, heute von vielen ohne ihn begangen, nicht ein Abweg sei, der nun zum Irrweg wird, dergestalt, daß man schon seelische Besserung mit dem Heil verwechselt und kaum mehr sieht, »was Gott mit eigener Hand« heute den Völkern und dem einzelnen Zeitgenossen »in gewaltigen Buchstaben vor der Nase an die Wand schreibt«.

Der Theologe muß heute die Zeichen an der Wand neu lesen lernen, will er nicht blinder Blindenleiter bleiben. Die Anfänge der theologischen Erneuerung können hier Lesehilfe leisten.

Man muß dahin zurückgehen, wo einem die Hand Gottes zum Schrecken wird und die Schrift zur Qual. Die Rückkehr zu diesem Anfang ist ein weiter, ein mühsamer Weg: War er »doch anfangs auf dem prophetischen Weg, aber nicht entschlossen genug« (vgl. 2, 214), müssen wir uns zu diesem Weg zurücktasten, und wenn er verschüttet wurde, muß er gefunden werden, was jenseits der Väter kaum möglich ist. Weil Gott seine Geschichte nicht ohne die Seinen macht und seine großen Buchstaben der Entzifferung harren zur Rettung in heilloser Zeit, darum entspricht dem göttlichen Heilswillen ein menschliches Muß, und Charisma schließt beides in sich. Prophetie ist Charisma, Gabe des Geistes zugunsten aller, die immer neu erstrebt und ereifert sein will (vgl. 1Kor 14,1). Die Prophetie hat ihre Stunde, sie schlägt aber nur denen, die, zur Last bereit, nach ihr Ausschau halten, nur denen, die selbst im Gericht stehen als Wartende und Eilende. Ihnen werden auch die Väter zum Gericht, aber sie gewinnen die Zukunft; die Zukunft gehört denen, die das Zeichen an der Wand zu lesen verstehen. Das Charisma der Prophetie ist die hohe Lesekunst, die Gottes Schrift zu lesen weiß. Da werden Augen aufgetan für ihn, Zeit und Geschichte rücken ins Licht: Nicht das Geschäft des Menschen soll vorwärts gehen, sondern die Sache Gottes. Die Kirche des Großinquisitors aber betreibt auch heute das Geschäft des Menschen gegen Gottes Heilsplan. Vergißt die Gemeinde, daß sie den Auferstandenen als einen »gewaltig tätigen *Propheten* zu hören und der Welt zu bezeugen hat« (KD IV/3, 931), kann sie aus dem ewigen Wort eine zeitlose Wahrheit machen und aus der zeitlosen Wahrheit eine seelsorgerliche Vertröstung: Sie leugnet damit das Lebendigsein ihres Gottes. Wo aus Gott ein Prinzip wird oder ein Gedanke, erstarrt die Kirche, wird sie unbeweglich und die Theologie steril. Das ist die Stunde der Funktionäre, und Feigheit ist die Antiprophetie. »London besitzt ja auch große Redner, aber solche, die aus der Geldkatze reden, nicht solche, die aus dem Hunger reden« (Federer).

Es ist kein Zufall, daß sein letzter Streit veranlaßt worden ist durch die Praxis einer theologischen Fakultät. Der Irreformabilität der Kirche entspricht die der Fakultäten und ihrer Wissenschaftspraxis. Hier sehe ich ihn als einen Fixstern, der andere Sterne überstrahlt, indem er eine neuartige Wissenschaftspraxis begann, die seinen Anteil an der theologischen Erneuerung im Anonymen beließ. Da war schon der Anfang gemacht, bei dem wieder neu anzufangen ist, nicht der eines strahlenden Genies, wohl aber ein Anfang einer neuen Profession: Freund zu sein. Wie denn überhaupt seine Bedeutung darin bestand, dem anderen zu sagen, was er bedeutet. So war er Freund und Seelsorger, Seelsorger und Freund – und in beidem ein wenig Prophet. Eduard Thurneysen wurde zu dem, was er war, als Freund. Er wurde durch den Freund bedeutend und der Freund durch ihn. Als Freund ist er zu einem Versprechen und Schulbeispiel für die Zukunft geworden. Wenn überhaupt, so kann Eduard Thurneysen, der Freund, zum Wegweiser werden für eine neue Praktische Theologie. Als Freund bildet er in seiner Vorbildlichkeit und Problematik ein Stück der Geschichte Jesu Christi auf Zukunft hin. In der Trias, untrennbar von Menschsein, Pfarrersein, Theologesein, ragt er als Freund herein in unsere Gegenwart.

Signifikant scheint mir, daß der Briefwechsel begonnen hat mit einer Einladung zu einem Fest und daß ihre Freundschaft dann wuchs im Klima des Ungenügens an der herkömmlichen Pfarrergeschäftigkeit. Die beiden wurden Freunde, weil sie gemeinsam an der Kirche litten, weil sie den Zustand von Theologie und Kirche so nicht hinnehmen wollten. Die Struktur dieser Freundschaft nahm schon den späteren Primat des Evangeliums dem Gesetz gegenüber vorweg. Diese Doppelung von Fest und Leiden wird grundlegend sein für unsere Zukunft und auch für die Gewinnung eines neuen Lebensstils. Nun geht es freilich nicht um eine gesetzliche Kopie der hier vorfindlichen Struktur, wohl aber darum, daß eine Unzufriedenheit hoch-

kommt, die heilig ist, daß der Hunger nach Gerechtigkeit groß wird, daß man es nicht mehr aushält, ein einzelner zu bleiben. Unsere Kirche, unsere Theologie braucht Erneuerung, eine Erneuerung der Spiritualität nicht nur, sondern auch der Strukturen.
Bei Thurneysen ist zu sehen: Die Widerspruchseinheit von Kontaktarmut und Gabe zur Freundschaft führte möglicherweise dazu, daß er eher Freund war, als daß er Freunde hatte. Oder darf ich für die Freunde sagen: Er war Freund in einer Qualität, der man nicht gewachsen war? Ihm fehlte der Freund, der ihn vor dem Immer-pastoraler-Werden schützte. Ein Christenmensch und ein Pfarrer erst recht braucht den Freund und die Freunde. Er kann aber nicht nur Freund sein. Er muß Freundschaft in Anspruch nehmen. Er braucht den Freund und die Freunde, damit sie um ihn einen Raum der Freiheit bilden. Er braucht Freunde, die ihn schützen vor der Macht der Toten, die immer schon in der Institution anwesend ist, insofern sie ein Gebilde des Herkommens darstellt. Er braucht Freunde als Wachsender und Werdender, und er braucht den Freund vor allem in der Stunde des Erfolgs, denn der Erfolg ist ein Rivale und Feind der Freundschaft. Erfolg isoliert, er ist der Freundschaft kaum zuträglich. Ein Pfarrer braucht den Freund gegen die Routine, in der er sich der Existenz einer Maschine nähert. Je älter er wird, um so mehr braucht er den Freund, nicht zur Verklärung des guten Alten, sondern zum Entdecken des Novums. Ein Christenmensch und ein Pfarrer erst recht braucht den Freund, um teilzunehmen am Spiel der Weisheit (vgl. Spr 8,22ff), die ihr Spiel mit Freunden und in Freunden treibt.
Wie wir die Sonne kaum wahrnehmen können, wenn Wolken sie verhüllen, so können wir heute kaum mehr das Ereignis fassen, daß während und nach dem Ersten Weltkrieg die Bibel neu entdeckt wurde und Eduard Thurneysen mit Karl Barth in der Bibel ein neues Indien fand, Grund genug zum Dank und Anstoß zu neuen Aufbrüchen, Hinreisen und Entdeckungen: »Und deshalb danken auch wir Gott unablässig, daß ihr das von uns gepredigte Wort Gottes, als ihr es empfingt, aufgenommen habt nicht als Wort von Menschen, sondern, wie es in Wahrheit ist, als Wort Gottes, das in euch, den Gläubigen, auch wirksam ist« (1Thess 2,13).
Die Bedeutung seiner Botschaft: Er las die Bibel und lernte sich selbst und die anderen neu sehen. ». . . der Mensch wird auf Grund der Rechtfertigung gesehen als der, den Gott anspricht in Christus. Dieses Sehen des Menschen als eines, auf den Gott seine Hand gelegt hat, das ist der primäre Akt aller wirklichen Seelsorge« (17, 85). In seiner Sehanweisung hat er uns einen Schlüssel hinterlassen zur Enträtselung des Geheimnisses Mensch. Die biographische Wahrheit kommt in Sicht, sie ist nicht zu haben, aber gleichwohl je neu zu entdecken. Auch der Sonnenschein ist nicht zu haben, aber man kann sich ihm aussetzen, kann sich von ihm erwärmen und erfreuen lassen, und dem Glaubenden gehen die Augen auf.
Glauben »heißt konkret ausgedrückt: sich nicht mehr allein sehen, sondern sich sehen als mit ihm, mit Jesus Christus zusammen, der ja nichts anderes

ist, als der für uns zu uns Gekommene. Es heißt darum: sich auch unter den Menschen nicht mehr allein sehen, sondern zusammengerufen zu seinem Volke. Es heißt sich sehen als Glied der Gemeinde, der Kirche« (49,II,299). – So wird Blumhardts »Ihr Menschen seid Gottes« konkretisiert. – »›Seines Volkes sein‹, das ist ja schon in der alttestamentlichen Botschaft der Inbegriff für Versöhnung« (49,II,299).
Ein Christenmensch und ein Pfarrer erst recht braucht Versöhnung, die in Brüdern, in der Gemeinde sichtbare Zeichen findet. Die Stunde, in der ich über ihn schreibe, ist keine Stunde der Hirten, sondern eine solche der Herde. Hirten können nur Hirten sein, indem sie in der Herde aufgehen. Die Gemeinde brauchen heißt eins-werden mit ihr. Aber ist dann nicht erst recht die Kapitulation vorprogrammiert und die Anpassung eingeleitet: der Pfarrer als religiöser Dekorateur in allen Lebenslagen? Aufgehen in der Herde ist etwas anderes als der Herde nachlaufen, die Gemeinde brauchen etwas anderes, als sich von der Gemeinde gebrauchen lassen. In der Stunde der Herde gefällt es dem Vater wohl, ihr das Reich zu geben (vgl. Lk 12,32) und heute schon als Vorschein und Vorgabe die Charismen.
Der Weg an Eduard Thurneysen vorbei, den die Praktische Theologie nach dem Zweiten Weltkrieg gegangen ist, war – trotz gelegentlichem kirchenreformerischem Pathos – noch einmal ein Weg an der Reformation vorbei. Indem die Praktische Theologie Thurneysen verdrängte, schuf sie ihr eigenes Tiefdrucksystem. Die »Wort-Gottes-Theologie« kann nur für den abgetan sein, der übersieht, daß diese Theologie das Sehen lehrt und man bei ihr und in ihr nicht blind bleiben kann. Wer sehen lernt, wird weiter sehen! Andererseits stellt die Verachtung des Wortes – einhergehend mit einer Inflation der Wörter – ein Kennzeichen des Nichtigen dar. Man merkt nicht die Eitelkeit seines eigenen Tuns und verkennt seine Defekte. Das Elend in Kirche und Theologie grassiert als Verelendung der Wörter. Die Wörter verelenden, wo man das eine Wort verachtet, das Gottes ist.
Sein Nicht und Nein, seine Polemik ist mir allemal fatal gewesen. In dem Maße aber, als man von ihm her das Sehen lernt, verwandelt sich auch diese Fatalität, sein Nicht bekommt einen positiven Sinn – ein Elementarwort! Wo das Ja Gottes laut wird, kann das Nein zu den Göttern nicht fehlen. Wir müssen das Elementarwort in Kirche und Theologie neu buchstabieren lernen. Wir können in Theologie und Kirche kaum mehr »ja« sagen, weil wir der Schwierigkeit des Neinsagens ausweichen. Darum turnen wir denn heute am Reck des »Sowohl-als-auch« und werden nie Kranzturner. Eduard Thurneysen, von der Anlage her ein Mann des Kompromisses, ein geborener Vermittler, hat gegen sich selber das Nein buchstabiert. Der Mangel an Souveränität, mit dem er das tat, macht ihn nicht nur sympathisch, sondern zum Paradigma für die, die selbst am Mangel an Souveränität leiden. Seine Bedeutung besteht auch hier im Imperfekten.
Wenn ich seine Bedeutung für das Heute eindeutig zu machen suche, sehe ich mich genötigt, in einer Zone des Sprachlosen vom Heiligen Geist zu reden, um dem Begriff »Wort Gottes« gerecht zu werden, und für die neue

Sehweise gebrauche ich das Fremdwort »theologische Ästhetik«. Glauben »heißt konkret ausgedrückt: sich nicht mehr allein sehen, sondern sich sehen als mit ihm, mit Jesus Christus zusammen«. Aus solcher Sicht wächst eine schöne Serenität. Glauben heißt konkret: Eduard Thurneysen mit Jesus Christus zusammen sehen; dann mag man seine Treue rühmen und seine anderen Tugenden, man mag aufzeigen, was er verfehlt und seine Fehler kritisieren. Man wird arm bei solchem Geschäft, arm mehr noch da, wo man kritisiert, als da, wo man lobt. Man wird arm und fühlt doch Seligkeit – und in dieser Seligkeit dreht sich die Zeit. Die Gestalt von Eduard Thurneysen, die man in der Vergangenheit aufgesucht hat, tritt einem aus der Zukunft entgegen. Die Botschaft, die er gewesen, und die Botschaft, die er hinterlassen, werden zu einem Text der Zukunft, der im Dunkel leuchtet. Einmal sagte er: »Worte bleiben im Raum hängen, stehen gleichsam in der Luft.« Er hatte die Augen erhoben, sah gegen die Decke und zeigte förmlich auf die Worte im Raum. »Manchmal kann man beim Betreten eines Zimmers die Worte, die vorher darin gesprochen wurden, beinahe körperlich spüren.« Was als Warnung vor unbedachten, bösen Worten gemeint war, gilt noch mehr von wohlbedachten, guten Worten, vom Text, den er uns hinterlassen.

Da er, der Friedfertige und Friedensstifter, in jungen Jahren vor allem eine martialische Sprache geliebt hat, sei mir gestattet, einige Sätze von Jeremias Gotthelf hierher zu setzen, die in anderer Metaphorik die Bedeutung Eduard Thurneysens umschreiben und ihn quer zu einer Zeit stellen, die Worte meist nur noch verliert: »Das Wort ist unendlich mächtiger als das Schwert, und wer es zu führen weiß in starker, weiser Hand, ist viel mächtiger als der mächtigste der Könige. Wenn die Hand erstirbt, welche das Schwert geführt, wird das Schwert mit der Hand begraben, und wie die Hand in Staub zerfällt, so wird vom Rost das Schwert verzehrt. Aber wenn im Tode der Mund sich schließt, aus dem das Wort gegangen, bleibt frei und lebendig das Wort; über dasselbe hat der Tod keine Macht, ins Grab kann es nicht verschlossen werden, und wie man die Knechte Gottes schlagen mag in Banden und Ketten, frei bleibt das Wort Gottes, welches aus ihrem Munde gegangen« (Uli der Pächter, XI, 298f).

Zeittafel*

1888	10.7. geboren in Walenstadt (Kanton St. Gallen) als Sohn des Pfarrers Eduard Thurneysen und der Elise, geb. Blüss
1891	Tod der Mutter
1892	Übersiedlung nach Basel
1893	Wiederverheiratung des Vaters mit Emilie Hindermann
1904	erste Reise nach Bad Boll zu Christoph Blumhardt (1842–1919)
1907	Maturität
1907–1911	Studium in Basel: Bernhard Duhm (1847–1928), Paul Wernle (1872–1939) und Marburg: Adolf Jülicher, Wilhelm Heitmüller, Wilhelm Herrmann, Hermann Cohen, Einfluß von Ernst Troeltsch
1911–1913	1 1/2 Jahre CVJM-Hilfssekretär im Glockenhof, Zürich, mitverantwortlich für die Herausgabe der »Glocke«
–	Freundschaft mit Rudolf Pestalozzi (1882–1961), seit 1914 verheiratet mit Gerty Eidenbenz (1893–1978)
–	Hermann Kutter (1869–1931) Neumünsterpfarrer
–	Leonhard Ragaz (1868–1945)
1913–1920	Pfarrer in Leutwil-Dürrenäsch durch Vermittlung Emil Brunners (1889–1966)
–	Karl Barth (1886–1968) Pfarrer in Safenwil (1911–1921): Der Römerbrief (1919, 1921²)
1916	Heirat mit Marguerite Meyer, geb. 28.11.1893 in Basel. Kinder: Dorothee (1917), Mathis (1919), Käthi (1921), Monica (1925), Christine (1931)
1920	Gemeinsame Reise mit Barths nach Heidelberg (Richard Siebeck, Victor v. Weizsäcker), Stuttgart (Eugen Rosenstock-Huessy) und Bad Boll (Frau Blumhardt)
1920–1927	Pfarrer in Bruggen-Winkeln (Kanton St. Gallen)
1920	»Sozialismus und Christentum« (Vortrag, erschienen 1923)
1921	»Die Aufgabe der Predigt«
–	Karl Barths Berufung auf den Lehrstuhl für Reformierte Theologie in Göttingen
1923	Gründung von »Zwischen den Zeiten« mit Karl Barth und Friedrich Gogarten, alsbald betreut von Georg Merz (–1933)
–	»Schrift und Offenbarung«, Vortrag, gehalten in Zürich, wiederholt in Marburg (1924)
1925	Reise nach Dänemark zu Vorträgen über Christoph Blumhardt
1927	Universität Gießen: Dr.theol. h.c.
1927–1959	Münsterpfarrer in Basel
1928	»Rechtfertigung und Seelsorge«
1929	Reise nach Prag (Josef Hromádka)
–	Samuel Dieterle, Pfarrer in Basel (St. Peter/St. Johannes –1948)

* Literarische Werke werden nur angeführt, wenn sie im Buch besprochen, aber im Literaturverzeichnis nicht ausdrücklich genannt werden.

1930	Lehrauftrag für Praktische Theologie. Antrittsvorlesung »Jesus Christus und die Kirche«
–	Sommerkonferenz der N.C.S.V. im holländischen Nunspeet (Visser't Hooft, Pierre Maury)
1931	Walter Lüthi Pfarrer in Basel (Oekolampadhaus –1946)
1932	Karl Barth, Die Kirchliche Dogmatik (–1967)
1933	mit Karl Barth Herausgabe von »Theologische Existenz heute« (–1936; dann – 1939 allein)
1934	Reise nach England anläßlich der Ehrung (D.D.) durch die Universität Aberdeen
–	Karl Barths »Nein« zu Emil Brunner
1935	Rückkehr Barths nach Basel
1936	im Konflikt zwischen Karl Barth und Emil Brunner auf Schloß Auenstein
	Vortragsreise nach Holland
1937	Oekumenische Konferenz »Life and Work« in Oxford
1939	SS in Zürich in Vertretung des in den USA weilenden Emil Brunner
1940	mit Walter Lüthi: »Basler Predigten«
1941	Ernennung zum ao. Professor
1946	Vorträge und Seminare in Berlin (Georges Casalis, sein Schwiegersohn seit 1940, im Auftrag der französischen Regierung und der Eglise Reformé in Berlin)
1947	erster Ferienaufenthalt »auf dem Kapf« ob Eggiwil (Emmental)
1949	Gemeinsame Reise mit Walter Lüthi im Auftrag des HEKS nach Ungarn
–	Fritz Buri Pfarrer in Basel (St. Alban –1957; Münster 1957–1968)
1950	Vortrag vor Medizinern in Heidelberg »Krankheit und Heilung in biblischer Sicht«
1952	Predigt auf dem Kirchentag in Stuttgart
1955	Beginn der Arbeiten zur Herausgabe des Briefwechsels mit Karl Barth
1956	Tagung des Reformierten Weltbundes in Emden (Hans-Joachim Kraus, Hamburg)
1959	Ruhestand, Übersiedlung Birsigstraße 96
1960	WS Gastvorlesung in Hamburg (Helmut Thielicke, Hans-Rudolf Müller-Schwefe)
1961	SS, Vertretung Müller-Schwefes in Hamburg, Vorlesung und Seminar in Berlin (Helmut Gollwitzer, Kurt Scharf, Karl Kupisch, Martin Fischer)
1963	Gastvorlesungen in Wuppertal (Kirchliche Hochschule) und Berlin (Weißensee und Kirchliche Hochschule)
1966	Gastsemester in Hamburg, Vertretung von Müller-Schwefe
1968	Karl Barth in Basel gestorben (10.12.)
1974	letzter Ferienaufenthalt in Blonay
–	21.8. gestorben in Basel

Literatur in Auswahl*

I. Eduard Thurneysen

1. Das Wort Gottes und die Kirche. Aufsätze und Vorträge. 1971
2. Karl Barth – Eduard Thurneysen. Briefwechsel Band 1 (1913–1921). 1973
3. Karl Barth – Eduard Thurneysen. Briefwechsel Band 2 (1921–1930). 1974
4. Unsere roten Brüder. Die Glocke 8, 1914
5. Suchet Gott, so werdet ihr leben! Von Karl Barth und Eduard Thurneysen. (1917) 1928
6. Die neue Zeit. Predigt vom 17.11.1918 über Sach.1,3. Sonderdruck
7. Abschiedspredigt 1920 über 1.Sam. 20,23. Sonderdruck
8. Der Heilige Geist. Das Neue Werk 7, 1920
9. Die Aufgabe der Predigt. 1921 (zit.nach 1)
10. Dostojewski. (1921) 1963
11. Eine christliche Unterweisung. (ZZ, Jg.1, 1923, H.1) 1948
12. Komm, Schöpfer Geist! Predigten von Karl Barth und Eduard Thurneysen. (1924) 1932
13. Das Wort Gottes und die Predigt. ThBl 1926, H.8
14. Christoph Blumhardt. (1926) 1962
15. Das Wort Gottes und die Kirche. 1927
16. Zum religiös-sozialen Problem: Diskussionsvotum mit der Replik von Leonhard Ragaz. Abdruck in erweiterter Form in: ZZ, Jg.5, 1927, H.6
17. Rechtfertigung und Seelsorge. (ZZ, Jg.6, 1928, H.3) Abdruck in: Wintzer, Friedrich (Hg.): Seelsorge. 1978
18. Christus und die Kirche. ZZ, Jg.8, 1930, H.3
19. Die drei homiletischen Grundregeln. ZZ, Jg.11, 1933, H.6
20. Gotteswort und Menschenwort in der christlichen Predigt. KBRS 1932, Nr. 10
21. Die Kraft der Geringen. Drei Predigten. ThEx 8, 1934
22. Die große Barmherzigkeit. Predigten von Karl Barth und Eduard Thurneysen. 1935
23. Der Mensch von heute und die Kirche. 1936
24. Die Bergpredigt. (ThEx 46, 1936) ThEx 105, 1965 (durchges.)
25. Andachten für Advent, Weihnachten, Passion und Ostern. Eduard Thurneysen und Karl Barth. (1936) 1949
26. Was heißt und wie wird eine lebendige Gemeinde? Rufe in die Zeit 6, 1937
27. Die Kirche in Luthers Auslegung des Glaubens. ThEx 57, 1938
28. Kreuz und Wiederkunft Christi. ThEx 60, 1939
29. Pfarrer und Gemeinde. Vortrag, gehalten an der Zusammenkunft der schweiz. Theologiestudenten in Gwatt, April 1940. In Extremis 4/5, 1940
30. Die Verkündigung des Wortes Gottes in unserer Zeit. 1941
31. Der Brief des Jakobus, ausgelegt für die Gemeinde. (1941) 1959

---

* Abkürzungen nach RGG³ und TRE. Im übrigen sei auf die Bibliographien in den FS verwiesen (Nr. 88 und 89).

32 Der Brief des Paulus an die Philipper, ausgelegt für die Gemeinde. (1943) 1962
33 Abendmahl und Beichte. Walter Lüthi und Eduard Thurneysen. (1944) 1957 (erw. und neu bearb.)
34 Predigt vom 10.5.1945 über 2.Mose 15,1–21.Mskr.
35 Die Lehre von der Seelsorge. (1946) 1980^5
36 Zur Gemeindepredigt von heute. Der Kirchenfreund 5, 1947
37 Psychologie und Seelsorge. Korreferat im Schweiz. reform. Pfarrverein in Solothurn 1949. Abdruck in: Unterwegs 5, 1949
38 Seelsorge und Psychotherapie. ThEx 25, 1950. Abdruck in: Läpple, Volker und Scharfenberg, Joachim (Hg.): Psychotherapie und Seelsorge. 1977, 137–158
39 Christ und Welt. Fragen und Antworten. (1950) 1965
40 Du sollst mich preisen. 30 Predigten von Walter Lüthi und Eduard Thurneysen. 1951
41 Seelsorge am Menschen von heute. Geistl. Woche der Evang. Akademie Mannheim, 1953. Abdruck unter dem Titel: Seelsorge am heutigen Menschen. Verlag Bibelschule Basel 7, 1953
42 Gerechtigkeit. 2 Vorträge von Walter Lüthi und Eduard Thurneysen. 1956
43 Die Anfänge. Karl Barths Theologie der Frühzeit. In: Antwort. Karl Barth zum siebzigsten Geburtstag am 10.Mai 1956, 831–864
44 Seltsame Schweiz. KBRS 1958, Nr. 7
45 Arzt und Seelsorger in der Begegnung mit dem leidenden Menschen. Beitrag zu: FS Richard Siebeck. 1959
46 Der Erlöser. 30 Predigten von Walter Lüthi und Eduard Thurneysen. (Ohne Datum)
47 Warum nicht Gollwitzer? KBRS 1962, Nr. 9
48 Seelsorge als Verkündigung. EvTh 1962, 297–303
49 I/II Moltmann, Jürgen (Hg.): Anfänge der dialektischen Theologie. Teil I (1962) 1977 und Teil II (1963) 1977
50 C.G.Jungs »Erinnerungen, Träume, Gedanken«. KBRS 1963, Nr. 11 und 12. Abdruck in: Kirche in der Zeit, Jg. 18, Nr. 10
51 Der Mensch von heute und das Evangelium. ThSt (B) 75, 1964
52 Seelsorge im Vollzug. 1968
53 Rückblick und Ausblick. Ansprache am 29.6.1968. Mskr.
54 »Ihr Menschen seid Gottes!« Eine Betrachtung zur Osterzeit. Basl. Predigten, Jg.34, 1970, Nr. 4
55A War Karl Barth ein Marxist? Nationalzeitung Basel Nr. 125 vom 16.3.1972, 5
55B Die doppelte Rede von der neuen Welt. Der umstrittene Sozialismus Karl Barths. Deutsches Allgemeines Sonntagsblatt Nr. 16 vom 16.4.1972
56 Lob des Alters. Eine Betrachtung. Basl. Predigten. Jg.37, 1973, Nr.8
57 In seinen Händen. Grabreden. Ein Trostbuch. Mit begleitenden Texten von Rudolf Bohren. (1978) 1980^2

II. Umfeld

58 Barth,Karl: Eduard Thurneysen zum 60.Geburtstag. 10.Juli 1888–1948. Sonntagsblatt der Basler Nachrichten vom 11.7.1948

59 Barth,Karl: Briefe 1961–1968. Hg. von Jürgen Fangmeier und Hinrich Stoevesandt. 1975
60 Barth,Karl: Ethik I (1928). Hg. von Dieter Braun. 1973
61 Benedetti, Gaetano: Pfarrer Eduard Thurneysen. Ansprache von Prof. Benedetti an der Gedenkfeier für Pfarrer Ed.Thurneysen. KBRS 1975, 261ff
62 Blumhardt,Christoph: Ansprachen, Predigten, Reden, Briefe 1865–1917. Neue Texte aus dem Nachlaß. Hg. von Johannes Harder. 1982²
63 Bohren,Rudolf: Das Wort Gottes und die Kirche. EvTh 1976, 312ff. Zit. nach: Geist und Gericht. 1978, 9ff, Gemeinde und Seelsorge. ebd., 129ff
64 Bohren,Rudolf: Mit dem Geist bekommen wir Väter und mit den Vätern einen Geist. In: Vom Heiligen Geist. 1981, 48ff
65 Buess,Eduard: Jeremias Gotthelf. Sein Gottes- und Menschenverständnis. 1948
66 Burckhardt,Paul: Was sagt uns die Theologie Karl Barths und seiner Freunde? 1927
67 Burckhardt,Paul: Geschichte der Stadt Basel von der Zeit der Reformation bis zur Gegenwart. 1957²
68 Busch,Eberhard: Karl Barths Lebenslauf. Nach seinen Briefen und autobiographischen Texten. 1978³
69 Dannemann, Ulrich: Theologie und Politik im Denken Karl Barths. 1977
70 Geßler,Paul: Die Verkündigung der neuen Theologie. 1940
71 Gollwitzer,Helmut: Ansprache bei der akademischen Gedenkfeier für Eduard Thurneysen am 19.4.1975. KBRS 1975, 209f
72 Hoch, Dorothee: Offenbarungstheologie und Tiefenpsychologie in der neueren Seelsorge. ThEx 195, 1977
73 Hoch,Dorothee: Eduard Thurneysen. In: Der Reformation verpflichtet. Gestalten und Gestalter in Stadt und Landschaft Basel aus fünf Jahrhunderten. Hg. vom Kirchenrat der Evangelisch-reformierten Kirche Basel-Stadt. 1979, 199ff
74 Kerlen,Eberhard: Die Gemeinde in der Predigt des jüngeren Blumhardt. Diss.Heidelberg 1979. (Neufassung: Zu den Füßen Gottes. Untersuchungen zur Predigt Christoph Blumhardts. 1981)
75 Köhler,Walther: Ernst Troeltsch. 1941
76 Kutter, Hermann jun.: Hermann Kutters Lebenswerk. 1965
77 Lindt,Andreas: Leonhard Ragaz. Eine Studie zur Geschichte und Theologie des religiösen Sozialismus. 1957
78 Lüthi, Walter: Gnade – Gnade – und nochmals Gnade. Predigt über Psalm 103, 1–5 zum Abschied von Eduard Thurneysen 1888–1974. Basl.Predigten, Jg.38, 1974, Nr.10
79 Marquardt, Friedrich-Wilhelm: Theologie und Sozialismus. Das Beispiel Karl Barths. 1972
80 Mattmüller, Markus: Leonhard Ragaz und der religiöse Sozialismus I und II. 1957 und 1968
81 Nötzel,Karl: Das Leben Dostojewskis, 1925
82 de Quervain,Paul Fredi: Psychoanalyse und dialektische Theologie. Jahrbuch der Psychoanalyse/Beiheft 3, 1978
83 Ragaz,Leonhard: Mein Weg I und II. 1952
84 Schmithals,Walter (Hg.): Gutachten und Stellungnahmen zu der Habilitationsschrift von Dr.Friedrich-Wilhelm Marquardt »Theologie und Sozia-

lismus – Das Beispiel Karl Barths«. (Vervielfältigtes Manuskript, Kirchl. Hochschule Berlin-W.)
85 Thurneysen,Marguerite: Eduard Thurneysen.Mskr. 1978
86 Troeltsch,Ernst: Die Bedeutung der Geschichtlichkeit Jesu für den Glauben. 1911
87 Troeltsch,Ernst: Gesammelte Schriften IV. 1925
88 Gottesdienst – Menschendienst. Eduard Thurneysen zum 70. Geburtstag am 10. Juli 1958
89 Wort und Gemeinde. Probleme und Aufgaben der Praktischen Theologie. Eduard Thurneysen zum 80.Geburtstag, hg. von Rudolf Bohren und Max Geiger. 1968
Iff Jeremias Gotthelf, Sämtliche Werke in 24 Bänden (mit ErgBden). Hg. von R. Hunziker, H. Bloesch u.a., 1911ff

Hingewiesen sei außerdem auf das als Manuskript gedruckte Buch von J.M. Hasselaar (Utrecht) »Meegelezen«. Een keuze uit de briefwisseling Barth-Thurneysen uit de jaren 1913–1930, das ich erst nach Fertigstellung der Arbeit einsehen konnte.

III. Ergänzung der Bibliographie E. Thurneysens (vgl. 88 und 89)
(von Marguerite Thurneysen, erg. von Elke Haller)

1968
435 Jesus wandelt Wasser in Wein. Predigt über Joh. 2, 1–11, gehalten in der Stiftskirche zu Stuttgart und in der Tituskirche zu Basel. Basl. Predigten, Jg.32, 1968,Nr.3
436 Karl Barth. Nationalzeitung Basel Nr.581 vom 15.12.1968
437 »Ein Troubadour der Gnade Gottes«. Ed.Thurneysen über seinen Freund Karl Barth. Deutsches Allgemeines Sonntagsblatt Nr. 51 vom 22.12.1968
438 »Warum toben die Völker?« Predigt über Psalm 2, gehalten in der Gellertkirche zu Basel. Basl.Predigten, Jg.32,1968, Nr.8

1969
439 Liebe zur Kirche! Zwinglikalender 1969
440 Pfarrer Dr.Gottlob Spörri. Zum 70.Geburtstag. Leben und Glauben, Jg.44,Nr.13 vom 29.3.1969
441 Die Pfingstbotschaft. Genossenschaft,17.5.1969
442 Das Wort »Es wird regiert!« Deutsches Allgemeines Sonntagsblatt Nr.21 vom 25.5.1969
443 Das Rätsel des Leidens. Eine Betrachtung. Vom Norddeutschen Rundfunk gekürzt gesendet am Himmelfahrtstag 1969. Basl. Predigten, Jg.33, 1969, Nr.6
444 Die Rechtfertigung des Gottlosen als Grund und Ziel seelsorgerlichen Handelns. Evangelium und Kirche, Rundbrief der Bekenntnisgemeinschaft in Württemberg,Nr.1/1969
445 Die erste Bitte. Predigt über Matth.6,9, gehalten am 6.Juli 1969 in der Gellertkirche zu Basel. Basl.Predigten,Jg.33,1969,Nr.9

1970
446 Der 23.Psalm. Zwinglikalender 1970

447	Die Osterbotschaft. Genossenschaft, 28.3.1970
448	»Ihr Menschen seid Gottes!« Eine Betrachtung zur Osterzeit. Basl.Predigten,Jg.34,1970,Nr.4
449	Pfingsten. In: Kneipp, Schweiz.Monatszeitschrift für kneippsche naturgemässe Lebens- und Heilweise, Nr.5/1970
450	Praktische Seelsorge (Teil 2 von: Seelsorge im Vollzug). (1970), 1978[2] (GTB-Siebenstern 148)
451	Jesus, der ›königliche Mensch‹. Predigt über Matthäus 8,14–15. Basl.Predigten,Jg.34,1970,Nr.11
452	Die Euch das Wort Gottes gesagt haben! Hebräer-Brief 13,7–9. Wochenpredigten »Aus vieler Zeugen Mund«, Jg.72,Nr.44 vom 1.11.1970
453	Jesus hat die Dämonen besiegt. Matthäus 8,28–34. Wochenpredigten »Aus vieler Zeugen Mund«, Jg.72,Nr.51 vom 20.12.1970

1971

454	»Komm' Schöpfer Geist!« Zwinglikalender 1971
455	Die blutflüssige Frau. Predigt über Markus 5,25–34. Basl. Predigten, Jg.35,1971,Nr.5
456	Das Geschehnis im Hause des Jairus – Als Wort zur Lage der Welt von heute. Matth. 9,18–19;23–26. Basl.Predigten,Jg.35,1971,Nr.9
457	Das Wort Gottes und die Kirche. Aufsätze und Vorträge. ThB 44, 1971
458	Die Aufgabe der Predigt (1921), in: Aufgabe der Predigt.Hg.von Gert Hummel. 1971
459	Jesus kommt wieder! Markus 13,32–37. Wochenpredigten »Aus vieler Zeugen Mund«,Jg.73,Nr.50 vom 12.12.1971

1972

460	War Karl Barth ein Marxist? Nationalzeitung Basel Nr.125 vom 16.3.1972
461	Die doppelte Rede von der neuen Welt. Der umstrittene Sozialismus Karl Barths. Deutsches Allgemeines Sonntagsblatt Nr.16 vom 16.4.1972
462	Der Anfang der Bergpredigt. Predigt über Lukas 6,20–26, gehalten am 11.6.1972 in Berlin im Hendrik-Kraemer-Haus. Basl. Predigten, Jg. 36, 1972, Nr.9

1973

463	Gustav Heinemann, KBRS 1973, Nr.1 und Deutsches Pfarrerblatt 1973, Nr.7
464	Pfarrer Dr.h.c.Gottlob Wieser, Riehener Zeitung Nr.4 vom 26.1.1973. Abgedruckt in: KBRS 1973,Nr.4
465	Glaubwürdiger werden. Besprechung des Buches: Jan Milič Lochman: Das radikale Erbe. Versuche theologischer Orientierung in Ost und West. Basler Nachrichten Nr. 39 vom 15.2.1973 und JK 1973, Nr.8/9
466	Lob des Alters. Deutsches Allgemeines Sonntagsblatt Nr.7 vom 15.2.1973
467	Karl Barth, »Theologie und Sozialismus« in den Briefen seiner Frühzeit. 1973
468	Lob des Alters. Eine Betrachtung. Basl.Predigten,Jg.37, 1973, Nr.8
469	Karl Barth – Eduard Thurneysen. Briefwechsel Band 1 (1913–1921). 1973
470	Ein Wunder als Zeichen! Predigt von Eduard Thurneysen in der Stuttgarter Stiftskirche am 5.Mai 1968. In: Dein Wort, Herr, nicht vergehet. Nr.4. 1973

1974
471 Karl Barth – Eduard Thurneysen. Briefwechsel Band 2 (1921–1930). 1974
472 Himmelfahrt. Betrachtung zum Himmelfahrtstag über Epheser 4,7–10. Basl.Predigten, Jg.38, 1974, Nr.5

1976
473 Die Lehre von der Seelsorge. Neue Auflage 1976[4]

1977
474 Seelsorge und Psychotherapie (1950), in: Psychotherapie und Seelsorge. Hg. von Volker Läpple und Joachim Scharfenberg. 1977

1978
475 Rechtfertigung und Seelsorge (1928), in: Seelsorge. Texte zum gewandelten Verständnis und zur Praxis der Seelsorge in der Neuzeit. Hg. und eingef. von Friedrich Wintzer. ThB 61, 1978
476 In seinen Händen. Grabreden. Ein Trostbuch. Mit begleitenden Texten von Rudolf Bohren. 1978

1979
477 Altern als Aufgabe. 2 Beiträge zum Thema von Hans-Friedrich Eisele und Eduard Thurneysen. Konstanzer Großdruckhefte, 1978, Nr.4

1980
478 In seinen Händen. Grabreden. Ein Trostbuch. Mit begleitenden Texten von Rudolf Bohren. (1978) 1980[2].
479 Die Lehre von der Seelsorge. 1980[5]

Namenregister

Abegg, J.F. 19
Adam, K. 148
Algermissen, K. 154
Andersen, H.Chr. 227
Anna, Sr. (von Sprewitz) 126
Antonius 127.143
Ariès, P. 144.247
Athanasius 22.127
Augustin 22.174

Ball, H. 134
Balzac, H. 100.111
Barth, K. 14–16.19f.22.29.36–39.
41–51.54–58.66f.74.76–93.97–100.
102f.110.115.117.119–122.126.129–
131.134.136.138–142.145.151.155–
159.162–169.175.177.179.180–183.
185–188.190.193.196.218.221.231.
233–244.246.248.252–258
Barthes, R. 197
Bebel, A. 35
Beck, J.T. 29
Beckett, S. 18
Benedetti, G. 16.209.222.237.251
Benn, G. 45.102.110.231
Benz, G. 180
Bezzel, H. 144f.255f
Biedermann, A.E. 135
Billeter, Trudy 88.248f
Bischoff, G. 135
Bitzius, A. 111
Blumhardt, Chr. 14.34–39.41.43–48.
50–52.54–58.67.79.85.87.100f.107.
123–130.145.149.172f.175–177.186f.
190.193.206.210.221.238.245f.259
Blumhardt, J.Chr. 33f.51.113.157.160.
175f.221
Bobrowski, J. 71.199
Böcklin, A. 134.136
Börsch, E. 188
Bohren, R. 162
Bonhoeffer, D. 77.90.168.203.248
Bonjour, E. 169
Bornhausen, K. 46
Bovet, T. 16

Brecht, B. 60
Breughel, P. 143.183.248.250
Brunner, E. 14.99.150.156–168.218.225.
251
Buchman, F. 156.158–160
Büchmann, G. 189
Buess, E. 111.136
Bultmann, R. 14.121.151.173.233
Burckhardt, K.Chr. 32
Burckhardt, P. 32.131.139.142
Burger, H. 143
Buri, F. 148
Burte, H. 134
Busch, E. 20.82.84.158

Calvin, J. 22.77.145.196.255
Camus, A. 237
Canetti, E. 101.143.237.248.250
Carlyle, T. 45
von Chartres, B. 18
Chesterton, G.K. 202
von Chiemsee, B. 144
Christ, L. 140
Christie, A. 202
Cicero 39
Cochläus, J. 144
Cohen, H. 43

Dibelius, M. 207
Diem, H. 84
Dietschi, J.M. 66.69f
Dittus, G. 33
Dixelius, H. 171
Doerne, M. 103
Dostojewski, F.M. 11.20.100–112.119.
126f.191.201
von Dryander, E. 192
Dürrenmatt, F. 60.138
Duhm, B. 40–42.46f.54–58.186f
Dungersheim, H. 144

Eck, J. 144
Emser, H. 144
Erismann, P. 163
Eulenberg, H. 134

269

Farner, O. 169f
Federer, H. 73.257
Fischer, M. 196
Frenssen, G. 180
Freud, S. 11
Fries, J.F. 113

Ganz, Vikari 66f.69.78
Gardner, E.S. 202
Geering, T. 135
Geerk, F. 134
Geiger, M. 236
Gerhardt, P. 43
Geßler, P. 139
Geyer, H.-G. 244
Goebbels, J. 196
von Goessel. H.H. 156
Goethe, J.W. 135
Gogarten, F. 98f.157
Gollwitzer, H. 13.16.151.236.240
Gotthelf, J. 63.100.110–121.126.163. 211f.222.227.246f.249.252.254.260
Grass, G. 92
Gysi, E. 69

von Habsburg-Lothringen, E. 138
Haecker, T. 99
Häsler, A.A. 171
Haffter, F. 93.171
Handke, P. 24
Hauptmann, G. 236
Hebich, S. 31
Heidegger, M. 121.124.232
Heinemann, G. u. H. 13
Heißenbüttel, H. 201.203
Heitmüller, W. 43
Held, H.J. 168.203
Herder, J.G. 113
Herrmann, W. 43.46.48
Hesse, H. 209
Hirsch, E. 113f.134
Hitler, A. 186.196
Hoch, D. 60.203f.220
Hochstraten, J. 144
Hofacker, L. 233
von Hofmannsthal, H. 68
Holbein, H. 144
Holl, K. 89
Homrichhausen, Chr. 116

Hug, H. 63.68f.93.163–166.179.191
Hummel, G. 15

Iser, W. 100
Iwand, H.J. 17.24

Jäckh, E. 126
Johst, H. 134
Jolles, A. 20
Josuttis, M. 15
Jülicher, A. 43
Jung-Stilling, J.H. 66

Kästner, E. 228
Kafka, F. 102
Keil, W. 35
Keller, G. 111.114f
Kemelman, H. 202
Kerlen, E. 34.126.128.130
Kiep, L. 219
Kierkegaard, S. 22.97.148
Klages, L. 77.238
Knak, G. 167f
Kohlbrügge, H.F. 22
Kraus, H.-J. 40.108.188
von Krüdener, J. 66
Kurz, G. 170
Kutter, H. 14.36.39.52–58.60.74.79.85. 99.101.141.152f.186f.210.242.245.251. 255f

Lempp, A. 50
Lenin, U. 102.110
Lieb, F. 129
Lindt, A. 30.265
Löhe, W. 45
von Logau, F. 87.90
Lohse, E. 220
Lüthi, W. 14.104.148.163f.166.169f.236
Luther, M. 22f.58.89.95.108.113–115. 125.144.148.155.168.174.176.188.226. 232f

Magnus, A. 144
Mann, T. 114
Marquardt, F.-W. 240–244
Marti, K. 67
Mattmüller, M. 52
Melanchthon, P. 155

Merz, G.   49.85.98f.144.182
Metz, J.B.   24.38.45.254
Meyer, W.   164.166
Miskotte, K.H.   190
Moltmann, J.   15.79.157
Morgenstern, Chr.   209
Müller-Schwefe, H.-R.   236
Muschg, A.   21

Niebergall, A.   15.121
Nietzsche, F.   134.194
Nigg, W.   99
Nötzel, K.   16.102f
Novalis, F.   100

Oberlin, J.F.   66
von Occam, W.   144
Onasch, K.   103
Ott, H.   151
Overbeck, F.   31

Pestalozzi, G. u. R.   49f.82.137.147
Pestalozzi, R.   14.66.68–70.72.74f.77.83.
146.148.150f.162.180.238
Peuckert, W.-E.   60
Pfister, R.   135
Praz, M.   113

Queneau, R.   112
de Quervain, P.F.   265

von Rad, G.   26.100f.110
Rade, M.   41.43.46.129
Ragaz, L.   14.34.39.51f.54–56.58.68.79.
85.136f.142.173.185–187.206.242.253.
255f
Remarque, E.M.   179f
Rich, A.   51
Richter, H.   192
Rilke, R.M.   154.221
von Rotterdam, E.   135.144
Rüegg, A.   137
van Ruler, A.A.   77
Rupprecht, J.   145

Sager, A.   27.67
Sartre, J.-P.   237
Sauter, G.   129

Sayers, D.   202
Schempp, P.   82
Schiller, F.   37.78
Schindler, A.   36
Schlatter, A.   196
Schleiermacher, D.F.   59.102f.113.125.
168.184
Schöffler, H.   133.144
Schulz, B.   18
Scotus, D.   144
Seim, J.   23
Seitz, M.   145
Siebeck, R.   16.99.222
Simenon, G.   201f
Spengler, O.   109f
Spittler, Chr.F.   30
Spleiß, D.   41.142
Spörri, G.   162–164.166
Spurgeon, C.H.   153.162
Staehelin, E.   39.43.46.51.54.74.180
Staehelin, H.   65
Steck, K.G.   174
von Steiger, E.   169
Steiner, R.   149
Strauß, F.   68
Strindberg, J.A.   98
Sturzenegger, R.   98

Tersteegen, G.   67.254
Thielicke, H.   236.238.246
Thomas von Aquin   22
Thurneysen, M.   67.80.83.88.99.138.
147.162.253
Thurneysen, P.   73
Tillich, P.   183
Tolstoi, L.N.   111
Trochu, F.   45
Troeltsch, E.   46–48.56.85f.129.266
Truhlar, V.   208

Ueding, G.   195

Vesper, W.   171
Vianney, J.-M.-B.   45
Vinet, A.   69
Vischer, E.   138
Vischer, W.   98.138f.142.171.179.236
Vogelsanger, P.   165
Vogt, W.   229

271

Wangemann, H.T.   167
Weber, O.   117
von Weizsäcker, V.   16
Wernle, P.   42-45.54-58.80.136
Westermann, C.   115
Widlöcher, J.   45
Wimpina, K.   144
Winnig, A.   171

Zedkin, C.   35
Zimmerli, W.   165f.220
Zuckmayer, C.   236
Zündel, F.   33f.79.157
Zweig, S.   99
Zwingli, H.   22.75

Sachregister

Absolution   22.35f (s. auch »Vergebung«)
Ästhetik   90.112.259
Alter   14.231ff
Anfechtung   22.146.211f.216.248
Anthropologie   127.225
Anthroposophie   149.255
Antistes   137.143f.171.174.193.201.234
Apostel   14.23
Arbeiter / Arbeiterschaft   32.34.65.71.98
  -bewegung   51
  -klasse   241
Arbeitsgemeinschaft   93.163.180
Arbeitslosigkeit   71.98.151.168
Ars bene dicendi [Redekunst]   193.198.225
Ars moriendi [Sterbekunst]   192
Ars praedicandi [Predigtkunst]   192
Auferstehung   168.192f.196.206.248
Augen   13.42.60.89.113ff.257f
Autor / Autorschaft   80.99ff.110ff.119.181
Autorität   21.23.36.105.198.207f.244.
  251f.254

Begegnung   15.17.30.36.38.55.59.68f.93.
  100.104.162f
Bekehrung   148f.160
Bekenntnis   30f.135.161.170
Beruf   17.19.33
Berufung   35ff.87.150f.156.207.244
Bewunderung   39.54.79.82.145.239.251.
  253 (s. auch »Verehrung«)

Bibel (Heilige Schrift)   13.26.29.33.56.82.
  89.100.104.107.110.117.119.121ff.148.
  165.172f.187.189f.193.208.253.258
Bibelkritik   39
Biblizismus   29.39.126.190
Biographie   23ff.45.142f.239.251
Bischof / Bischöfliche Gestalt   19.134.145.
  255
Blaues Kreuz   72.235
Böse, das   112ff (s. auch »Teufel«)
Botschaft   16.69.75.84.108.112.114.130.
  225.250f.258f (s. auch »Kerygma«, »Verkündigung«)
Bruder   14.39.76.81f.86.89.91.234.237.
  250.254.259
Bruderschaft   86.89ff.237.254
Buße (Umkehr)   128.175.184ff.227f

Charis   207.236
Charisma   25f.55.85f.179.183.187.193.
  251.254.256f (s. auch »Gabe«)
Charismatiker   15.86.201
Christentum   37.47.52f.171.241.245
Christus, Jesus   23.25f.34.41f.44.86.91.
  103.105f.109.117.121.143.152.155f.159ff.
  171.174ff.190ff.207.219f.223.245.247.
  253.257ff
  Geschichte Jesu Christi   167.171.251.257f
  Leib –   48.236
  Nachfolge –   203

Opfer – 160
Wiederkunft – 175 (s. auch »Parusie«)
Christologie 162
Communio Sanctorum [Gemeinschaft der Heiligen] 182.207f.254

Dada / Dadaisten 102.110.192
Depression 118f.164.211ff
Detektiv 201ff
Diakonie, politische 75.240
Dialog 77.84.158 (s. auch »Gespräch«)
Dogmatik 24.84f.149.160.219.222
–, Kirchliche 14.83.87.89.219.221. 237. 240

Ekklesiologie (Lehre von der Kirche) 56.109.126.174.239
Erbe 23f.47f.59.77.86.174.193.235
Erfahrung 24.29.35.38.40.49.60.118f. 121f.156.160f.165.174.204.254
Erfolg 13.124f.142.146.192.232.258
Erlösung 117
Erweckung 66.155f.161.166
Eschatologie 51.111.125.172.206
Ethik 40.79.90
Evangelium 25.33.35.53.61.75.90.113. 115.152.168.183.192.249.257
Evangeliumsfragment 25
Existenz 39.75.88.99.129.231.253
Expressionismus 102

Freisinnige (Reformer) 31.66.136
Freund 14ff.39.43ff.76ff.92.98.100.120. 126.134.140f.145.151.157f.187.209.231. 234ff.250.252f.254.257f
Freundschaft 29.39f.50.70.76ff.100.158. 162.180.187.209.222.235ff.252.254. 257f
Fürbitte 147f.210.213 (s. auch »Gebet«)

Gabe 25.36.59.80f.156.158.185.209.240. 250.256 (s. auch »Charisma«)
Gebet 145.147.154f.168.175.192f.197f. 204.215 (s. auch »Fürbitte«)
Geheimnis 15.18.20.22.24f.29.40.65.77. 105.111.113ff.133.140.148.181.201. 207.232.248f.252.258 (s. auch »Rätsel«)
Geist 17.23.26.29.35.73f.80.87.90.99.123. 125.133.152.156.161.175.235f

Geist, Heiliger 34.36.42.52.55ff.76.99. 118.122ff.140.154ff.259
Geist, prophetischer 51.55.108.191.194
Geister, Prüfung, Unterscheidung der – 67.70.133.156.161.168.185.187.251
Geistesgegenwart 20.239
Geistesleitung 141.162
Geld / Lohn 31.65.73.97.107.137.141. 183.185.257
Gemeinde · 20.25f.34.56f.65.68ff.78.87f. 92f.107.109.126.129.133ff.145f.147f. 164.172ff.183ff.192f.197.210.231.234f. 238.241.245.248f.252ff.259
-arbeit 147.149.152
-begriff 173
–, charismatische 187
-sache 175
Gemeinschaft 77.82.145.147.245.254
Gemeinschaft der Heiligen [Communio Sanctorum] 254
Generationenproblem (Vater und Sohn) 17f.25.45.55ff.76.83.85f.111.173.233. 236
Gericht 42.59f.97.105.107ff.118.175.191. 202.206.214ff.224.232f.236.242.247. 250.257
Gesellschaft 17.44.53f.57.59.70.116.142. 168.191.244.246.248.255f
Gesetz 90.115.257
Gespräch 14ff.21.34.36f.45.49.77f.84. 100f.141.146f.158f.164ff.187.204ff.209ff. 215.226.238.240.242.253 (s. auch »Dialog«)
Gewerkschaft 74.92.133
Glaube 21.23.26.31.85f.87.107.116f.125. 155ff.180.197.217f.226.241.245.247f. 251.254.258ff
Gnade 20f.30.42.85.128.143.174.180.182. 187.202.207.224.232.247f
Gott 13f.19.21ff.25f.36ff.52f.57.59f.93. 101.105ff.113ff.124.127ff.149.152.155f. 159f.171.185ff.204.209.223f.228. 231ff.246ff.255ff
Akkommodation Gottes 134
-begriff 55
-dienst, politischer 74.191
-erfahrung 107
-erleben 37.107
-frage 57.154

273

Gegenwart- 130.215f
-geschichte 26.46.110
-furcht 116
Hand- 42.204.212ff.220f.253.256
Handeln- 127.133.155.181.221.247
Haus- 97.176
Licht- 184
Liebe- 128
-mord 106
-qual 107.191.221
Reich- 14.34f.89.119.129.157.159.181.
185.232f.243.247.256
Sache- 93.257
Volk 153f.156.174f.259
Werk 149.192.197
Wille- 168
Wirklichkeit- 51.58
Wort- 15.26.51.58f.120.146.148.160.
165.187f.192ff.212f.218f.225.228.259f
Großinquisitor 104ff.112.119ff.138.171f.
172.198.228.257
Güter, materielle 35

Heil 22.30.117.155.222.256
Heilige, der / das 20ff.135
Heiligengeschichte s. »Legende«
Heiligenleben 21
Heiligung 21.160
Heilsgeschichte 30.56
Himmelfahrt 113.191
-reich 116
Hinreise 35ff.258
Hoffnung 34.68.92.146.220.232.245ff
Homiletik (Predigtlehre) 15.18.59f.76.
191ff.244
Humanismus 137

Ikone (Heiligenbild) 20ff.208.253
Imitatio 20.23
Industrie 65.135.144.172.242
Institution 52.92.109.127.138.171.172ff.
179.198.201.207.234.237.253f.258
Juden 169f.190
Jugend 231ff.241 (s. auch »Unterricht«)

Kanzelrede 15.172.218
Karikatur 22ff
Katechet / Katechetik 16.198

Kerygma 100.104f.112 (s. auch »Verkündigung«, »Botschaft«)
Ketzerei 21.251
Kirche 17.30.32f.44.51ff.59f.67.77.89f.
100.105ff.125.133.135f.141.152f.160.
163ff.171ff.192.233.241.256f.259
-, Bekennende 84.110.174.196
Kirchengeschichte 251
-kampf 83f.165.172.240
-kritik 104.106f.109f.119.128.171
-verständnis / begriff 51.56.92.149.
172f
-zucht 255
Kirchlichkeit 127.130.255
Kitsch 114
Klassenkampf 147
Klerikalismus 172.193.234
Konflikt 30.153ff
Konservativismus 111.151
Kreuz 13.160.175.193.226

Lebensstil 20.30.39.78.257
Legende (Heiligengeschichte) 13.20ff.
34f.71.105.109.127.144.203.208.239.
251.254
Lehre 16f.19.22.24.38.40.56.126.167.
174ff.188.204.206f.237.248.253
Lehrer 38ff.73.82.100.150.163.191.204f.
210.217.232.234.248ff
Leser 23.29.81.99ff.112.114f.119
Liberale 139
Liberalismus 39.124.135
Liebe 65.106.154.156.174.220.245
Literatur 16.18

Mammon 52.54.152.159 (s. auch »Geld«)
Marburger Kreis 156
Medizin 16 (s. auch »Psychiatrie«)
Methode / Methodik 80f.160ff.175
Methodismus 156
Modell 80.90.92.100.253
Moralische Aufrüstung 156
Mythos 122

Ökumene 176
Offenbarung 13.41.44.106.121ff.172f.
180.188.193f.196.225.242.248
-begriff 48.123
Opfer 159f.169

Orthodoxie 26.31.33.123f.156.161.176.
218.247

Parusie 77
Pfarramt 53.85.109.133f.146.171.175.
207.253f
Pfarrer 18f.35.37.50ff.65ff.78.84.88f.93.
97.101.111.127ff.133.136.145.147f.
150.152f.170.175.208.224.232ff.242.
249.251f.258
Münster– 13.31f.84.88.133f.142.152.
171.202.221.233f.237.253
-beruf 72.152
-bild 98
-leben 140.147.149.152
-sache 175
-sein 18f.68ff.73.252f.257
Philosophie 246
Pietismus 20.135.156
Pneumatologie (Lehre vom Heiligen Geist) 24.57.126.133
Poimenik (Seelsorgetheorie, -lehre) 18.
198
Politik 35f.128.145.150.154.179f.183ff.
240ff.256
Porträt 13.59.111
Positive / Konservative 31.66.135ff.139
Praxis 17ff.40.56.60.70.76.86.110.174f.
176ff.197f.218.223.225f.239ff.252
Wissenschafts- 86.240.257
Prediger 15.71.81.84f.92.104.121f.142.
149.173.179ff.235
Predigt 15f.18.25.33.53.59.66.74f.77f.
84f.92f.100.103f.106.113.118ff.121.
138f.148ff.169.172ff.179ff.191ff.218ff.
231.234f.248.252.256
-kritik 182
-lehre S. »Homiletik«
-nachgespräch 84
-praxis 150.203.205
Priestertum 60
Proletariat 57
Prophet 13ff.23.25f.35.37ff.52.55.97.
104ff.111.117.168f.171.184.189f.220.
231f.257
Prophetenreligion 47
Prophetie 26.38.40.47.56.59.105.108ff.
112.120.125.184ff.188.190.197.218.
222.224ff.231.240.255ff

Prophetisches Selbstbewußtsein 41.51.
74.109.186.198.256
Psychiatrie 18.223f (s. auch »Medizin«)
Psychoanalyse 223ff
Psychologie 18.48.57.59.111.198.216.
222ff.242.244.246
Pastoral- 40
Religions- 38.48
Psychotherapie 222
Puritanismus 135

Quietismus 256

Rätsel 19.234.252 (s. auch »Geheimnis«)
Rechtfertigung 128.159ff.218.223.226.
258
Reformation 20f.69.85.93.109.123.128.
133f.155.186.188.252.256.259
-schrift 109
Reformator 51.125
Reformer s. »Freisinnige«
Religion 40ff.102ff.171
-kritik 104.106f.110.119
Religiös (Christlich) – Soziale 50.56.58f.
74.76.256
Restauration 173
Revolution 17 (industrielle).185
Rezeption, Thurneysen- 16.60.120.191.
219
Reziprozität, theonome 26.197
Rhetorik 59.137.192ff.244
Ritual 172.175.189.193.204.252.254
Ritualisierung 173
Römerbrief (Karl Barths) 49ff.79f.85.88f.
99.102

Schisma 24.37f.254
Schöne, das 37.112ff
Schönheit 20.55.60.65.113.193
Schöpfung 117ff.237
Schriftsteller 15f.18f.40.100.103f
Schuld 19.25.57f.72.84f.167.174.190.
202f.234f.255f
Schüler 42ff.80.82.181.205.217.222.225.
234.248.251
Schülerschaft 39.187.222
Seelenführung / -leitung 208.254
Seelsorge 16.18.26.33ff.66.86ff.92.100f.
111.114f.117.120.147.152.166ff.179f.

275

191.201ff.231.234f.238.242.244f.256
-begriff 167
-bewegung 130
-theorie, -lehre (Poimenik) 15.18.59f.
87.100.115.129.143.198.203.208.218f.
-praxis 16.46.48.203
Seelsorger 13.15f.25.29.33ff.55.66.87.
89.100.104.108f.118.127.142f.151f.
168.201ff.237.248.257
Segen 19.22(u. Unsegen).30(u. Unsegen).
58.115ff(u. Unsegen).152.205.233
Sehakt 218f.225
Sehen 41f.69.114.218.223f.226.258ff
(s. auch »Vision«)
Simul iustus et peccator [Gerechter und Sünder zugleich] 21ff.226.233.245
Situation 176.184.220f.244
Sozialdemokraten / Sozialdemokratie 32.34f.128.241
Soziale Frage 57.152
Sozialismus 32.51f.181.239ff
-, religiöser 242
Sozialisten 52
Spiritualismus / Spiritualisierung 56ff.76.126.129f.171
Spiritualität 67.258
Sterben 49.192ff.206.232.236.246.248.251
Sünde 19ff.89.143.153.156.159ff.180.225f.234.247.254f
Erb- 114.254
Sünder 21ff.128.159.203.225f.251
Sündhaftigkeit 24
System 17.24.254

Teufel 113f.116.120.125.219 (s. auch »das Böse«)
Theologe 13.16.18f.22.29.33.35.76f.83.89.114.122.141f.152.154.173.202f.218.224.231.249.251ff
-, Praktischer 15.19.59.244
Theologie 13f.18ff.33.39f.43ff.56.58f.65.76f.80.82.84f.102f.109.114.121.135.146.151.153.156.159.173f.180.216.220.237.242.244.247.254.257
-, Akademische 33.56.84
- der Krise 47.108
- des Wortes Gottes 57.61.75.122.259
-, Dialektische 15.45.48ff.66.76.84.110.

136.158.188
-geschichte 15.51.77.164.240
-, katholische 24.208.254
Kerygma- 174
-, liberale 39.104.108.136.254
-, natürliche 117f.158.164
Pastoral- 112.119.145
-, Praktische 15ff.59.68.70.110.150.154.161.176.198.257.259
-, reformatorische 59.69
-, Systematische 18.22
-, universitäre 126
Werturteils- 44.107
Theorie 15.19.48.120.175.193.197f.214.218f.223.226.242.252
Tod 29.35.107.143f.152f.165.183.192.194.206f.209.247f.260
Tradition 56.128.133ff.152.183
Traum 47.49.163.166.209.237.247.251f

Umkehr s. »Buße«
Unterricht 52.69.182

Vater V.15.17.21.24f.29.33f.55.58f.83.86.89.91.110.129.153.174.204.231.256f
Verehrung 13.23.43.47.54.84.233f.250.252 (s. auch »Bewunderung«)
Vergebung 50.159.174.202.252f (s. auch »Absolution«)
Verheißung 20.146.154
Verkündigung 26.77.105.120.184.196f.218.225.245 (s. auch »Kerygma«, »Botschaft«)
Vermischung 162.223f.244
Vermittlung 168
Versöhnung 118ff.145.247.259
Vision 40f.66.117 (s. auch »Sehen«)
Visionäre, das 41.57
Vollmacht 181.198.244f
Vorbehalt, eschatologischer 224.244f.254
Vorbildlichkeit 20f.128.253

Wahrheit 21.47.70.73.77.114.122.125.146.152ff.185f.208.237.245.249.252.257f
Wahrnehmen / Wahrnehmung 60.101.107.112.117f.193.222f.225.227.235.250.258

Weg 15.17.23.36.40.58.72.77.81.108.
111.119.126.142.194.196.206.216.219.
227.233.247.253ff.259
Weisheit 153.162.193f.225.232f
Wohl 117.222
Wunder 20.34.67.77.105.155.206.251

Zofingia 39.43.90f
Zorn 105.107ff
Zukunft 14.21.48.78.107.111.123.134.
141.143.161.172.175f.186.191f.205f.
213.217.236f.245.251.257.260

Bibelstellenregister

Altes Testament

2. Mose	
15,1–21	189–191
5. Mose	
33,25	231
1. Samuel	
20,23	92.205
2. Samuel	
1,26	235
1. Könige	
1,4	236
8,15.24	220
2. Chronik	
6,4.15	220
Sprüche	
8,22ff	258
24,5	79
Prediger	
3,7b	162
Psalmen	
1	117
4,9	212f
8,5	249
19	117

35,23	155
44,24	155
50,2	113
78,65	155
92,10	190
103,1–5	170
Jesaja	
11,8	34
49,2	220
51,16	220
Jeremia	
10,23	140
15,17	221
Ezechiel	
1,3	221
1,3b	220
13,1–16	185
Daniel	
12,3	250
Klagelieder	
5,7	25.58
Sacharja	
1,3	184
Jesus Sirach	
6,16	76

277

Neues Testament

Matthäus	
6,13	197
7,3	57
16,3	185
18,4	141
18,20	77

Lukas	
12,32	259
20,38	14
24,14f	206

Johannes	
3,30	13
7,38	78
16,13	154
17,20f	70
19,26f	249

Apostelgeschichte	
4,29f	155

Römer	
6,23	26.86.91.183
12,1	153
12,6	26
13,11	155
15,13	247

1. Korinther	
1,23	192
4,6	196
5,6	255
7,31	224
8,1	83
12,14	48
14	187
14,1	108.185.256
14,29f	26
15,58	250

2. Korinther	
4,5	192

Galater	
5,6	87

Epheser	
5,14	155

Kolosser	
3,3	25

1. Thessalonicher	
2,13	258
5,6	155
5,19f	26

1. Timotheus	
6,13	170

2. Timotheus	
2,15	208

1. Petrus	
2,9	205

2. Petrus	
3,12	176

1. Johannes	
3,8	219

2. Johannes	
10	70

Hebräer	
10,31	221
11	20
12,4	255

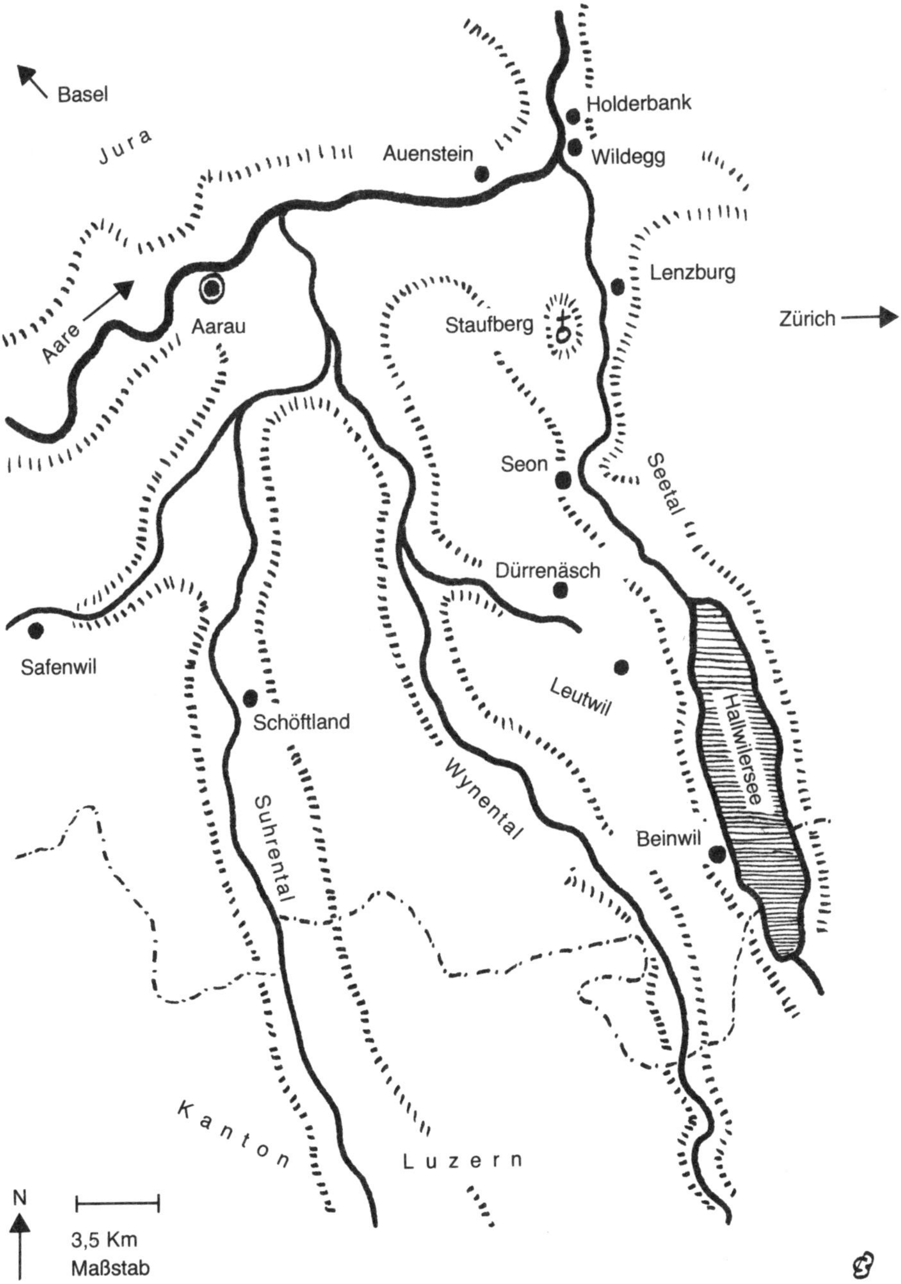

Basel
Jura
Auenstein
Holderbank
Wildegg
Aare
Aarau
Lenzburg
Staufberg
Zürich
Seon
Seetal
Dürrenäsch
Safenwil
Leutwil
Schöftland
Hallwilersee
Wynental
Suhrental
Beinwil
Kanton
Luzern
N
3,5 Km
Maßstab